für Studium, Ausbildung und Fortbildung

Dr. Hansjochen Dürr | Holger Hinkel

Baurecht
Hessen

Die Deutsche Bibliothek – CIP-Einheitsaufnahme

Die Deutsche Bibliothek verzeichnet diese Publikation in
der Deutschen Nationalbibliografie; detaillierte bibliografische
Daten sind im Internet über http://dnb.ddb.de abrufbar.

ISBN 3-8329-0229-5

1. Auflage 2005
© Nomos Verlagsgesellschaft, Baden-Baden 2005. Printed in Germany. Alle Rechte,
auch die des Nachdrucks von Auszügen, der fotomechanischen Wiedergabe und
der Übersetzung, vorbehalten. Gedruckt auf alterungsbeständigem Papier.

Vorwort

Im Jahre 1988 kam die 1. Auflage des Kompendiums »Baurecht für Hessen« als Ableger seines baden-württembergischen Vorbilds auf den Markt. Eine vergleichbar hochwertige, komprimierte Darstellung des in Hessen Anwendung findenden Baurechts hatte es bis dahin nicht gegeben. Deshalb fand das Werk unter seinem Autorennamen *Dürr/Schmitt-Wellbrock* nicht nur in der Ausbildung, sondern auch in der gesamten baurechtlichen Praxis rasch weite Verbreitung und hohe Wertschätzung.

An diese Tradition will die nunmehr vorliegende 2. Auflage anknüpfen. Nach wie vor liegt der Schwerpunkt auf den für die juristische Ausbildung und baurechtliche Praxis wichtigen Fragen des Bauplanungs- und -ordnungsrechts. Deshalb ist es in erster Linie gedacht für Studenten und Referendare, die sich im Rahmen ihrer Ausbildung mit dem öffentlichen Baurecht beschäftigen müssen. Daneben bietet das Werk aber auch allen Praktikern des öffentlichen Baurechts, seien es Rechtsanwälte, Architekten, Ingenieure, Mitarbeiter von Bauverwaltungen oder Richter, eine schnelle und brauchbare Orientierung zu grundsätzlichen Fragen und Problemen der Materie sowie zur Rechtsprechung der hessischen Verwaltungsgerichte.

Das Werk berücksichtigt die Änderung des Baugesetzbuches durch das Europarechtsanpassungsgesetz Bau – EAG Bau – vom 24.06.2004 (BGBl. I S. 1359) und wertet Rechtsprechung und Literatur bis Mitte 2004 aus.

Hansjochen Dürr/Holger Hinkel

Inhaltsverzeichnis

Literaturverzeichnis   11

I. **Allgemeines**   13
    1. Funktion des Baurechts   13
    2. Rechtsgrundlagen des Baurechts   13
    3. Gesetzgebungszuständigkeit auf dem Gebiet des Baurechts   13
    4. Abgrenzung Bauplanungsrecht – Bauordnungsrecht   14

II. **Bauplanungsrecht**   16
    A. Bauleitplanung   16
       1. Allgemeines   16
          a) Funktion der Bauleitplanung   16
          b) Planungshoheit der Gemeinde   17
       2. Erforderlichkeit der Bauleitplanung   18
       3. Gesetzliche Schranken der Bauleitplanung   21
          a) Allgemeines   21
          b) Ziele der Raumordnung und Landesplanung (§ 1 Abs. 4 BauGB)   21
          c) Interkommunale Rücksichtnahme (§ 2 Abs. 2 BauGB)   22
          d) Fachplanerische Vorgaben   23
          e) Naturschutzrechtliche Eingriffsregelung (§ 1a Abs. 3 BauGB)   23
          f) Umweltverträglichkeitsprüfung (§ 2 Abs. 4, § 2a BauGB)   24
          g) Die Abhängigkeit des Bebauungsplans vom Flächennutzungsplan   25
          h) Allgemeingültige Planungsprinzipien   27
       4. Die Abwägung nach § 1 Abs. 6 u. 7 BauGB   29
          a) Allgemeines   29
          b) Abwägungsbereitschaft   30
          c) Zusammenstellen des Abwägungsmaterials   31
          d) Gebot der Rücksichtnahme   32
          e) Gebot der Lastenverteilung   33
          f) Gebot der Konfliktbewältigung   33
          g) Die gerichtliche Überprüfung der Abwägung   34
       5. Das Verfahren bei der Aufstellung von Bauleitplänen   36
          a) Aufstellungsbeschluss (§ 2 Abs. 1 BauGB)   36
          b) Planentwurf   37
          c) Anhörungsverfahren (§ 3 Abs. 1 BauGB)   37
          d) Beteiligung der Behörden und Träger öffentlicher Belange (§ 4 BauGB)   37
          e) Öffentliche Auslegung (§ 3 Abs. 2, § 4a BauGB)   38
          f) Übertragung auf Private (§ 4b BauGB)   38
          g) Satzungsbeschluss (§ 10 BauGB)   39
          h) Genehmigung (§§ 6, 10 Abs. 2 BauGB)   39
          i) Bekanntmachung (§ 10 Abs. 3 BauGB)   40
       6. Außer-Kraft-Treten von Bauleitplänen   41
       7. Inhalt der Bauleitpläne   41
          a) Flächennutzungsplan (§ 5 BauGB)   41

		b) Bebauungsplan	42
	8.	Der fehlerhafte Bebauungsplan	45
		a) Verfahrensfehler nach dem BauGB (§ 214 BauGB)	46
		b) Kommunalrechtliche Fehler	46
		c) Rückwirkende Heilung von Verfahrensfehlern	47
		d) Materiell-rechtliche Fehler	48
		e) Fehlerbewältigung durch ergänzendes Verfahren	48
B.	Bauplanungsrechtliche Zulässigkeit von Bauvorhaben		49
	1.	Bedeutung und System der §§ 29 ff. BauGB	49
	2.	Der Begriff der baulichen Anlage (§ 29 BauGB)	51
	3.	Bauvorhaben im beplanten Innenbereich (§ 30 BauGB) – Bedeutung der Baunutzungsverordnung	53
		a) Art der baulichen Nutzung (§§ 2–14 BauNVO)	53
		b) § 15 BauNVO	57
		c) Maß der baulichen Nutzung (§§ 16–21 a BauNVO)	58
		d) Bauweise und überbaubare Grundstücksfläche (§§ 22, 23 BauNVO)	58
	4.	Ausnahmen und Befreiungen (§ 31 BauGB)	59
	5.	Bauvorhaben im nichtbeplanten Innenbereich (§ 34 BauGB)	62
		a) Abgrenzung Innenbereich – Außenbereich	62
		b) Das Einfügen in die nähere Umgebung	65
		c) § 34 Abs. 2 BauGB i.V.m. §§ 2–11 BauNVO	67
		d) Sonderregelung für Gewerbebetriebe (§ 34 Abs. 3 a BauGB)	68
		e) Entwicklungs- und Ergänzungssatzungen (§ 34 Abs. 4 u. 5 BauGB)	68
	6.	Bauvorhaben im Außenbereich (§ 35 BauGB)	69
		a) Privilegierte Vorhaben	70
		b) Nichtprivilegierte Vorhaben	75
		c) Bestandsschutz	77
		d) § 35 Abs. 4–6 BauGB (begünstigte Vorhaben)	78
		e) Außenbereichssatzung	81
	7.	Bauen im Vorgriff auf einen Bebauungsplan (§ 33 BauGB)	81
	8.	Einvernehmen nach § 36 BauGB	82
	9.	öffentliche Bauten (§ 37 BauGB)	83
	10.	Erschließung des Bauvorhabens	84
C.	Sicherung der Bauleitplanung		85
	1.	Veränderungssperre (§§ 14 ff. BauGB)	85
	2.	Teilungsgenehmigung (§ 19 BauGB)	89
	3.	Vorkaufsrecht (§§ 24 ff. BauGB)	90
D.	Zusammenarbeit mit Privaten (§§ 11, 12 BauGB)		92
	1.	Städtebauliche Verträge (§ 11 BauGB)	92
	2.	Vorhabenbezogener Bebauungsplan – Vorhaben- und Erschließungsplan (§ 12 BauGB)	93

III. Bauordnungsrecht 95
A. Funktion des Bauordnungsrechts 95
B. Materiell-rechtliche Regelungen des Bauordnungsrechts 95
 1. Verunstaltungsverbot (§ 9 Abs. 1 und 2 HBO) 95
 2. Werbeanlagen (§ 2 Abs. 1 Nr. 7 HBO) 96
 3. Abstandsregelungen (§§ 6–7 HBO) 98
  a) Abstandsfläche (§ 6 HBO) 98

	b) Grenzgaragen und andere Grenzbauten (§ 6 Abs. 10 HBO)	100
4.	Stellplätze und Garagen (§ 44 HBO)	101
5.	Sonstige materiell-rechtliche Vorschriften des Bauordnungsrechts	103
C.	Verfahrensvorschriften	104
1.	Bauaufsichtsbehörden	104
2.	Formelle Zulässigkeit baulicher Anlagen	104
	a) Baugenehmigungsbedürftige Anlagen (§ 54 HBO)	104
	b) Baugenehmigungsfreie Vorhaben (§ 55 HBO i.V.m. Anlage 2)	105
	c) Genehmigungsfreistellung (§ 56 HBO)	106
	d) vereinfachtes Baugenehmigungsverfahren (§ 57 HBO)	107
	e) Baugenehmigungsverfahren (§ 58 HBO)	108
3.	Die Baugenehmigung	108
	a) Voraussetzungen für die Erteilung der Baugenehmigung	108
	b) Abweichungen (§ 63 HBO)	111
	c) Privatrechtliche Einwendungen gegen die Baugenehmigung	112
	d) Auflagen und Bedingungen	113
	e) Rechtswirkungen der Baugenehmigung	114
4.	Das Baugenehmigungsverfahren	117
5.	Rücknahme der Baugenehmigung	118
6.	Der Bauvorbescheid (§ 66 HBO)	119
7.	Das Genehmigungsfreistellungsverfahren (§ 56 HBO)	120
8.	Die Baulast (§ 75 HBO)	121
9.	Beseitigungsverfügung (§ 72 Abs. 1 S. 1 HBO)	122
	a) Voraussetzungen	122
	b) Verhältnismäßigkeit	124
	c) Gleichheitsgrundsatz	125
	d) Verwirkung	125
	e) Adressat einer Beseitigungsverfügung	126
10.	Sonstige Eingriffsmaßnahmen der Bauaufsichtsbehörde	128
	a) Nutzungsuntersagung (§ 72 Abs. 1 S. 2 HBO)	128
	b) Baueinstellung (§ 71 HBO)	129
	c) Maßnahmen nach § 53 Abs. 2 HBO	130

IV. Nachbarschutz 131
1. Allgemeines 131
2. Der Begriff des Nachbarn 132
3. Die geschützte Rechtsstellung des Nachbarn 134
4. Nachbarschutz durch Verfahrensvorschriften 136
5. Das Gebot der Rücksichtnahme 137
6. Übersicht über die nachbarschützenden Normen 140
   a) §§ 30–33 BauGB 140
   b) § 34 BauGB 142
   c) § 35 BauGB 143
   d) Erschließung 144
   e) Bauordnungsrecht 144
7. Verzicht und Verwirkung im Nachbarrecht 145
8. Anspruch auf Einschreiten der Bauaufsichtsbehörde 146
9. Nachbarschutz bei öffentlichen Einrichtungen 147

V. Der Rechtsschutz im Baurecht 150
A. Rechtsschutz gegen Bauleitpläne 150
 1. Flächennutzungsplan 150
 2. Bebauungsplan 150
 3. Vorläufiger Rechtsschutz 155
 4. Inzidentkontrolle 156
 5. Verfassungsbeschwerde 156
B. Rechtsschutz gegen baurechtliche Einzelentscheidungen 156
 1. Klage auf Erteilung einer Baugenehmigung 156
 2. Klage gegen Beseitigungsverfügung 157
 3. Nachbarklage 158
 4. Vorläufiger Rechtsschutz 160
C. Rechtsschutz der Gemeinde 161

VI. Fälle 163
Fall 1 Normenkontrollverfahren, Grundsätze der Bauleitplanung, gerichtliche Überprüfung von Bebauungsplänen 163
Fall 2 Klage gegen die Versagung der Genehmigung eines Bebauungsplans; Abhängigkeit des Bebauungsplans vom Flächennutzungsplan 165
Fall 3 Bauen im beplanten Innenbereich, Befreiung, Nachbarklage 167
Fall 4 Bauen im nichtbeplanten Innenbereich, Klage auf Erteilung einer Baugenehmigung 169
Fall 5 Bauen im Außenbereich, Beseitigungsverfügung, Bestandsschutz 171
Fall 6 Vorläufiger Rechtsschutz, Abstandsfläche 173

Stichwortverzeichnis 177

Literaturverzeichnis

1. Kommentare zum BauGB

Battis/Krautzberger/Löhr, Beck-Verlag, 8. Aufl. 2002
Berliner Kommentar, Heymanns-Verlag, 3. Aufl. 2003
Brügelmann/Dürr u.a., Kohlhammer-Verlag, Loseblatt-Sammlung
Ernst/Zinkahn/Bielenberg, Beck-Verlag, Loseblatt-Sammlung
Jäde/Dirnberger/Weiß, Boorberg-Verlag 3. Aufl. 2002
Schrödter, Vahlen-Verlag, 6. Auflage 1998

2. Kommentare zur BauNVO

Boeddinghaus/Dieckmann, Jehle-Rehm-Verlag, 4. Aufl. 2000
Fickert/Fieseler, Deutscher Gemeindeverlag, 10. Aufl. 2002
König/Roeser/Stock, Beck-Verlag, 2. Aufl. 2003

Eine Kommentierung der BauNVO befindet sich ferner z.T. in den o.a. Loseblatt-Kommentaren zum BauGB.

3. Kommentare zur HBO

Allgeier /von Lutzau, Die Bauordnung für Hessen, Kohlhammer-Verlag, 7. Aufl. 2003
Hornmann, Beck-Verlag 2004
Rasch/Schaetzell, Kommunal- und Schulverlag, Loseblatt-Sammlung

4. Lehrbücher und Monographien zum Baurecht

Battis, Öffentliches Baurecht und Raumordnungsrecht, Kohlhammer Verlag, 5. Aufl. 1999
Birkl u.a., Praxishandbuch des Bauplanungs- und Immissionsschutzrechts, Rehm-Verlag, Loseblatt-Ausgabe
Brohm, Öffentliches Baurecht, Beck-Verlag, 3. Aufl. 2002
Eiding/Ruf/Herrlein, Öffentliches Baurecht in Hessen, Beck-Verlag, 2003
Finkelnburg/Ortloff, Öffentliches Baurecht I, Bauplanungsrecht JuS-Schriftenreihe, 5. Aufl. 1998
Finkelnburg/Ortloff, Öffentliches Baurecht II, Bauordnungsrecht JuS-Schriftenreihe, 4. Aufl. 1998
Gelzer/Bracher/Breidt, Bauplanungsrecht, Schmidt-Verlag, 6. Aufl. 2001
Hoppe/Bönker/Grotefels Das öffentliche Bau- und Bodenrecht, Beck-Verlag, 2. Aufl. 2002
Hoppenberg Handbuch des öffentlichen Baurechts, Loseblattsammlung
Jäde, Bauaufsichtliche Maßnahmen, Boorberg-Verlag, 2. Aufl. 2001
Koch/Hendler, Baurecht, Raumordnungs- und Landesplanungsrecht, Boorberg-Verlag, 3. Aufl. 2001
Mampel, Nachbarschutz im öffentlichen Baurecht, Verlag für Rechts- und Anwaltspraxis 1995
Stüer, Handbuch des Bau- und Fachplanungsrechts, Beck-Verlag, 2. Aufl. 1998

5. Rechtsprechungsübersichten

Dolde/Menke, Bauleitplanung und Bebauungsrecht, NJW 1996, 2616 u. 2905; 1999, 1070 u. 2150
Gaentzsch, Zur Entwicklung des Bauplanungsrechts, NVwZ 2000, 993; 2001, 990
Hoppe/Stüer, Die Rechtsprechung zum Bauplanungsrecht, Boorberg-Verlag, 1995
Thiel/Gelzer/Upmeier, Baurechtssammlung, Werner-Verlag, jährlich 1 Band, zuletzt Band 65 für das Jahr 2002
Ortloff, Die Entwicklung des Bauordnungsrechts, NVwZ 1982, 75; 1983, 10; 1984, 279; 1985, 13; 1986, 441; 1987, 374; 1988, 399; 1989, 615; 1990, 525; 1991, 627; 1992, 224; 1993, 326; 1994, 229; 1995, 436; 1996, 647; 1997, 333; 1998, 581; 1999, 955; 2000, 750; 2001, 997; 2002, 416; 2003, 660

Stüer bzw. Stüer/Rude, Bauleitplanung – Städtebaurecht DVBl 1999, 210 u. 299; 2000, 210, 312 u. 390; 2003, 966 u. 1030; 2004, 83

6. Sonstige wiederholt zitierte Literatur

Bosch/Schmidt, Praktische Einführung in das verwaltungsgerichtliche Verfahren, Kohlhammer-Verlag, 7. Aufl. 2002
Eyermann, VwGO, Beck-Verlag, 11. Aufl. 2000
Finkelnburg/Jank, Vorläufiger Rechtsschutz im Verwaltungsstreitverfahren, Beck-Verlag, 3. Aufl. 1986
Gern, Kommunalrecht Bad.-Württ., Nomos-Verlag, 7. Aufl. 1997
Knack, Kommentar zum VwVfG, Heymanns-Verlag, 8. Aufl. 2004
Kopp/Ramsauer, Kommentar zum VwVfG, Beck Verlag, 8. Aufl. 2003
Kopp/Schenke, Kommentar zur VwGO, Beck Verlag, 13. Aufl. 2003
Redeker/v.Oertzen, Kommentar zur VwGO, Kohlhammer Verlag, 13. Aufl. 2000
Schoch/Schmidt-Aßmann/Pietzner, VwGO, Beck-Verlag, Loseblatt-Ausgabe
Stelkens/Bonk/Sachs, Kommentar zum VwVfG, Beck-Verlag, 6. Aufl. 2001

I. Allgemeines

1. Funktion des Baurechts

Das öffentliche Baurecht dient dem **Interessenausgleich** zwischen der durch Art. 14 GG geschützten Baufreiheit des Grundstückseigentümers (BVerfGE 35, 263 = NJW 1973, 1491; BVerwGE 42, 115 = NJW 1973, 1518; BGHZ 60, 112 = NJW 1973, 616; s. dazu auch Rdnr. 135) und dem häufig andersartigen Interesse der Allgemeinheit an einer möglichst sinnvollen Nutzung des in Deutschland nur beschränkt vorhandenen Baugeländes (dazu ausführlich BVerwG NJW 1991, 3293). In einem so dicht besiedelten Gebiet kann nicht jeder bauen, wie er will und wo er will, vielmehr muss gewährleistet sein, dass hinreichend unbebauter Raum für Erholungszwecke, Verkehrsanlagen, Wasser- und Landschaftsschutzgebiete usw. vorhanden ist. Dieser Interessenausgleich setzt zwingend eine gesetzliche Regelung des Bauens voraus; eine unbeschränkte Baufreiheit würde innerhalb kürzester Zeit zu unerträglichen Missständen führen. Die baurechtlichen Vorschriften dienen daher dem Ausgleich zwischen der Privatnützigkeit des Eigentums und der Sozialpflichtigkeit des Eigentums (BVerwGE 101, 364 = NVwZ 1997, 384).

1

2. Rechtsgrundlagen des Baurechts

Eine gesetzliche Regelung des Baurechts ist im Wesentlichen erst im zwanzigsten Jahrhundert durchgeführt worden. Zwar gab es schon im **19. Jahrhundert** vereinzelte baurechtliche Bestimmungen (Nachweis bei Ernst/Zinkahn/Bielenberg, Einl. 1 f; Brügelmann/Förster, Einl. Rdnr. 27). Die erste Normierung eines umfassenden Baurechts im heutigen Gebiet des Landes Hessen fand im Jahre 1881 durch die Allgemeine Bauordnung für das Großherzogtum Hessen statt. Das Gesetz enthielt im Wesentlichen baupolizeiliche Vorschriften, eine Planung der Bautätigkeit durch Aufstellung entsprechender Pläne war zwar vorgesehen, wurde aber in der Praxis nur selten vorgenommen. Im preußischen Teil Hessens galten die Einheitsbauordnungen von 1919 bzw. 1931, das Fluchtliniengesetz von 1875 und das Wohnungsgesetz von 1918. Die ersten reichseinheitlichen baurechtlichen Vorschriften waren die Bauregelungsverordnung vom 15.2.1936 (RGBl. I, 104) sowie die Baugestaltungsverordnung vom 10.11.1936 (RGBl. I, 938).

2

Nach 1945 wurde allgemein ein Bedürfnis nach einer Planung des Wiederaufbaus der zerstörten Städte verspürt. Die Länder erließen 1948/1949 die sog. Trümmergesetze (Nachweise bei Ernst/Zinkahn/Bielenberg, Einl. Rdnr. 34); als nächster Schritt wurde in Hessen das **Aufbaugesetz** vom 25.10.1948 (GVBl. S. 139) erlassen. Planungsrechtliche Regelungen enthielt auch die Hessische Bauordnung von 1957 (GVBl. 1957, 101).

3

Schon bald nach Gründung der Bundesrepublik Deutschland wurde die Schaffung eines bundeseinheitlichen Baurechts in Angriff genommen (Ernst/Zinkahn/Bielenberg, Einl. Rdnr. 37 f; Brügelmann/Förster, Einl. Rdnr. 6). Da Zweifel über den Umfang der Gesetzgebungszuständigkeit des Bundes und der Länder entstanden, wurde nach dem damaligen § 97 BVerfGG (durch Gesetz vom 21.7.1956 aufgehoben) von der Bundesregierung in Übereinstimmung mit Bundestag und Bundesrat ein Rechtsgutachten des Bundesverfassungsgerichts über die Gesetzgebungszuständigkeiten auf dem Gebiet des Baurechts eingeholt.

3. Gesetzgebungszuständigkeit auf dem Gebiet des Baurechts

Das BVerfG hat in dem Rechtsgutachten vom 16.6.1954 (BVerfGE 3, 407) folgende Abgrenzung zwischen Bundes- und Landeskompetenz vorgenommen:
Bundeskompetenz (Art. 74 Nr. 18, 75 Nr. 4 GG):
1. Städtebauliche Planung (§§ 1 – 44 u. 136 – 191 BauGB)

4

2. Baulandumlegung (§§ 45 – 122 BauGB)
3. Bodenbewertung (§§ 192 – 199 BauGB)
4. Bodenverkehrsrecht (§§ 19 – 28 BauGB)
5. Erschließungsrecht (§§ 123 – 135 c BauGB)

Landeskompetenz: Bauordnungsrecht (Baupolizeirecht im überlieferten Sinn).

5 Auf der Grundlage dieses Gutachtens des BVerfG ist das Bundesbaugesetz vom 23.6.1960 (BGBl. I, 341) ergangen, das durch Gesetz vom 18.8.1976 (BGBl. I, 2221) mit Wirkung vom 1.1.1977 erheblich geändert worden ist (Bekanntmachung der Neufassung BGBl. I, 2257); eine weitere Änderung erfolgte durch die BauGB-Novelle vom 6.7.1979 (BGBl. I, 949). Ergänzend hierzu wurde ferner das Städtebauförderungsgesetz vom 27.7.1971 (BGBl. I, 1225) erlassen. **BBauG** und StBauFG wurden durch das Baugesetzbuch **(BauGB)** vom 8.12.1986 (BGBl. I, 2253) zu einem einheitlichen Gesetz zusammengefasst, wobei gleichzeitig auch beträchtliche inhaltliche Änderungen erfolgten (s. dazu Löhr NVwZ 1987, 361; Krautzberger NVwZ 1987, 449; Dürr VBlBW 1987, 201).

Das BauGB wurde ergänzt durch die **BauNVO** vom 26.6.1962 (BGBl. I, 429), geändert durch die Novellen vom 26.11.1968 (BGBl. I, 1237), 15.9.1977 (BGBl. I, 1763), 19.12.1986 (BGBl. I, 2665) und vom 23.1.1990 (BGBl. I, 132 – s. dazu Lenz, Heintz und Fickert BauR 1990, 157, 166, 263; Stock NVwZ 1990, 518). Die BauNVO hat vor allem Bedeutung für die Aufstellung von Bebauungsplänen und die Zulässigkeit von Bauvorhaben (s. dazu unten Rdnr. 89 ff.).

1990 wurde zur Förderung des in den 80er-Jahren vernachlässigten Wohnungsbaus das **BauGB-MaßnG** (s. dazu Moench NVwZ 1990, 918) erlassen, das 1993 geändert wurde (s. dazu Krautzberger/Runkel DVBl 1993, 453): Die Sonderregelungen des BauGB-MaßnG wurden durch das BauROG 1998 teilweise in das BauGB integriert, teilweise aber auch aufgegeben. Seit 1.1.1998 ist das gesamte Bauplanungsrecht wieder im BauGB enthalten.

Am 30.04.2004 wurde das Europarechtanpassungsgesetz Bau – **EAG-Bau** – erlassen (s. dazu Dolde NVwZ 2003, 297; Stüer/Krautzberger BauR 2003, 1301). Dieses Gesetz dient vor allem der Einführung der sog. Plan-UP-Richtlinie der EU in das BauGB (BT-Drucks. 15/2250 S. 1) und hat die Notwendigkeit einer Umweltverträglichkeitsprüfung bei den meisten Bebauungsplänen zur Folge.

Zur Ausführung der Gesetzgebungskompetenz der Länder ist zunächst 1959 von einer Bund-Länder-Kommission die sog. **Musterbauordnung** entworfen worden (Schriftenreihe des Bundesministeriums für Wohnungsbau, Bd. 16), auf der die danach von den Ländern erlassenen Bauordnungen weitgehend beruhen. Hessen hatte jedoch bereits 1957 die Hessische Bauordnung (HBO) erlassen (GVBl. 1957 S. 101), die 1977 (GVBl. 1978 S. 1) und 1990 (GVBl. 1990 S. 476, 566) beträchtlich geändert wurde.

Eine vollständige Novellierung der HBO fand 1993 statt (GVBl. I S. 655). Hier wurden insbesondere das vereinfachte Genehmigungsverfahren eingeführt sowie ein neues Abstandsflächenrecht.

Noch vor Fertigstellung der neuen Musterbauordnung im November 2002 hat Hessen seine Bauordnung durch Gesetz vom 18.06.2002 (GVBl. I S. 274) erneut vollständig novelliert. Dabei wurde die Zuständigkeit der Bauaufsicht im präventiven Bereich drastisch reduziert durch Einführung eines Genehmigungsfreistellungsverfahrens für Wohnbauvorhaben im Geltungsbereich eines Bebauungsplans sowie Verlagerung der Prüfungen auf Private und andere Behörden.

4. Abgrenzung Bauplanungsrecht – Bauordnungsrecht

6 Die theoretische Abgrenzung beider Rechtsgebiete ist einfach. Nach der prägnanten Formulierung von Gelzer/Birk (Rdnr. 7) beschäftigt sich das **Bauplanungsrecht** mit dem Einfügen der Bauvorhaben in die Umgebung, das **Bauordnungsrecht** stellt Anforderungen in gestalterischer und baukonstruktiver Hinsicht und regelt das Genehmigungsverfahren. Das Bauplanungsrecht

I. Allgemeines

stellt eine Konkretisierung der **Sozialbindung des Eigentums** nach Art. 14 Abs. 1 S. 2 GG dar; die Baufreiheit wird zum Wohl der Gesamtheit in einem dem Einzelnen zumutbaren Umfang eingeschränkt (BVerwGE 101, 364 = NVwZ 1997, 384). Das Bauordnungsrecht dient demgegenüber der Gefahrenabwehr, wie schon die frühere Bezeichnung »Baupolizeirecht« zeigt.

Die theoretisch klare Abgrenzung zwischen Bauplanungsrecht und Bauordnungsrecht ist aber praktisch nicht immer durchführbar. Gewisse Überschneidungen sind unvermeidbar (vgl. hierzu Weyreuther BauR 1972, 1; Ziegler ZfBR 1980, 275). So ist z.B. die Frage des Abstands zwischen den Gebäuden sowohl einer bauplanungsrechtlichen Regelung durch Festsetzung der offenen Bauweise nach § 22 Abs. 1 u. 2 BauNVO sowie seitlicher Baugrenzen nach § 23 BauNVO als auch einer bauordnungsrechtlichen Regelung zur Sicherung der Belichtung und Belüftung der Gebäude sowie der Brandbekämpfung (§ 6 HBO) zugänglich (BVerwG DVBl 1970, 830; DÖV 1991, 111; NVwZ 1990, 361; BauR 1993, 304; VGH Mannheim BauR 1980, 253; Frey BauR 1995, 303).

Die Verunstaltung spielt nicht nur bei der Generalklausel des § 9 Abs. 1 und 2 HBO eine Rolle, sie wird auch in § 35 Abs. 3 BauGB erwähnt.

Auch die Eingriffskompetenzen überschneiden sich. So kann z.B. die Reparatur einer schadhaften Treppe oder eines unzureichenden Balkongeländers einerseits nach § 177 BauGB, andererseits nach § 53 HBO angeordnet werden; der Abbruch eines Gebäudes kann auf § 179 BauGB oder § 72 HBO gestützt werden.

Derartige Kompetenzüberschneidungen sind verfassungsrechtlich unbedenklich, sofern sie auf Grenzbereiche beschränkt bleiben. Für die baurechtliche Praxis kann daher davon ausgegangen werden, dass gegen die Regelungen des BauGB und der HBO keine Bedenken hinsichtlich der jeweiligen Gesetzgebungskompetenz bestehen.

II. Bauplanungsrecht

A. Bauleitplanung

1. Allgemeines

a) Funktion der Bauleitplanung

8 Die **Bauleitplanung** ist das Kernstück des modernen Städtebaurechts (so Schmidt-Aßmann BauR 1978, 99; ähnlich auch Battis/Krautzberger/Löhr § 1 Rdnr. 1). Die Aufgabe der Bauleitpläne ist in § 1 Abs. 5 BauGB festgelegt: sie sollen eine nachhaltige städtebauliche Entwicklung und eine dem Wohl der Allgemeinheit entsprechende sozialgerechte Bodennutzung gewährleisten und dazu beitragen, eine menschenwürdige Umwelt zu sichern. Hoppe/Grotefels 2. Aufl. (§ 5 Rdnr. 8) bezeichnen diese Regelung zu Recht als »Präambel« der Bauleitplanung.
Das BauGB geht vom **Grundsatz der Planmäßigkeit** aus (BVerwG NVwZ 2004, 220; Brügelmann/Gierke § 1 Rdnr. 60). Dieses bedeutet, dass eine bauliche Nutzung bisher unbebauter Grundstücke nicht dem Zufall oder dem Willen des jeweiligen Grundstückseigentümers überlassen werden soll, sondern zuvor eine sinnvolle Planung erfolgen soll, bei der alle Bedürfnisse der Allgemeinheit, insbesondere das Interesse an ruhigen Wohngebieten einerseits, Gewerbegebieten und Verkehrsanlagen andererseits, sowie Sondergebieten wie Erholungsgebiete, Sportanlagen und Einkaufszentren berücksichtigt werden. Diese Aufgabe hat die Bauleitplanung zu bewältigen.
Die Bauleitplanung obliegt nach §§ 1 Abs. 3, 2 Abs. 1 BauGB den Gemeinden. Diese haben – jedenfalls dem Grundsatz nach – für ihr Gebiet eine umfassende Überplanung vorzunehmen, wobei nicht nur die spezifischen Belange einer baulichen Nutzung zu berücksichtigen sind, sondern alle öffentlichen und privaten Belange erfasst und planerisch bewältigt werden müssen. Es ist freilich nicht zu verkennen, dass zahlreiche Gemeinden dieser Planungspflicht nicht in dem gebotenen Umfang nachkommen, sondern Bebauungspläne nur dort aufstellen, wo neue Baugebiete geschaffen werden; im Übrigen erfolgt die städtebauliche Ordnung durch eine Heranziehung des § 34 BauGB.
Nach **§ 1 Abs. 1 BauGB** ist es Aufgabe der Bauleitpläne, die bauliche und sonstige Nutzung der Grundstücke in der Gemeinde vorzubereiten und zu leiten.

Bsp. (BVerwG NVwZ 1996, 888): Ein Bebauungsplan ist nichtig, wenn er eine »städtebauliche Unordnung« schafft, indem inmitten eines neuen Baugebiets eine 150 m x 25 m große Wiese nicht in die Planung einbezogen wird, weil der Eigentümer nicht verkaufsbereit ist.

Dabei müssen die Bauleitpläne nach der Rechtsprechung des BVerwG (E 45, 309 = NJW 1975, 70; s. auch VGH Mannheim VBlBW 1995, 56) in objektiver Beziehung zur städtebaulichen Ordnung stehen, auf die subjektiven Vorstellungen der Gemeindevertretung bei der Aufstellung des Bebauungsplans kommt es nicht an. Ein Bebauungsplan verstößt gegen § 1 Abs. 1 BauGB, wenn er bei objektiver Betrachtungsweise nicht städtebaulichen, sondern sonstigen Belangen dient, etwa den privaten Interessen einzelner (BVerwG NVwZ-RR 1994, 490; VGH Mannheim NVwZ-RR 2002, 630), der Legalisierung rechtswidriger Bauwerke (OVG Koblenz NVwZ 1986, 939) oder nur die Verhinderung von Maßnahmen überörtlicher Planungsträger zum Ziel hat (Müller JuS 1975, 228). Unbedenklich ist es dagegen, wenn private Bauwünsche den Anstoß zu einem städtebaulich sinnvollen Bebauungsplan geben (BVerwG NVwZ 1996, 271; VGH Mannheim VBlBW 1995, 241; NVwZ 1997, 684).

9 Das BauGB sieht ein **zweistufiges Planungsverfahren** vor. Die Gemeinde erstellt zunächst für das gesamte Gemeindegebiet den Flächennutzungsplan als vorbereitenden Bauleitplan und

anschließend zur näheren Ausgestaltung des Flächennutzungsplans die Bebauungspläne für die einzelnen Baugebiete (§ 1 Abs. 2 BauGB). Durch diese Zweistufigkeit soll gewährleistet werden, dass die Gemeinde sich zunächst Gedanken machen muss über die grundsätzliche Nutzung des Gemeindegebiets und die räumliche Zuordnung der verschiedenen Nutzungsarten (z.b. Wohngebiete, Gewerbegebiete, Sportanlagen, Verkehrswege), ehe sie für einen bestimmten Bereich eine Detailplanung betreibt. Nach der Terminologie des § 1 Abs. 2 BauGB gibt es nur einen Bebauungsplan, der sich in eine Vielzahl von Teilbebauungspläne unterteilt. In der Praxis wird freilich jeder dieser Teilbebauungspläne selbst als Bebauungsplan bezeichnet. Die Bauleitpläne stellen freilich nicht die einzige Planungsentscheidung dar, die für die Ausgestaltung der Nutzung des Gebiets einer Gemeinde bedeutsam ist. Hinzu kommen Planungsentscheidungen nach den sog. Fachplanungsgesetzen (s. dazu Steinberg/Berg/Wickel, Fachplanung). Für die Fachplanung ist allerdings nicht die Gemeinde, sondern sind staatliche Behörden zuständig. Die Fachplanung bezieht sich aber jeweils nur auf eine bestimmte staatliche Aufgabe (z.B. Straßenbau, Abfallentsorgung) und soll nur diese Aufgabe lösen. Demgegenüber stellt die Bauleitplanung eine Gesamtplanung dar, die die Nutzung des Gemeindegebiets unter allen in Betracht kommenden Gesichtspunkten regeln soll.
Praktisch bedeutsam ist vor allem die Straßenplanung nach § 17 FStrG bzw. §§ 32 ff. StrG, die Festsetzung von Natur- und Landschaftsschutzgebieten nach §§ 11 ff. HeNatG sowie von Wasserschutzgebieten nach § 19 WHG; in Betracht kommen ferner die Planung von Bahnanlagen (§ 18 AEG), Flugplätzen (§§ 6, 8 LuftVG) und Abfalldeponien (§ 31 KrWAbfG) sowie die Anlage und der Ausbau von Gewässern (§ 31 WHG). Alle diese Fachplanungen wirken sich auf die kommunale Bauleitplanung aus und müssen daher mit ihr abgestimmt werden. Daher sieht § 4 BauGB eine Beteiligung aller Fachplanungsträger im Verfahren zur Aufstellung eines Bauleitplans vor; bestehende fachplanerische Entscheidungen sollen nach § 5 Abs. 4 bzw. § 9 Abs. 6 BauGB nachrichtlich in den Flächennutzungsplan bzw. den Bebauungsplan aufgenommen werden. Der Träger einer Fachplanung ist nach § 7 BauGB an die Darstellungen des Flächennutzungsplans gebunden, soweit er ihnen nicht widersprochen hat (VGH Mannheim NVwZ 1992, 995; VBlBW 1995, 483). Der Widerspruch kann aber auch noch nachträglich erfolgen, sofern die Sachlage sich nach In-Kraft-Treten des Flächennutzungsplans geändert hat (BVerwG NVwZ 2001, 1035 – neue Biotop-Kartierung). Ein Widerspruch ist allerdings entbehrlich, wenn die Gemeinde selbst gar nicht mehr am Flächennutzungsplan festhält (VGH Mannheim NVwZ-RR 1996, 17; VGH München NVwZ-RR 2002, 117).

Bsp. (VGH Mannheim NVwZ-RR 1996, 17): Die Naturschutzbehörde beabsichtigt, einen aufgelassenen Steinbruch mit seltener Fauna und Flora als Naturschutzgebiet festzusetzen, obwohl er im Flächennutzungsplan als Gewerbefläche dargestellt ist.

Außerdem muss der Fachplanungsträger bei seinen Planungen die städtebaulichen Belange der Gemeinde, insbesondere die Auswirkungen des Vorhabens auf die vorhandenen Baugebiete, berücksichtigen. Damit dieses geschieht, steht der Gemeinde unabhängig von den jeweiligen fachplanerischen Vorschriften ein sich aus Art. 28 Abs. 2 GG ergebender Anspruch auf Anhörung vor dem Erlass einer fachplanerischen Entscheidung zu (BVerfGE 56, 298 = NJW 1981, 1659; NVwZ 1982, 367; Steinberg DVBl 1982, 13).

b) Planungshoheit der Gemeinde

Die Bauleitplanung ist nach § 1 Abs. 3 BauGB die Aufgabe der Gemeinden. Diese Regelung trägt der Planungshoheit der Gemeinde Rechnung (s. dazu Gern Deutsches Kommunalrecht Rdnr. 170 ff.; Hoppe/Bönker/Grotefels § 2 Rdnr. 26 ff.). Denn die Frage, ob die Gemeinde in einem bestimmten Bereich die Gewerbeansiedlung fördern, Wohngebäude schaffen oder

10

für Erholungs- und Freizeiträume sorgen will, ist eine primär politische Entscheidung, die ausschließlich die Gemeindevertretung zu fällen und zu verantworten hat.
Ob die Planungshoheit zum Kernbereich der durch **Art. 28 GG** gewährleisteten Selbstverwaltung der Gemeinde zählt, der auch vom Gesetzgeber nicht angetastet werden kann, hat das BVerfG bisher offen gelassen (BVerfGE 76, 107 = NVwZ 1988, 47; BVerfGE 56, 298 = NJW 1981, 659). Das BVerfG hat jedoch klargestellt, dass die Planungshoheit der Gemeinde nur wegen überörtlicher Belange eingeschränkt werden kann, wenn also die Interessen des örtlichen Raums zurückstehen müssen hinter den Belangen eines größeren Bereichs (BVerfGE 79,127 = NVwZ 1989, 347; eb. BVerwG NVwZ 1993, 167; NVwZ 2004, 220).

> Bsp. a) (BVerfGE 76, 107): Die Stadt Wilhelmshaven muss es hinnehmen, dass ca. ein Drittel ihrer Gemarkung durch ein Landesgesetz als Gebiet für die Ansiedlung von Großindustrie mit Anschluss an ein seeschifffahrtstiefes Fahrwasser vorgesehen wird, weil sie über den einzigen dafür geeigneten Hafen verfügt.
> b) (BVerfGE 56, 298): Die Anlage eines Militärflugplatzes ist auch dann zulässig, wenn dadurch die bauliche Nutzung des Gemeindegebiets eingeschränkt wird.
> c) (BVerwGE 74, 124 = NJW 1986, 2447): Die Anlage eines Truppenübungsplatzes der Bundeswehr kann eine zulässige Einschränkung der Planungshoheit der Gemeinde darstellen.

11 Die Gemeinden können sich nach § 205 BauGB zu einem **Planungsverband** zusammenschließen, der anstelle der Gemeinden die Bauleitpläne aufstellt; die Planungshoheit geht also auf den Planungsverband über (Ernst/Zinkahn/Bielenberg § 205 Rdnr. 9; Brügelmann/Grauvogel § 205 Rdnr. 22; Schmidt-Eichstaedt NVwZ 1997, 846). Nach § 205 Abs. 2 BauGB kann ein Planungsverband auch zwangsweise geschaffen werden, wenn dieses zum Wohle der Allgemeinheit dringend geboten ist (OVG Lüneburg BRS 28 Nr. 16).
Ein solcher Planungsverband ist insbesondere bei Planungsmaßnahmen sinnvoll, die über das Gebiet einer Gemeinde hinausgehen. Freilich kann die erforderliche Koordination auch durch eine interkommunale Abstimmung bei der Aufstellung verfahrensmäßig getrennter, aber inhaltlich übereinstimmender Bebauungspläne erfolgen.

> Bsp. (VGH Mannheim VBlBW 1983, 106): Durch zwei Bebauungspläne benachbarter Gemeinden wird eine Teststrecke für die Fa. Daimler-Benz geplant. Der VGH Mannheim hielt die Bildung eines Planungsverbands nicht für notwendig.

12 Speziell für Hessen ist zu beachten, dass für das Gebiet des Ballungsraums Frankfurt/Rhein-Main, dessen räumliche Erstreckung sich aus § 2 Abs. 1 des Gesetzes zur Stärkung der kommunalen Zusammenarbeit im Ballungsraum Frankfurt/Rhein-Main v. 19.12.2000 (GVBl. I S. 542) ergibt, der Regionalplan der Planungsregion Südhessen zugleich die Funktion eines gemeinsamen Flächennutzungsplans nach § 204 BauGB übernimmt. Die Festlegungen nach § 9 Abs. 4 HLPG, die zugleich Darstellungen nach § 5 BauGB sind, bedürfen übereinstimmender Beschlüsse der Regionalversammlung der Planungsregion und der Verbandskammer des Planungsverbands. Schwierigkeiten können daraus entstehen, dass der Ballungsraum Frankfurt/Rhein-Main nur einen Teil der Planungsregion Südhessen, d.h. des Regierungsbezirks Darmstadt, umfasst. Der Hessische Staatsgerichtshof hat in seinem Urteil vom 04.05.2004 (NVwZ-RR 2004, 713) festgestellt, dass die Übertragung der Aufgabe der Aufstellung, Änderung und Aufhebung des Flächennutzungsplans auf den Planungsverband mit der kommunalen Selbstverwaltungsgarantie nach Art. 137 HV vereinbar ist, da die Übertragung der Flächennutzungsplanung im dringenden öffentlichen Interesse liege. Auch der vielfach kritisierte Gebietszuschnitt des Planungsverbandes, der z.B. die Städte Wiesbaden und Darmstadt nicht erfasst, sei verfassungsgemäß.

2. Erforderlichkeit der Bauleitplanung

13 Staatliche oder kommunale Planungen werden nicht um ihrer selbst willen vorgenommen,

A. Bauleitplanung

sondern zur Verfolgung bestimmter öffentlicher Aufgaben, die nicht isoliert wahrgenommen werden können, weil sie der Koordinierung mit anderen öffentlichen Belangen oder privaten Interessen bedürfen; insoweit gilt für die Bauleitplanung nichts anderes als für die verschiedenen Fachplanungen (BVerwG NVwZ 1989, 664; OVG Berlin BauR 2000, 1295). Für alle Planungsentscheidungen ist ein dreistufiges Prüfungsschema üblich; es ist zu prüfen, ob
1. der Bebauungsplan erforderlich ist,
2. gesetzliche Planungsleitsätze (Planungsschranken) zu beachten sind,
3. das Abwägungsgebot beachtet worden ist.

Dieses Prüfungsschema bietet sich auch für die Bauleitplanung an.

Nach § 1 Abs. 3 BauGB haben die Gemeinden die Bauleitpläne aufzustellen, sobald und soweit es für die städtebauliche Entwicklung und Ordnung erforderlich ist (s. dazu Weyreuther DVBl 1981, 369; Brügelmann/Gierke § 1 Rdnr. 148 ff.). Daraus folgt zunächst, dass das Aufstellen der Bauleitpläne nicht in das Ermessen der Gemeinde gestellt ist, sondern eine Rechtspflicht darstellt, sobald das Tatbestandsmerkmal der Erforderlichkeit vorliegt (BVerwGE 34, 301; NVwZ 2004, 220). Es handelt sich dabei um eine Selbstverwaltungsangelegenheit der Gemeinde. 14

Die **Erforderlichkeit** i.S.d. § 1 Abs. 3 BauGB ist ein unbestimmter Rechtsbegriff, der grundsätzlich voller gerichtlicher Kontrolle unterliegt (BVerwGE 34, 301). Dieser Grundsatz wird in der baurechtlichen Praxis freilich dadurch relativiert, dass in die Erforderlichkeit zahlreiche Prognosen über die zukünftige Entwicklung, etwa den Bedarf an Wohnungen, Gewerbeflächen, öffentlichen Einrichtungen oder Verkehrswegen einfließen und außerdem die Erforderlichkeit sich generell nach der planerischen Konzeption der Gemeindevertretung über die zukünftige Entwicklung der Gemeinde bestimmt (BVerwG NJW 1995, 2572; NVwZ 1999, 1338; NVwZ 2004, 220).

Die planerische Konzeption der Gemeinde als solche ist nicht überprüfbar (BVerfG NVwZ 2003, 71); insbesondere ist ein akutes Bedürfnis für neues Baugelände nicht erforderlich (VGH Mannheim ESVGH 19, 220; NVwZ-RR 2001, 716). Die planerische Konzeption muss sich allerdings im Rahmen des nach der vorgegebenen Situation (Lage und bisherige Funktion der Gemeinde) Vertretbaren halten. Sofern dieses der Fall ist, kommt eine verwaltungs**gerichtliche Kontrolle**, ob die Gemeindevertretung mit ihrer Planungskonzeption für die zukünftige Entwicklung des Ortes die optimale Lösung gefunden hat, nicht in Betracht (BVerwG E 34, 301; E 92, 8 = NVwZ 1993, 1102). 15

Die Erforderlichkeit eines Bauleitplans ist nicht nur dann gegeben, wenn öffentliche Belange ohne den Bauleitplan einen größeren Schaden erleiden würden. 16

Bsp. (VGH Mannheim VBlBW 1993, 428): Die Stadt Konstanz weist eine Fläche am Ortsrand als landwirtschaftliche Nutzfläche aus, um ein sich anschließendes Ried zu schützen (s. dazu VGH Mannheim VBlBW 1997, 137).

Es reicht vielmehr aus, wenn es vernünftigerweise geboten ist, die bauliche Entwicklung durch die vorherige Planung zu ordnen (BVerwG E 92, 8 = NVwZ 1993, 1102; NVwZ 1999, 1338; NVwZ-RR 1994, 490; VGH Mannheim NVwZ-RR 2002, 638).

Da das BauGB von dem Grundsatz ausgeht, dass eine Bebauung nur aufgrund vorheriger Planung erfolgen soll (Grundsatz der Planmäßigkeit), ist eine Bauleitplanung zunächst dann nicht erforderlich, wenn sie auf keiner planerischen Konzeption beruht und deshalb überflüssig ist.

Bsp. (BVerwGE 40, 258): Die Gemeinde weist ein im Außenbereich gelegenes Gelände als landwirtschaftliches Gebiet aus, um sicherzustellen, dass die Gewinnung der dort vorkommenden Braunkohle nicht durch eine Bebauung erschwert wird. Der Bebauungsplan ist überflüssig, weil im Außenbereich auch ohne Bebauungsplan eine landwirtschaftliche Nutzung nach § 35 Abs. 1 Nr. 1 BauGB zulässig und eine Bebauung mit sonstigen Gebäuden unzulässig ist, sodass sich an der bauplanungsrechtlichen Situation durch den Bebauungsplan nichts ändert.

Bebauungspläne sind ferner nicht erforderlich, wenn sie nur dazu dienen, den begünstigten Grundstückseigentümern den Verkauf von Baugelände zu ermöglichen, obwohl die Gemeinde in diesem Bereich keine Bebauung wünscht (VGH Mannheim ESVGH 16, 21), eine sonst unzulässige und städtebaulich verfehlte Bebauung ermöglicht werden soll – sog. Gefälligkeitsplanung – (vgl. BVerwG BauR 1997, 263; NVwZ 1999, 1338; VGH Mannheim NVwZ-RR 1997, 684; NVwZ 1996, 271) oder wenn lediglich eine bauliche Fehlentwicklung im Interesse der Grundstückseigentümer »legalisiert« werden soll (OVG Koblenz BauR 1986, 412; VGH Kassel BRS 50 Nr. 7).

17 Die Erforderlichkeit eines Bebauungsplans kann aber nicht stets schon deswegen in Zweifel gezogen werden, weil seine Aufstellung auf private Bauwünsche zurückgeht. Es ist in der Praxis sogar beinah die Regel, dass die Gemeinden nicht sozusagen ins Blaue planen, sondern Bauinteressenten den Anstoß für eine Bauleitplanung geben. Dieses ist unbedenklich, wenn die Gemeinde mit dem Bebauungsplan nicht ausschließlich private Bauwünsche fördern, sondern die städtebauliche Ordnung fortentwickeln will (BVerwG NVwZ-RR 1994, 490; VGH Mannheim NVwZ 1996, 271; NVwZ-RR 1997, 684).

Bsp. (OVG Münster NVwZ 1999, 79): Eine Stadt im Ruhrgebiet stellt auf Anregung eines Kaufhauskonzerns auf dem Gelände einer ehemaligen Kohlenzeche einen Bebauungsplan für ein Sondergebiet »Warenhaus« nach § 11 Abs. 3 BauNVO mit 16.000 m^2 Verkaufsfläche auf.

Nicht erforderlich ist ein Bebauungsplan ferner dann, wenn seine Festsetzungen sich aus tatsächlichen oder rechtlichen Gründen nicht verwirklichen lassen (BVerwG NVwZ 1999, 1338); hierzu zählen auch unüberwindbare finanzielle Hindernisse (BVerwG NVwZ 2002, 1510).

18 Die Erforderlichkeit bezieht sich nur auf den Bebauungsplan als solchen, nicht auch auf die einzelnen Festsetzungen BVerwG (NVwZ 2002, 1510). Die Erforderlichkeit einzelner Festsetzungen ist nach der Rechtsprechung des BVerwG eine Frage des Abwägungsgebots (s. Rdnr. 45 ff.). Die einzelnen Festsetzungen sind erforderlich, soweit sie der Umsetzung der auf Grund der Abwägung getroffenen Planungsentscheidung dienen.

19 Auch wenn die Aufstellung eines Bebauungsplans nach § 1 Abs. 3 BauGB erforderlich ist, kann nur die **Kommunalaufsicht** nach §§ 135 ff. HGO die Gemeinde zur Aufstellung eines Bebauungsplans zwingen (BVerwG NVwZ 2004, 220; VGH Mannheim ESVGH 14, 197). Den an einer Bebauung ihrer Grundstücke interessierten Grundstückseigentümern steht dagegen nach § 2 Abs. 3 BauGB kein Anspruch auf Aufstellung eines Bebauungsplans zu und ebenso wenig auf Änderung eines bestehenden Bebauungsplans; dieser Grundsatz gilt ausnahmslos (BVerwG NJW 1977, 1979; NVwZ 1983, 92; BauR 1997, 263). Ebenso wenig gibt es einen Anspruch auf Fortführung einer begonnenen Bauleitplanung (BVerwG BauR 1997, 263) oder auf Fortbestand der bestehenden Bauleitplanung (BVerwG DVBl 1969, 213; VGH Mannheim BauR 1973, 173). Die Gemeinde kann unter denselben Voraussetzungen, unter denen ein Bebauungsplan aufgestellt wird, auch einen bestehenden Bebauungsplan ändern. Wenn dadurch die bauliche Nutzung von Grundstücken im Bebauungsplangebiet eingeschränkt oder aufgehoben wird, entstehen allerdings Entschädigungsansprüche nach § 42 BauGB (hierzu Breuer DÖV 1978, 189; Birk NVwZ 1984, 1).

20 Schließlich erkennt die Rechtsprechung auch keinen Plangewährleistungsanspruch an, d.h. einen Anspruch auf Schaffung des durch den Bebauungsplan vorgesehenen Zustands (BVerwG BRS 22 Nr. 185; Brohm § 8 Rdnr. 15 und 18; s. auch Thiele DÖV 1980, 109).

Bsp. (VGH Mannheim BRS 25 Nr. 1): Wenn der Bebauungsplan eine öffentliche Grünfläche ausweist, besteht weder ein Anspruch der Bewohner des Plangebiets auf Schaffung der Grünfläche noch auf ein Einschreiten der Bauaufsicht gegen eine Zweckentfremdung der Grünfläche als Abstellplatz für Kraftfahrzeuge.

3. Gesetzliche Schranken der Bauleitplanung

a) Allgemeines

Die Gemeinde kann sich bei der Aufstellung der Bauleitpläne nicht auf »planerisch freiem **21**
Feld« betätigen, sondern unterliegt vielfältigen tatsächlichen und rechtlichen Bindungen. Das
BVerwG (E 45, 309) spricht daher zu Recht davon, dass häufig mehr Bindung als Freiheit
besteht. Dabei ist bei den rechtlichen Bindungen zu unterscheiden zwischen zwingenden
gesetzlichen Anforderungen, die der Planungsentscheidung zugrunde zu legen sind, z.B. die
Ziele der Landesplanung (§ 1 Abs. 4 BauGB) und sog. Optimierungsgeboten, bei denen nur
eine möglichst optimale Lösung anzustreben ist (BVerwG NVwZ 1991, 69; NVwZ 1997, 165;
Hoppe DVBl 1992, 854; Bartlsperger DVBl 1996, 1), z.b. die Trennung von Wohngebieten und
immissionsträchtigen Anlagen (§ 50 BImSchG), der sparsame Umgang mit Grund und Boden
(§ 1a Abs. 2 BauGB) sowie den Naturgütern (§ 2 Abs. 1 Nr. 2 BNatSchG) oder der Schutz der
Gewässer (§ 1a WHG).
Während die zwingenden gesetzlichen Schranken sozusagen vor die Klammer zu ziehen
sind, also außerhalb der Abwägung stehen, muss bei **Optimierungsgeboten** gerade im
Wege der Abwägung eine dem gesetzlichen Auftrag entsprechende Lösung gefunden werden.
Optimierungsgebote können also anders als gesetzliche Schranken der Abwägung auch
im Wege der Abwägung überwunden werden, d.h. hinter anderen öffentlichen Belangen
zurückgestellt werden (BVerwG E 71, 163 = NVwZ 1986, 82).

b) Ziele der Raumordnung und Landesplanung (§ 1 Abs. 4 BauGB)

Nach § 1 Abs. 4 BauGB sind die Bauleitpläne den Zielen der Raumordnung und Landes- **22**
planung anzupassen (s. dazu BVerwG E 90, 329 = NVwZ 1993, 167; NVwZ 2004, 220;
VGH Kassel ESVGH 52, 244 = BRS 65 Nr. 2; VGH Mannheim VBlBW 2002, 200; VBlBW
1998, 177; Brohm § 12 Rdnr. 7 ff.; Spannowsky DÖV 1997, 757). Diese haben gemäß § 7
HLPG ihren Niederschlag gefunden im Landesentwicklungsplan Hessen 2000 vom 13.12.2000
(GVBl. 2001 I, S. 2). Sein Inhalt besteht insbesondere aus der Festsetzung von Ober- und
Mittelzentren, Entwicklungsachsen und Verdichtungsräumen sowie von Trassen und Standorten für Verkehrs- und Versorgungsinfrastruktur einschließlich der Energieerzeugung und
-verteilung (§ 7 Abs. 2 HLPG). Er hat einen Planungshorizont von zehn Jahren (§ 7 Abs. 6
HLPG) und wird als Rechtsverordnung erlassen (§ 7 Abs. 4 HLPG). Der VGH Kassel hat den
Landesentwicklungsplan Hessen 2000 insoweit für nichtig erklärt, als er bestimmte Vorgaben
zur Erweiterung des Frankfurter Flughafens enthielt (ESVGH 52, 244 = BRS 65 Nr. 2). Neben
dem Landesentwicklungsplan sieht das HLPG noch Regionalpläne vor. Diese werden von den
Regionalversammlungen der jeweiligen Planungsregionen, die mit den Regierungsbezirken
identisch sind, aufgestellt und weisen insbesondere Grundzentren, Siedlungsbereiche für
Wohnen und Gewerbe einschließlich der Zuwachsflächen, regionale Grünzüge sowie Hochwasserschutzgebiete und Gebiete zur Gewinnung von Rohstoffvorkommen aus (§ 9 Abs. 4 HLPG).
Die Regionalpläne haben einen Planungshorizont von fünf Jahren (§ 10 Abs. 7 HLPG). Sie sind,
wie Flächennutzungspläne, hoheitliche Maßnahmen eigener Art (VGH Kassel ESVGH 53, 39 =
BRS 65 Nr. 3[L]). Der **Regionalplan** Südhessen übernimmt für das Gebiet des Ballungsraums
Frankfurt/Rhein-Main zugleich die Funktion eines gemeinsamen Flächennutzungsplans nach
§ 204 BauGB (s. dazu oben Rdnr. 12). Allerdings wurde der Regionalplan Südhessen 2000
vom VGH Kassel zwischenzeitlich für nichtig erklärt (Beschl. v. 26.07.2004, 4 N 406/04),
weil ihn die Landesregierung durch bei der Genehmigung beigefügte Nebenbestimmungen
unzulässig einseitig verändert hatte. Er ist jedoch nunmehr – ohne Nebenbestimmungen – von
der Landesregierung erneut beschlossen worden.

Die angeführten Pläne stellen Ziele der Raumordnung und Landesplanung dar (§ 4 Abs. 1 HLPG). Die Gemeinde muss deshalb bei der Aufstellung von Bauleitplänen gemäß § 1 Abs. 4 BauGB von den Festsetzungen der Landesplanung ausgehen; diese sind als vorgegebene Beschränkung der Planungshoheit auch nicht Teil der Abwägung nach § 1 Abs. 7 BauGB (BVerwG E 90, 329 = NVwZ 1993, 167; NVwZ 2004, 220; VGH Mannheim VBlBW 1998, 177; VGH Kassel NuR 1993, 34). Die Bindung an die Landesplanung darf allerdings nicht so weit gehen, dass der Gemeinde kein eigener Planungsfreiraum mehr verbleibt (OVG Münster NVwZ 1993, 537); Einzelne detaillierte Festsetzungen sind aber zulässig (VGH Mannheim VBlBW 2002, 200). Eine Bindung der Gemeinde an die Landesplanung setzt ferner voraus, dass die Gemeinde bei der Festlegung der Ziele der Landesplanung beteiligt worden ist (BVerwGE 95, 123 = NVwZ 1995, 267). Das bedeutet zwar nicht, dass die Gemeinde ihre Zustimmung erteilt haben muss, sie muss aber zumindest gehört worden sein, sodass ihre planerischen Vorstellungen in die landesplanerische Entscheidung einfließen konnten. Deshalb bestimmt § 2 Abs. 4 HLPG, dass die Instrumente der Raumordnung so anzuwenden sind, dass die kommunalen Gebietskörperschaften die Angelegenheiten der örtlichen Gemeinschaft selbstverantwortlich gestalten und auf die Ziele der Landesplanung Einfluss nehmen können. Im sog. Gegenstromprinzip soll die Landesentwicklung die Gegebenheiten und Erfordernisse der einzelnen Teilräume berücksichtigen.

Die in den Regionalplänen enthaltenen Ziele der Raumordnung sind Rechtsvorschriften im Sinne des § 47 Abs. 1 Nr. 2 VwGO, die von den betroffenen Gemeinden mit der Normenkontrolle angegriffen werden können, auch wenn der Regionalplan nicht in Form eines Rechtssatzes ergeht (BVerwG NVwZ 2004, 614; entgegen VGH Kassel ESVGH 53, 39 = BRS 65 Nr. 3[L]). Der Normenkontrollantrag ist gegen das Land, nicht gegen die Regionalversammlung zu richten (VGH Kassel a.a.O.).

c) Interkommunale Rücksichtnahme (§ 2 Abs. 2 BauGB)

23 Die Gemeinden müssen bei der Aufstellung von Bauleitplänen auch die Planungen anderer Planungsträger berücksichtigen, insbesondere die Planung benachbarter Gemeinden sowie überörtlicher Planungsträger (BVerwGE 117, 25 = NVwZ 2003, 86; VGH Mannheim VBlBW 2000, 479; Uechtritz NVwZ 2003, 177; Stühler VBlBW 1999, 206). Nach § 2 Abs. 2 BauGB sollen die Bauleitpläne benachbarter Gemeinden aufeinander abgestimmt werden. Diese Vorschrift beinhaltet die **materielle Abstimmungspflicht** zwischen Gemeinden bei der Aufstellung von Bauleitplänen, d.h. die Verpflichtung, auf die Belange der Nachbargemeinde Rücksicht zu nehmen. Die **formelle Abstimmungspflicht**, d.h. die Anhörung der Nachbargemeinde bei der Aufstellung eines Bauleitplans, ist demgegenüber in § 4 BauGB geregelt. Das BVerwG (E 40, 323) begründet dieses mit dem Hinweis auf § 7 BauGB. Wäre nämlich die Nachbargemeinde nicht beteiligte Behörde nach § 4 BauGB, dann wäre sie an den Flächennutzungsplan nicht gebunden; dieses Ergebnis kann nicht richtig sein. Wenn aber § 4 BauGB die formelle Abstimmungspflicht regelt, dann muss § 2 Abs. 2 BauGB sich auf die materielle Abstimmung beziehen. § 2 Abs. 2 BauGB geht § 1 Abs. 5 BauGB als lex specialis vor, soweit es um die Berücksichtigung der Belange der Nachbargemeinde geht.

Bsp. a) (BVerwGE 40, 323): Die Pflicht zur interkommunalen Rücksichtnahme ist verletzt, wenn eine Gemeinde unmittelbar an der Gemeindegrenze im Anschluss an die Bebauung auf der Nachbarmarkung ein neues Wohngebiet ausweist, obwohl dieses Wohngebiet von dem bebauten Gebiet der planenden Gemeinde mehrere Kilometer entfernt liegt. Das BVerwG verlangt, dass vor der Aufstellung eines solchen Bebauungsplans mit der Nachbargemeinde eine Vereinbarung über die sog. Folgelasten (Schule, kulturelle und soziale Einrichtungen, Erschließungsanlagen) geschlossen wird, weil die Bewohner des neuen Baugebiets erfahrungsgemäß die Einrichtungen der Nachbargemeinde benutzen werden; nach der Realisierung des Projekts befindet sich die Nachbargemeinde aber in einer unzumutbaren Verhandlungsposition über einen eventuellen finanziellen Ausgleich.

A. Bauleitplanung 23

b) (VGH Mannheim NJW 1977, 1465): Die Ausweisung eines Sondergebiets »Einkaufszentrum« – Massa-Markt – verstößt i.d.R. nicht gegen das Gebot der interkommunalen Rücksichtnahme, auch wenn dadurch wirtschaftliche Nachteile für die Nachbargemeinde entstehen können. Denn das Gebot der Rücksichtnahme verlangt von der planenden Gemeinde nicht, die eigene wirtschaftliche Entwicklung zurückzustellen, um die Nachbargemeinde zu schonen, sofern es nicht zu einer unzumutbaren Gefährdung der Infrastruktur der Nachbargemeinde kommt (vgl. auch OVG Weimar UPR 1997, 376; VGH München NVwZ-RR 2000, 822; VGH Mannheim VBlBW 2000, 479).
c) (BVerwG NVwZ 1990, 464): Es verstößt gegen § 2 Abs. 2 BauGB, wenn die Gemeinde unmittelbar an der Grenze in der Nachbarschaft eines Wohngebiets der Nachbargemeinde einen Schlachthof plant (das gleiche gilt für eine Windkraftanlage – OVG Lüneburg NVwZ 2001, 452).

Die Pflicht zur interkommunalen Rücksichtnahme setzt nicht voraus, dass die Nachbargemeinde bereits ihre Planungsvorstellungen verwirklicht hat oder aber diese Planungsabsichten zumindest hinreichend konkretisiert worden sind oder gemeindliche Einrichtungen erheblich beeinträchtigt werden (BVerwG E 84, 209 = NVwZ 1990, 464; NVwZ 1995, 694).

d) Fachplanerische Vorgaben

Die Bauleitplanung der Gemeinde kann sich schließlich auch nicht über die Fachplanungen **24** anderer Planungsträger (Straßenbau, Wasserschutz, Naturschutz, Abfallbeseitigung u.a.) einfach hinwegsetzen. Das Verhältnis der Bauleitplanung zur Fachplanung bereitet erhebliche rechtliche Schwierigkeiten (s. dazu BVerwG E 70, 244 = NVwZ 1985, 414; E 79, 318 = NJW 1989, 244; NVwZ-RR 1991, 118; Erbguth NVwZ 1989, 608 und NVwZ 1995, 243; Schmidt-Eichstaedt NVwZ 2003, 129; Dippel NVwZ 1999, 921). Die normativen Regelungen zur Lösung von Konflikten zwischen Bauleitplanung und Fachplanung sind unzureichend (s. dazu oben Rdnr. 9, unten Rdnr. 45).

e) Naturschutzrechtliche Eingriffsregelung (§ 1a Abs. 3 BauGB)

Nach §§ 1a Abs. 3 BauGB, 21 Abs. 1 BNatSchG ist bei der Bauleitplanung auch die Vermeidung **25** und der Ausgleich der zu erwartenden Eingriffe in Natur und Landschaft (Eingriffsregelung nach §§ 18 ff. BNatSchG) zu berücksichtigen (s. dazu Anger NVwZ 2003, 319; Lütkes BauR 2003, 983). Ein **Eingriff in Natur und Landschaft** nach § 18 Abs. 1 BNatSchG ist bei allen erheblichen Beeinträchtigungen des Naturhaushalts oder des Landschaftsbilds gegeben, was praktisch bei allen größeren Bauvorhaben in einem bisher baulich nicht genutzten Bereich der Fall ist (BVerwGE 112, 41 = NVwZ 2001, 560; NVwZ 1991, 364).
§ 19 Abs. 1 BNatSchG verlangt, dass eine vermeidbare Beeinträchtigung von Natur und Landschaft unterlassen wird.
§ 19 BNatSchG spricht von der Vermeidbarkeit der Beeinträchtigung, nicht etwa der Vermeid- **26** barkeit der eingreifenden Maßnahme. Letztlich kann nämlich jeder Eingriff dadurch vermieden werden, dass er unterlassen wird (BVerwG NVwZ 1997, 914; VGH Mannheim VBlBW 2001, 362). Es kommt nach der zitierten Rechtsprechung darauf an, ob die Maßnahme an der vorgesehenen Stelle auch ohne eine Beeinträchtigung von Natur und Landschaft verwirklicht werden kann oder ob die Beeinträchtigung zumindest minimiert werden kann.
Ist eine Beeinträchtigung in diesem Sinne unvermeidbar, schreibt § 19 Abs. 2 BNatSchG einen Ausgleich oder eine Kompensation durch Maßnahmen zugunsten der Natur vor (Müller UPR 1999, 259).
Ein Ausgleich bedeutet nach § 19 Abs. 2 BNatSchG die Wiederherstellung der früheren Funktion des Naturhaushalts, eine Kompensation die Ersetzung des früheren Zustands durch einen ökologisch gleichwertigen Zustand des Naturhaushalts; die Abgrenzung ist im Detail außerordentlich schwierig, aber praktisch nicht von Bedeutung. Ist ein Ausgleich oder eine Kompensation nicht möglich, kann das Vorhaben gleichwohl verwirklicht werden, wenn dafür überwiegende sonstige öffentliche Belange sprechen (§ 19 Abs. 3 BNatSchG).

27 Die früher streitige Frage, ob die Verpflichtung der Gemeinde, in der **Abwägung** über einen Ausgleich zu entscheiden, eine zwingende Verpflichtung im Sinne eines Planungsleitsatzes darstellt oder aber der Ausgleich im Rahmen der Abwägung auch »wegabgewogen« werden kann, ist durch § 1a Abs. 2 Nr. 2 BauGB 1998 (nunmehr § 1a Abs. 3 BauGB 2004) im letzten Sinn entschieden worden. Wenn dort von »berücksichtigen« gesprochen wird, so bedeutet dieses, dass die Gemeinde sich Gedanken über einen Ausgleich machen muss (BVerwG E 104, 68; NVwZ 1997, 1213; OVG Münster NVwZ-RR 1999, 113); die Gemeinde ist aber nicht dazu verpflichtet, auch tatsächlich ausgleichende Maßnahmen im Bebauungsplan vorzusehen (VGH Mannheim NVwZ-RR 2002, 9; Uechtritz NVwZ 1997, 1182; Schmidt NVwZ 1998, 337). Die Gemeinde kann im Rahmen der Abwägung sich auch für einen Verzicht auf einen Ausgleich entscheiden, wenn dieser z.B. sehr kostenaufwendig ist oder ökologisch nur eine geringfügige Verbesserung bringt.

28 § 1a Abs. 3 Satz 3 BauGB sieht vor, dass Ausgleichsmaßnahmen auch an anderer Stelle als der des Eingriffs vorgesehen werden können; die Festsetzung solcher Maßnahmen kann nach § 9 Abs. 1a BauGB auch in einem eigenständigen Bebauungsplan außerhalb des Plangebiets des Bebauungsplans, der den Eingriff vorsieht, enthalten sein (s. dazu Battis/Krautzberger/Löhr NVwZ 1997, 1153; Uechtritz NVwZ 1997, 1185). Außerdem kann nach §§ 1a Abs. 3, 11 Abs. 1 Nr. 3 BauGB der Ausgleich für Eingriffe in Natur und Landschaft auch in einem städtebaulichen Vertrag geregelt werden (s. dazu BVerwG NVwZ 1997, 1216; VGH Mannheim NVwZ 1998, 418; Mitschang ZfBR 1999, 125) oder auf sonstige Weise erfolgen.

29 Die im Bebauungsplan vorgesehenen Ausgleichs- und Ersatzmaßnahmen sind nach § 135a BauGB entweder vom Bauherrn selbst oder aber – was in der Regel sinnvoller ist – von der Gemeinde im Wege des sog. Sammelausgleichs zu verwirklichen (s. dazu Quaas NVwZ 1995, 840; Kluge BauR 1995, 289). Die Gemeinde kann die ihr entstandenen Kosten nach § 135a Abs. 2–4 BauGB auf die Grundstückseigentümer umlegen (s. dazu Steinfort KStZ 1995, 91; Birk VBlBW 1998, 81; Bunzel BauR 1999, 3).

30 Neben der Berücksichtigung der naturschutzrechtlichen Eingriffsregelung schreibt § 1 Abs. 6 Nr. 7 b und g BauGB noch die Berücksichtigung der Landschaftsplanung (§§ 3–4 HeNatG) sowie die Berücksichtigung der Fauna-Flora-Habitat-Richtlinie (FFH-RL) der EU (s. dazu §§ 32 ff. BNatSchG sowie Stüer NVwZ 2002, 1164; Gellermann NVwZ 2002, 1202; Michler VBlBW 2004, 84; Schink BauR 1998, 1163; Thyssen DVBl 1998, 577; Polenz-v.Hahn VBlBW 1998, 210) vor. Die Landschaftspläne sind in Hessen nach § 3 Abs. 4 Satz 1 HeNatG in die Bauleitpläne aufzunehmen, sodass eine Kollision zwischen Bauleitplänen und Landschaftsplänen schon aus diesem Grund ausscheidet. Die FFH-RL bedarf nach § 33 BNatSchG der Umsetzung durch die Ausweisung von Natur- und Landschaftsschutzgebieten. Allerdings muss die Gemeinde bereits vor der förmlichen Unterschutzstellung eines Gebiets die FFH-Gebiete bei der Aufstellung von Bebauungsplänen berücksichtigen und darf sie nicht durch Maßnahmen der Bauleitplanung erheblich beeinträchtigen (§ 1a Abs. 4 BauGB).

f) Umweltverträglichkeitsprüfung (§ 2 Abs. 4, § 2a BauGB)

31 Die Neufassung des BauGB durch das EAG-Bau vom 30.04.2004 hat zu einer erheblichen Ausweitung der Umweltverträglichkeitsprüfung in der Bauleitplanung geführt. Während zuvor nur bei wenigen Großprojekten (insbes. Feriendörfer, Hotelkomplexe, Einkaufszentren und großflächigen Einzelhandelsbetrieben ab 5000 m^2 Verkaufsfläche sowie Anlagen zur Massentierhaltung) eine Umweltverträglichkeitsprüfung (UVP) notwendig war, schreibt § 2 Abs. 4 BauGB 2004 nunmehr für alle Bauleitpläne eine Umweltverträglichkeitsprüfung vor (s. dazu Krautzberger/Stüer BauR 2003, 1301); ausgenommen sind allerdings nach § 13 Abs. 3 BauGB Bebauungspläne, die die Grundzüge der Planung nicht berühren und daher im vereinfachten Verfahren nach § 13 Abs. 1 BauGB erstellt werden können. Die UVP ist vor allem deshalb

bedeutsam, weil sie zu einer systematischen Erfassung aller Umweltauswirkungen führt; der genaue Inhalt des Prüfungsprogramms ergibt sich aus der Anlage zu § 2 Abs. 4 und § 2 a. Das Ergebnis der UVP ist dann nach § 2a Nr. 2 BauGB in einem Umweltbericht zusammen zu fassen, der Teil der Begründung des Flächennutzungsplans und des Bebauungsplans ist.
Außerdem ergibt sich aus dem Unterbleiben einer Umweltverträglichkeitsprüfung noch kein Fehler, der zur Ungültigkeit des Bebauungsplans führt; es muss hinzukommen, dass die unterbliebene Umweltverträglichkeitsprüfung sich auf die Abwägung ausgewirkt hat (§ 214 Abs. 1 Nr. BauGB – vgl. BVerwG NVwZ 1996, 788 und 1016; Dolde/Menke NJW 1999, 1076).
Außerdem könnte der Fehler häufig in einem ergänzenden Verfahren (§ 214 Abs. 4 BauGB) behoben werden, sofern die Grundkonzeption des Bebauungsplans nicht betroffen ist (Rinkel DVBl 2001, 1377).
Die Gemeinde ist nach § 4c BauGB verpflichtet, die Auswirkungen des Bebauungsplans auf die Umwelt zu überwachen.

g) Die Abhängigkeit des Bebauungsplans vom Flächennutzungsplan

Entwicklungsgebot (§ 8 Abs. 2 Satz 1 BauGB)
Nach § 1 Abs. 2 BauGB unterteilt sich der Oberbegriff »Bauleitplan« in den Flächennutzungsplan (vorbereitender Bauleitplan) und den Bebauungsplan (verbindlicher Bauleitplan). **32**
Während der Bebauungsplan nach § 10 BauGB als Satzung beschlossen wird, enthält das BauGB keine Aussage über die **Rechtsnatur des Flächennutzungsplans**. Der Flächennutzungsplan ist nach der Ausgestaltung, die er in §§ 5 ff. BauGB gefunden hat, keine Satzung (BVerwG BauR 1990, 685; NVwZ 2004, 614), denn er wirkt nach § 7 BauGB nur gegenüber Behörden (s. dazu Rdnr. 9 a.E.), nicht aber gegenüber dem Bürger (eine mittelbare Außenwirkung entfaltet der Flächennutzungsplan allerdings über § 35 Abs. 3 Nr. 1 BauGB). Da der Flächennutzungsplan nicht in das herkömmliche System der verwaltungsrechtlichen Institutionen passt, wird er überwiegend als **hoheitliche Maßnahme eigener Art** bezeichnet (VGH Kassel HessVGRspr. 1969, 35; Battis/Krautzberger/Löhr § 5 Rdnr. 45).
Der Flächennutzungsplan erstreckt sich nach § 5 Abs. 1 BauGB über das gesamte Gemeindegebiet. Er enthält die grobmaschige Planung (BVerwG E 26, 287 = NJW 1967, 385; E 48, 70 = NJW 1975, 1985; NVwZ-RR 2003, 406). Im Flächennutzungsplan werden deshalb nach §§ 5 Abs. 2 BauGB, 1 Abs. 1 BauNVO i.d.R. nur Bauflächen, nicht bereits einzelne Baugebiete dargestellt, ferner finden nur die überörtlichen Verkehrswege sowie die innerörtlichen Hauptverkehrszüge, nicht dagegen sonstige Straßen Berücksichtigung.
Auf der Basis dieser grobmaschigen Planung (BVerwGE 48, 70 spricht von grobem Raster) **33** des Flächennutzungsplans ist nach § 8 Abs. 2 BauGB der Bebauungsplan aufzustellen. Der Bebauungsplan muss allerdings dem Flächennutzungsplan nicht in allen Einzelheiten entsprechen, vielmehr ist der Bebauungsplan aus dem Flächennutzungsplan zu entwickeln, d.h. die Planungskonzeption des Flächennutzungsplans ist fortzuschreiben, darf aber in den Grundentscheidungen nicht verändert werden (BVerwGE 48, 70; 70, 171 = NVwZ 1985, 485; NVwZ 2000, 197; NVwZ-RR 2003, 406).

Bsp. a) Wenn der Flächennutzungsplan Gelände als Grünland ausweist, darf die Gemeinde keinen Bebauungsplan für Wohnbaugebiete oder Gewerbegebiete aufstellen (BVerwGE 48, 70; VGH Kassel BRS 46 Nr. 9).
b) Wenn der Flächennutzungsplan Wohnbauflächen vorsieht, dann kann im Bebauungsplan ein Kleinsiedlungsgebiet (OVG Münster BRS 28 Nr. 10), ein Mischgebiet (VGH Kassel NVwZ-RR 1989,346) oder ein Kerngebiet (VGH Mannheim BRS 32 Nr. 9) ausgewiesen werden.
c) Unbedeutende Änderungen der Grenzen des bebauten Gebiets gegenüber dem Außenbereich verstoßen nicht gegen § 8 Abs. 2 BauGB (BVerwG NVwZ 2000, 197); das gleiche gilt für unbedeutende Abweichungen vom Flächennutzungsplan im Innenbereich (BVerwG BRS 35 Nr. 20). Eine Fläche von 2,2 ha kann aber nicht mehr als unbedeutend angesehen werden (BVerwG NVwZ 2000, 197).

d) Kein Entwickeln i.S.d. § 8 Abs. 2 BauGB, wenn statt einer Mischbaufläche ein Industriegebiet ausgewiesen wird (VGH Mannheim BRS 27 Nr. 1).

Freilich können, soweit es erforderlich ist, auch im Flächennutzungsplan bereits gemäß § 1 Abs. 2 BauNVO konkrete Baugebiete festgesetzt werden. Soweit der Flächennutzungsplan bereits derartig konkrete Festsetzungen enthält, bleibt für den Bebauungsplan kaum noch ein eigener Gestaltungsspielraum.

Wenn der Bebauungsplan nicht aus dem Flächennutzungsplan entwickelt wird, also entweder ohne vorherigen Flächennutzungsplan aufgestellt oder aber die Grundkonzeption des Flächennutzungsplans nicht beachtet wird, dann ist der Bebauungsplan nichtig (BVerwGE 48, 70).

34 Ein Verstoß gegen das Entwicklungsgebot ist allerdings nach § 214 Abs. 2 Nr. 2 BauGB unbeachtlich, wenn der Bebauungsplan die sich aus dem Flächennutzungsplan ergebende geordnete städtebauliche Entwicklung nicht beeinträchtigt (OVG Münster NVwZ-RR 2000, 574). Dabei ist auf das gesamte Gemeindegebiet abzustellen (BVerwG NVwZ 2000, 197).

35 Will die Gemeinde einen Bebauungsplan erlassen, der vom Flächennutzungsplan abweicht, dann kann sie nach § 8 Abs. 3 BauGB (s. dazu Seewald DÖV 1981, 849) im sog. **Parallelverfahren** zugleich mit der Aufstellung des Bebauungsplans den Flächennutzungsplan ändern.

Parallelverfahren bedeutet eine zeitliche und inhaltliche Übereinstimmung zwischen Bebauungsplan und Flächennutzungsplan (BVerwG E 70, 171 = NVwZ 1985, 485). Der Bebauungsplan darf allerdings vor dem geänderten Flächennutzungsplan in kraft gesetzt werden, wenn abzusehen ist, dass die Übereinstimmung zwischen Flächennutzungsplan und Bebauungsplan gewahrt wird (§ 8 Abs. 3 Satz 2 BauGB). Ein Verstoß gegen diese Vorschrift berührt nach § 214 Abs. 2 Nr. 4 BauGB nicht die Wirksamkeit des Bebauungsplans.

selbständiger Bebauungsplan (§ 8 Abs. 2 Satz 2 BauGB)

36 Der Grundsatz, dass der Bebauungsplan aus dem Flächennutzungsplan zu entwickeln ist, hat in § 8 Abs. 2 Satz 2 und Abs. 4 BauGB zwei bedeutsame Ausnahmen erfahren.

Ein Flächennutzungsplan ist einmal dann nicht erforderlich, wenn der Bebauungsplan wegen der geringen Bautätigkeit in der Gemeinde zur Gewährleistung der städtebaulichen Ordnung ausreicht; dieses wird allenfalls in kleinen Landgemeinden der Fall sein – abstrakte Betrachtungsweise (VGH Mannheim BauR 1983, 222; VBlBW 1985, 21).

Ein Flächennutzungsplan ist ferner dann entbehrlich, wenn die praktische Bedeutung des Bebauungsplans so unbedeutend ist, dass die Grundkonzeption der Planung von ihm nicht berührt wird – konkrete Betrachtungsweise (VGH Mannheim BWVBl. 1972, 122; BauR 1983, 222; VBlBW 1985, 21; VGH Kassel ESVGH 18, 200).

Bsp. Der Bebauungsplan umfasst nur ein 1,6 ha großes, bereits weitgehend bebautes Gebiet (VGH Mannheim VBlBW 1985, 21).

Wegen der Rechtsfolgen eines Verstoßes gegen § 8 Abs. 2 Satz 2 BauGB s. unten Rdnr. 39.

vorzeitiger Bebauungsplan (§ 8 Abs. 4 BauGB)

37 Hat die Gemeinde keinen wirksamen Flächennutzungsplan, kann sie nach § 8 Abs. 4 BauGB gleichwohl einen Bebauungsplan aufstellen, wenn dringende Gründe dieses erfordern und der Bebauungsplan der beabsichtigten städtebaulichen Entwicklung nicht entgegensteht (s. dazu BVerwG NVwZ 2000, 197). Dringende Gründe sind anzunehmen, wenn die Gründe, die für eine sofortige Aufstellung des Bebauungsplans sprechen, erheblich gewichtiger sind als das Festhalten an dem in § 8 BauGB vorgesehenen Verfahren, dass nämlich der Bebauungsplan aus dem Flächennutzungsplan entwickelt werden muss; auf die Frage, ob die Gemeinde diese Umstände zu vertreten hat, kommt es nicht an (BVerwG NVwZ 1985, 745).

A. Bauleitplanung

Bsp. a) Zur Beseitigung der Wohnungsnot ist dringend die Schaffung weiterer Baugebiete erforderlich (BVerwG NVwZ 1985, 745).
b) Eine Schwarzwaldgemeinde stellt einen Bebauungsplan auf, um die Errichtung eines unerwünschten großen Appartementhauses zu verhindern (VGH Mannheim BRS 38 Nr. 108).
c) Eine Stadt benötigt zur Altstadtsanierung dringend die Ansiedlung eines Kaufhauses (VGH Mannheim VBlBW 1982, 229).

Die Gemeinde ist unter den in § 8 Abs. 4 BauGB angeführten Voraussetzungen zwar berechtigt, einen Bebauungsplan aufzustellen, ohne dass ein Flächennutzungsplan besteht. Das Entwicklungsgebot des § 8 Abs. 2 BauGB verlangt aber, dass die Gemeinde in einem solchen Fall wenigstens nachträglich einen Flächennutzungsplan aufstellt, der die Festsetzungen des Bebauungsplans übernimmt. **38**

§ 8 Abs. 4 BauGB findet auch Anwendung, wenn die Gemeinde zwar einen Flächennutzungsplan aufgestellt hat, dieser aber nichtig ist (BVerwG DVBl 1992, 574; VGH Kassel, Beschl. v. 04.01.1994, IV N 1263/87, n.v.; Beschl. v. 25.07.1996, 4 TG 714/96, n.v.). Wenn die Gemeinde die Zulässigkeit eines selbständigen oder vorzeitigen Bebauungsplans unrichtig beurteilt, dann ist dieses nach **§ 214 Abs. 2 Nr. 1 BauGB** unbeachtlich. Diese Vorschrift findet allerdings nur Anwendung, wenn sich die Gemeinde bewusst ist, dass ein vorzeitiger Bebauungsplan aufgestellt wird, aber infolge fehlerhafter Auslegung des § 8 Abs. 2 oder 4 BauGB die Voraussetzungen dieser Vorschriften für gegeben hält oder sie aus Unkenntnis nicht beachtet. Setzt sich die Gemeinde dagegen vorsätzlich über das Entwicklungsgebot hinweg, dann ist der Bebauungsplan nichtig (BVerwG NVwZ 1985, 745; NVwZ 2000, 197). **39**

h) Allgemeingültige Planungsprinzipien

Die Gemeinde muss schließlich bei der Bauleitplanung auch die allgemein gültigen Planungsleitsätze beachten, die zwar nicht gesetzlich geregelt sind, aber jeder Planung immanent sind und letztlich aus dem Rechtsstaatsprinzip abgeleitet werden (vgl. hierzu Hoppe/Bönker/Grotefels § 5 Rdnr. 155 ff.; Schmidt-Aßmann, Grundsätze der Bauleitplanung, BauR 1978, 99; Brohm § 14 Rdnr. 2 ff.). Die Nichtbeachtung dieser Prinzipien führt dazu, dass der Bebauungsplan wegen eines Verstoßes gegen § 1 BauGB nichtig ist. **40**

Gebot konkreter Planung
Der Bebauungsplan wird nach § 10 BauGB als Satzung erlassen; damit ist die frühere Streitfrage normativ gelöst, ob ein Bebauungsplan seiner Rechtsnatur nach eine Rechtsnorm oder ein Verwaltungsakt ist (s. dazu Brügelmann/Gierke § 10 Rdnr. 11 ff). Während aber eine Rechtsnorm begrifflich eine abstrakt-generelle Regelung ist (Wolff/Bachof/Stober Verwaltungsrecht I, § 24 II), muss der Bebauungsplan konkrete Einzelausweisungen über die zulässige Bebauung oder sonstige Nutzung der von ihm erfassten Grundstücke enthalten. **41**

Bsp. (BVerwGE 50, 114 = NJW 1976, 1329): Die Stadt Frankfurt erlässt einen Begrünungsplan, nach dem im ganzen bebauten Gebiet Freiflächen zu bepflanzen sind und für das Fällen großer Bäume eine Genehmigung erforderlich ist. Das BVerwG hält den Bebauungsplan für nichtig, weil er nicht konkrete Regelungen für ein begrenztes Gebiet enthält, sondern wie ein Gesetz eine abstrakte Regelung für eine unbeschränkte Vielzahl von Fällen in einem mit fortschreitender Bebauung sich ausdehnenden Gebiet zum Inhalt hat.

Gebot äußerer Planungseinheit
Für ein Gebiet darf nur ein Bebauungsplan existieren (VGH Mannheim VBlBW 1983, 106); unschädlich ist nach BVerwGE 50, 114 allerdings, wenn ein späterer Plan einen früheren ergänzt. **42**

Gebot positiver Planung

43 Der Bebauungsplan muss Festsetzungen enthalten, die positiv bestimmen, welche bauliche oder sonstige Nutzung zulässig ist.

Bsp. (VGH Mannheim BauR 1975, 42): Die bauliche Nutzung bestimmter Grundstücke in einem als Industriegebiet ausgewiesenen Bereich wird ersatzlos aufgehoben, um Einsprüche der Eigentümer dieser Grundstücke gegen ein in diesem Bereich geplantes Eros-Center zu verhindern. Der VGH Mannheim hält dieses für unzulässig, da ein Bebauungsplan einen positiven Inhalt haben muss. Eine rein negative Planung kann nicht der städtebaulichen Ordnung dienen, weil dann ein »planloser« Zustand entsteht.

Eine unzulässige »Negativplanung« liegt aber nicht vor, wenn die Gemeinde durch die Aufstellung oder Änderung eines Bebauungsplans eine bauliche Fehlentwicklung verhindern will.

Bsp. a) (BVerwGE 68, 360 = NJW 1984, 1771): Die Gemeinde ändert einen Bebauungsplan, um die unerwünschte Ansiedlung eines Einkaufszentrums zu verhindern.
b) (BVerwG BauR 1991, 165): Die Gemeinde weist eine Außenbereichsfläche als landwirtschaftliche Nutzfläche aus, um den Kiesabbau in einem landschaftlich reizvollen Bereich zu verhindern (eb. BVerwG NVwZ 1991, 62 – Verhinderung von Gipsabbau).

Das BVerwG betont dabei, die Gemeinde könne durch Festsetzung einer landwirtschaftlichen Nutzfläche (BVerwG BauR 1991, 167), durch Festsetzungen für Maßnahmen zum Schutz der Natur gemäß § 9 Abs. 1 Nr. 20 BauGB (BVerwG NVwZ 1991, 62) oder einer Grünfläche gemäß § 9 Abs. 1 Nr. 15 BauGB (BVerwG NVwZ 1989, 655) eine »**Auffangplanung**« zur Erhaltung des status quo betreiben, wenn sie aus städtebaulichen Erwägungen, insbesondere des Naturschutzes und der Landschaftspflege, geboten erscheint. Dagegen reicht das allgemeine Interesse an der Freihaltung von Planungsmöglichkeiten (sog. Freihaltebelang) als planerische Rechtfertigung nicht aus (BVerwG NVwZ 1991, 161).

Bestimmtheitsgebot

44 Der Bebauungsplan muss auch inhaltlich so bestimmt sein, dass die Betroffenen wissen, welchen Beschränkungen ihr Grundstück unterworfen bzw. welchen Belastungen es – insbesondere durch Immissionen – ausgesetzt sein wird.

Bsp. a) (BVerwG NVwZ 1995, 692): Festsetzung einer Fläche für den Gemeinbedarf ohne jede nähere Konkretisierung ist zu unbestimmt.
b) (VGH Mannheim BRS 35 Nr. 8): Eine Festsetzung der Geländehöhe auf »ca. 7,5 m« ist zu unbestimmt.
c) (OVG Münster NVwZ 1984, 452): Nichtig wegen fehlender Bestimmtheit sind ferner widersprüchliche Festsetzungen – eine identische Fläche wird zugleich als Gewerbegebiet und als Fläche für den Gemeinbedarf ausgewiesen.
d) (OVG Münster BRS 50 Nr. 18): Eine fehlende Abgrenzung verschiedener Baugebiete führt zur Nichtigkeit wegen mangelnder Bestimmtheit.
e) (VGH Mannheim VBlBW 1997, 383): Ein Bebauungsplan ist nichtig, wenn in zwei ausgefertigten Planexemplaren die Grenzen des Baugebiets unterschiedlich eingezeichnet sind.
f) (OVG Münster BauR 1997, 436): Ein Ausschluss »zentrumstypischer Einzelhandelsbetriebe« in einem Gewerbegebiet ist wegen Unbestimmtheit nichtig. Dagegen ist es zulässig, bei Einzelhandelsbetrieben einzelne Branchen auszuschließen (BVerwG NVwZ-RR 1999, 9).
g) (VGH Mannheim VBlBW 1997, 383): Ein Bebauungsplan mit zwei divergierenden Plänen ist nichtig (vgl. auch VGH Mannheim VBlBW 1996, 184 – Verwendung von Deckblättern bei Änderung des Bebauungsplans ist zulässig).

Für das Bestimmtheitsgebot gilt allerdings derselbe Grundsatz wie für das Gebot der Konfliktbewältigung (s. dazu Rdnr. 17), dass nämlich nicht alles geregelt werden muss, was geregelt werden kann (Grundsatz der planerischen Zurückhaltung – vgl. Rdnr. 18). Der Grundsatz der Bestimmtheit ist erst dann verletzt, wenn der Inhalt der Festsetzungen des Bebauungsplans sich auch nicht durch die Heranziehung der Begründung (BVerwG BauR 1988, 488; VGH Mannheim BRS 42 Nr. 14) konkretisieren lässt und die Ungewissheit über die

A. Bauleitplanung 29

zukünftige Bebauung gemäß den Festsetzungen des Bebauungsplans für die Planbetroffenen nicht mehr zumutbar ist.

Bsp. a) (BVerwG BRS 47 Nr. 4): Ein Bebauungsplan, der ein Leitungsrecht über ein fremdes Grundstück festlegt, muss nicht bestimmen, in welcher Tiefe die Leitung zu verlegen ist.
b) (BVerwG E 42, 5 = NJW 1973, 1710): Die Festsetzung einer Grünfläche ohne nähere Konkretisierung ist zwar nicht mangels Bestimmtheit nichtig, lässt aber nur die Anlage einer begrünten Fläche, nicht etwa Sportanlagen oder Kinderspielplätze zu (vgl. auch VGH Mannheim VBlBW 1986, 349).
c) (BVerwGE 81, 179 = NJW 1989, 1291; OVG Münster NVwZ-RR 1995, 435): Die Festsetzung eines Sportplatzes erfüllt die Anforderungen an die Bestimmtheit, auch wenn die Sportart nicht angegeben wird.

4. Die Abwägung nach § 1 Abs. 6 u. 7 BauGB

a) Allgemeines

Die **Abwägung** öffentlicher und privater Belange nach § 1 Abs. 6, 7 BauGB stellt das **45** Zentralproblem der Bauleitplanung dar (s. dazu insbes. BVerwGE 34, 30; 45, 309; Hoppe DVBl 1994, 1033). Dabei ist zu unterscheiden zwischen der Auslegung der dort genannten privaten und öffentlichen Belange und der Abwägung der zutreffend erkannten privaten und öffentlichen Belange.
Die Auslegung der in § 1 Abs. 6 BauGB aufgeführten unbestimmten Rechtsbegriffe, z.B. die allgemeinen Anforderungen an gesunde Wohn- und Arbeitsverhältnisse, soziale und kulturelle Bedürfnisse der Bevölkerung, Belange des Bildungswesens usw., ist gerichtlich voll überprüfbar, da es sich hierbei um unbestimmte Rechtsbegriffe handelt (BVerwGE 34, 301; 45, 309; BGHZ 66, 322).
Demgegenüber ist mit dem Abwägungsgebot zwangsläufig ein planerischer Freiraum verbunden (s. dazu Hoppe/Grotefels § 5 Rdnr. 6; Stüer Rdnr. 792; Jäde/Dirnberger/Weiß § 1 Rdnr. 57 ff.). Während nämlich verwaltungsrechtliche Normen in der Regel dem sog. wenn – dann – Schema folgen (wenn bestimmte Voraussetzungen gegeben sind, dann kann die Behörde bestimmte Maßnahmen ergreifen), stellt der Abwägungsvorgang ein sog. Finalprogramm dar, das durch ein Mittel-Zweck-Schema gekennzeichnet ist; der Zweck der Planung muss die dabei eingesetzten Mittel, nämlich eine Zurücksetzung öffentlicher oder privater Belange, rechtfertigen. Ein Finalprogramm ist daher in starkem Maße abhängig von einer Bewertung des gewollten Planungsziels einerseits, der dadurch positiv oder negativ betroffenen öffentlichen oder privaten Belange andererseits.
Aus der Fassung des § 1 Abs. 7 BauGB ergibt sich eindeutig, dass der Gesetzgeber weder den öffentlichen noch den privaten Belangen den Vorrang einräumen wollte (BVerwGE 34, 301; 47, 144), vielmehr muss die Gemeinde im Einzelfall entscheiden, welche Belange so gewichtig sind, dass andere Belange zurücktreten müssen.
Der Grundsatz der Gleichgewichtigkeit aller Belange erfährt allerdings eine Ausnahme durch die sog. Optimierungsgebote (s. dazu Rdnr. 21). Es handelt sich dabei um gesetzliche Vorrangsregelungen, die die Gemeindevertretung möglichst beachten soll; sie können aber gleichwohl im Einzelfall im Wege der Abwägung mit anderen – auch nicht zu optimierenden – öffentlichen oder privaten Belangen zurückgestellt werden (vgl. dazu Hoppe DVBl 1992, 853; Sendler UPR 1995, 45; Brohm § 13 Rdnr. 6 ff.).
Das Gebot gerechter Abwägung der von der Bauleitplanung betroffenen öffentlichen und **46** privaten Belange ergibt sich nach der Rechtsprechung des BVerwG (E 41, 67; E 56, 110) nicht nur aus § 1 Abs. 6 BauGB, es ist vielmehr Ausdruck des in Art. 20 Abs. 3 GG verankerten **Rechtsstaatsprinzips**. Die verfassungsrechtliche Verankerung des Abwägungsgebots (s. dazu Koch DVBl 1983, 1125 und 1989, 389; Ibler JuS 1990, 7; Schulze-Fielitz Jura 1992, 201; Hoppe DVBl 1994, 1033) ist vor allem deshalb bedeutsam, weil der Gesetzgeber dadurch gehindert

ist, das Abwägungsgebot einzuschränken und etwa einen regelmäßigen Vorrang öffentlicher Belange gegenüber privaten Interessen zu statuieren.
Die Abwägung zwischen den verschiedenen miteinander in Widerstreit stehenden oder sich ergänzenden öffentlichen und privaten Belangen ist das eigentliche Betätigungsfeld gemeindlicher **Planungshoheit** (s. Rdnr. 10).
Die Gemeinde ist bei der Abwägung der widerstreitenden öffentlichen und privaten Belange jedoch nicht völlig frei. Zum einen muss sie die Planungsleitsätze beachten (s. dazu oben Rdnr. 21), zum anderen muss sie die allgemein gültigen Abwägungsgrundsätze beachten. Es handelt sich dabei vor allem um folgende Prinzipien (s. dazu im Einzelnen: Schmidt-Aßmann BauR 1977, 99; Brohm § 11 Rdnr. 1 ff.; § 13 Rdnr. 15 ff.):

b) Abwägungsbereitschaft

47 Die Gemeinde muss bei der Planung für alle in Betracht kommenden Planungsvarianten offen sein, d.h. sie darf nicht von vornherein auf eine bestimmte Planung festgelegt sein. Das Gebot der Abwägungsbereitschaft wird z.B. verletzt, wenn die Gemeinde alternative Planungsmöglichkeiten nicht in ihre Erwägungen einbezieht, weil dieses zu einer zeitlichen Verzögerung des Verfahrens zur Aufstellung des Bebauungsplans führen könnte (VGH Mannheim VBlBW 1982, 135) oder die Planung von vornherein auf ein bestimmtes Ergebnis fixiert ist.
Das Gebot der Abwägungsbereitschaft gerät allerdings in der kommunalen Praxis nicht selten in Widerstreit mit der Notwendigkeit, bereits bei der Bauleitplanung auf die Bedürfnisse und Wünsche derjenigen einzugehen, die im Bebauungsplangebiet Gebäude errichten oder gewerbliche Anlagen schaffen wollen.

Bsp. (VGH Mannheim VBlBW 1983, 106): Die Gemeinde stellt einen Bebauungsplan für eine Auto-Teststrecke auf, der von der Fa. Daimler-Benz zuvor in allen Einzelheiten entsprechend den Bedürfnissen des Unternehmens entworfen worden war.

48 Das BVerwG (E 45, 309) hat hierzu festgestellt, die Vorstellung, die Bauleitplanung müsse frei von jeder Bindung erfolgen, sei lebensfremd; gerade bei größeren Objekten, etwa der Industrieansiedlung oder der Planung eines ganzen neuen Stadtteils, sei häufig mehr Bindung als planerische Freiheit vorhanden. Dem ist grundsätzlich zuzustimmen. Denn ein Industriegebiet lässt sich häufig nur dann sinnvoll planen, wenn die Bedürfnisse der einzelnen Industrieunternehmen an die Verkehrswege oder die Notwendigkeit von immissionsschützenden Maßnahmen vorher abgesprochen werden (OVG Münster NVwZ-RR 2001, 635); das gleiche gilt für andere Großobjekte wie Krankenhäuser, Universitäten, Sportanlagen für olympische Spiele oder Weltmeisterschaften (Gelzer BauR 1975, 149). Es wäre völlig lebensfremd, auch hier jegliche Vorabentscheidung und Bindung der Gemeinde vor Aufstellung des Bebauungsplans für unzulässig zu halten.
Andererseits darf nicht verkannt werden, dass das BauGB grundsätzlich von der planerischen Freiheit der Gemeinde ausgeht und zwar bis zur Entscheidung des Gemeinderats nach Anhörung der betroffenen Bevölkerung (§ 3 BauGB) sowie der betroffenen Fachbehörden (§ 4 BauGB). Dieser Grundsatz darf nicht durch eine überflüssige Festlegung der Gemeinde in Frage gestellt werden. Das BVerwG (E 45, 309) hat deshalb strenge Anforderungen an eine Vorabbindung bezüglich der Aufstellung von Bauleitplänen gestellt:
1. muss die Vorwegnahme der Entscheidung sachlich gerechtfertigt sein.
2. muss bei der Vorwegnahme die planungsrechtliche Zuständigkeitsordnung gewahrt bleiben, d.h. es muss, soweit die Planung der Gemeindevertretung obliegt, deren Mitwirkung an den Vorentscheidungen in einer Weise gesichert werden, die es gestattet, die Vorentscheidungen auch der Vertretung zuzurechnen.

A. Bauleitplanung

3. darf die vorgezogene Entscheidung nicht inhaltlich zu beanstanden sein. Sie muss insbesondere den Anforderungen genügen, denen sie genügen müsste, wenn sie als Bestandteil des abschließenden Abwägungsvorgangs getroffen würde.

Diese letzte Voraussetzung einer Vorabentscheidung der Gemeinde bei der Aufstellung von Bebauungsplänen ist so selbstverständlich, dass sie eigentlich keiner gesonderten Erwägung bedurft hätte. Es liegt auf der Hand, dass ein gegen § 1 Abs. 5, 6 BauGB verstoßender Bebauungsplan auch dann unwirksam ist, wenn er auf einer Vorabbindung der Gemeinde beruht. **49**

Aus der zitierten Entscheidung des BVerwG (E 45, 309 = NJW 1975, 70) darf aber nicht der Schluss gezogen werden, dass die Gemeinde sich, sofern die angeführten Voraussetzungen vorliegen, gegenüber einem Bauinteressenten durch eine Zusage oder einen öffentlich-rechtlichen Vertrag zur Aufstellung eines Bebauungsplans verbindlich verpflichten könne. Dem steht zunächst der allgemeine Grundsatz entgegen, dass es zwischen dem Gesetzgeber und dem der Gesetzgebung unterworfenen Bürger keine koordinationsrechtlichen Vereinbarungen gibt; Rechtsetzung ist begrifflich der einseitige Erlass von Hoheitsakten.

Für die Bauleitplanung stellt § 1 Abs. 3 Satz 2 BauGB ausdrücklich fest, dass ein Anspruch auf Aufstellung eines Bebauungsplans durch Vertrag nicht begründet werden kann (vgl. dazu auch BVerwG BauR 1982, 30; NJW 1980, 2238; BGHZ 71, 386; BGH NJW 1980, 826). Das Gleiche gilt auch für eine Zusage der Gemeinde, einen Bebauungsplan aufzustellen (BGH a.a.O.). Auch wenn somit eine Zusage bzw. ein öffentlich-rechtlicher Vertrag die Gemeinde nicht zur Aufstellung eines Bebauungsplans verpflichtet, können sich hieraus Ansprüche auf Schadensersatz aus culpa in contrahendo ergeben, wenn die Gemeinde beim Vertragspartner einen Vertrauenstatbestand geschaffen hat, dass ein Bebauungsplan aufgestellt werden wird (so BGHZ 71, 386 = NJW 1978, 1802; OVG Lüneburg BRS 40 Nr. 32; Dolde/Uechtritz DVBl 1987, 446).

c) Zusammenstellen des Abwägungsmaterials

Die Gemeinde kann nur dann eine dem rechtsstaatlichen Abwägungsgebot entsprechende Planungsentscheidung treffen, wenn sie alle von der Planung betroffenen öffentlichen und privaten Belange in die Abwägung einstellt. In der Praxis bereitet gerade das Zusammenstellen des Abwägungsmaterials Schwierigkeiten und führt zu Abwägungsfehlern mit der Folge der Nichtigkeit des Bebauungsplans. **50**

Grundsätzlich müssen alle Belange berücksichtigt werden, die »nach Lage der Dinge« (so BVerwGE 34, 301; 59, 87) betroffen sind. Natürlich kann die Gemeinde bei ihrer Bauleitplanung »nicht alles sehen« (so BVerwGE 59, 87). Es ist gerade der Zweck der Beteiligung der Bürger und der Träger öffentlicher Belange nach §§ 3, 4 BauGB, der Gemeinde die Kenntnis der Betroffenheit der verschiedenen öffentlichen und privaten Belange zu vermitteln.

Bsp. (VGH Mannheim VBlBW 1996, 376): Die Gemeinde muss bei der Änderung eines Bebauungsplans, der eine Erhöhung der Dächer vorsieht, nicht von sich aus und ohne Rüge eines Grundstückseigentümers berücksichtigen, dass dadurch eine optimale Minimierung des Energieverbrauchs erschwert wird.

Die Gemeinde muss aber jedenfalls diejenigen öffentlichen oder privaten Belange berücksichtigen, deren Betroffenheit ihr bekannt ist oder zumindest hätte bekannt sein müssen (vgl. BVerwG E 34, 301; NVwZ-RR 1994, 490). Soweit eine Fachbehörde eine Stellungnahme abgegeben hat, kann die Gemeinde grundsätzlich davon ausgehen, dass diese die ihr anvertrauten öffentlichen Belange zutreffend anführt und braucht insoweit keine weiteren Ermittlungen mehr anzustellen (BVerwG DVBl 1989, 1105). Im Übrigen wird die Gemeinde häufig gezwungen sein, zur Ermittlung des notwendigen Abwägungsmaterials Sachverständige einzuschalten.

Bsp. (OVG Lüneburg BauR 1987, 176): Die von einer geplanten Sportanlage ausgehende Lärmbelastung kann i.d.R. nur von einem Sachverständigen ermittelt werden (eb. OVG Koblenz NVwZ 1998, 387 für die Planung eines Wohngebiets neben emittierenden Gewerbebetrieben; OVG Lüneburg NVwZ-RR 2001, 499 für neues Gewerbegebiet neben einem Wohngebiet).

Da § 1 Abs. 7 BauGB von privaten Belangen und nicht von privaten Rechten spricht, müssen auch Interessen in die Abwägung eingestellt werden, die kein subjektives Recht darstellen (BVerwG E 107, 215 = NJW 1999, 592).

Bsp. a) (BVerwG NVwZ 1995, 895; VGH Mannheim VBlBW 1997, 426): Beeinträchtigung der Aussicht durch ein neues Baugebiet in der bisher freien Landschaft (a.M. noch VGH Mannheim NVwZ-RR 1990, 394; VGH Kassel NVwZ 1987, 514)
b) (BVerwG NJW 1992, 2884; NVwZ 1994, 683; NVwZ-RR 1999, 278): Die Beeinträchtigung durch eine Steigerung des Verkehrslärms ist auch dann abwägungsrelevant, wenn die Zumutbarkeitsgrenze der VerkehrslärmschutzVO nicht überschritten wird.

Nicht in die Abwägung einzustellen sind allerdings rein wirtschaftliche Belange, insbes. das Interesse an der Erhaltung einer günstigen Marktlage; das Bauplanungsrecht ist wettbewerbsrechtlich neutral.

Bsp. (BVerwG NVwZ 1990, 555; 1991, 980; 1994, 683): Das Interesse eines vorhandenen Einzelhandelsgeschäfts an der Verhinderung der Ansiedlung eines Einkaufszentrums ist bei der Abwägung nicht zu berücksichtigen.

d) Gebot der Rücksichtnahme

51 Das Gebot der Rücksichtnahme ist von Weyreuther (BauR 1975, 1; s. auch Breuer DVBl 1982, 1065; Redeker u. Schlichter DVBl 1984, 870 u. 875; Alexy u. Peine DÖV 1984, 953 u. 963; Hauth BauR 1993, 673) entwickelt worden. Es bedeutet inhaltlich, dass jedes Bauvorhaben auf die Umgebung Rücksicht nehmen und Auswirkungen vermeiden muss, die zu einer unzumutbaren Beeinträchtigung anderer Grundstücke führen. Andererseits verlangt das Gebot der Rücksichtnahme nicht, sich aus der Grundstückssituation ergebende Nutzungsmöglichkeiten zu unterlassen oder einzuschränken, nur weil dadurch die Nachbarschaft betroffen wird; es hat vielmehr eine Abwägung der Belange aller betroffenen Grundstückseigentümer sowie aller sonstigen rechtlich geschützten Interessen zu erfolgen.
Das Gebot der Rücksichtnahme wurde vom BVerwG vor allem im Rahmen des Nachbarschutzes herangezogen (s. dazu unten Rdnr. 268). Es ist aber in seinem objektiv-rechtlichen Gehalt (vgl. BVerwGE 52, 122 = NJW 1978, 62) auch bei der Aufstellung der Bauleitpläne zu beachten (VGH München BRS 65 Nr. 15; OVG Koblenz BRS 40 Nr. 33; Schmidt-Aßmann BauR 1978, 99; Ernst/Zinkahn/Bielenberg § 1 Rdnr. 210). So ist z.B. der vom BVerwG im sog. Flachglasurteil (BVerwGE 45, 309 = NJW 1975, 70) entwickelte Grundsatz, dass Wohnbebauung und immissionsträchtige gewerbliche Nutzung räumlich zu trennen sind (vgl. auch § 50 BImSchG sowie BVerwG BauR 1992, 344; VGH München ZfBR 1986, 248; Stüer Rdnr. 859), letztlich auf das Gebot der Rücksichtnahme zurückzuführen; ein Bebauungsplan, der in unmittelbarer Nachbarschaft eines Wohngebiets ein großes Industrieunternehmen vorsieht, verstößt deshalb gegen das Gebot der Rücksichtnahme und ist nichtig (BVerwGE 45, 309). Ebenso wird das Gebot der Rücksichtnahme verletzt, wenn in unmittelbarer Nachbarschaft eines immissionsträchtigen Gewerbebetriebs ein Wohngebiet (VGH München NJW 1983, 297; VGH Mannheim VBlBW 1991, 18) oder umgekehrt eine Schuhfabrik für 900 Beschäftigte neben einem vorhandenen Wohngebiet (VGH Mannheim ZfBR 1979, 122), neben einem Wohngebiet ein Kurhaus (OVG Lüneburg NJW 1982, 843), ein Bolzplatz (OVG Münster BRS 46 Nr. 28), ein Tennisplatz (OVG Lüneburg BRS 46 Nr. 26) oder ein großer öffentlicher Parkplatz (VGH Kassel BRS 57 Nr. 16) geplant wird. Der sich aus dem Gebot der Rücksichtnahme ergebenden Verpflichtung zur Trennung von Wohngebieten und gewerblicher Nutzung kann zum einen dadurch entsprochen

A. Bauleitplanung

werden, dass zwischen einer reinen Wohnbebauung und einem Gewerbe- oder Industriegebiet ein hinreichend großer Abstand gewahrt wird, wobei das dazwischenliegende Gelände z.B. als Mischgebiet ausgewiesen werden kann. In Betracht kommt ferner eine Gliederung des Gewerbegebiets, dass in der Nachbarschaft des Wohngebiets nur emissionsarme Betriebe errichtet werden dürfen (OVG Münster BRS 58 Nr. 30). Zum andern kann der erforderliche Schutz des Wohngebiets vor Immissionen durch besondere Vorkehrungen (Lärmschutzwälle o. ä.) gewährleistet werden (OVG Hamburg BauR 1987, 657). Freilich lässt sich die prinzipiell gebotene Trennung von Wohnnutzung und gewerblicher Nutzung in einem bereits bebauten Gebiet häufig nicht in der gewünschten Weise verwirklichen (zum Problem der Gemengelage s. Ziegert BauR 1984, 14 u. 138; Menke DVBl 1985, 200; Drosdzol NVwZ 1985, 785; Dolderer DÖV 1998, 414).

e) Gebot der Lastenverteilung

Wenn der Bebauungsplan, etwa für die Anlage von öffentlichen Verkehrsflächen oder die Schaffung öffentlicher Einrichtungen, die Inanspruchnahme oder Beeinträchtigung von Privatgrundstücken verlangt, dann müssen die dadurch entstehenden Belastungen möglichst gleichmäßig auf alle Grundstückseigentümer verteilt werden (BVerwG NVwZ-RR 2000, 533; NVwZ 2002, 1506; VGH Mannheim VBlBW 1997, 305). 52
Privates Gelände darf für öffentliche Zwecke nur herangezogen werden, wenn keine geeignete Fläche im Eigentum der öffentlichen Hand zur Verfügung steht (BVerfG NVwZ 2003, 727; BGH NJW 1978, 1311). Nach der zitierten Entscheidung des BVerfG verlangt Art. 14 Abs. 1 GG, dass die Privatnützigkeit des Eigentums an einem Grundstück möglichst erhalten bleibt.

f) Gebot der Konfliktbewältigung

Der Bebauungsplan muss zumindest diejenigen Festsetzungen enthalten, die zur Bewältigung der vorhandenen oder durch die vorgesehene Bodennutzung neu entstehenden städtebaulichen Konflikte notwendig sind; hierfür hat sich die Bezeichnung »**Gebot der Problembewältigung** bzw. Konfliktbewältigung« eingebürgert (s. dazu insbes. Sendler WuV 1985, 211; Stüer BayVBl 2000, 257). 53
Das Gebot der Problembewältigung, das vom BVerwG bei der Planfeststellung nach §§ 17 ff. FStrG entwickelt worden ist (BVerwG E 61, 295 = NJW 1981, 2137), ist auch für die Bauleitplanung heranzuziehen (BVerwG NVwZ 1999, 414; NVwZ-RR 2000, 146; NVwZ 2004, 329; Brügelmann/Gierke § 1 Rdnr. 230 ff.). Es darf mithin kein lösungsbedürftiges Problem, etwa die Fortführung einer Straße, die aus dem Plangebiet herausführt (OVG Berlin NJW 1980, 1121), oder die Bewältigung immissionsschutzrechtlicher Fragen infolge der Nachbarschaft von Wohnbebauung und gewerblicher Nutzung, ausgeklammert werden (OVG Berlin NVwZ 1984, 188; OVG Lüneburg BauR 1987, 174). Das BVerwG (E 69,30 = NVwZ 1984, 235; NVwZ 1999, 414; BauR 1988, 448) hat aber klargestellt, dass bei der Bauleitplanung nicht bereits alle möglicherweise auftretenden Konflikte gelöst werden müssten (so das OVG Berlin a.a.O.), sondern die Konfliktbewältigung dem nachfolgenden Baugenehmigungsverfahren oder – so in dem vom BVerwG entschiedenen Fall – dem immissionsschutzrechtlichen Genehmigungsverfahren überlassen bleiben kann. Der Grundsatz der Problembewältigung verlangt für die Bauleitplanung aber zumindest, dass die Frage geklärt wird, ob überhaupt im Rahmen des Genehmigungsverfahrens eine Konfliktbewältigung möglich ist.

Bsp. a) (VGH Mannheim VBlBW 1983, 106): Für den Bau einer Auto-Teststrecke werden landwirtschaftlich genutzte Grundstücke benötigt. Der VGH hat es gebilligt, dass die Gemeinde bei der Aufstellung des Bebauungsplans nicht der Frage nachgegangen ist, ob Enteignungen zulässig sind, weil dieses im nachfolgenden Enteignungsverfahren geklärt werden könne und notfalls im Flurbereinigungsverfahren Ersatzgelände bereitgestellt werden könnte (s. dazu nunmehr BVerfGE 74, 264 = NJW 1987, 1251).

b) (BVerwG BauR 1988, 448): Ein Bebauungsplan, der eine Fläche für eine Schule vorsieht, braucht nicht bereits festzulegen, wo die für den Nachbarn besonders störenden Sportanlagen der Schule errichtet werden sollen.
c) (VGH Mannheim VBlBW 1991, 19): Bei der Aufstellung eines Bebauungsplans für einen großen Hotelkomplex kann die Frage von Lärmschutzmaßnahmen zugunsten der Nachbarschaft dem Baugenehmigungsverfahren vorbehalten bleiben.
d) (BVerwG NVwZ-RR 1995, 130): Der Bebauungsplan sieht ein neues Gewerbegebiet vor, obwohl unklar ist, ob die als Erschließungsstraße vorgesehene Landesstraße in dem erforderlichen Umfang ausgebaut wird.

Das BVerwG spricht in diesem Zusammenhang von planerischer Zurückhaltung; nicht alles, was zulässigerweise geregelt werden könne, muss auch in jedem Fall geregelt werden (BVerwG NVwZ 1999, 414; NVwZ-RR 1998, 483; NVwZ 2004, 329). Es reicht nach Ansicht des BVerwG sogar aus, wenn der mögliche Konflikt mit Hilfe des § 15 BauNVO gelöst werden kann oder aber nachträgliche Schutzmaßnahmen verlangt werden können (so BVerwG NVwZ 1988, 351 für Lärmbelästigungen durch eine Straße). Diese Rechtsprechung führt im Ergebnis dazu, dass ein Bebauungsplan nur dann wegen unterbliebener Konfliktbewältigung unwirksam ist, wenn eine nachträgliche Problemlösung nicht mehr möglich ist, etwa die Immissionsbelastung durch eine Straße oder eine Industrieanlage so hoch ist, dass sie auch durch Schallschutzmaßnahmen nicht auf ein zumutbares Maß reduziert werden kann.

g) Die gerichtliche Überprüfung der Abwägung

54 Das Problem der Überprüfung von Planungsentscheidungen durch die Aufsichtsbehörde und auch die Verwaltungsgerichte hat durch BVerwGE 34, 301 eine wohl abschließende Lösung erfahren. Das BVerwG hat in dieser Entscheidung ausgeführt:
»Das Gebot gerechter Abwägung ist verletzt, wenn eine sachgerechte Abwägung überhaupt nicht stattfindet. Es ist verletzt, wenn in die Abwägung an Belangen nicht eingestellt wird, was nach Lage der Dinge in sie eingestellt werden muss. Es ist ferner verletzt, wenn die Bedeutung der betroffenen privaten Belange verkannt, oder wenn der Ausgleich zwischen den von der Planung berührten öffentlichen Belangen in einer Weise vorgenommen wird, die zur objektiven Gewichtung einzelner Belange außer Verhältnis steht. Innerhalb des so gezogenen Rahmens wird das Abwägungsgebot jedoch nicht verletzt, wenn sich die zur Planung berufene Gemeinde in der Kollision zwischen verschiedenen Belangen für die Bevorzugung des einen und damit notwendig für die Zurückstellung des anderen entscheidet.«
Diese Grundsätze werden von den Verwaltungsgerichten seitdem in ständiger Rechtsprechung bei der Überprüfung von Bebauungsplänen herangezogen. In der baurechtlichen Literatur wird von Abwägungsausfall, Abwägungsdefizit, Abwägungsfehleinschätzung und Abwägungsdisproportionalität gesprochen (Hoppe/Grotefels § 7 Rdnr. 94 ff.; Schmidt-Aßmann BauR 1978, 99; Heinze NVwZ 1986, 87; v.Komorowski/Kupfer VBlBW 2003, 1 ff., 49 ff., 100 ff. – sehr empfehlenswert); in die Rechtsprechung hat diese Terminologie bisher kaum Eingang gefunden.

Bsp. a) **Abwägungsausfall**
(VGH Mannheim ESVGH 28, 152 = BRS 33 Nr. 6): Die Stadt R. schließt mit einem großen Kaufhauskonzern einen Vertrag über die Schaffung einer Filiale in R. und verpflichtet sich, den hierfür erforderlichen Bebauungsplan aufzustellen. Die Gemeindevertretung hält sich bei der Abwägung der verschiedenen Belange für an diese – in Wirklichkeit nichtige – Vereinbarung gebunden.
b) **Abwägungsdefizit**
1. (VGH Mannheim VBlBW 1980, 24): Die Gemeindevertretung beschließt die Ausweisung eines Allgemeinen Wohngebiets in der Nachbarschaft einer Hautleimfabrik, ohne sich über die von dieser Fabrik ausgehenden Geruchsemissionen zu informieren.
2. (OVG Koblenz NVwZ 1992, 190): Bei der Aufstellung eines Bebauungsplans wird einem Verdacht, der Boden enthalte Altlasten, nicht weiter nachgegangen. Nach Ansicht des OVG Koblenz muss die Gemeinde zwar nicht von sich aus Ermittlungen über Altlasten anstellen, aber einem auftauchenden

Verdacht nachgehen (eb. VGH Mannheim Urt. v. 5.5.1999 – 3 S 1265/99; s. dazu Koch/Schütte DVBl 1997, 1415).
3. (VGH Kassel NVwZ-RR 1995, 73): Die Gemeindevertretung übersieht, dass das neue Baugebiet im Geltungsbereich einer Landschaftsschutzverordnung liegt.
4. (OVG Lüneburg NVwZ-RR 2001, 499 und 2002, 732): Die Gemeindevertretung lässt bei der Planung eines neuen Wohngebiets den Verkehrslärm einer daran vorbeiführenden Straße außer Betracht bzw. geht von einem viel zu niedrigen Verkehrsaufkommen aus.
c) **Abwägungsfehleinschätzung**
1. (OVG Koblenz BauR 1988, 179): Die Gemeindevertretung geht zu Unrecht davon aus, dass bei einem Abstand von 100 m zwischen einem großen Kuhstall und einer Wohnbebauung nicht mit Geruchsbelästigungen zu rechnen sei.
2. (OVG Münster BauR 1993, 691): Die Gemeindevertretung »verharmlost« die Gesundheitsgefahr durch eine Schwermetall-Verunreinigung des Erdbodens.
3. (VGH Mannheim NVwZ-RR 1997, 684): Die Gemeindevertretung stuft ein reines Wohngebiet wegen der Immissionen durch eine wieder eröffnete Bahnlinie zu einem allgemeinen Wohngebiet ab und verkennt dabei, dass für beide Gebiete dieselben Immissionswerte gelten.
d) **Abwägungsdisproportionalität**
1. (OVG Lüneburg BRS 47 Nr. 16):Der Bebauungsplan ist abwägungsfehlerhaft, wenn die verkehrstechnisch optimale Gestaltung eines Buswendeplatzes dazu führt, dass ein Landwirtschaftsbetrieb räumlich so eingeengt wird, dass seine Existenzfähigkeit gefährdet ist.
2. (BVerwGE 45, 309): Die Gemeindevertretung beschließt einen Bebauungsplan, der unmittelbar neben einem großen Wohngebiet in einem unter Landschaftsschutz stehenden Gelände ein Industriegebiet (Flachglasfabrik) vorsieht, um neue Arbeitsplätze zu schaffen. Hierin liegt jedenfalls dann ein Verstoß gegen das Abwägungsgebot, wenn auch ein anderes, weniger schutzwürdiges Gelände für die Industrieansiedlung zur Verfügung steht.

Die **Bedeutung von Abwägungsfehlern** (s. dazu Breuer NVwZ 1983, 273; Erbguth DVBl 1986, 1230; v.Komorowski/Kupfer VBlBW 2003, 100) hat durch § 214 Abs. 3 Satz 2 BauGB eine bedeutsame Einschränkung erfahren. Nach dieser Vorschrift sind Mängel im Abwägungsvorgang nur erheblich, wenn sie offensichtlich sind und auf das Abwägungsergebnis von Einfluss gewesen sind; Mängel im Abwägungsergebnis führen demgegenüber stets zur Unwirksamkeit des Bebauungsplans. **§ 214 Abs. 3 Satz 2 BauGB**, der wie die gesamte Regelung der §§ 214–216 BauGB (früher §§ 155a–c BBauG) heftig kritisiert worden ist (s. dazu unten Rdnr. 69), geht von der Unterscheidung zwischen der Abwägung als Vorgang und dem dabei herauskommenden Planungsergebnis aus (s. dazu Hoppe DVBl 1977, 136). Ersteres bedeutet das Zusammenstellen des Abwägungsmaterials (BVerwGE 48, 56), d.h. die Gewinnung der notwendigen tatsächlichen und rechtlichen Erkenntnisse für die zu treffende Planungsentscheidung. Das Abwägungsergebnis bezieht sich demgegenüber auf die Gewichtung des Abwägungsmaterials und die darauf beruhende Entscheidung zugunsten bestimmter öffentlicher oder privater Belange. Der Gesetzgeber will durch § 214 Abs. 3 Satz 2 BauGB verhindern, dass Bebauungspläne, die sich inhaltlich im Rahmen der Planungshoheit der Gemeinde halten, im Wege des Normenkontrollverfahrens nach § 47 VwGO oder einer verwaltungsgerichtlichen Inzidentkontrolle bei baurechtlichen Streitigkeiten für nichtig befunden werden, weil dem Gemeinderat bei dem Abwägungsvorgang ein Fehler unterlaufen ist.
Das BVerwG (E 64, 33 = NJW 1982, 591; BauR 1992, 342 u. 344) hält im Hinblick darauf, dass das Abwägungsgebot verfassungsrechtlich in Art. 20 Abs. 3 GG verankert ist und Art. 19 Abs. 4 GG auch gegenüber Bebauungsplänen einen effektiven Rechtsschutz garantiert, eine **einschränkende Auslegung** des § 214 Abs. 3 Satz 2 BauGB für geboten. Offensichtlich sind nach Ansicht des BVerwG nicht nur solche Abwägungsmängel, die sofort erkennbar sind (vgl. den ähnlichen Begriff der Offenkundigkeit in § 44 Abs. 1 VwVfG), sondern alle Mängel, die sich objektiv eindeutig, etwa mit Hilfe von Akten, Gemeinderatsprotokollen oder sonstigen Beweismitteln nachweisen lassen (eb. VGH Mannheim VBlBW 1996, 139). § 214 Abs. 3 Satz 2 BauGB soll und kann nach Ansicht des BVerwG lediglich verhindern, dass Beweis über die subjektiven Vorstellungen des Gemeinderats oder einzelner Gemeinderatsmitglieder erhoben wird (BVerwG NVwZ-RR 2003, 171; VGH Mannheim NVwZ 1994, 797). Das

BVerwG spricht dabei von der äußeren, d.h. objektiv nachweisbaren und der inneren Seite des Abwägungsvorgangs; letztere ist für die Gültigkeit eines Bebauungsplans nicht von Bedeutung. Ein Mangel bei der Abwägung ist allerdings dann nicht offensichtlich, wenn er nicht positiv feststellbar ist, sondern sich nur aus dem Fehlen entsprechender Erwägungen im Gemeinderatsprotokoll ergeben könnte (BVerwG NVwZ 1992, 663; NVwZ 1998, 956; VGH Mannheim NVwZ 1994, 797; NVwZ-RR 1992, 641).

Bsp. a) (BVerwG BauR 1996, 63): Es ist nicht offensichtlich, dass die privaten Belange eines Grundstückseigentümers bei der Festsetzung eines »Dorfplatzes« nicht berücksichtigt worden sind, wenn sich dazu keine Angaben in den Gemeinderatsprotokollen finden; das BVerwG verlangt insoweit den positiven Nachweis, dass abwägungsrelevante Belange außer Acht gelassen wurden.
b) (OVG Lüneburg NVwZ-RR 1998, 19): Ein offensichtlicher Abwägungsfehler liegt vor, wenn die Gemeindevertretung annimmt, eine gewerbliche Nutzung sei aufgegeben worden und daher ein Wohngebiet festsetzt, während in Wirklichkeit die bisherige gewerbliche Nutzung nur durch eine andere gewerbliche Nutzung ersetzt wurde.

Für die Offensichtlichkeit eines Abwägungsfehlers kommt es dabei nur auf die tatsächlichen Verhältnisse, nicht auf die rechtliche Bewertung an. Ein Fehler kann daher auch dann offensichtlich sein, wenn die rechtliche Einordnung der tatsächlichen Verhältnisse erhebliche Schwierigkeiten bereitet (BVerwG NVwZ 1998, 956; Dolde/Menke NJW 1999, 1076). Die in § 214 Abs. 3 Satz 2 BauGB verlangte **Kausalität** zwischen dem Fehler im Abwägungsvorgang und dem Abwägungsergebnis ist nach Ansicht des BVerwG (E 64, 33 = NJW 1982, 591; BauR 1992, 344; NVwZ 1995, 692; eb. VGH Mannheim NVwZ-RR 2002, 641) dann gegeben, wenn die konkrete Möglichkeit besteht, dass die Gemeindevertretung eine andere Planungsentscheidung getroffen hätte, falls sie den Fehler im Abwägungsvorgang vermieden hätte.

Bsp. (BVerwGE 64, 333 = NJW 1982, 591; vgl. auch BVerwG NVwZ 1992, 692; BauR 1992, 344; NVwZ 1995, 692): Die Gemeindevertretung nimmt zu Unrecht an, ein nach seiner Lage für eine Wohnbebauung geeignetes Grundstück liege noch im Landschaftsschutzgebiet, und weist es deshalb im Bebauungsplan nicht als Baugelände aus.

Diese Rechtsprechung bedeutet im Ergebnis, dass nachweisbare Fehler im Abwägungsvorgang nur dann beachtlich sind, wenn eine andere Planung ernsthaft in Betracht kam.

57 Die frühere Regelung des § 215 Abs. 1 Nr. 2 BauGB, dass Abwägungsmängel unbeachtlich wurden, wenn sie nicht innerhalb einer Frist von sieben Jahren nach Bekanntmachung des Bebauungsplans schriftlich gegenüber der Gemeinde gerügt worden sind, ist durch das EAG-BauGB 2004 aufgehoben worden. Es kommt nunmehr ausschließlich darauf an, ob Fehler im Abwägungsvorgang sich offensichtlich auf das Abwägungsergebnis ausgewirkt haben (vgl. § 214 Abs. 1 Nr. 1 BauGB).

5. Das Verfahren bei der Aufstellung von Bauleitplänen

58 Bauleitpläne können nur gemäß dem Verfahren nach §§ 2 ff. BauGB entstehen. Ein Bebauungsplan kann nicht durch **Gewohnheitsrecht** geschaffen werden, selbst wenn ein aus formellen Gründen nichtiger Bebauungsplan jahrelang als wirksam angesehen wurde und die Grundlage für alle baurechtlichen Entscheidungen in seinem Geltungsbereich bildete (BVerwG E 55, 369 = NJW 1978, 2564; BauR 1980, 40).

Der Ablauf des Verfahrens:

a) Aufstellungsbeschluss (§ 2 Abs. 1 BauGB)

59 Die Gemeindevertretung (Stadtverordnetenversammlung) beschließt, für ein bestimmtes Gebiet einen Bauleitplan aufzustellen (§ 2 Abs. 1 BauGB). Dieser Beschluss ist nach § 2 Abs. 1 Satz 2

BauGB ortsüblich bekannt zu machen. Ein Verstoß gegen § 2 Abs. 1 BauGB ist nach § 214 Abs. 1 Nr. 2 BauGB unbeachtlich (vgl. auch BVerwG NVwZ 1988, 916).
Der Aufstellungsbeschluss hat nach § 2 Abs. 4 BauGB zur Folge, dass eine Umweltverträglichkeitsprüfung durchgeführt werden muss (s. dazu oben Rdnr. 31). Die UVP stellt aber lediglich fest, welche Alternative unter Umweltgesichtspunkten die beste ist. Sie schließt nicht aus, dass die Gemeindevertretung sich nach einer Würdigung aller betroffenen Belange für eine andere Lösung entscheidet (BVerwG NVwZ 1999, 989; 2000, 555; Wickel/Müller NVwZ 2001, 1133).

b) Planentwurf

Die Gemeinde selbst oder ein von ihr beauftragtes Planungsbüro fertigen einen Planentwurf. **60** Dieser Planentwurf muss beim Flächennutzungsplan (§ 5 Abs. 5 BauGB) und beim Bebauungsplan eine Begründung (§ 9 Abs. 8 BauGB) enthalten; die Begründung muss einen Umweltbericht (§ 2a Nr. 2 BauGB) enthalten. Bebauungspläne ohne Begründung sind nichtig (BVerwG E 74,47 = BauR 1986, 298; NVwZ 1990, 364). Ein Verstoß gegen die Begründungspflicht ist allerdings nur dann beachtlich, wenn er innerhalb eines Jahres nach Bekanntmachung gerügt wird (§§ 214 Abs. 1 Nr. 3, 215 Abs. 1 BauGB). Eine lediglich unvollständige Begründung ist demgegenüber nach § 214 Abs. 1 Nr. 2 BauGB unschädlich. Wenn die Begründung allerdings inhaltlich völlig unergiebig ist, etwa nur gesetzliche Vorschriften wiedergegeben werden oder der Planinhalt beschrieben wird, dann ist dieses einer fehlenden Begründung gleichzusetzen (BVerwG BauR 1986, 298; 1989, 687).

c) Anhörungsverfahren (§ 3 Abs. 1 BauGB)

Das **Anhörungsverfahren** nach § 3 Abs. 1 BauGB dient der möglichst frühzeitigen Erörterung **61** des Planentwurfs mit der Öffentlichkeit, damit diese noch vor einer de-facto-Festlegung der Gemeindevertreter Einfluss auf die Bauleitplanung nehmen können.
Wie die Anhörung ausgestaltet sein muss, ist in § 3 BauGB nicht detailliert geregelt, vielmehr ist lediglich eine möglichst frühzeitige öffentliche Darlegung und Anhörung in geeigneter Weise vorgeschrieben. Da § 3 Abs. 1 BauGB Gelegenheit zur Äußerung und zur Erörterung verlangt, wird in aller Regel auf eine mündliche Besprechung der Bauleitpläne mit den betroffenen Bürgern nicht verzichtet werden können (vgl. dazu Battis/Krautzberger/Löhr § 3 Rdnr. 7). Verfahrensfehler bei der Anhörung sind aber nach § 214 Abs. 1 BauGB unschädlich.
Bei Bebauungsplänen, die nur unbedeutende Auswirkungen haben, kann von einer Erörterung nach § 3 Abs. 1 BauGB abgesehen werden.

d) Beteiligung der Behörden und Träger öffentlicher Belange (§ 4 BauGB)

Nach **§ 4 BauGB** sollen Behörden und sonstige Träger öffentlicher Belange frühzeitig unter- **62** richtet und ihnen Gelegenheit zu einer Stellungnahme gegeben werden; in Betracht kommen insoweit vor allem der Landkreis, das Regierungspräsidium einschließlich des staatlichen Umweltamtes, das Amt für Straßen- und Verkehrswesen sowie die benachbarten Gemeinden. Ein Verstoß gegen § 4 Abs. 1 BauGB hat nach § 214 Abs. 1 BauGB keine Auswirkungen auf die Wirksamkeit des Bauleitplans.
Das BauGB 2004 hat ein zweistufiges Verfahren der Beteiligung der Träger öffentlicher Belange eingeführt. Nach der frühzeitigen erste Information nach § 4 Abs. 1 BauGB folgt dann die förmliche Beteiligung der Träger öffentlicher Belange nach § 4 Abs. 2 BauGB.
Die Behörden haben ihre Stellungnahme nach § 4 Abs. 2 BauGB grundsätzlich innerhalb eines Monats abzugeben, die **Frist** kann aber verlängert (§ 4 Abs. 2 Satz 2 BauGB) oder auch verkürzt (§ 4a Abs. 3 BauGB) werden. Bei Fristüberschreitung können die Stellungnahmen der Träger öffentlicher Belange nach § 4 Abs. 6 BauGB unberücksichtigt bleiben. Dieses gilt

aber nicht, wenn ihre Bedenken der Gemeinde ohnehin bekannt sind bzw. hätten bekannt sein müssen oder sie für die Rechtmäßigkeit der Abwägung von Bedeutung sind. Letzteres ist geradezu kurios. Eine **Präklusion**, die nur eingreift, wenn die Einwendungen nicht von Bedeutung sind, ist sinnlos.

e) Öffentliche Auslegung (§ 3 Abs. 2, § 4a BauGB)

63 Den wichtigsten Teil der Beteiligung der Öffentlichkeit an der Bauleitplanung stellt die öffentliche Auslegung nach § 3 Abs. 2 BauGB dar (Ley BauR 2000, 653). Hierzu ist zunächst Ort und Dauer der Auslegung mindestens 1 Woche vorher ortsüblich bekannt zu machen. Dabei muss die bekannt gemachte Bezeichnung des Bebauungsplans so gewählt sein, dass sie die sog. **Anstoßfunktion** erfüllt, also der betroffene Grundstückseigentümer erkennt, dass sein Grundstück im Geltungsbereich des Bebauungsplans liegt (BVerwGE 55, 369; 69, 344; VGH Mannheim VBlBW 1992, 420). Hierfür reicht eine schlagwortartige geographische Bezeichnung aus, nicht aber eine bloße Nummer (BVerwG NVwZ 2001, 203).

Die Auslegung dauert einen Monat; die Frist berechnet sich nach § 187 Abs. 2 BGB (Gemeinsamer Senat der obersten Bundesgerichte, NJW 1972, 2035).

Die Auslegung muss so erfolgen, dass die Pläne ohne Schwierigkeiten eingesehen werden können. Unzulässig ist es, die Pläne zu verwahren und sie nur auf Frage herauszugeben (archivmäßige Verwahrung – VGH Mannheim ESVGH 24, 99); es reicht aber aus, den Planentwurf nur während der sog. Verkehrsstunden (Sprechzeiten 8–12 Uhr) auszulegen (BVerwG NJW 1981, 594; VGH Mannheim VBlBW 2001, 58). Nicht zulässig ist es, wenn in der ausgelegten Ausfertigung die zeichnerischen Darstellungen des Entwurfs verkleinert sind und der Maßstab nicht benannt wird (VGH Kassel, HessVGRspr. 1992, 81 = BRS 52 Nr. 51).

64 Innerhalb der Monatsfrist kann jedermann **Anregungen** vorbringen; dieses muss schriftlich oder zur Niederschrift der Gemeinde geschehen (BVerwG NVwZ-RR 1997, 514). Ein Versäumnis der Frist hat zur Folge, dass die Gemeinde die Anregungen nicht zu prüfen und die Entscheidung hierüber nicht mitzuteilen braucht (§§ 3 Abs. 2 Satz 4, 4a Abs. 6 BauGB). Auch bei der Öffentlichkeitsbeteiligung findet die Präklusionsregelung des § 4a Abs. 6 BauGB Anwendung (s. dazu oben Rdnr. 55).

Die fristgerecht eingebrachten Bedenken müssen der Gemeindevertretung bekannt gegeben und von diesem geprüft werden (hierzu im Einzelnen: BVerwG NVwZ 2000, 676; VGH Mannheim BWVBl 1968, 91); über das Ergebnis ist der Einwender zu informieren. Bei mehr als 50 Einwendern können diese allerdings nach § 3 Abs. 2 Satz 5 BauGB auf die Einsichtnahme in den öffentlich ausgelegten Beschluss der Gemeindevertretung verwiesen werden.

Ein Verstoß gegen die Formvorschriften des § 3 Abs. 2 BauGB führt stets zur Nichtigkeit des Bebauungsplans, sofern der Fehler innerhalb der Jahresfrist des § 215 Abs. 1 BauGB gerügt wird. Da ein Bebauungsplan eine Satzung und damit eine Rechtsnorm ist, kommt es nicht darauf an, ob der Verfahrensfehler wesentlich ist; anders ist es nur, wenn der Verfahrensfehler sich denknotwendig nicht auf den Bebauungsplan ausgewirkt haben kann, z.B. bei unterbliebener Benachrichtigung der Einwender nach § 3 Abs. 2 Satz 4 BauGB (VGH Mannheim NVwZ-RR 1997, 684).

f) Übertragung auf Private (§ 4b BauGB)

65 Nach § 4b BauGB kann die Gemeinde zur Beschleunigung des Verfahrens sowohl die Bürgerbeteiligung nach § 3 BauGB als auch die Beteiligung der Träger öffentlicher Belange nach § 4 BauGB einem Dritten übertragen (s. dazu Stollmann NuR 1998, 578); in der Regel handelt es sich bei dem Dritten um einen Bauträger, der an der möglichst schnellen Ausweisung eines neuen Baugebiets interessiert ist. Diese »Privatisierung« ist problematisch, auch wenn der Satzungsbeschluss nach § 10 BauGB durch die Gemeindevertretung vorgenommen werden

A. Bauleitplanung

muss. Wenn der Investor Herr des Verfahrens ist, kann er Einfluss auf das Zusammentragen des Abwägungsmaterials nehmen, insbesondere die Gutachter über immissionsschutzrechtliche, technische oder ökologische Fachfragen aussuchen.

g) Satzungsbeschluss (§ 10 BauGB)

Nach Abschluss des Auslegungsverfahrens beschließt die Gemeindevertretung endgültig über die Bauleitplanung. Soweit es um die Aufstellung eines Bebauungsplans geht, ist dieser Beschluss nach § 10 BauGB in Form einer Satzung zu fassen. **66**
Dieser **Satzungsbeschluss** ist auch dann erforderlich, wenn die Auslegung nach § 3 Abs. 2 BauGB keine Anregungen und Bedenken gebracht und die Gemeindevertretung deshalb keine Veranlassung hatte, von dem bereits beschlossenen Bebauungsplanentwurf abzuweichen (VGH Mannheim BWVBl. 1974, 185).
Wird der Bebauungsplan allerdings wegen der von den Betroffenen vorgebrachten Anregungen und Bedenken inhaltlich geändert, dann ist eine erneute Auslegung notwendig (§ 4a Abs. 3 Satz 1 BauGB), erst hieran kann sich der Satzungsbeschluss nach § 10 BauGB anschließen. Eine Ausnahme hiervon ist aber nach § 4a Abs. 3 S. 3 BauGB bei unwesentlichen Änderungen zu machen; es genügt dann, dass die Gemeinde den betroffenen Grundstückseigentümern und den Trägern öffentlicher Belange Gelegenheit zur Stellungnahme gibt (s. dazu VGH Mannheim VBlBW 1982, 229; VGH Kassel NVwZ 1993, 906; HSGZ 2001, 441). Eine erneute Planauslegung ist ferner entbehrlich, wenn die Abweichung von den ausgelegten Plänen für alle Betroffenen nur günstige Auswirkungen hat bzw. nur den vorgebrachten Anregungen Rechnung trägt (VGH Mannheim VBlBW 1997, 22).
Der Bebauungsplan muss in seiner endgültigen Fassung ausgefertigt, d.h. vom Bürgermeister oder Stadtbaurat mit Namen und Amtsbezeichnung unterschrieben werden (VGH Mannheim BauR 1984, 611 – s. zur Rspr. des VGH Mannheim Schenk VBlBW 1999, 161). Die **Ausfertigung** ist zwar nicht gesetzlich vorgeschrieben, ergibt sich aber aus dem Rechtsstaatsprinzip (BVerwG NVwZ 1988, 916; NVwZ 1990, 258; vgl. auch Ziegler NVwZ 1990, 533). Durch die Ausfertigung wird die Authentizität des Bebauungsplans beurkundet; damit steht verbindlich fest, was Inhalt des Bebauungsplans ist (VGH Mannheim a.a.O.). Ferner wird durch die Ausfertigung bestätigt, dass das Verfahren ordnungsgemäß abgelaufen ist.
Das bundesrechtliche Rechtsstaatsprinzip verlangt aber lediglich, dass überhaupt eine Ausfertigung erfolgt, die Art und Weise der Ausfertigung richtet sich nach Landesrecht (BVerwG BauR 1991, 563). Hierzu hat der VGH Mannheim (VBlBW 1991, 19) entschieden, es reiche aus, wenn die Satzung nach § 10 BauGB ausgefertigt werde und die dazu erlassenen Pläne in der Satzung so eindeutig bezeichnet werden, dass eine Verwechslung ausgeschlossen ist. Da die Ausfertigung auch den ordnungsgemäßen Verfahrensablauf bestätigen soll, muss sie nach dem Satzungsbeschluss, aber vor der Bekanntmachung des Bebauungsplans erfolgen (BVerwG NVwZ 1999, 878; VGH Mannheim VBlBW 1995, 402; OVG Lüneburg NVwZ 2002, 98). Eine unterbliebene oder fehlerhafte Ausfertigung kann durch ein ergänzendes Verfahren nach § 214 Abs. 4 BauGB geheilt werden.

h) Genehmigung (§§ 6, 10 Abs. 2 BauGB)

Der Flächennutzungsplan bedarf für seine Wirksamkeit der Genehmigung nach § 6 BauGB. Das **67**
Gleiche gilt nach § 10 Abs. 2 BauGB für Bebauungspläne nach § 8 Abs. 2 Satz 2, Abs. 3 Satz 2 und Abs. 4 BauGB, d.h. solche Bebauungspläne, die ohne vorherigen Flächennutzungsplan aufgestellt worden sind.
Die Genehmigungsbehörde (Regierungspräsidium, § 19 Abs. 1 der DVO zum BauGB – Fuhr/Pfeil Nr. 170 a) hat die **Genehmigung** zu erteilen, wenn der Bauleitplan ordnungsgemäß zustande gekommen und auch inhaltlich rechtmäßig ist. Die Genehmigungsbehörde ist hinsicht-

lich der Kontrolle des Bauleitplans ebenso beschränkt wie das Verwaltungsgericht (BVerwGE 34, 301).
Die Genehmigung ist nach §§ 6 Abs. 4, 11 Abs. 2 BauGB innerhalb von 3 Monaten zu erteilen; die Frist kann aus wichtigem Grund um weitere 3 Monate verlängert werden. Wird diese Frist des § 6 Abs. 4 BauGB jedoch versäumt, gilt die Genehmigung als erteilt.
Die Genehmigung kann nach § 48 VwVfG zurückgenommen werden, wenn der Bauleitplan inhaltlich rechtswidrig ist; dieses gilt auch für die fiktive Genehmigung nach § 6 Abs. 4 BauGB (VGH Mannheim VBlBW 1984, 380; Steiner DVBl 1987, 484). Aus Gründen der Rechtssicherheit kann eine **Rücknahme der Genehmigung** nur bis zur Bekanntmachung des Bauleitplans erfolgen (BVerwG BauR 1987, 171).
Lehnt die Genehmigungsbehörde die Genehmigung dagegen ab, kann die Gemeinde Verpflichtungsklage (BVerwGE 34, 301) erheben, denn die Genehmigung ist ihr gegenüber ein Verwaltungsakt; durch die Ablehnung wird in die Planungshoheit der Gemeinde eingegriffen.

68 Die Genehmigung muss mit **Auflagen** versehen werden, wenn damit Versagungsgründe ausgeräumt werden können (BVerwG BauR 1987, 166; NVwZ 1995, 267; Dolde BauR 1974, 382; Rosenbach DÖV 1977, 426). Bedingungen sind demgegenüber unzulässig (VGH München BauR 1976, 404; OVG Münster DÖV 1983, 824).
Auflagen sind unbedenklich, solange sie sich nur auf formelle Angelegenheiten beziehen, z.B. zeichnerische Darstellungen im Bebauungsplan (BVerwG NVwZ 1991, 673; BRS 49 Nr. 22), oder nur redaktioneller Natur sind (VGH Kassel NVwZ 1993, 906). Bei materiell-rechtlichen Auflagen ist aber ein neuer Satzungsbeschluss erforderlich (BVerwG E 75, 262 = BauR 1987, 166; NVwZ 1991, 673; NVwZ 1997, 896).
Kommt die Gemeinde der Auflage nach, ist eine nochmalige Genehmigung nicht erforderlich (sog. antizipierte Genehmigung – BVerwG NVwZ 1997, 896).

69 Ein Bebauungsplan, der gemäß § 8 Abs. 2 BauGB aus dem Flächennutzungsplan entwickelt worden ist, bedarf nach der seit 1.1.1998 geltenden Fassung des § 10 BauGB keiner Mitwirkung der Aufsichtsbehörde mehr, sondern kann von der Gemeinde sofort nach dem Satzungsbeschluss in kraft gesetzt werden; zuvor verlangte § 11 Abs. 2 BauGB 1987 wenigstens eine Anzeige an die Aufsichtsbehörde. Die Aufsichtsbehörde kann allerdings ein In-Kraft-Treten eines Bebauungsplans, den sie für rechtswidrig hält, durch eine kommunalaufsichtliche Beanstandung nach § 138 HGO verhindern.

i) Bekanntmachung (§ 10 Abs. 3 BauGB)

70 Die Genehmigung des Bebauungsplans bzw. der Satzungsbeschluss sind nach § 10 Abs. 3 BauGB ortsüblich bekannt zu machen und zugleich der Bebauungsplan zur Einsicht bereitzuhalten. Der Bebauungsplan selbst wird nicht bekannt gemacht. Das BVerfG (E 65, 283 = NVwZ 1984, 430) hat entschieden, dass das Rechtsstaatsprinzip keine bestimmte Form der Bekanntmachung vorschreibt, sondern lediglich verlangt, dass sich jeder Betroffene Kenntnis vom Inhalt der Rechtsnorm verschaffen kann; dieses ist durch die Regelung des § 10 Abs. 3 BauGB gewährleistet. § 10 Abs. 4 BauGB verlangt außerdem, dass im Bebauungsplan eine Erklärung über die Berücksichtigung der Umweltbelange, die Ergebnisse der Behörden- und Öffentlichkeitsbeteiligung sowie eine Auseinandersetzung mit alternativen Planungsmöglichkeiten beigefügt wird.
Der VGH Kassel und ihm folgend die hessischen Verwaltungsgerichte vertreten in ihrer ständigen Rechtsprechung (vgl. BRS 27 Nr. 16 u. 20; BRS 42 Nr. 25) die Auffassung, dass sich aus §§ 5 Abs. 4 HGO a.F., 12 BBauG a.F. das rechtsstaatliche Erfordernis ergebe, Ort und Zeit der Auslegung der Hinweisbekanntmachung bereits in der Hauptsatzung der jeweiligen Gemeinde eindeutig zu regeln. Entspricht die Hauptsatzung diesen Kriterien nicht, so stellt dies einen zur Nichtigkeit des Bebauungsplans führenden **Verkündungsmangel** dar. Aufgrund der

A. Bauleitplanung 41

Änderung des § 12 BBauG (nicht zuletzt unter dem Eindruck dieser Rechtsprechung) durch die Novelle 1977 wirkt sich dies nur auf ältere Bebauungspläne aus, deren Genehmigung vor dem 01.01.1977 bekannt gemacht worden ist.

6. Außer-Kraft-Treten von Bauleitplänen

Bauleitpläne sind grundsätzlich wirksam, solange sie nicht geändert oder aufgehoben werden; **71** hierfür gelten die Vorschriften über die Aufstellung von Bauleitplänen entsprechend (§ 1 Abs. 8 BauGB). Eine Ausnahme hiervon macht § 13 BauGB. Danach kann ein Bebauungsplan ohne Anhörung geändert werden, wenn die Grundzüge der Planung nicht berührt werden (s. dazu BVerwG NVwZ-RR 2000, 759).

Bebauungspläne können ferner dadurch außer Kraft treten, dass sie über einen langen Zeitraum hinweg nicht angewandt werden, weil sie entweder in Vergessenheit geraten sind, was wohl nur bei Plänen aus der Zeit vor In-Kraft-Treten des BBauG denkbar ist, oder aber nach allgemeiner Ansicht für unwirksam gehalten werden – gewohnheitsrechtliche Derogation (BVerwGE 26, 282). Außerdem kann ein Bebauungsplan funktionslos und damit unwirksam werden, wenn seine Festsetzungen wegen einer völlig andersartigen Entwicklung gegenstandslos werden und damit das Vertrauen auf seine Fortgeltung nicht mehr schutzwürdig ist (BVerwG E 54, 5 = NJW 1977, 2325; E 67, 334 = NJW 1984, 138; E 98, 235 = BauR 1995, 807; E 108, 71 = NVwZ 1999, 986; NVwZ 2001, 1043; Typser BauR 2001, 349).

Bsp. a) (OVG Berlin NJW 1980, 1121): Ein Bebauungsplan weist eine Zubringerstraße für eine Stadtautobahn aus; die Absicht, diese Autobahn zu bauen, wird später jedoch endgültig aufgegeben.
b) (VGH Mannheim VBlBW 1983, 371): Der Bebauungsplan weist eine größere Fläche als Spielplatz aus. Ein Großteil dieser Fläche wird zur Errichtung eines Parkplatzes verwendet.
c) (VGH Mannheim BRS 49 Nr. 4): Ein im Jahr 1878 aufgestellter Bebauungsplan für ein Wohngebiet ist obsolet, wenn er über 100 Jahre lang nicht verwirklicht wird, sondern statt dessen der betroffene Bereich unter Landschaftsschutz gestellt wird.
d) (VGH Mannheim NVwZ-RR 2003, 407): Der Bebauungsplan wird funktionslos, wenn er wegen andersartiger Bebauung des Plangebiets auf unabsehbare Zeit nicht realisiert werden kann (vgl. auch BVerwG NVwZ 2001, 1043).

Die Funktionslosigkeit kann sich auch bloß auf einzelne Festsetzungen beziehen. Das BVerwG stellt aber an die Funktionslosigkeit strenge Anforderungen. Es reicht nicht aus, dass die Gemeinde ihre städtebauliche Konzeption geändert hat (BVerwG NVwZ-RR 1997, 513), die Verwirklichung des Bebauungsplans derzeit nicht möglich ist, sofern dieser Hinderungsgrund nicht von Dauer ist (BVerwG NVwZ-RR 1998, 415) oder die andersartige Entwicklung sich auf einen Teilbereich beschränkt (BVerwG NVwZ-RR 2000, 411).

Bsp. (OVG Lüneburg NVwZ-RR 1995, 439): In einem durch Bebauungsplan festgesetzten Sondergebiet Campingplatz errichtet ein Schwarzstorchenpaar ein Nest, sodass der Anlage des Campingplatzes § 42 Abs. 1 Nr. 3 BNatSchG entgegensteht; nach dieser Vorschrift dürfen die Brutstätten wild lebender Tiere der besonders geschützten Arten nicht gestört werden.

7. Inhalt der Bauleitpläne

a) Flächennutzungsplan (§ 5 BauGB)

Der Inhalt des **Flächennutzungsplans** ergibt sich aus § 5 BauGB. Danach ist die bauliche **72** Entwicklung der Gemeinde in den Grundzügen darzustellen; dieses betrifft insbesondere die Bauflächen (vgl. § 5 Abs. 2 Nr. 1 BauGB, § 1 Abs. 1 BauNVO), die Hauptverkehrswege (§ 5 Abs. 2 Nr. 3 BauGB), Hauptversorgungsanlagen (§ 5 Abs. 2 Nr. 4 BauGB), die Grünflächen (§ 5 Abs. 2 Nr. 5 BauGB) sowie die Flächen für naturschutzrechtliche Ausgleichsmaßnahmen (§ 5 Abs. 2a BauGB). Die Einzelheiten sollen i.d.R. erst später in den Bebauungsplänen geregelt werden. Der Flächennutzungsplan ist das »grobe Raster«, aus dem nach § 8 Abs. 2 BauGB die Bebauungspläne zu entwickeln sind (BVerwGE 48, 70 – vgl. oben Rdnr. 32, 33). Dieses schließt es freilich nicht aus, dass der Flächennutzungsplan im Einzelfall bereits sehr konkrete Darstellungen enthält (**zur Terminologie**: Der Flächennutzungsplan enthält, da er keine Rechtsnorm ist, keine Festsetzungen oder Ausweisungen wie ein Bebauungsplan, sondern lediglich Darstellungen – vgl. § 5 Abs. 1 Satz 1 BauGB).

b) Bebauungsplan

73 Der Inhalt des **Bebauungsplan**s ist in § 9 BauGB geregelt. Diese Vorschrift enthält eine abschließende Regelung, die Gemeinde hat also kein Festsetzungserfindungsrecht (BVerwG E 92, 56 = NJW 1993, 2695; E 94, 151 = NJW 1994, 1546; BauR 1995, 351). Ein Vergleich mit § 5 BauGB zeigt, dass der Bebauungsplan wesentlich mehr ins Detail geht. Bedeutsam sind vor allem § 9 Abs. 1 Nr. 1 u. 2 BauGB, wonach Art und Maß der baulichen Nutzung sowie die Bauweise, die überbaubaren Grundstücksflächen und die Stellung der baulichen Anlagen festgesetzt werden können. Zur Konkretisierung dieser Regelung ist die BauNVO heranzuziehen.

Die **BauNVO** ist eine aufgrund von § 2 Abs. 5 BauGB ergangene Rechtsverordnung vom 26.6.1962 (BGBl. I, 429), neugefasst durch die Bekanntmachung vom 26.11.1968 (BGBl. I, 1237), vom 15.9.1977 (BGBl. I, 1763), vom 19.12.1986 (BGBl. I, 2665) und vom 23.1.1990 (BGBl. I, 132 – s. dazu Lenz und Heintz BauR 1990, 157 u. 166).

Art der baulichen Nutzung (§§ 1–15 BauNVO)

74 Die BauNVO enthält in §§ 2–9 einen Katalog von Baugebieten (s. dazu Rdnr. 82 ff.). Dieser Katalog ist für die Gemeinde bindend; zusätzliche Baugebiete können von ihr nicht geschaffen werden (BVerwG BauR 1991, 169; NVwZ 1999, 1341); hierfür besteht aber im Hinblick auf die Variationsmöglichkeiten des § 1 Abs. 4–10 BauNVO i.d.R. auch kein Bedürfnis. Lediglich für Sondergebiete nach §§ 10, 11 BauNVO (s. dazu Rdnr. 88, 89) gibt es keine abschließende Typisierung. Sondergebiete müssen sich aber durch ihre Eigenart deutlich von den Baugebieten nach §§ 2–9 BauNVO unterscheiden (BVerwG BauR 1997, 972; NVwZ 1985, 338).
Die §§ 2–9 BauNVO sind jeweils so aufgebaut, dass in Abs. 1 der Vorschriften die Eigenart der Baugebiete definiert wird, während in Abs. 2 bestimmte bauliche Anlagen als regelmäßig zulässig festgesetzt werden und Abs. 3 diejenigen Anlagen anführt, die im Wege einer Ausnahme nach § 31 Abs. 1 BauGB zugelassen werden können. Diese Regelungen der BauNVO sind nach § 1 Abs. 3 Satz 2 BauNVO ohne besondere Übernahme Bestandteil eines Bebauungsplans. Die Gemeinden können allerdings nach **§ 1 Abs. 4–6 BauNVO** abweichende Regelungen treffen, indem sie bestimmte zulässige Nutzungen ausschließen oder das Regel-Ausnahme-Verhältnis anders gestalten. Eine solche abweichende Gestaltung darf aber nicht dazu führen, dass der Gebietscharakter als solcher verloren geht (BVerwG NVwZ 1999, 1338).

Bsp. a) (OVG Lüneburg BauR 1981, 454): In einem Mischgebiet darf die gewerbliche Nutzung nicht so weit eingeschränkt werden, dass das Gebiet praktisch zu einem allgemeinen Wohngebiet wird; ebenso darf aber in einem Mischgebiet auch nicht die Errichtung von Wohngebäuden ausgeschlossen werde, weil dadurch faktisch ein Gewerbegebiet geschaffen würde (VGH Mannheim VBlBW 1997, 139).
b) (VGH München BauR 1987, 285; VGH Mannheim VBlBW 1992, 303): Im Dorfgebiet darf landwirtschaftliche Nutzung nicht ausgeschlossen werden.
c) (BVerwG NVwZ 1999, 1341): Im allgemeinen Wohngebiet darf nicht jede andere Nutzung außer Wohnen ausgeschlossen werden, weil dadurch ein reines Wohngebiet entsteht.

Die Abweichung von den §§ 2 ff. BauNVO muss ferner aus städtebaulichen Gründen, d.h. solchen, die nach § 1 Abs. 7 BauGB im Rahmen der Abwägung zu beachten sind, erfolgen.

Bsp. (BVerwG E 77, 308 = NVwZ 1987, 1072; NVwZ 1991, 264): Der Ausschluss von Vergnügungsstätten

A. Bauleitplanung

in einem Kerngebiet ist unzulässig, wenn dadurch der Jugend »die heile Welt« erhalten werden soll; dieses Ziel ist nicht mit Hilfe des § 1 BauNVO, sondern mit Hilfe des Jugendschutzgesetzes zu verfolgen.

Die Gemeinde kann im Bebauungsplan nach **§ 1 Abs. 7–9 BauNVO** auch sehr detaillierte Regelungen treffen, wenn dieses durch besondere städtebauliche Gründe gerechtfertigt wird; die Allgemeine planerische Rechtfertigung nach § 1 Abs. 3 BauGB genügt hierfür aber nicht.

Bsp. a) (BVerwG NVwZ 1985, 338): In einem Sondergebiet für Beherbergungsbetriebe kann die Anlage von Küchen in Zuordnung zu einzelnen Zimmern untersagt werden, um zu verhindern, dass Beherbergungsbetriebe in Zweitwohnungsanlagen umgewandelt werden können.
b) (BVerwG NVwZ 1992, 373): Die Festsetzung einer unterschiedlichen Nutzung für einzelne Geschosse bedarf einer besonderen städtebaulichen Rechtfertigung.

Als Regelungsinstrumente sieht § 1 Abs. 7 BauNVO zunächst vor, dass für einzelne Geschosse oder Etagen bestimmte Nutzungsarten vorgeschrieben werden, sog. vertikale Gliederung (BVerwG NVwZ 1992, 373). Dieses ist häufig bei Kerngebieten der Fall, wo das Erdgeschoss für Ladengeschäfte, das Obergeschoss für sonstige gewerbliche Nutzungen (Arztpraxen, Versicherungsbüros o.a.) und die darüber liegenden Geschosse für Wohnzwecke vorgesehen sind. Ferner kann die Gemeinde nach § 1 Abs. 8 BauNVO auch für Teilbereiche eines Bebauungsplans Sonderbestimmungen treffen (sog. horizontale Gliederung), etwa bei einem Mischgebiet die Wohnnutzung und die gewerbliche Nutzung räumlich trennen. Schließlich kann nach § 1 Abs. 9 BauNVO für bestimmte Arten einer baulichen Nutzung eine Sonderregelung getroffen werden (s. dazu OVG Münster BauR 1997, 436; VGH Mannheim NVwZ-RR 2002, 556).
Der Unterschied zwischen § 1 Abs. 5 BauNVO und § 1 Abs. 9 BauNVO, nach denen jeweils bestimmte Arten der baulichen Nutzung ausgeschlossen werden können, besteht darin, dass § 1 Abs. 5 BauNVO nur den Ausschluss einer der in §§ 2 ff. BauNVO ausdrücklich genannten Arten der baulichen Nutzung zulässt, also z.B. die in § 7 Abs. 2 Nr. 3 BauNVO genannten Vergnügungsstätten, während § 1 Abs. 9 BauNVO auch den Ausschluss von speziellen Unterarten ermöglicht, also z.B. aus der Nutzungsart »Vergnügungsstätten« die Unterart »Diskothek« oder »Spielhalle« (BVerwG E 77, 308 = NVwZ 1987, 1072; E 77, 317 = NVwZ 1987, 1074).
Die bei der BauNVO Novelle 1990 neu geschaffene Vorschrift des § 1 Abs. 10 BauNVO (s. dazu VGH München BauR 2000, 699; Lenz BauR 1990, 159) ermöglicht es der Gemeinde, im Bebauungsplan zu bestimmen, dass vorhandene bauliche Anlagen auch dann geändert, erweitert oder erneuert werden können, wenn dieses nach den Festsetzungen des Bebauungsplans sonst unzulässig wäre. Die Vorschrift ist speziell auf **Gemengelagen** ausgerichtet und soll verhindern, dass aufgrund der Festsetzung eines Bebauungsplans einseitig die eine Nutzungsart zulässig, die andere Nutzungsart aber unzulässig ist; es soll die Fortentwicklung des vorhandenen Baubestands gewährleistet sein (OVG Lüneburg BauR 2002, 906).
§§ 12–14 BauNVO regeln für alle Baugebiete die Zulässigkeit von Garagen und Stellplätzen, freien Berufen und Nebenanlagen (s. dazu Rdnr. 98–100)

Maß der baulichen Nutzung (§§ 16–21 a BauNVO)
Die Gemeindevertretung kann ferner nach §§ 16 ff. BauNVO das Maß der baulichen Nutzung bestimmen, in dem sie die Grundflächen- und Geschossflächenzahl, die Geschosszahl sowie die Gebäudehöhe festlegt.
Die **Grundflächenzahl** ergibt sich nach § 19 BauNVO aus dem Verhältnis zwischen überbauter Grundstücksfläche (Grundriss des Gebäudes) und Grundstücksfläche.
Die **Geschossflächenzahl** ist nach § 20 Abs. 2 BauNVO das Verhältnis der Fläche aller Vollgeschosse zur Grundstücksfläche. Dabei können Aufenthaltsräume im Unter- oder Dachgeschoss nach § 20 Abs. 3 Satz 2 BauNVO mitgezählt werden, nicht aber die Fläche von Nebenanlagen

und Garagen (§ 20 Abs. 4 BauNVO). Die in der Praxis häufige Festsetzung eines zusätzlichen ausbaufähigen Dachgeschosses (+D) ist unzulässig (so BVerwG NVwZ 1997, 896).
Die Gemeinde ist dabei an die Höchstwerte der Tabelle in § 17 Abs. 1 BauNVO gebunden; sie kann also z.B. nicht in einem Wohngebiet eine Grundflächenzahl von 0,5 festsetzen. Eine Ausnahme hiervon ist nach § 17 Abs. 2 BauNVO nur zulässig, wenn besondere städtebauliche Gründe dieses erfordern; dieses ist der Fall, wenn ein Überschreiten der Obergrenze vernünftigerweise geboten ist (BVerwG BauR 2000, 690; NVwZ 2001, 560), z.B. die Planungskonzeption sonst nicht realisiert werden kann (VGH Mannheim VBlBW 1996, 141).
Was ein **Vollgeschoss** ist, richtet sich gemäß § 20 BauNVO nach den landesrechtlichen Bestimmungen, also § 2 Abs. 4 HBO (s. dazu unten Rdnr. 103, 104).
Die **Gebäudehöhe** richtet sich entweder nach der Firsthöhe (Gesamthöhe) oder der Traufhöhe (Schnittpunkt von Außenwand und Dach).

Bauweise und überbaubare Grundstücksfläche (§§ 22, 23 BauNVO).
76 Der Bebauungsplan kann nach § 22 BauNVO die offene oder die geschlossene Bauweise festsetzen. Offene Bauweise bedeutet, dass die Gebäude einen Abstand (Bauwich) aufweisen müssen, während sie bei geschlossener Bauweise an das Nachbargebäude angebaut werden müssen (§ 22 Abs. 2, 3 BauNVO). Offene Bauweise bedeutet aber nicht, dass die Gebäude zur Grundstücksgrenze einen Abstand einhalten müssen. Wie § 22 Abs. 2 BauNVO zeigt, können auch Doppelhäuser und sogar Reihenhäuser bis zu 50 m Länge in offener Bauweise errichtet werden, auch wenn sich Doppelhäuser und insbesondere Reihenhäuser über mehrere Grundstücke erstrecken. Nach der neueren Rechtsprechung des BVerwG (BauR NVwZ 2000, 1055) setzt ein Doppelhaus begrifflich voraus, dass die beiden Haushälften auf jeweils getrennten Grundstücken stehen, aber das Gebäude gleichwohl als bauliche Einheit in Erscheinung tritt (so auch VGH Kassel BauR 2000, 873; HGZ 1999, 149). Nach § 22 Abs. 4 BauNVO kann im Bebauungsplan auch eine andere als die offene oder geschlossene Bauweise festgesetzt werden; in der Praxis spielt vor allem die sog. halboffene Bauweise eine Rolle, bei der die Grundstücke nur einseitig bis an die Grenze bebaut werden, sodass Doppelhäuser mit großen, zusammenhängenden Gartenflächen entstehen.
Während die bauliche Nutzung der Grundstücke im Geltungsbereich eines Bebauungsplans durch die Festsetzung von Grund- und Geschossflächenzahlen nur abstrakt, d.h. nicht auf das einzelne Grundstück bezogen, geregelt wird, kann die Gemeinde durch die Festsetzung von Baulinien und Baugrenzen (§ 23 BauNVO) auch bis ins Detail die Bebauung jedes einzelnen Grundstücks festlegen. Baulinien (§ 23 Abs. 2 BauNVO) zwingen den Bauherrn dazu, exakt an dieser Linie zu bauen. Baugrenzen (§ 23 Abs. 3 BauNVO) dürfen nicht überschritten werden, das Bauvorhaben darf aber dahinter zurückbleiben. Durch die Festsetzung eines sog. Baufensters, d.h. Baulinien auf allen 4 Seiten, kann die Gemeinde sogar genau den Grundriss und den Standort des Gebäudes festlegen. Demgegenüber sind die häufig im Bebauungsplan eingezeichneten Gebäudegrundrisse (sog. Bauschemata) rechtlich unbeachtlich, soweit sie nicht durch Baugrenzen oder Baulinien fixiert sind (VGH Mannheim, Beschl. v. 5.9.1980–8 S 1390/80). Baulinien und Baugrenzen gelten nicht nur für Gebäude, sondern für alle baulichen Anlagen (BVerwG NVwZ 2002, 90 für eine Werbeanlage).

Sonstige Festsetzungen im Bebauungsplan
77 Neben diesen in beinah allen Bebauungsplänen anzutreffenden Regelungen lässt **§ 9 Abs. 1 BauGB** noch eine Vielzahl anderer Regelungen zu, die hier nicht im Einzelnen dargestellt werden können. Zu erwähnen sind vor allem Folgende mögliche Festsetzungen: Flächen für den Gemeinbedarf (Nr. 5), Verkehrsflächen (Nr. 11), Versorgungsflächen (Nr. 12), öffentliche und private Grünflächen (Nr. 15), Flächen für Gemeinschaftsanlagen (Nr. 22), Flächen für Lärmschutzwälle und ähnliche Einrichtungen zum Schutz gegen Immissionen (Nr. 24).

A. Bauleitplanung

Auslegungsschwierigkeiten bereiten vor allem die Nr. 11 und 24. § 9 Abs. 1 Nr. 11 BauGB erlaubt nicht nur die Planung von Verkehrswegen bei der Festsetzung von Baugebieten, sondern auch die sog. isolierte Straßenplanung, d.h. die Aufstellung eines Bebauungsplans, der nur die Festsetzung einer Straße enthält (BVerwG E 38, 52; 72, 172; NVwZ 1994, 275; Dürr in Kodal/Krämer/Rinke Straßenrecht Kap. 36 Rdnr. 21 m.w.N.; Schmidt-Eichstaedt BauR 2001, 337). Die Planungsbefugnis ist dabei nicht auf Gemeindestraßen beschränkt, sondern erfasst auch, wie z.B. §§ 17 Abs. 3 FStrG zeigt, klassifizierte Straßen (OVG Münster NVwZ-RR 1997, 687 – Kreisstraße). Ferner können nach § 9 Abs. 1 Nr. 11 BauGB auch Verkehrsflächen mit besonderer Zweckbestimmung (Fußwege, Radwege, Fußgängerzonen, Parkflächen) festgesetzt werden (s. dazu Dürr UPR 1992, 241; VBlBW 1993, 361; Steiner DVBl 1992, 1362; VerwArch 1995, 173). Unzulässig sind dagegen rein verkehrsrechtliche Anordnungen, etwa Einbahnstraßenregelungen oder Geschwindigkeitsbegrenzungen, weil hierfür die Straßenverkehrsbehörde zuständig ist (Brügelmann/Gierke § 9 Rdnr. 224; vgl. aber auch BVerwG NVwZ 1995, 165). § 9 Abs. 1 Nr. 24 BauGB lässt Anordnungen zum Schutz vor schädlichen Umwelteinwirkungen zu; in der Praxis betrifft dieses vor allem den Verkehrs- und Gewerbelärm. In Betracht kommt zunächst die Festsetzung von Lärmschutzwällen oder -wänden bzw. die Verpflichtung zum Einbau von Schallschutzfenstern (BVerwG NJW 1995, 2572; VGH München BayVBl 1995, 399; Brügelmann/Gierke BauGB § 9 Rdnr. 398; Dürr in Kodal/Krämer/Rinke Straßenrecht Kap. 36 Rdnr. 21.21). Ist eine solche Festsetzung getroffen worden, haben die dadurch begünstigten Personen einen Anspruch auf die Verwirklichung der Festsetzungen (BVerwG DVBl 1988, 1167; OVG Lüneburg BauR 1993, 456). Es muss sich aber um technische Vorkehrungen handeln; die Festsetzung von Emissionsgrenzwerten oder gar von »Emissionsquoten« für einzelne Grundstücke ist unzulässig (BVerwG NVwZ 1994, 1009); bei Gewerbegebieten ist aber eine Gliederung nach Emissionswerten gemäß § 1 Abs. 4 BauNVO zulässig (BVerwG NVwZ-RR 1997, 522; NVwZ 1998, 1067).

Nach dem nun neu geschaffenen § 9 Abs. 2 BauGB können die Festsetzungen auch zeitlich befristet werden, die sich danach anschließende Nutzung soll aber ebenfalls festgesetzt werden.

Ferner können nach § 9 Abs. 4 BauGB auch bauordnungsrechtliche Bestimmungen in den Bebauungsplan aufgenommen werden (vgl. dazu § 81 HBO sowie Manssen BauR 1991, 697). Derartige bauordnungsrechtliche Regelungen werden in den meisten Bebauungsplänen getroffen, etwa nähere Bestimmungen über die Dachneigung, die Gestaltung der Außenfläche oder die Höhe der Einfriedungen. Voraussetzung für derartige bauordnungsrechtliche Festsetzungen ist allerdings, dass sie sich »im Rahmen des Gesetzes« halten, d.h. bauordnungsrechtlichen Zielen dienen (VGH Mannheim VBlBW 1996, 69; NVwZ-RR 1988, 63; BauR 1988, 310 – s. dazu im Einzelnen unten Rdnr. 190). Ferner muss den Gemeindevertretern bei der Beschlussfassung über die Satzung klar sein, dass sie nicht nur den Bebauungsplan, sondern auch eine Gestaltungssatzung beschließen (VGH Kassel BRS 48 Nr. 112; HGZ 1997, 245).

Festsetzungen nach anderen Vorschriften, etwa Wasserschutz- oder Landschaftsschutzgebiete, Planfeststellungsbeschlüsse für den Bau von Straßen, Eisenbahnen oder sonstigen Verkehrsanlagen sowie eingetragene Kulturdenkmäler können nachrichtlich übernommen werden; diese nachrichtliche Übernahme hat aber keine rechtsbegründende Wirkung, sondern dient nur der Information über sonstige Regelungen, die für die Zulässigkeit von Bauvorhaben von Bedeutung sind.

8. Der fehlerhafte Bebauungsplan

Rechtsfolge von formellen und materiellen Fehlern beim Erlass einer Rechtsnorm ist nach **78** allgemeinen Grundsätzen die Nichtigkeit der Norm. Hiervon machen §§ 214–216 BauGB in beträchtlichem Umfang eine Ausnahme (s. dazu Hoppe/Henke DVBl 1997, 1407; Gaentzsch

DVBl 2000, 741; Schaber VBlBW 1998, 161; Wirth BWGZ 2000, 56). Der Gesetzgeber hat im Interesse der »Bestandskraft von Bebauungsplänen« (so BT-Drucks. 10/4630, 51, 54 und 156 – diese Bezeichnung ist terminologisch ungenau, da eine Rechtsnorm nicht bestandskräftig werden kann) bzw. der **Planerhaltung** (so die Überschrift der §§ 214–216 BauGB) die sonst allgemein gültigen Regeln über die Rechtsfolgen von Fehlern bei Rechtsnormen durchbrochen und ein recht kompliziertes System von unbeachtlichen, innerhalb einer bestimmten Frist (§ 215 Abs. 1 BauGB) beachtlichen und auch ohne Rüge stets beachtlichen Fehlern ersetzt. Dieses führt dazu, dass es neben den herkömmlichen Instituten der rechtmäßigen und wirksamen Norm sowie der rechtswidrigen und unwirksamen Norm nunmehr auch die zwar rechtswidrige, aber gleichwohl wirksame Norm (bei nach § 214 Abs. 1 BauGB unbeachtlichen Fehlern sowie bei Verstreichen der Frist des § 215 Abs. 1 BauGB), sowie die schwebend unwirksame Norm (innerhalb der Frist des § 215 Abs. 1 BauGB) gibt.

Der durch das BauGB 1998 neu geschaffene § 215a BauGB (bzw. § 214 Abs. 8 BauGB 2004) hat die nachteiligen Folgen der Fehlerhaftigkeit eines Bebauungsplans weiter eingeschränkt. Nach dieser Vorschrift kann der Fehler nämlich häufig durch ein **Planergänzungs**verfahren bereinigt werden (s. dazu unten Rdnr. 75).

§§ 214, 215 BauGB gelten nach **§ 216 BauGB** nicht für das Genehmigungsverfahren; die Genehmigungsbehörde muss also die Genehmigung versagen, wenn bei der Aufstellung des Bebauungsplans gegen die Vorschriften des BauGB verstoßen worden ist.

a) Verfahrensfehler nach dem BauGB (§ 214 BauGB)

79 Nach § 214 Abs. 1 BauGB sind **Verfahrensfehler** nur beachtlich, wenn die von der Planung berührten Belange nicht zutreffend ermittelt oder bemerkt worden sind (Nr. 1 – s. dazu oben Rdnr. 50) Vorschriften über die Bürgerbeteiligung oder die Beteiligung der Träger öffentlicher Belange (Nr. 2), die Begründung des Bebauungsplans (Nr. 3), den Satzungsbeschluss nach § 10 BauGB oder das Genehmigungsverfahren nach § 10 Abs. 2 BauGB sowie die Bekanntmachung (Nr. 4) nicht eingehalten worden sind. Die nach § 214 Abs. 1 Nr. 1–3 BauGB beachtlichen Form- und Verfahrensfehler müssen innerhalb von zwei Jahren schriftlich gegenüber der Gemeinde gerügt worden sein (§ 215 Abs. 1 Nr. 1 BauGB); hierfür ist es ausreichend, dass irgendjemand sich auf einen Verfahrensfehler beruft (BVerwG BauR 2001, 418 = BRS 64 Nr. 57; DVBl 1982, 1095; BVerwGE 67, 334 = NJW 1984, 138). Die **Rüge** muss aber schriftlich gegenüber der Gemeinde erfolgen (BGH NJW 1980, 1751; BVerwG DVBl 1982, 1095); ausreichend hierfür ist, dass sie in einem Prozess erhoben wird, an dem die Gemeinde beteiligt ist (BVerwG NVwZ 1983, 347; VGH Mannheim VBlBW 1997, 137). Vor Ablauf der 2-Jahresfrist sind alle Verfahrensfehler von Amts wegen von den Gerichten zu beachten; danach nur noch die in Nr. 4 angeführten elementaren Fehler. Insoweit kommt eine Beschränkung der Rechtsfolgen eines Verfahrensfehlers nicht in Betracht, weil es sich dabei um die rechtsstaatlich unverzichtbaren Mindestanforderungen an eine Normsetzung handelt.

Unberührt von der Heilung nach §§ 214, 215 BauGB bleiben die kommunalrechtlichen Rügen; insoweit enthalten aber §§ 63, 138 HGO eine vergleichbare Heilungsregelung.

b) Kommunalrechtliche Fehler

80 Einen Verstoß gegen **Vorschriften der Gemeindeordnung** stellt insbesondere die Beteiligung von befangenen Gemeindevertretern (§ 25 HGO – s. dazu Gern Rdnr. 511 ff.; Hager VBlBW 1994, 263; Brügelmann/Gierke § 10 Rdnr. 66 ff.) bei dem Satzungsbeschluss nach § 10 BauGB dar. Die Mitwirkung eines befangenen Gemeindevertreters führt zur Nichtigkeit des Bebauungsplans (VGH Kassel BRS 57 Nr. 59), wobei es gleichgültig ist, ob dieser befangene Gemeindevertreter Einfluss auf die Entscheidung über den Bebauungsplan genommen hat. Die Vorschrift betrifft nicht nur Gemeindevertreter, sondern auch die haupt- und ehrenamtlichen

A. Bauleitplanung

Mitglieder des Gemeindevorstands (Magistrats) einschließlich des Bürgermeisters (VGH Kassel BRS 57 Nr. 49; BRS 49 Nr. 8). Der VGH Kassel (HGZ 2003, 353; eb. auch OVG Koblenz BauR 1989, 433) stellt nur darauf ab, ob der befangene Gemeindevertreter beim Satzungsbeschluss nach § 10 BauGB mitgewirkt hat; eine Teilnahme an vorausgegangenen Sitzungen der Gemeindevertretung soll unschädlich sein, weil die Gemeindevertretung mit dem Satzungsbeschluss zugleich konkludent alle zuvor getroffenen Entscheidungen bestätige. Die Gegenmeinung wendet ein, dass die maßgeblichen Entscheidungen häufig bereits beim Aufstellungsbeschluss nach § 2 Abs. 1 BauGB, zumindest aber beim Beschluss über die Anregungen nach § 3 Abs. 2 BauGB getroffen werden; aus diesem Grund führe jegliche Mitwirkung eines befangenen Gemeindevertreters bei der Aufstellung des Bebauungsplans zu seiner Nichtigkeit (so OVG Münster NVwZ-RR 1996, 220; OVG Lüneburg NVwZ 1982, 200).

Bsp. für die Befangenheit:
1. Ein Gemeindevertreter ist Eigentümer eines Grundstücks im Bebauungsplangebiet (VGH Kassel HGZ 2003, 353; VGH Mannheim NVwZ-RR 1993. 97).
2. Ein Gemeindevertreter ist Eigentümer eines Grundstücks, das zwar außerhalb des Bebauungsplangebiets liegt, aber durch die Verwirklichung des Bebauungsplans unmittelbar betroffen würde (VGH Kassel NVwZ-RR 1993, 156 = BRS 54 Nr. 25).
3. Ein Gemeindevertreter hat beruflich, z.B. als Architekt, ein Interesse an der Verwirklichung des Bebauungsplans (VGH Mannheim BWVBl. 1969, 47; BRS 35 Nr. 22). Dabei reicht allerdings nicht das allgemeine Interesse an möglichen Aufträgen aus, vielmehr muss bereits eine konkrete Aussicht auf einen Auftrag bestehen (VGH Mannheim BRS 40 Nr. 30).
4. Der Bürgermeister ist zugleich 1. Vorsitzender des Sportvereins dessen Gaststätte durch den Bebauungsplan legalisiert werden soll (VGH Kassel BRS 57 Nr. 49).

Außer in den angeführten Fällen ist Befangenheit stets anzunehmen, wenn der Gemeindevertreter am Bebauungsplan ein Sonderinteresse hat, weil er selbst oder eine ihm nahe stehende Person (Ehegatte, Verwandte, Arbeitgeber) einen unmittelbaren Vor- oder Nachteil zu erwarten hat (BVerwG NVwZ 1988, 916; VGH Mannheim NVwZ 1998, 63). Dabei soll zwar bereits »der böse Schein« vermieden werden (VGH Mannheim NVwZ-RR 1993, 97; VBlBW 1987, 24; OVG Münster BauR 1979, 477), aber andererseits reichen ganz entfernt liegende Möglichkeiten einer Befangenheit nicht aus, weil sonst die Arbeit der Gemeindevertretung blockiert würde (OVG Münster BauR 1979, 477). Bei im öffentlichen Dienst stehenden Gemeindevertretern ist eine Befangenheit deshalb nicht schon dann anzunehmen, wenn der Dienstherr (Bund oder Land) ein Grundstück im Bebauungsplangebiet besitzt, sondern erst dann, wenn die dienstlichen Aufgaben des Beamten oder seiner Behörde unmittelbar betroffen werden (VGH Mannheim Beschl. v. 8.8.1978 – III 2048/76; OVG Koblenz NVwZ 1984, 6).
Bei der Aufstellung eines Flächennutzungsplans scheidet ein Ausschluss eines Gemeindevertreters wegen Befangenheit aus, weil der Flächennutzungsplan sich über das ganze Gemeindegebiet erstreckt, sodass sämtliche Gemeindevertreter bei Anwendung der Befangenheitsgrundsätze nicht mitwirken könnten (OVG Münster BauR 1979, 477; Creutz BauR 1979, 470; Krebs VerwArch 1980, 181).
Die Mitwirkung eines befangenen Gemeindevertreters ist aber nur dann beachtlich, wenn dieser Fehler innerhalb eines halben Jahres seit In-Kraft-Treten des Bebauungsplans geltend gemacht wird (§ 26 Abs. 6 HGO).
Ein weiterer wesentlicher kommunalrechtlicher Verfahrensfehler liegt vor, wenn die Vorschriften über die Öffentlichkeit der Sitzungen der Gemeindevertretung (§ 52 HGO) nicht beachtet werden (VGH Mannheim ESVGH 15, 185; 17, 118; BRS 17 Nr. 25).

c) Rückwirkende Heilung von Verfahrensfehlern

Alle Verfahrensfehler, auch solche des Kommunalrechts, können nach § 214 Abs. 4 BauGB **81** jedoch durch Wiederholung des Verfahrens vom Stadium des Verfahrensfehlers ab mit rückwirkender Kraft geheilt werden (s. dazu BVerwG BauR 1987, 166; NVwZ 1993, 361; Schmidt NVwZ 2000, 977; Dolde NVwZ 2001, 976); hierfür ist nur dann ein Beschluss der Gemeindevertretung erforderlich, wenn der Satzungsbeschluss oder ein vorheriger Verfahrensabschnitt fehlerhaft waren (BVerwG NVwZ 1997, 893; NVwZ 2001, 203) Eine unterbliebene Ausfertigung kann also vom Bürgermeister ohne Beteiligung der Gemeindevertretung nachgeholt und der Bebauungsplan dann in kraft gesetzt werden (BVerwG NVwZ-RR 1997, 515). Ein rückwirkendes In-Kraft-Treten des Bebauungsplans scheidet allerdings aus, wenn sich zwischenzeitlich die Planungsgrundlagen so geändert haben, dass eine neue Abwägung nach § 1 Abs. 7 BauGB erforderlich ist (BVerwG NVwZ 1993, 361; NVwZ 2001, 203 u. 431; NVwZ 2002, 83).

d) Materiell-rechtliche Fehler

82 Das Rechtsstaatsprinzip, wonach Eingriffe in Freiheit und Eigentum nur aufgrund eines Gesetzes möglich sind, hat normalerweise zur Folge, dass untergesetzliche Rechtsnormen nichtig sind, wenn sie gegen gesetzliche Vorschriften verstoßen. Auch insoweit weicht das Bauplanungsrecht teilweise von den allgemeinen Rechtsgrundsätzen ab.

§ 214 Abs. 2 und 3 BauGB enthält **Unbeachtlichkeitsregelungen** wegen materiell-rechtlicher Fehler des Bebauungsplans. Nach § 214 Abs. 2 BauGB sind Verstöße gegen die Regelungen des § 8 Abs. 2–4 BauGB unter bestimmten Voraussetzungen unbeachtlich (s. dazu oben Rdnr. 28, 29, 33). Dabei ist es nicht von Bedeutung, ob die Gemeinde sich wegen fehlerhafter Auslegung des § 8 BauGB oder aus Gleichgültigkeit über die Bindungen dieser Vorschrift hinweggesetzt hat; lediglich bei bewusstem Rechtsverstoß kommt § 214 Abs. 2 BauGB nicht zur Anwendung (BVerwG NVwZ 1985, 745).

Bedeutsam ist, dass Mängel im Abwägungsvorgang nach § 214 Abs. 3 BauGB nur beachtlich sind, wenn sie offensichtlich sind und für das Abwägungsergebnis von Bedeutung gewesen sind (s. dazu oben Rdnr. 55). Nach **§ 215 Abs. 1 Nr. 3 BauGB** (s. dazu Peine NVwZ 1989, 637) müssen **Fehler im Abwägungsvorgang** – innerhalb von zwei Jahren schriftlich gegenüber der Gemeinde gerügt werden; geschieht dieses nicht, ist der **Abwägungsfehler** unbeachtlich (zur verfassungsrechtlichen Problematik s. oben Rdnr. 56). § 215 Abs. 1 Nr. 2 BauGB führt also dazu, dass nach Ablauf von zwei Jahren die Gültigkeit eines Bebauungsplans praktisch nicht mehr in Zweifel gestellt werden kann. Damit ist gewährleistet, dass nicht noch nach Jahren, wenn der Bebauungsplan weitgehend verwirklicht ist, bisher verborgene Fehler aufgespürt werden können, die zur Nichtigkeit des Bebauungsplans führen. Dieses entspricht einem Bedürfnis der Praxis, vor allem auch der Gemeinden. Der Preis dafür ist freilich ein Verlust an Rechtsstaatlichkeit.

e) Fehlerbewältigung durch ergänzendes Verfahren

83 Nach § 214 Abs. 4 BauGB können Mängel des Bebauungsplans durch ein ergänzendes Verfahren behoben werden; der fehlerfreie Bebauungsplan kann auch rückwirkend in kraft gesetzt werden. Die Vorschrift findet sowohl für **Verfahrensfehler** als auch für Abwägungsfehler Anwendung.

Bei materiell-rechtlichen Fehlern ist eine Fehlerheilung durch ein ergänzendes Verfahren unproblematisch, soweit es sich lediglich um eine Planergänzung handelt, also z.B. der bei der Neuplanung oder der wesentlichen Änderung einer Straße nach § 41 BImSchG i.V.m. §§ 1, 2 16. BImSchV erforderliche Lärmschutz durch die Festsetzung eines Lärmschutzwalls nach § 9 Abs. 1 Nr. 24 BauGB nachgeholt wird.

Die Ergänzung kann im Verfahren nach § 13 BauGB erfolgen (s. oben Rdnr. 71) und der ergänzende Bebauungsplan nunmehr nach § 214 Abs. 4 BauGB 2004 auch mit rückwirkender Wirkung in kraft gesetzt werden (Krautzberger/Stüer BauR 2003, 1307).

Eine Behebung eines Abwägungsfehlers durch ein ergänzendes Verfahren ist allerdings nur zulässig, wenn dadurch die **Grundzüge der Planung** nicht berührt werden (BVerwG NVwZ 1999, 414 und 420; NVwZ 2000, 1053; NVwZ 2003, 1385). Es wäre z.B. nicht zulässig, im Wege eines ergänzenden Verfahrens den Baugebietscharakter grundlegend zu verändern, etwa aus einem Wohngebiet ein Mischgebiet zu machen. Die nachträgliche »Planreparatur« (so Stüer/ Rude DVBl 2000, 322) ist nur möglich bei punktuellen Nachbesserungen im Rahmen einer ansonsten ordnungsgemäßen Gesamtplanung (VGH München GewArch 1999, 432). Bei einer gewichtigen Planänderung würde es sich nicht um ein ergänzendes Verfahren, sondern faktisch um die Neuaufstellung des Bebauungsplans handeln. Die Bürger und die Träger öffentlicher Belange, die gegen die bisherige Festsetzung nichts einzuwenden hatten, müssen Gelegenheit erhalten, sich zu dieser Umplanung zu äußern. Auch die Gesetzesmaterialien (BT-Drucks. 13/6392 S. 74) sprechen nur von der Bereinigung von Fehlern, die das »Grundgerüst der Abwägung« nicht betreffen.

B. Bauplanungsrechtliche Zulässigkeit von Bauvorhaben

1. Bedeutung und System der §§ 29 ff. BauGB

§§ 29 ff. BauGB haben die bauplanungsrechtliche Zulässigkeit von Einzelbauvorhaben zum **84** Inhalt. Die städtebauliche Ordnung wird nach den Vorstellungen des Gesetzgebers zunächst durch die Aufstellung von Bauleitplänen gewährleistet; im Geltungsbereich eines Bebauungsplans sind Bauvorhaben nur zulässig, wenn sie dem Bebauungsplan nicht widersprechen (§ 30 Abs. 1 BauGB). Es muss aber auch in Gebieten, in denen kein Bebauungsplan besteht, für eine geordnete städtebauliche Entwicklung gesorgt werden; dieses ist die Aufgabe der §§ 34 (nichtbeplanter Innenbereich) und 35 BauGB (Außenbereich). Ferner muss überall dort, wo kein Bebauungsplan besteht, der Planungshoheit der Gemeinde Rechnung getragen werden (§ 36 BauGB).
§ 29 BauGB 1987 verlangte für eine Anwendung der §§ 30 ff. BauGB ferner, dass das Vorhaben einer Baugenehmigung, Bauanzeige oder Zustimmung nach der HBO bedurfte. Die Anbindung der §§ 30 ff. BauGB an ein bauordnungsrechtliches Verfahren hat sich als problematisch erwiesen, nachdem im Zuge der sog. Deregulierung in anderen Bundesländern zum Teil auch größere Vorhaben ohne baurechtliches Verfahren errichtet werden können (s. dazu Ortloff NVwZ 1995, 112; Stüer DVBl 1996, 482). § 29 BauGB 1998 hat die Verknüpfung zwischen Bauplanungsrecht und Bauordnungsrecht aufgegeben. Die §§ 30–37 BauGB sind auch dann einzuhalten, wenn ein Bauvorhaben nach § 55 HBO genehmigungsfrei oder nach § 56 HBO genehmigungsfrei gestellt ist.
Die §§ 30–37 BauGB finden nicht nur bei der Errichtung einer baulichen Anlage, sondern auch **85** bei der baulichen Änderung oder Nutzungsänderung einer solchen Anlage Anwendung. Eine Änderung ist der städtebaulich relevante Umbau bzw. die Erweiterung oder sonstige bauliche Veränderung einer baulichen Anlage (BVerwG NVwZ 1994, 294). Eine städtebauliche Relevanz ist jedenfalls bei einer Erhöhung des Maßes der baulichen Nutzung (§ 16 BauNVO) sowie bei Baumaßnahmen, die die Identität des Gebäudes berühren oder hinsichtlich des Aufwands an einen Neubau heranreichen, zu bejahen (BVerwG NVwZ 2000, 1047). Bei der Prüfung der Zulässigkeit einer solchen Maßnahme ist das gesamte Gebäude in der geänderten Form zu berücksichtigen, nicht nur die geänderten Teile (BVerwG NVwZ 2000, 1047; 2002, 1118).

Bsp. (BVerwG NVwZ 1987, 1076): Wird ein Ladengeschäft mit einer Verkaufsfläche von knapp 700 m^2 auf eine Verkaufsfläche von 840 m^2 erweitert, dann wird aus dem Ladengeschäft ein großflächiges Einzelhandelsgeschäft i.S.d. § 11 Abs. 3 BauNVO, auch wenn die zusätzlichen 140 m^2 Verkaufsfläche bei isolierter Betrachtungsweise sicher nicht die in § 11 Abs. 3 BauNVO angesprochenen negativen Auswirkungen haben werden (s. dazu unten Rdnr. 89).

Dieser Grundsatz gilt allerdings nicht, wenn die Baumaßnahme in Bezug auf ihre Zulässigkeit isoliert, also ohne Einbeziehung des gesamten Gebäudes beurteilt werden kann.

Bsp. (BVerwG NVwZ 2000, 1047): Bei einer nachträglichen Veränderung des Dachs ist nur die Zulässigkeit dieser Maßnahme, nicht die Zulässigkeit des bereits genehmigten Gesamtgebäudes zu prüfen.

Eine **Nutzungsänderung** i.S.d. § 29 BauGB ist dann anzunehmen, wenn die Funktion der Anlage in einer Weise geändert wird, die zu einer anderen baurechtlichen Beurteilung führen kann, sich also die Genehmigungsfrage neu stellt (BVerwG E 47, 185 = DVBl 1975, 498; NVwZ 1999, 523; Sarnighausen DÖV 1995, 926). Wird z.B. ein Schreibwarengeschäft in ein Eisenwarengeschäft umgewandelt, dann stellt dieses keine baurechtlich relevante Nutzungsänderung dar, weil für beide Geschäfte dieselben baurechtlichen Grundsätze gelten. Dagegen ist die Umwandlung eines Großhandelsbetriebs in ein Einkaufszentrum (BVerwG NJW 1984, 1771) eine Nutzungsänderung, weil Einkaufszentren nach § 11 Abs. 3 BauNVO nur in Kerngebieten und Sondergebieten zulässig sind. Ebenso ist die Änderung einer Schank- und Speisewirtschaft in eine Diskothek (VGH Kassel NVwZ 1990, 583; OVG Münster NVwZ 1983, 685), ein Nachtlokal mit Striptease (VGH München BauR 2000, 81) oder eine Spielhalle (VGH Mannheim VBlBW 1986, 109; 1992, 101) sowie eines Kinos in eine Spielhalle (BVerwG BauR 1989, 308) eine Nutzungsänderung, selbst wenn keinerlei bauliche Veränderungen vorgenommen werden. Das Gleiche gilt, wenn ein bisher einem landwirtschaftlichen Betrieb dienendes Gebäude einem Nichtlandwirt überlassen wird (BVerwG E 47, 185 = DVBl 1975, 498), ein Wochenendhaus als Dauerwohnung genutzt wird (BVerwG NVwZ 1984, 510), ein Hotel in ein Altenheim umgewandelt wird (BVerwG BauR 1988, 569), eine Skihütte auf eine ganzjährige Bewirtung umgestellt wird (BVerwG NVwZ 2000, 678), eine Lagerhalle als Verkaufsraum dient (BVerwG BauR 1990, 569), ein Pkw-Stellplatz als Dauerabstellplatz für einen Wohnwagen genutzt wird (BVerwG BauR 1993, 300) oder ein Rinderstall in einen Schweinestall (mit wesentlich stärkeren Geruchsemissionen) umgewandelt wird (BVerwG NVwZ 1993, 445); weitere Beispiele für Nutzungsänderungen s. Brügelmann/Dürr § 29 Rdnr. 7 bzw. 23. Eine Nutzungsänderung liegt aber nicht vor, wenn sich ohne Mitwirkung des Eigentümers der Kreis der Benutzer ändert; eine Nutzungsintensivierung ist keine Nutzungsänderung.

Bsp. (BVerwG NVwZ 1999, 417): Eine zunächst nur von Besuchern aus der Nachbarschaft aufgesuchte Gaststätte mit Kegelbahn (§ 4 Abs. 2 Nr. 2 BauNVO) wird zunehmend auch von auswärtigen Gästen aufgesucht und ist daher in einem allgemeinen Wohngebiet eigentlich nicht zulässig. Das BVerwG hat gleichwohl eine Nutzungsänderung verneint, weil der Inhaber für die Veränderung des Besucherkreises nicht verantwortlich sei.

86 Die Vorschriften der §§ 30 ff. BauGB gelten nach § 38 BauGB nicht für Vorhaben von überörtlicher Bedeutung (s. dazu BVerwG NVwZ 2001, 90), die der Planfeststellung oder einer die Planfeststellung ersetzenden Zulassung bedürfen, ferner nicht für öffentlich zugängliche Abfallbeseitigungsanlagen. Derartige Vorhaben können aufgrund der für alle Planfeststellungsverfahren erforderlichen Abwägung der öffentlichen und privaten Belange auch dann zugelassen werden, wenn sie bei isolierter baurechtlicher Betrachtungsweise unzulässig wären (BVerwG E 70, 242 = NVwZ 1985, 414; NVwZ 2001, 682; Erbguth NVwZ 1989, 608; NVwZ 1995, 243; Paetow UPR 1990, 321; Schmidt-Eichstaedt NVwZ 2003, 129); § 38 BauGB normiert insoweit einen Vorrang des Fachplanungsrechts (s. dazu oben Rdnr. 24). Die städtebaulichen Belange sind aber im Rahmen der Abwägung angemessen zu berücksichtigen (BVerwG a.a.O. sowie NVwZ 1997, 169). Der Vorrang des Fachplanungsrechts bedeutet aber nicht, dass der Fachplanungsträger bestehende Bauleitpläne der Gemeinde einfach ignorieren oder sich zumindest im Wege der Abwägung über sie hinwegsetzen kann; dieses ergibt sich schon aus dem Verweis auf § 7 BauGB in § 38 Satz 2 BauGB. Maßgeblich ist vielmehr der Grundsatz der Priorität (BVerwG NVwZ-RR 1998, 290; VGH Mannheim BauR 2003, 355).

B. Bauplanungsrechtliche Zulässigkeit von Bauvorhaben

Besondere Probleme entstehen im Zusammenhang mit Bahnhöfen, nachdem die Bahn AG zunehmend dazu übergeht, im Bahnhofsbereich auch völlig bahnfremde Nutzungen zuzulassen (Ronellenfitsch VerwArch 1999, 467; Gruber BauR 2000, 499). Da die **Bahnanlagen** einschließlich der Bahnhöfe aufgrund von Planfeststellungsbeschlüssen erstellt wurden, wird ein Vorrang der Fachplanung angenommen, das heißt die Bahnanlagen sind der kommunalen Bauleitplanung entzogen. Anders ist es aber, wenn die Bahnanlagen aufgegeben werden, was freilich eine förmliche »Freigabeerklärung« durch die Bahn AG voraussetzt (BVerwG NVwZ 1989, 655; BauR 1998, 993; VGH Mannheim NVwZ-RR 1997, 396), oder aber die Nutzung eines Teils des Bahnhofs nichts mit dem planfestgestellten Nutzungsrecht zu tun hat (BVerwG NVwZ-RR 1990, 292; OVG Lüneburg BauR 1997, 101 für eine Bahnhofsdrogerie).

2. Der Begriff der baulichen Anlage (§ 29 BauGB)

§ 29 Satz 1 BauGB verlangt für die Anwendung der §§ 30 ff. BauGB, dass es sich um eine **87** bauliche Anlage handelt. Der Begriff der baulichen Anlage ist nicht im BauGB, sondern nur in § 2 Abs. 1 HBO wie folgt definiert:
Bauliche Anlagen sind mit dem Erdboden verbundene, aus Baustoffen und Bauteilen hergestellte Anlagen. Nach § 2 Abs. 1 Satz 2, 1. Altern. HBO ist jedoch eine feste Verbindung nicht erforderlich, vielmehr reicht eine Verbindung kraft eigener Schwere aus.

Bsp. (VGH Mannheim VBlBW 1993, 431): Eine im Garten aufgestellte Oldtimer-Lokomotive eines Eisenbahn-Fans ist eine bauliche Anlage.

Für fahrbare Anlagen wie Wohnwagen (vgl. BVerwG E 44, 59 = BauR 1973, 366; NVwZ 1987, 144) oder Verkaufsstände (vgl. VGH Mannheim ESVGH 24, 136; OVG Lüneburg BauR 1993, 454; OVG Saar BauR 1993, 453) ist darauf abzustellen, ob die Anlage überwiegend ortsfest benutzt wird. Dabei kommt es nicht darauf an, ob die ortsfeste Benutzung zeitlich überwiegt; maßgebend ist allein, ob die Anlage als Ersatz für ein Gebäude dient.

Bsp. a) (VGH Kassel BauR 1987, 183): Ein Schiff, das ortsfest über einen Steg zu erreichen ist und als Gaststätte benutzt wird, ist eine bauliche Anlage.
b) (OVG Münster BauR 2004, 67): Ein mit Werbeaufschriften versehener Kfz-Anhänger, der stets an demselben Standort geparkt wird, stellt einen Ersatz für ein Werbeschild dar und ist daher eine bauliche Anlage.

Der Begriff der baulichen Anlage i.S.d. § 29 BauGB ist nach BVerwGE 39, 154 und 44, 59 nicht identisch mit dem bauordnungsrechtlichen Begriff der baulichen Anlage i.S.d. § 2 Abs. 1 HBO. Denn §§ 29 ff. BauGB dienen städtebaulichen Belangen, während für § 2 HBO bauordnungsrechtliche Belange (Gefahrenabwehr) maßgebend sind (BVerwG BauR 2000, 1312; NVwZ 2001, 1046). Es kommt hinzu, dass der Begriff der baulichen Anlage in den einzelnen Landesbauordnungen z. T. unterschiedlich definiert wird (vgl. Ernst/Zinkahn/Bielenberg § 29 Rdnr. 2), während der bundesrechtliche Begriff der baulichen Anlage i.S.d. § 29 BauGB zwangsläufig im ganzen Bundesgebiet einheitlich ausgelegt werden muss.
Nach BVerwGE 44, 59 – Wohnfloß – (eb. BVerwG NJW 1977, 2090 – Tragluftschwimmhalle) setzt sich der Begriff der baulichen Anlage i.S.d. § 29 BauGB zusammen aus dem verhältnismäßig weiten Merkmal des Bauens und dem einengenden Merkmal bodenrechtlicher Relevanz der Anlage (s. dazu BVerwGE 91, 234 = NVwZ 1993, 983; NVwZ 2001, 1046). Die planungsrechtliche Relevanz ist nach der zitierten Rechtsprechung des BVerwG gegeben, wenn das Vorhaben »ein Bedürfnis nach Planung hervorruft«. Dabei kommt es nicht auf das einzelne Vorhaben an, sondern auf eine »das einzelne Objekt verallgemeinernde Betrachtungsweise«. Maßgeblich ist, ob derartige Vorhaben generell ohne Beachtung bauplanungsrechtlicher Vorschriften und damit letztlich beliebig errichtet werden können.
Unter Bauen versteht das BVerwG das Schaffen einer künstlichen Anlage, die auf Dauer mit

dem Erdboden verbunden ist; auch hier reicht aber die Verbindung kraft eigener Schwere aus (BVerwG BRS 15 Nr. 87; DÖV 1971, 638). Dabei werden an das Bauen nur geringe Anforderungen gestellt (BVerwG BauR 1993, 300 – geschotterter Stellplatz = bauliche Anlage; anders aber BVerwG NVwZ 1994, 293 für eine Splittaufschüttung sowie BVerwG BauR 1996, 362 für einen unbefestigten Lagerplatz). Das **Merkmal der Dauer** ist auch erfüllt, wenn die Anlage regelmäßig auf- und abgebaut wird (BVerwG BauR 1977, 109; VGH Mannheim ESVGH 24, 136). Entscheidend ist auch insoweit, ob die Anlage als Ersatz für ein festes Bauwerk dienen soll (BVerwG E 44, 59 = DVBl 1974, 237; BauR 1975, 108). Bauplanungsrechtlich kommt es auf die unmittelbare Verbindung mit dem Erdboden nicht an (BVerwG NVwZ 1993, 983; NVwZ 1995, 897; BauR 1995, 508), sodass Werbeanlagen an Gebäuden als bauliche Anlagen gelten (Rspr.-Nachw. s. Rdnr. 80); das gleiche gilt für Mobilfunkanlagen auf einem Dach (OVG Münster NVwZ-RR 2003, 637; VGH Mannheim VBlBW 2002, 260).

Der demnach sehr weite Begriff des Bauens ist aber einzuschränken durch das weitere Merkmal der bauplanungsrechtlichen Relevanz, d.h. die Belange des § 1 Abs. 5 BauGB müssen durch die Anlage berührt werden können, was z.B. bei ganz unbedeutenden Bauwerken nicht der Fall ist (OVG Münster BauR 1986, 544 – Zigarettenautomat; OVG Koblenz NVwZ-RR 2001, 289 – Gerätehütte von 10 m³). Die planungsrechtliche Relevanz ist jedenfalls dann nicht gegeben, wenn das Bauvorhaben gar nicht Gegenstand von Festsetzungen in einem Bebauungsplan sein könnte.

Bsp. a) (BVerwG NVwZ 1994, 1919): Die Errichtung von Dachgauben hat keine bauplanungsrechtliche Relevanz, weil die Festsetzung von Dachgauben in einem Bebauungsplan nicht vorgesehen ist.
b) (VGH Mannheim VBlBW 1995, 69): Die Umwandlung eines Flachdachs in ein Satteldach hat keine bauplanungsrechtliche Relevanz, da weder § 9 BauGB noch §§ 16 ff. BauNVO Festsetzungen über die Dachform erlauben; derartige Festsetzungen beruhen auf der bauordnungsrechtlichen Ermächtigung des § 81 Abs. 1 HBO.

Beispiele für bauliche Anlagen:

88 **a) Werbeanlagen** (s. dazu Friedrich BauR 1996, 504) sind bauliche Anlagen, wenn sie aus Baustoffen (Holz, Metall, Plastik, Glas o. ä.) hergestellt sind und im Hinblick auf ihre Größe planungsrechtliche Relevanz haben, weil sie sich auf die Umgebung auswirken; es kommt dabei nicht darauf an, ob sie selbst unmittelbar mit dem Erdboden verbunden sind (z.B. Anschlagtafeln) oder an bzw. auf anderen Anlagen angebracht sind (BVerwG E 91,324 = NVwZ 1993, 983; NVwZ 1995, 987; BauR 1995, 508). Keine baulichen Anlagen sind daher zum einen kleine Werbeanlagen z.B. das Praxisschild eines Rechtsanwalts (VGH Mannheim BauR 1992, 352; VGH Kassel BRS 42 Nr. 152), zum anderen bloße Bemalungen, Beschriftungen u.ä. (VGH Mannheim BauR 1995, 226); eine Werbung mittels sog. Himmelsstrahler ist mangels baulicher Tätigkeit keine bauliche Anlage (OVG Koblenz NuR 2003, 701; VG Stuttgart NVwZ-RR 2000, 14; Hildebrandt VBlBW 1999, 250). Auch Werbeanlagen, die keine baulichen Anlagen sind, gelten bauordnungsrechtlich als bauliche Anlagen (§ 2 Abs. 1 Satz 3 Nr. 7 HBO, s. dazu Rdnr. 189).
b) Automaten sind bauliche Anlagen, wenn sie wegen ihrer Größe planungsrechtliche Bedeutung haben; es gelten insoweit die gleichen Grundsätze wie bei Werbeanlagen.
c) Wohnwagen und Wohnflöße werden als bauliche Anlagen angesehen, wenn sie als Ersatz für ein festes Gebäude – Wochenendhaus – dienen (BVerwGE 44, 59 = DVBl 1974, 273; NVwZ 1988, 144; VGH Mannheim ESVGH 22 Nr. 30 = BRS 23 Nr. 69; VGH Kassel NVwZ 1988, 165).
d) Einfriedungen sind nur bauliche Anlagen, wenn sie aus Baustoffen – Steine, Holz, Eisen, Kunststoff – hergestellt sind (BVerwG BRS 22 Nr. 69; VGH Mannheim VBlBW 1995, 60); Hecken sind demnach keine baulichen Anlagen i.S.d. § 29 BauGB.
e) Campingplätze sind als solche keine baulichen Anlagen, sie werden aber hinsichtlich der gesamten Anlage zur baulichen Anlage, wenn sie feste Bauwerke (Wasch- und Toilettengebäude, Kiosk) aufweisen (BVerwG BauR 1975, 108; NJW 1975, 2114).
f) Für **Sport- und Tennisplätze** gilt das gleiche wie für Campingplätze; ausreichend für eine Qualifikation als bauliche Anlage ist bereits, dass sie über eine Einzäunung verfügen (VGH München BauR 1982, 141; VGH Kassel BauR 1982, 143; OVG Münster BauR 2000, 81) oder einen festen Bodenbelag bzw. Spielgeräte (Tore) aufweisen (VGH Mannheim VBlBW 1984, 222 und 1987, 464; OVG Saar NVwZ 1985, 770).
g) Verkaufsstände und Verkaufswagen sind bauliche Anlagen, wenn sie als Ersatz für eine ortsfeste Anlage dienen, auch wenn sie nicht ständig aufgestellt werden (VGH Mannheim BWVBl. 1973, 141; BRS 39 Nr. 143; OVG Lüneburg BauR 1993, 454; OVG Saar BRS 54 Nr. 141).

B. Bauplanungsrechtliche Zulässigkeit von Bauvorhaben 53

h) **Kfz-Abstellplätze und Lagerplätze** werden als bauliche Anlagen i.S.v. § 29 BauGB angesehen, soweit sie über einen betonierten, asphaltierten oder ähnlich befestigten Untergrund verfügen (BVerwG BauR 1993, 300); eine Befestigung des Untergrunds durch bloßes Walzen oder Stampfen oder Aufbringen einer Kiesaufschüttung ist demgegenüber nicht ausreichend (BVerwG BauR 1996, 362; VGH Mannheim VBlBW 1985, 457).
Weitere Beispiele für bauliche Anlagen s. Brügelmann/Dürr, § 29 Rdnr. 22 bzw. 20.
Hinweis: Auch wenn der Begriff der baulichen Anlage i.S.d. § 29 BauGB unabhängig von der landesrechtlichen Definition dieses Begriffs ist, bleibt doch festzuhalten, dass jedenfalls Anlagen nach § 2 Abs. 1 Satz 1 und 2 HBO regelmäßig unter § 29 BauGB fallen. Eine Auseinandersetzung mit dem unterschiedlichen Inhalt des Begriffs der baulichen Anlage in § 29 BauGB und § 2 Abs. 1 HBO ist deshalb nur in Ausnahmefällen erforderlich (Ortloff NVwZ 1989, 616).

Durch § 29 Abs. 1 BauGB werden ferner **Aufschüttungen und Abgrabungen** größeren Umfangs sowie Lagerstätten den §§ 30-36 BauGB unterworfen, auch soweit sie nach der obigen Definition (Rdnr. 84) keine baulichen Anlagen sind. Als Lagerstätten sind auch Lagerplätze anzusehen (BVerwG DÖV 1980, 175); hierunter fallen auch Ausstellungsflächen, da es auf den Zweck der Lagerung nicht ankommt (BVerwG NVwZ-RR 1999, 623).

3. Bauvorhaben im beplanten Innenbereich (§ 30 BauGB) – Bedeutung der Baunutzungsverordnung

§ 30 Abs. 1 BauGB gilt nur für Bauvorhaben im Geltungsbereich sog. **qualifizierter Bebauungspläne**, d.h. Pläne, die mindestens Art und Maß der baulichen Nutzung, die überbaubare Grundstücksfläche und die örtlichen Verkehrsflächen regeln. Bebauungspläne, die diesen Mindestanforderungen nicht entsprechen, etwa nur eine Baugrenze entlang einer Straße ausweisen, sind nach § 30 Abs. 3 BauGB bei der Erteilung der Baugenehmigung allerdings ebenfalls zu beachten; die bauplanungsrechtliche Zulässigkeit bestimmt sich aber im Übrigen nicht nach § 30 BauGB, sondern nach § 34 oder § 35 BauGB.
Nach § 30 Abs. 1 BauGB ist die Genehmigung für das Bauvorhaben zu erteilen, wenn die Errichtung des Bauwerks oder die Nutzungsänderung nicht dem Bebauungsplan widerspricht. Ob das der Fall ist, regelt sich vor allem nach der BauNVO, die nach § 1 Abs. 3 BauNVO Bestandteil des Bebauungsplans ist; außerdem sind natürlich auch die sonstigen Festsetzungen nach § 9 Abs. 1 BauGB zu beachten.
Um das Verständnis der Festsetzungen des Bebauungsplans zu erleichtern, sind die Gemeinden verpflichtet, die in der Planzeichenverordnung vom 18.12.1990 (BGBl I 1991 S. 58) angeführten Symbole und Zeichen zu verwenden. Soweit der Bebauungsplan keine Legende enthält, erschließt sich der Inhalt eines Bebauungsplans also durch die Heranziehung der Planzeichenverordnung.

89

a) Art der baulichen Nutzung (§§ 2-14 BauNVO)

Die Baunutzungsverordnung enthält in §§ 2 ff. zunächst Regelungen über die Art der baulichen Nutzung. Die in einem Baugebiet generell zulässigen Vorhaben sind jeweils in Abs. 2, die nur als Ausnahme nach § 31 Abs. 1 BauGB zulässigen Vorhaben sind jeweils in Abs. 3 angeführt. Die Gemeinden haben allerdings nach § 1 Abs. 4-10 BauNVO (s. dazu oben Rdnr. 66) die Möglichkeit, diese **Systematik** im Bebauungsplan im Einzelnen beträchtlich zu ändern.
Hinweis: Nach § 1 Abs. 3 BauNVO sind die §§ 2 ff. BauNVO Bestandteil des Bebauungsplans. Da die Gemeindevertretung nur die jeweils geltende Fassung der BauNVO in ihre Planungsentscheidung einbeziehen konnte, gilt die BauNVO in der Fassung, die bei Aufstellung des Bebauungsplans in Kraft war (BVerwG BauR 1992, 472; NVwZ 2000, 1054). Bei älteren Bebauungsplänen ist also die BauNVO 1962, 1968 und 1977 heranzuziehen (§§ 25a-c BauNVO). Die inhaltlichen Änderungen der §§ 2-10 BauNVO durch die Novellen 1968, 1977, 1986 und 1990 (s. dazu Lenz, BauR 1990, 157) sind allerdings nicht sehr weitgehend.

90

Beispiele für zulässige Bauvorhaben in verschiedenen Baugebieten: Dabei ist regelmäßig auf die typische Erscheinungsform einer baulichen Anlage oder eines Gewerbebetriebs abzustellen (BVerwG E 68, 207 = NJW 1984, 1572; E 68, 342 = NJW 1984, 1768). Auf den konkreten Betrieb kann nur abgestellt werden, wenn dieser durch betriebsbezogene Besonderheiten, etwa nicht zu öffnende Fenster mit Klimaanlage, vom typischen Erscheinungsbild eines solchen Betriebs abweicht (vgl. BVerwG NVwZ 1993, 987; VGH Mannheim NVwZ 1999, 439; VBlBW 2000, 78).

91 1. **Reines Wohngebiet**: Zulässig: Studentenwohnheim (OVG Lüneburg BRS 47 Nr. 40), Personalheim (OVG Saar BRS 27 Nr. 33), kleines Büro für eine freiberufliche Tätigkeit (BVerwG BRS 23 Nr. 36, anders aber bei größerem Büro mit zahlreichen Beschäftigten VGH Mannheim BRS 32 Nr. 64), herkömmlicher Spielplatz (BVerwG BRS 28 Nr. 138; VGH Mannheim BauR 1985, 535), Getränkemarkt (VGH Mannheim BRS 50 Nr. 56), Kindergarten (VG München, NVwZ 1999, 448; a.A.: OVG Münster BauR 1994, 89).

Unzulässig: Großes Büro einer Versicherungsgesellschaft (VGH Mannheim BRS 27 Nr. 31), Hundezwinger (OVG Münster BRS 30 Nr. 29), Gastwirtschaft (BVerwG BBauBl 1964, 355; OVG Münster BRS 17 Nr. 23), Warenautomat (OVG Münster BauR 1986, 544), Einzelhandelsgeschäft mit weiterem Einzugsgebiet (VGH Mannheim ESVGH 28, 25; BRS 35, Nr. 33), Tennisplatz (VGH München BauR 1982, 141; VGH Kassel BauR 1982, 143), Kegelbahn (OVG Münster BRS 39 Nr. 65), Bräunungsstudio (VGH Mannheim BWVPr 1986, 39), Werbeanlage für Fremdwerbung (BVerwG BauR 1993, 315).

92 2. **Allgemeines Wohngebiet**: Zulässig: Ladengeschäfte sowie Schank- und Speisewirtschaft für die Bewohner des Gebiets. Ob diese der Versorgung des Baugebiets dienen, richtet sich nach objektiven Kriterien, nicht nach den Angaben des Bauherrn (BVerwG NVwZ 1999, 417; 1999, 186). Der Betrieb dient jedenfalls dann auch der örtlichen Versorgung, wenn ein nicht nur unerheblicher Teil der Bewohner des Ortes in diesem Ladengeschäft einkaufen (BVerwG NVwZ 1993, 455; 1999, 186 u. 417; VGH Mannheim NVwZ-RR 2000, 413). Zulässig sind ferner Tankstelle mit Waschanlage (OVG Münster NVwZ-RR 1997, 16), Jugendheim (VGH München BauR 1982, 239), Aussiedler-Wohnheim (VGH Mannheim NVwZ 1992, 995), nicht-störende Kfz-Werkstatt (VGH Mannheim VBlBW 1982, 48), Lebensmittelmarkt (VGH Mannheim BauR 1982, 253; OVG Lüneburg BauR 1986, 187), Bolzplatz (BVerwG NVwZ 1992, 884), Hotel (VGH Mannheim BauR 1987, 50 – a.M. OVG Berlin NVwZ-RR 1993, 458), Hundezwinger für zwei Dackel (VGH Mannheim BauR 1991, 571).

Unzulässig: Hundezwinger für zwei Schäferhunde (VGH Mannheim NVwZ-RR 1990, 64; beachte aber: BVerwG Buchholz 406.12 § 14 BauNVO Nr. 5), Tischlerwerkstatt (BVerwG DVBl 1971, 759), Discountladen (OVG Lüneburg DÖV 1968, 235), Minigolfanlage (OVG Münster BRS 18 Nr. 155), Speditionsunternehmen (VGH Kassel BRS 18 Nr. 19), Schwertransport- und Kranbetriebe (BVerwG NJW 1977, 1932), Kegelbahn (VGH Mannheim BRS 32 Nr. 31), Kfz-Werkstatt (VGH Mannheim Urt. v. 9.1.1979, III 1337/79), LKW-Abstellplatz (VGH Mannheim BRS 39 Nr. 61), Schnellimbiss (OVG Saar NVwZ-RR 1993, 460), Gaststätte ohne Bezug zu Baugebiet (BVerwG NVwZ 1993, 455), großer Lagerplatz (VGH Mannheim VBlBW 1996, 25), großflächiger Gartenbaubetrieb (BVerwG BauR 1996, 816), Ärztehaus (BVerwG BauR 1997, 490; Mobilfunkanlage (OVG Münster NVwZ-RR 2003, 637).

93 3. **Mischgebiet**: Zulässig: Autowaschanlage (OVG Münster BauR 1977, 112), geräuscharme Kfz-Werkstatt (BVerwG BauR 1975, 396; ZfBR 1986, 148), SB-Waschsalon (VGH Mannheim VBlBW 1993, 61).

Unzulässig: Anlagen nach §§ 4 ff. BImSchG (BVerwG BRS 28 Nr. 27), Einkaufszentren (VGH Mannheim BRS 32 Nr. 32), lärmintensive Kfz-Werkstatt (BVerwG BauR 1975, 296), Pferdestall (OVG Lüneburg BauR 1989, 63), Wohnungsprostitution (VGH Mannheim NVwZ 1997, 601).

94 4. **Gewerbegebiet**: Zulässig: Wohnräume für Betriebsleiter und Bereitschafts- oder Aufsichtspersonal (BVerwG BauR 1983, 443), Bordell (BVerwG NJW 1984, 1574 – das aber im Einzelfall

B. Bauplanungsrechtliche Zulässigkeit von Bauvorhaben 55

nach § 15 BauNVO oder § 3 HBO unzulässig sein kann), Beherbergungsbetrieb (BVerwG VBlBW 1993, 49), nicht erheblich störende Anlagen nach § 4 BImSchG (BVerwG NVwZ 1993, 987).
Unzulässig: Verbrauchermarkt (BVerwG NJW 1984, 1771 und 1773), Wohngebäude (OVG Schleswig BauR 1991, 731), Wohnheim für Asylbewerber (VGH Mannheim VBlBW 1989, 309), Baustoff-Recyclinganlage (VGH Mannheim VBlBW 2000, 78).
5. **Industriegebiet**: Unzulässig: Verbrauchermarkt (BVerwG E 68, 360 = NJW 1984, 1768), Zwischenlager für atomare Brennstoffe (OVG Münster NJW 1985, 590), Diskothek (BVerwG NVwZ 2000, 1054), Asylbewerberunterkunft (OVG Münster NVwZ-RR 2004, 247).
6. **Vergnügungsstätten**: Die BauNVO 1990 hat eine sehr differenzierte Regelung für die Zulässigkeit von Vergnügungsstätten eingeführt (s. dazu Fickert BauR 1990, 264; Jahn BauR 1990, 280; Stock NVwZ 1990, 520); die frühere Rechtsprechung ist damit z. T. gegenstandslos geworden. 95

§ 4a Abs. 3 Nr. 2 BauNVO begründet den Typus der sog. kerngebietstypischen Vergnügungsstätte. Dabei handelt es sich um Einrichtungen, die für ein allgemeines Publikum aus einem größeren Einzugsbereich vorgesehen sind und daher regelmäßig nur in Kerngebieten (§ 7 Abs. 2 Nr. 2 BauNVO) sowie ausnahmsweise in Gewerbegebieten (§ 8 Abs. 3 Nr. 3 BauNVO) zulässig sind. Als kerngebietstypisch werden z.b. Spielhallen mit mehr als 100 m² Nutzfläche (VGH Mannheim VBlBW 1992, 101; NVwZ 1990, 86; OVG Lüneburg NVwZ-RR 1994, 486; Fickert BauR 1990, 268; vgl. auch BVerwG NVwZ 1991, 264), großflächige Diskotheken, Nachtlokale und ähnliche Einrichtungen angesehen. Sonstige – also nicht kerngebietstypische – Vergnügungsstätten können außerdem in Mischgebieten (§ 6 Abs. 2 Nr. 8 und Abs. 3 BauNVO) und besonderen Wohngebieten (§ 4a Abs. 3 Nr. 2 BauNVO) eingerichtet werden. In allen anderen Baugebieten sind Vergnügungsstätten generell unzulässig und zwar auch dann, wenn von ihnen keine Störung der Nachtruhe ausgeht (BVerwG NVwZ 1991, 266; BauR 1993, 51; BauR 2000 – Diskothek in Industriegebiet).
7. **Sondergebiete**: Als Sondergebiete, die der Erholung dienen (§ 10 BauNVO), können insbesondere Wochenendhausgebiete, Ferienhausgebiete oder Campingplatzgebiete ausgewiesen werden. Der Bebauungsplan muss aber nach § 10 Abs. 2 BauNVO die Art der Nutzung genau festlegen; eine Ausweisung als »Erholungsgebiet« ist mangels Bestimmtheit nichtig (BVerwG BauR 1983, 433; VGH Mannheim BWVPr 1984, 83). 96

Nach § 11 BauNVO können auch sonstige Sondergebiete festgesetzt werden; Abs. 2 nennt als Beispiele Kurgebiete, Ladengebiete, Einkaufszentren und großflächige Handelsbetriebe, Ausstellungsgebiete, Hochschulgebiete, Klinikgebiete; auch insoweit muss aber die Zweckbestimmung eindeutig festgesetzt sein (BVerwG NJW 1983, 2713; VGH Mannheim NVwZ-RR 2001, 716 – Sondergebiet Technologie-Park). Ein Sondergebiet ist allerdings unzulässig für Vorhaben, die auch in den normalen Baugebieten verwirklicht werden können (OVG Lüneburg NVwZ 2002, 109 – Sondergebiet Altenwohnheim).

§ 11 Abs. 3 BauNVO enthält eine Sonderregelung für Einkaufszentren (s. dazu BVerwG NVwZ 1990, 1074; BVerwGE 117, 25 = NVwZ 2003, 86) sowie **großflächige Einzelhandelsbetriebe** (s. dazu BVerwGE 68, 243 ff. = NJW 1984, 1768 ff. – insgesamt 4 Entscheidungen – sowie Hoppenberg NJW 1987, 1534; Schlotterbeck VBlBW 1987, 361; Büchner NVwZ 1999, 745). Großflächig ist ein Betrieb bei mehr als 700 m² Verkaufsfläche (BVerwG NJW 1987, 1076; BauR 2004, 43). Solche Betriebe sind nach § 11 Abs. 3 BauNVO nur in Sondergebieten oder Kerngebieten zulässig, wenn sie Auswirkungen auf die Infrastruktur des Ortes oder der Nachbargemeinden, den Verkehr auf den Zufahrtsstraßen sowie auf die Immissionssituation der Umgebung haben können (zum Rechtsschutz der Nachbargemeinden s. OVG Greifswald NVwZ-RR 2000, 559; OVG Koblenz NVwZ-RR 2001, 638; Uechtritz BauR 1999, 572). Derartige Auswirkungen werden nach § 11 Abs. 3 Satz 3 BauNVO vermutet, wenn die Geschossfläche mehr als 1200 m² beträgt. 97

Ein in den letzten Jahren viel diskutiertes Problem stellen die sog. Factory-Outlet-Center (**FOC**) dar (s. dazu OVG Koblenz BauR 1999, 367; VGH München GewArch 1999, 432; OVG Greifswald NVwZ 2000, 559; Moench/Sander NVwZ 1999, 337; Erbguth NVwZ 2000, 969). Es handelt sich dabei um außerordentlich großflächige Verkaufsstellen von mehreren Produzenten, die Waren mit geringfügigen Fehlern oder aus der auslaufenden Kollektion zu äußerst günstigen Preisen direkt an die Verbraucher abgeben und dadurch Käufer aus einem größeren Umkreis anlocken. Die FOC stellen eine besondere Form der Einkaufszentren dar, deren Zulässigkeit sich nach § 11 Abs. 3 BauNVO richtet (Dolde/Menke NJW 1999, 2152; Reidt NVwZ 1999, 45). Es liegt auf der Hand, dass derartige großdimensionierte Einrichtungen »Schnäppchenjäger« in großem Umfang anlocken und daher schwerwiegende Einwirkungen auf die Infrastruktur der benachbarten Gemeinden haben können.

Die Vermutung des § 11 Abs. 3 BauNVO, dass großflächige Einzelhandelsbetriebe die angeführten Auswirkungen haben, ist freilich bei besonderer Geschäftsgestaltung widerlegbar, etwa bei einer Beschränkung auf wenige flächenbeanspruchende Produkte wie Möbel, Baumaterialien u.ä.; in derartigen Ausnahmefällen können großflächige Einzelhandelsbetriebe auch in Gewerbe- und Industriegebieten errichtet werden (so BVerwGE 68, 360 = NJW 1984, 1768; vgl. auch BVerwG BauR 1989, 704). Zu beachten ist, dass § 11 Abs. 3 BauNVO erst durch die BauNVO-Novelle 1968 geschaffen worden ist. Daraus folgt, dass diese Vorschrift auf bereits zuvor erlassene Bebauungspläne keine Anwendung findet mit der Folge, dass großflächige Einzelhandelsbetriebe und Einkaufszentren auch in Gewerbe- und Industriegebieten zulässig sind, soweit diese durch vor 1968 aufgestellte Bebauungspläne festgesetzt worden sind (BVerwGE 68, 352 = NJW 1984, 1773; BauR 2004, 43). Im Einzelfall kann freilich ein Verbrauchermarkt nach § 15 BauNVO auch in einem solchen Gewerbe- oder Industriegebiet unzulässig sein.

98 Stellplätze und Garagen (§ 12 BauNVO): In allen Baugebieten dürfen nach § 12 BauNVO Stellplätze und Garagen angelegt werden; in Wohngebieten beschränkt § 12 Abs. 2 BauNVO die Zahl der Stellplätze und Garagen im Interesse der Wohnruhe auf den durch die zugelassene Nutzung verursachten Bedarf (s. dazu Dürr BauR 1997, 7).

99 Gebäude und Räume für freie Berufe (§ 13 BauNVO): Nach § 13 BauNVO dürfen freiberuflich Tätige auch in Wohngebieten Räume – nicht aber ganze Gebäude – zur Ausübung ihres Berufs nutzen; in anderen Baugebieten können auch ganze Gebäude für diesen Zweck verwandt werden. Diese Vorschrift trägt dem Umstand Rechnung, dass durch eine freiberufliche Tätigkeit i.d.R. keine wesentliche Störung des Wohnens verursacht wird. Freiberuflich tätig i.S.d. § 13 BauNVO sind Personen, welche persönliche Dienstleistungen erbringen, die auf individueller geistiger Leistung oder sonstiger persönlicher Fertigkeit beruhen (BVerwGE 68, 324 = NVwZ 1984, 236: NVwZ 2001, 1284; OVG Hamburg BauR 1997, 613), z.B. Ärzte, Rechtsanwälte, Architekten, Krankengymnasten, Handels- und Versicherungsvertreter, Makler u.ä. Nach Ansicht des BVerwG fällt eine handwerkliche oder kaufmännische Tätigkeit grundsätzlich nicht unter § 13 BauNVO, selbst wenn sie keine Störungen der Umgebung bewirkt, wie dieses z.B. bei einer Schneiderwerkstatt der Fall wäre (eb. VGH Mannheim BauR 1986, 39 – Bräunungsstudio; OVG Lüneburg NVwZ-RR 1994, 487 – Herstellung von Software). Damit der Wohncharakter von Wohngebieten nicht beeinträchtigt wird, verlangt das BVerwG (BVerwGE 68, 324 = NVwZ 1984, 236; NVwZ 2001, 1284) aber, dass weniger als die Hälfte des Gebäudes für freiberufliche Zwecke genutzt wird.

Daraus folgt, dass z.B. ein »Ärztehaus« in einem allgemeinen Wohngebiet nicht nach § 13 BauNVO zugelassen werden kann (BVerwG VBlBW 1997, 215 mit Anm. Dürr). Es kann allerdings nach § 4 Abs. 3 Nr. 2 BauNVO als nicht-störender Gewerbebetrieb zugelassen werden (Dürr a.a.O.). Die weithin vertretene Ansicht, § 4 Abs. 3 Nr. 2 BauNVO erfasse nur Gewerbebetriebe im Sinne der §§ 1 GewO, 18 EStG (so OVG Hamburg BauR 1997, 613; Fickert/Fieseler § 2 Rdnr. 24), lässt die unterschiedliche Funktion von gewerbe- bzw. steuerrechtlichen Vorschriften einerseits, baurechtlichen Vorschriften andererseits außer Betracht.

B. Bauplanungsrechtliche Zulässigkeit von Bauvorhaben

Nebenanlagen (§ 14 BauNVO): Nach § 14 BauNVO dürfen in allen Baugebieten außer den 100 jeweils zulässigen Bauvorhaben auch Nebenanlagen errichtet werden; dieses sind Anlagen, die gegenüber dem Hauptgebäude sowohl im Hinblick auf die Größenverhältnisse als auch im Hinblick auf ihre Funktion eine untergeordnete Bedeutung haben (BVerwG VBlBW 2000, 146).

Bsp. a) (BVerwG NJW 1977, 2090): Eine Traglufthalle für ein privates Schwimmbad ist eine Nebenanlage zu einem Wohnhaus (eb. OVG Lüneburg BauR 2003, 218 für eine Schwimmhalle).
b) (BVerwG NJW 1986, 393): Ein privater Tennisplatz ist eine Nebenanlage zu einer großen Villa – s. aber auch VGH Mannheim NVwZ 1985, 767: Privatsportplatz ist keine Nebenanlage zu Wohnhaus.
c) (BVerwG BauR 2000, 73): Ein kleines Gebäude zur Unterbringung von Brieftauben ist eine Nebenanlage zum Wohnhaus.
d) (BVerwG NVwZ 2000, 680): Eine Mobilfunkanlage ist keine Nebenanlage im Sinne von § 14 Abs. 1 Satz 1 BauNVO, da sie nicht nur das jeweilige Gebäude versorgt, ggfs. aber eine fernmeldetechnische Nebenanlage im Sinne von § 14 Abs. 2 Satz 2 BauNVO (VG Darmstadt, Urt. v. 28.05.2003, 2 E 260/01).

Die Nebenanlage darf aber dem Charakter des Baugebiets nicht widersprechen (s. dazu BVerwG NJW 1983, 2713 – Windenergieanlage in Wohngebieten; BVerwG NVwZ-RR 1994, 309 – Ozelot-Haltung in Wohngebiet; VGH Mannheim BauR 1989, 697 – Hundezwinger im Wohngebiet).

Soweit eine Nebenanlage nicht die Voraussetzungen des § 14 BauNVO erfüllt, ist zu prüfen, ob sie nach der für das Baugebiet maßgeblichen Vorschrift zugelassen werden kann (BVerwG BauR 1993, 315 – Werbeanlage an Wohnhaus).

b) § 15 BauNVO

Die typisierende Betrachtungsweise der BauNVO (BVerwG E 68, 207 = NJW 1984, 572 und E 101 68, 342 = NJW 1984, 1768; VGH Mannheim VBlBW 2000, 78) kann bei atypischer Fallgestaltung zu unangemessenen Ergebnissen führen, die ein Abweichen von den Bestimmungen der BauNVO verlangen. Zugunsten des Bauherrn kommt in einem solchen Fall eine Befreiung nach § 31 Abs. 2 BauGB in Betracht. Zum Schutz der Umgebung oder sonstiger öffentlicher Belange schreibt **§ 15 BauNVO** vor, dass grundsätzlich nach §§ 2–14 BauNVO zulässige Anlagen im Einzelfall unzulässig sind, wenn sie der Eigenart des Baugebiets widersprechen oder unzumutbare Störungen der Umgebung hervorrufen bzw. selbst solchen Störungen ausgesetzt sind. Zur Ermittlung der nicht mehr zumutbaren Störungen kann auf die immissionsschutzrechtlichen Regelungen zurückgegriffen werden (BVerwG BauR 2000, 234), die die Zumutbarkeitsgrenze nach § 15 Abs. 3 BauNVO zwar nicht abschließend festlegen, aber als Orientierungswerte auch im Baurecht heranzuziehen sind (BVerwG NVwZ 1999, 298; BauR 2000, 234). § 15 BauNVO ist letztlich eine gesetzliche Ausgestaltung des baurechtlichen Rücksichtnahmegebots (BVerwG E 98, 235 = NVwZ 1996, 379; BauR 2000, 234 – zum Rücksichtnahmegebot s. Rdnr. 265 ff.).

Bsp. a) (BVerwG NVwZ 1999, 298): Ein in einem allgemeinen Wohngebiet als Nebenanlage nach § 14 BauNVO grundsätzlich zulässiger Altglas-Container kann im Einzelfall wegen der Störung der Wohnruhe unzulässig sein.
b) (BVerwG NJW 1985, 1575): Ein Bordell kann wegen § 15 BauNVO im Gewerbegebiet unzulässig sein.
c) (BVerwG NJW 1988, 3168): Ein Einzelhandelsgeschäft kann nach § 15 BauNVO in einem Mischgebiet unzulässig sein, wenn dadurch der Anteil der gewerblichen Nutzung in dem Baugebiet auf 85 % erhöht wird und damit der Gebietscharakter als Mischgebiet in Frage gestellt ist.

§ 15 BauNVO ist als Feinkorrektur des Bebauungsplans bestimmt, kann also die Festsetzungen nur ergänzen. Dagegen ist die Vorschrift kein Mittel, um eine planerische Fehlentscheidung zu korrigieren (BVerwG NVwZ 1993, 987).

Bsp. (BVerwG BauR 1989, 306): Ein Bebauungsplan, der unter Missachtung des Rücksichtnahmegebots neben einer vorhandenen Wohnbebauung einen großen Hotelkomplex mit Parkhaus vorsieht, kann nicht dadurch »gerettet« werden, dass die Genehmigung des Parkhauses wegen § 15 BauNVO abgelehnt wird.

§ 15 BauNVO bezieht sich nur auf §§ 2 ff. BauNVO, nicht auf §§ 16 ff. BauNVO, auch wenn in Abs. 1 vom Umfang des Bauvorhabens die Rede ist (BVerwG NVwZ 1995, 899). Damit wird lediglich darauf abgestellt, dass bei einigen Vorhaben, z.b. Vergnügungsstätten (vgl. oben Rdnr. 95) auch die Größe für die Zulässigkeit in bestimmten Baugebieten maßgeblich ist.

c) Maß der baulichen Nutzung (§§ 16-21 a BauNVO)

102 Während die §§ 2 ff. BauNVO durch die Festsetzung von Baugebieten die Art der baulichen Nutzung unmittelbar bestimmen, wenden sich die §§ 16 ff. BauNVO (s. dazu Heintz BauR 1990, 166) mit ihren Regelungen über das zulässige Maß der baulichen Nutzung zunächst an den Bebauungsplan-Normgeber, d.h. die Gemeindevertretung. Diese kann nach § 16 Abs. 2 BauNVO durch die Festsetzung der Gebäudehöhe, der Zahl der Vollgeschosse, der Grundflächenzahl und der Geschossflächenzahl sowie – nur in Industriegebieten – der Baumassenzahl die bauliche Nutzung der Grundstücke im Geltungsbereich eines Bebauungsplans beschränken. Dabei schreibt § 16 Abs. 3 Nr. 1 BauNVO zwingend vor, dass die Grundfläche des Gebäudes festgelegt wird (BVerwG NVwZ 1996, 894; VGH München NVwZ 1997, 1016). Das Gleiche gilt nach Nr. 2 für die Gebäudehöhe, soweit ohne eine solche Festsetzung das Orts- oder Landschaftsbild beeinträchtigt wird (s. dazu Fickert/Fieseler BauNVO § 16 Rdnr. 42 ff.).

103 Die Gebäudehöhe kann als Firsthöhe (Höhe des Daches) oder Traufhöhe (Schnittpunkt der Außenwand mit der Dachhaut) festgesetzt werden. Wann ein Geschoss als Vollgeschoss gilt, ergibt sich nach § 20 Abs. 1 BauNVO aus den landesrechtlichen Vorschriften, in Hessen aus § 2 Abs. 4 Satz 2 HBO. Danach sind **Vollgeschosse** solche Geschosse, die mindestens 2,30 m hoch sind. Für die Höhe ist maßgeblich die Distanz zwischen Oberkante Rohfußboden des unteren und des darüber liegenden Geschosses.

104 Untergeschosse zählen nur dann als Vollgeschosse, wenn sie mehr als 1,40 m über die Geländeoberfläche hinausragen. Dachgeschosse sind nach § 2 Abs. 6 Satz 4 HBO nur Vollgeschosse, wenn sie über mehr als 3/4 der Grundfläche eine Höhe von 2,30 m aufweisen. Diese Regelung gestattet es einem geschickten Bauherrn – bzw. Architekten – auch bei einer Beschränkung der Zahl der Vollgeschosse im Bebauungsplan auf nur ein Geschoss praktisch drei zu Wohnzwecken nutzbare Geschosse anzulegen: Das Untergeschoss ragt nur 1,30 m aus der Geländeoberfläche auf; das Dachgeschoss wird nur mit einer Höhe von 2,20 m ausgestattet, was nach § 42 Abs. 1 HBO zur Anlage von Aufenthaltsräumen im Dachgeschoss ausreicht.
Bitte beachten: Ändert sich der landesrechtliche Vollgeschossbegriff stellt sich, ähnlich wie bei § 1 Abs. 3 BauNVO (s. oben Rdnr. 82) die Frage, ob auf vor der Änderung in Kraft getretene Bebauungspläne die neugefasste Vorschrift (»**dynamische Verweisung**«) oder deren alte Fassung (»**statische Verweisung**«) anzuwenden ist. Der VGH Kassel hat diese Frage für Hessen in dem ersteren Sinne entschieden (VGH Kassel BauR 1985, 293; so auch: Fickert/Fieseler § 20 Rdnr. 5).

105 Das Bauvorhaben muss ferner die im Bebauungsplan festgesetzte Grund- und Geschossflächenzahl beachten; zur Bedeutung dieser Begriffe s. oben Rdnr. 75.

d) Bauweise und überbaubare Grundstücksfläche (§§ 22, 23 BauNVO)

106 Außerdem muss das Bauvorhaben der im Bebauungsplan festgesetzten **Bauweise** (s. dazu oben Rdnr. 76) entsprechen. Dabei bedeutet offene Bauweise allerdings nicht nur die Errichtung von Einzelhäusern. Auch Doppelhäuser und Hausgruppen bis 50 m Länge fallen nach § 22 Abs. 2 BauNVO noch unter den Begriff der offenen Bauweise (vgl. zu den einzelnen Begriffen des § 22 BauNVO: BVerwG NVwZ 2000, 1055; VGH Mannheim VBlBW 2000, 25 sowie oben Rdnr. 76).

107 Schließlich kann das Bauvorhaben nur innerhalb der im Bebauungsplan festgesetzten Baugrenzen oder Baulinien (s. dazu oben Rdnr. 76) errichtet werden; dabei müssen auch unterirdische Bauteile innerhalb der **Baugrenzen/Baulinien** bleiben (so VGH München BRS 49 Nr. 172; Fickert/Fieseler BauNVO § 23 Rdnr. 12). Eine Ausnahme gilt allerdings nach § 23 Abs. 5 BauNVO für Nebenanlagen (s. oben Rdnr. 100) sowie für Anlagen, die in den Abstandsflächen zulässig sind (s. dazu Rdnr. 196). Diese können auch außerhalb der überbaubaren Flächen zugelassen werden.

Der Bebauungsplan enthält ferner i.d.R. neben den bauplanungsrechtlichen Festsetzungen auch noch eine Vielzahl gestalterischer Bestimmungen, die aufgrund von § 81 HBO in den Bebauungsplan aufgenommen werden (s. oben Rdnr. 77). **108**

4. Ausnahmen und Befreiungen (§ 31 BauGB)

Nach § 31 Abs. 1 BauGB kann die Bauaufsicht im Einvernehmen mit der Gemeinde (§ 36 BauGB) **Ausnahmen** von den Festsetzungen des Bebauungsplans zulassen. Wenn § 31 Abs. 1 verlangt, dass die Ausnahme ausdrücklich im Bebauungsplan vorgesehen sein muss, so ist das missverständlich. Ausdrücklich vorgesehen sind auch die in dem jeweiligen Abs. 3 der §§ 2–9 BauNVO genannten Bauvorhaben, da diese Ausnahmeregelungen wegen § 1 Abs. 3 BauNVO automatisch Bestandteil des Bebauungsplans sind. **109**

Im Bebauungsplan kann aber festgesetzt werden, dass nach §§ 2–9 BauNVO zulässige Ausnahmen ganz oder teilweise nicht Bestandteil des Bebauungsplans sind, d.h. nicht zulässig sind (§ 1 Abs. 6 Nr. 1 BauNVO). Ferner können ausnahmsweise zulässige Bauvorhaben für allgemein zulässig erklärt werden (§ 1 Abs. 6 Nr. 2 BauNVO).

Eine Ausnahme nach § 31 Abs. 1 BauGB ist noch von der Planungshoheit der Gemeinde erfasst und stellt damit eine Verwirklichung der Planungsvorstellungen der Gemeinde dar (BVerwGE 108, 190 = NVwZ 1999, 981; VGH Mannheim BauR 1995, 223; VBlBW 1995, 402; 1996, 24). Durch Entscheidungen nach § 31 Abs. 1 BauGB darf aber die Grundsatzentscheidung der Gemeinde über die zulässige Bebauung in dem maßgeblichen Gebiet nicht in Frage gestellt werden, d.h. die Ausnahme muss auch wirklich eine Ausnahme und nicht der Regelfall bleiben; § 31 Abs. 1 BauGB darf nicht dazu benutzt werden, de facto eine Bebauungsplanänderung vorzunehmen (VGH Mannheim a.a.O.).

In Literatur und Rechtsprechung wird darüber hinaus z. T. verlangt, dass auch bezüglich des konkreten Vorhabens eine **Sondersituation** vorliegt, die ein Abweichen von der Regelbebauung rechtfertigt (so BVerwG NJW 1987, 969; VGH Mannheim VBlBW 1996, 25; a.M. Ernst/Zinkahn/Bielenberg § 31 Rdnr. 25; Jäde/Dirnberger/Weiß § 31 Rdnr. 10). Dem kann jedoch nicht zugestimmt werden, weil dann jedenfalls die in §§ 2 ff. BauNVO vorgesehenen Ausnahmen nur äußerst selten zur Anwendung kommen könnten; es gibt z.B. regelmäßig keine Sondersituation für die Schaffung eines Einzelhandelsgeschäfts in einem reinen Wohngebiet – wegen des Ermessens der Bauaufsicht s. unten Rdnr. 115.

Eine **Befreiung** (s. dazu Schmidt-Eichstaedt NVwZ 1998, 571; Claus DVBl 2000, 241) stellt nach § 31 Abs. 2 BauGB eine Abweichung von den Planungsvorstellungen der Gemeinde, wie sie im Bebauungsplan ihren Niederschlag gefunden haben, dar. Sinn dieser Vorschrift ist es, eine Einhaltung des Bebauungsplans nicht auch dort zu erzwingen, wo dieses wegen der besonderen Situation sinnlos wäre. Eine Befreiung ist nach § 31 Abs. 2 Halbs. 1 BauGB grundsätzlich nicht zulässig, wenn die **Grundzüge der Planung** berührt werden. Dieses ist der Fall, wenn von den die Planung tragenden Festsetzungen abgewichen werden soll (BVerwG NVwZ 1999, 1110; NVwZ 2000, 679). In diesem Fall ist eine Änderung des Bebauungsplans geboten (BVerwG NVwZ 1990, 556). Mit den Grundzügen der Planung ist die dem Bebauungsplan zugrunde liegende städtebauliche Konzeption gemeint, nicht etwa die Planungskonzeption für die ganze Gemeinde (Ernst/Zinkahn/Bielenberg § 31 Rdnr. 35; s. dazu im einzelnen Brügelmann/Gierke §§ 13 Rdnr. 25 ff.). **110**

Während § 31 Abs. 2 BauGB 1987 noch ausdrücklich vorschrieb, dass die Befreiung nur im **Einzelfall** zulässig ist, enthält § 31 Abs. 2 BauGB 1998 diese Einschränkung nicht mehr. Nach den Gesetzesmaterialien (BT-Drucks. 13/6392 S. 56) soll dadurch erreicht werden, dass auch in mehreren Fällen eine Befreiung möglich ist; die Grenze für regelmäßige Befreiungen soll erst dann erreicht werden, wenn § 1 Abs. 3 BauGB eine förmliche Bebauungsplanänderung erforderlich macht (s. dazu Mager DVBl 1999, 205). Es fragt sich allerdings, ob dieses gesetzgeberische Ziel erreichbar ist (s. dazu im einzelnen Brügelmann/Dürr § 31 Rdnr. 27 ff.). Es spricht vieles dafür, dass die **atypische Sondersituation** immanentes Merkmal einer jeden Befreiung ist (so BVerwG NVwZ 1989, 1060: die Befreiung ist ihrem Wesen nach stets auf eine Berücksichtigung der besonderen Umstände des Einzelfalls angelegt). Es ist deshalb trotz der Neufassung des § 31 Abs. 2 BauGB daran festzuhalten, dass eine Befreiung nach § 31 Abs. 2 BauGB nur in atypischen Sonderfällen in Betracht kommt, in denen der Normzweck des Bebauungsplans ein Abweichen von den Festsetzungen des Bebauungsplans zulässt (eb. Battis/Krautzberger/Löhr NVwZ 1997, 1160; Dolderer NVwZ 1998, 568; Jäde/Dirnberger/Weiß § 31 Rdnr. 13; Schrödter/Schmaltz § 31 Rdnr. 19; a.M. VGH Mannheim NVwZ 2004, 337; Schmidt-Eichstaedt NVwZ 1998, 571; Hoffmann BauR 1999, 449; Claus DVBl 2000, 241). Das BVerwG (NVwZ 1999, 1110) kommt mit einer etwas anderen Begründung praktisch zu demselben Ergebnis. Das BVerwG lässt zwar offen, ob weiterhin eine atypische Einzelfallsituation erforderlich ist. Es stellt darauf ab, ob durch die Abweichung vom Bebauungsplan die Grundzüge der Planung berührt werden, was regelmäßig der Fall sein soll, wenn bei wesentlichen Festsetzungen in vielen anderen Fällen mit derselben Begründung eine Abweichung vom Bebauungsplan begehrt werden könnte (BVerwG NVwZ 1999, 1110; NVwZ 2000, 679).

Bsp. (VGH Mannheim VBlBW 2000, 78): Grundzüge der Planung werden berührt, wenn in einem Gewerbegebiet, das an ein Wohngebiet grenzt, eine Anlage zum Recycling von Bauschutt genehmigt wird, die eigentlich nur in einem Industriegebiet zugelassen werden kann.

Damit reduziert sich das Problem der Atypik auf die unbedeutenden Festsetzungen, z.B. die Zulässigkeit von Wintergärten oder ähnlichen Anbauten außerhalb der überbaubaren Grundstücksflächen; insoweit wäre eine großzügigere Befreiungspraxis jedenfalls im Ergebnis meistens hinnehmbar.

111 Nach § 31 Abs. 2 Nr. 1 BauGB kann eine Befreiung gewährt werden, wenn **Gründe des Wohls der Allgemeinheit** dieses erfordern. Ein »Erfordern« ist nach der Rechtsprechung des BVerwG (E 56, 71 = NJW 1979, 993) dann zu bejahen, wenn aus Gründen des Allgemeinwohls vernünftigerweise eine Abweichung vom Bebauungsplan geboten ist; eine unabweisbare Notwendigkeit ist nicht erforderlich.

Bsp. a) (BVerwGE 56, 71 = NJW 1979, 989): Für den Betrieb eines Volksbildungsheims in Freiburg, das ein- bis zweiwöchige Veranstaltungen kultureller Art durchführt, kann eine Befreiung nach § 31 Abs. 2 Nr. 1 BauGB für die Einrichtung eines Bettentrakts im Anschluss an das Veranstaltungsgebäude erteilt werden, wenn die Kursteilnehmer in der Fremdenverkehrssaison Schwierigkeiten haben, eine Unterkunft zu angemessenen Preisen zu finden und der Bebauungsplan die Errichtung eines Anbaus nicht zulässt.
b) (VGH Mannheim NJW 1999, 670): Eine Befreiung wegen eines dringenden Wohnbedarfs ist auch nach Aufhebung des § 4 Abs. 1 a BauGB-MaßnG zulässig.

Für eine Befreiung nach § 31 Abs. 2 BauGB reicht es allerdings nicht aus, dass das Vorhaben dem öffentlichen Wohl dient. Es muss hinzu kommen, dass gerade die Abweichung vom Bebauungsplan aus Gründen des öffentlichen Wohls geboten ist (Gelzer/Birk Rdnr. 778; Jäde/Dirnberger/Weiß § 31 Rdnr. 19). § 31 Abs. 2 BauGB begünstigt nicht nur Baumaßnahmen der öffentlichen Hand, sondern auch Vorhaben privater Träger, die dem Wohl der Allgemeinheit dienen (VGH Mannheim BRS 36 Nr. 182).

112 Die Befreiungsregelung des § 31 Abs. 2 Nr. 2 BauGB, wonach eine Befreiung zulässig ist,

B. Bauplanungsrechtliche Zulässigkeit von Bauvorhaben

wenn ein Abweichen vom Bebauungsplan **städtebaulich vertretbar** ist, soll nach dem Willen des Gesetzgebers (BT-Drucks. 10/4630, 85) »Einengungen bei den Befreiungsmöglichkeiten beseitigen, die durch die bisherige Rechtsprechung entstanden sind«. Vertretbar ist grundsätzlich jede Bebauung, die gemäß den Grundsätzen des § 1 Abs. 5 BauGB im Bebauungsplan hätte festgesetzt werden können (BVerwGE 108, 190 = NVwZ 1999, 981; BVerwGE 117, 50 = NVwZ 2003, 478). Die Regelung ist heftig kritisiert worden (v. Feldmann/Groth DVBl 1986, 652). In der Tat würde eine Regelung, bei der bereits die Vertretbarkeit der Abweichung eine Befreiung zulässt (so Krautzberger NVwZ 1987, 452; Lenz BauR 1987, 1; Schmidt-Eichstaedt DVBl 1989, 1), den Bebauungsplan in vielen Fällen praktisch zur Disposition der Verwaltung stellen. Es ist z.b. häufig vertretbar und berührt nicht die Grundzüge der Planung, wenn statt der vorgesehenen zwei Geschosse ein dreigeschossiges Bauwerk zugelassen, der vorgesehene Standort der Garage verlegt oder die festgesetzte Baugrenze überschritten wird; ebenso sind zahlreiche vertretbare Abweichungen von der Art der baulichen Nutzung denkbar.
Die erforderliche Einschränkung der Befreiungsmöglichkeit wird nach der Rechtsprechung des BVerwG (NVwZ 1999, 1110) durch das unter Rdnr. 102 dargestellte Erfordernis, dass die Grundzüge der Planung nicht berührt werden dürfen, in einer im Ergebnis durchaus praktikablen Weise erreicht. Diese Rechtsprechung führt allerdings dazu, dass nur die wesentlichen Festsetzungen des Bebauungsplans eingehalten werden müssen, während die weniger gewichtigen Festsetzungen weitgehend zur Disposition der Bauaufsicht stehen, wobei eine exakte Grenzziehung zwischen Wesentlichen und unwesentlichen Festsetzungen kaum möglich ist. Daher sprechen nicht nur rechtssystematische, sondern auch praktische Erwägungen dafür, für eine Befreiung nach § 31 Abs. 2 Nr. 2 BauGB weiterhin eine atypische Einzelfallsituation zu verlangen.

Eine Befreiung wegen **offensichtlich nicht beabsichtigter Härte** nach § 31 Abs. 2 Nr. 3 **113** BauGB ist zulässig, wenn das Grundstück wegen seiner besonderen Verhältnisse bei Einhaltung des Bebauungsplans nicht oder nur schwer bebaut werden kann und diese Beschränkung nicht durch die Zielsetzung des Bebauungsplans gefordert wird (BVerwG E 56, 71 = NJW 1979, 939; NVwZ 1991, 264; BauR 1990, 582; NJW 1991, 2783).

Bsp. (BVerwG BRS 22 Nr. 185): Ein Gewerbebetrieb befindet sich in einem reinen Wohngebiet; der Gewerbebetrieb war schon vor Aufstellung des Bebauungsplans vorhanden. Der Gewerbebetrieb ist zwingend auf die Errichtung eines weiteren Betriebsgebäudes angewiesen. Nach § 3 BauNVO ist aber der Bau von gewerblich genutzten Gebäuden unzulässig; hier ist eine Befreiung nach § 31 Abs. 2 Nr. 3 BauGB geboten, denn der Satzungsgeber wollte und konnte bei Aufstellung des Bebauungsplans nicht die Existenz des vorhandenen Gewerbebetriebs in Frage stellen (eb. OVG Lüneburg BauR 1987, 74 für die Aufstockung eines Wohngebäudes).

Eine Befreiung ist nicht möglich, wenn die Härte von der Gemeindevertretung beabsichtigt ist, etwa eine vom Grundstückseigentümer gewünschte Festsetzung ausdrücklich abgelehnt wurde (OVG Lüneburg NVwZ 1995, 914).

Bsp. (OVG Lüneburg NVwZ 1995, 914): Wenn die Gemeindevertretung bei der Aufstellung eines Bebauungsplans für ein allgemeines Wohngebiet ausdrücklich die Fortführung einer Tankstelle auf den vorhandenen Gebäudebestand beschränkt, kann nicht im Wege einer Befreiung die Errichtung eines zusätzlichen Autopavillons zum Verkauf von Kraftfahrzeugen zugelassen werden.

Für die Zulässigkeit einer Befreiung sind jedoch nur objektive, grundstücksbezogene Umstände bedeutungsvoll, nicht dagegen die persönlichen oder wirtschaftlichen Verhältnisse des jeweiligen Bauherrn (BVerwG BauR 1988, 335; NVwZ 1991, 265; NJW 1991, 2783; BauR 1990, 582).
Ob eine offensichtlich nicht beabsichtigte Härte vorliegt, unterliegt voller verwaltungsgerichtlicher Kontrolle (BVerwGE 56, 71 = NJW 1979, 939).
Alle drei Alternativen des § 31 Abs. 2 BauGB erlauben nur dann eine Befreiung, wenn die **114**

Abweichung auch unter Würdigung nachbarlicher Interessen mit den öffentlichen Belangen vereinbar ist. Eine Beeinträchtigung **öffentlicher Belange** durch das geplante Vorhaben kann nur im Rahmen einer Bebauungsplanänderung durch Abwägung aller betroffener Belange gelöst werden, nicht durch eine Einzelentscheidung nach § 31 Abs. 2 BauGB (BVerwG E 56, 71 = NJW 1979, 939). Soweit eine Bebauungsplanänderung zur Lösung städtebaulicher Konflikte erforderlich ist, scheidet also eine Befreiung nach § 31 Abs. 2 BauGB aus.

Als »Faustregel« kann darauf abgestellt werden, ob das Vorhaben sich bei unterstellter Ungültigkeit des Bebauungsplans gemäß § 34 Abs. 1 BauGB in die nähere Umgebung einfügen würde (BVerwGE 117, 50 = NVwZ 2003, 478 – zur Frage des Einfügens s. Rdnr. 123 ff.).

Ferner sind die **nachbarlichen Interessen** zu würdigen; sie stehen aber einer Befreiung nicht von vornherein entgegen. Daher kommt eine Befreiung auch dann in Betracht, wenn der Nachbar durch die Abweichung stärker beeinträchtigt wird als durch ein dem Bebauungsplan entsprechendes Bauvorhaben (BVerwGE 56, 71). Der Interessenausgleich zwischen Bauherrn und Nachbarn hat unter Berücksichtigung der Grundsätze zum Gebot der Rücksichtnahme zu erfolgen (BVerwG BauR 1987, 70).

115 Auch wenn die Voraussetzungen des § 31 BauGB für eine Ausnahme oder eine Befreiung vorliegen, besteht nach der nun allgemein vertretenen Ansicht kein Rechtsanspruch auf eine Ausnahme oder Befreiung, vielmehr steht diese Entscheidung im **Ermessen** der Bauaufsicht und der Gemeinde (so für die Ausnahme: BVerwG E 26, 282 und 40, 268; NJW 1987, 969; OVG Lüneburg NVwZ-RR 1994, 248; für die Befreiung: BVerwGE 56, 71 = NJW 1979, 939; E 88, 191 = NJW 1991, 3293; E 117, 50 = NVwZ 2003, 478; s. dazu im einzelnen Brügelmann/ Dürr. § 31 Rdnr. 21 und 55). Für die Einräumung einer Ermessensermächtigung spricht der Wortlaut des § 31 BauGB, wonach eine Ausnahme bzw. Befreiung erteilt werden »kann«. Da die Festsetzungen eines Bebauungsplans eine Eigentumsbindung i.S.v. Art. 14 Abs. 1 Satz 2 GG darstellen, ist es – anders als bei § 35 Abs. 2 BauGB (s. dazu unten Rdnr. 140) – auch aus verfassungsrechtlichen Gründen nicht geboten, das »kann« in ein »muss« umzudeuten. Die Frage, ob bei § 31 BauGB ein Ermessen der Bauaufsicht gegeben ist, hat aber im Regelfall keine praktische Bedeutung, denn es lassen sich kaum sachgerechte Ermessenserwägungen für eine Versagung der Ausnahme oder Befreiung denken, wenn die Tatbestandsvoraussetzungen des § 31 BauGB vorliegen und weder der Normzweck noch Belange der Allgemeinheit oder der Nachbarn eine Einhaltung der Norm erfordern (BVerwG E 117, 50 = NVwZ 2003, 478; VGH Mannheim BauR 2003, 1526).

Eine Ermessensreduzierung auf Null nimmt das BVerwG (BauR 1993, 51) an, wenn früher ein Bauantrag zu Unrecht abgelehnt wurde und er nunmehr wegen eines zwischenzeitlich in Kraft getretenen Bebauungsplans nicht mehr genehmigt werden kann; in diesem Fall soll unter dem Aspekt des Folgenbeseitigungsanspruchs ein Anspruch auf Befreiung bestehen, sofern eine Befreiung überhaupt rechtlich zulässig ist.

116 Über die Befreiung wird i.d.R. in der Baugenehmigung entschieden; die Befreiung kann jedoch auch nachträglich erteilt werden. Befreiungen und Ausnahmen müssen nach § 63 Abs. 1 HBO ausdrücklich ausgesprochen werden. Dagegen ist ein ausdrücklicher Antrag des Bauherrn auf Befreiung trotz des anders lautenden § 63 Abs. 2 HBO nicht erforderlich (BVerwG NVwZ-RR 1990, 529; NVwZ 1993, 170).

5. Bauvorhaben im nichtbeplanten Innenbereich (§ 34 BauGB)

a) Abgrenzung Innenbereich – Außenbereich

117 Der Bereich des Gemeindegebiets, für den kein qualifizierter Bebauungsplan vorhanden ist, wird von § 34 BauGB (Innenbereich) oder § 35 BauGB (Außenbereich) erfasst. Dabei ist der Außenbereich nicht unbedingt identisch mit der freien Landschaft, vielmehr umfasst der

B. Bauplanungsrechtliche Zulässigkeit von Bauvorhaben

Außenbereich den gesamten nichtbeplanten Bereich, der nicht im Zusammenhang bebaut ist, d.h. wo die vorhandene Bebauung nicht als Ordnungs- und Regelungsfaktor für die Bebauung bisher nicht bebauter Grundstücke in Betracht kommt (BVerwG E 41, 227; BauR 1977, 403).

Bsp. (BVerwGE 41, 227): Die Bebauung eines ca. 7 ha großen, unbebauten Geländes in Köln, das auf allen Seiten von bebauten Gebieten bzw. Verkehrsanlagen umgeben ist, richtet sich nach § 35 BauGB, weil die umgebende Bebauung wegen der räumlichen Entfernung nicht in der Lage ist, prägend auf ein Bauvorhaben in der Mitte der freien Fläche zu wirken (sog. Außenbereich im Innenbereich); eb. BVerwG NJW 1977, 1978 für eine 6,5 ha große Freifläche inmitten des bebauten Gebiets.

§ 34 BauGB kann demnach nur dort Anwendung finden, wo die vorhandene Bebauung einen städtebaulichen Ordnungsfaktor für zukünftige Bauvorhaben darstellt, sodass die städtebaulichen Belange des § 1 Abs. 5 BauGB gewahrt bleiben. Eine Bebauung nach § 34 BauGB scheidet dagegen aus, wenn die städtebauliche Ordnung wegen der Größe der freien Fläche nur durch Aufstellung eines Bebauungsplans gewahrt werden kann. § 34 BauGB ist kein Ersatzplan anstelle eines Bebauungsplans, sondern lediglich ein Planersatz, solange ein Bebauungsplan noch nicht aufgestellt worden ist (BVerwG E 62, 151 = NJW 1981, 2720; NVwZ 1999, 527; 2000, 1169).

Ein im Zusammenhang bebauter **Ortsteil** i.S.d. § 34 BauGB setzt voraus, dass die vorhandene Bebauung den Eindruck der Geschlossenheit und Zusammengehörigkeit erweckt und Ausdruck einer organischen Siedlungsstruktur ist (BVerwG E 31, 20; E 75, 34 = NVwZ 1987, 406; NVwZ 2001, 70); die Ansiedlung muss nach der Zahl der vorhandenen Gebäude ein gewisses Gewicht haben. Zu letzterem Punkt lassen sich allerdings kaum feste Zahlenangaben machen, es kommt vielmehr auf die jeweiligen Verhältnisse in der betreffenden Landschaft an (BVerwG ZfBR 1984, 151).

Das städtebauliche Gewicht eines Ortsteils muss jedenfalls über das einer Splittersiedlung i.S.d. § 35 Abs. 3 BauGB hinausgehen (BVerwG NVwZ-RR 2001, 83). Maßgeblich sind dabei nur die vorhandenen Gebäude; das gilt auch für materiell-rechtswidrige oder sogar ungenehmigte Bauten, sofern die Bauaufsichtsbehörde diesen Zustand duldet (OVG Münster NVwZ-RR 1993, 400).

Das BVerwG hat z.B. bei 4 Gebäuden einen im Zusammenhang bebauten Ortsteil verneint (BauR 1977, 396; 1994, 495), ebenso bei 6 Gebäuden in einem dünn besiedelten Gebiet (NVwZ-RR 1994, 371). Der VGH Mannheim hat bei 7 teils für Wohnzwecke, teils für landwirtschaftliche Zwecke genutzten Gebäuden eine Anwendung des § 34 BauGB abgelehnt (VGH Mannheim NuR 1993, 322); bei 5 Wohn- und 5 landwirtschaftlichen Gebäuden sowie einem Gasthaus dagegen bejaht (VGH Mannheim BauR 1984, 496), ebenso bei 12 Wohngebäuden (VGH Mannheim BauR 1987, 59); andererseits aber bei 11 Wohngebäuden einen Ortsteil verneint (VGH Mannheim VBlBW 1997, 342). Die angeführten Beispiele zeigen, dass die »quantitative Schwelle« für einen Ortsteil bei etwa 10–12 Gebäuden liegt, wobei dieser Wert lediglich einen groben Anhaltspunkt darstellen kann. Unberücksichtigt bleiben Gebäude, die nicht für einen ständigen Aufenthalt bestimmt sind, z.B. Scheunen oder Ställe sowie Freizeitanlagen (BVerwG BauR 2000, 1310; NVwZ 2001, 70; BauR 2002, 1825).

In jedem Fall ist aber Voraussetzung für § 34 BauGB, dass die Bebauung nicht völlig regel- und systemlos erfolgt sein darf, sondern eine funktionsbedingte organische Siedlungsstruktur vorhanden ist; das BVerwG hat z.B. 30 wahllos in die Landschaft gestreute Gebäude nicht als im Zusammenhang bebauten Ortsteil angesehen (BVerwG BauR 1976, 185); das gleiche gilt für 19 Gebäude entlang einer Straße (BVerwG ZfBR 1984, 151; eb. auch OVG Münster BauR 1996, 688).

Auch wenn ein im Zusammenhang bebauter Ortsteil vorliegt, bleibt häufig zweifelhaft, wo dieser endet, wenn die Bebauung nach außen hin allmählich ausläuft. Um derartige Zweifel zu beseitigen, können die Gemeinden nach § 34 Abs. 4 Nr. 1 BauGB die Abgrenzung Innenbereich

– Außenbereich durch Satzung regeln (s. dazu Hansen DVBl 1986, 1044; Dyong ZfBR 1982, 109).
Eine solche **Abgrenzungssatzung** (Klarstellungssatzung)hat nach einer viel vertretenen Rechtsansicht (BVerwG BauR 1990, 451; VGH Mannheim VBlBW 1993, 379; OVG Bautzen NVwZ-RR 2001, 1070; Battis/Krautzberger/Löhr § 34 Rdnr. 64; Berliner Komm. § 34 Rdnr. 61) nur deklaratorische Bedeutung, begründet also nicht die Innen- bzw. Außenbereichsqualität eines Grundstücks; maßgeblich soll letztlich die jeweilige tatsächliche Grundstückssituation sein. Dem kann nicht zugestimmt werden. Eine reine deklaratorische Abgrenzungssatzung wäre überflüssig, außerdem gibt es keine rein deklaratorisch wirkende Rechtsnorm (VGH München BayVBl. 1993, 573; Jean d'Heur NVwZ 1995, 1174; Schink DVBl 1999, 367; offen gelassen von BVerwG NVwZ-RR 1995, 429) – wegen der in § 34 Abs. 4 genannten Entwicklungs- und Ergänzungssatzungen s. unten Rdnr. 129 f.

121 Solange eine solche Satzung nicht ergangen ist, endet der Innenbereich unabhängig vom Verlauf der Grundstücksgrenzen (BVerwG E 35, 256; BauR 1989, 60) unmittelbar hinter dem letzten Haus des im Zusammenhang bebauten Ortsteils (BVerwG NVwZ-RR 1992, 227; BauR 2000, 1310; VGH Mannheim VBlBW 1993, 430; 1995, 432). Der Innenbereich erstreckt sich dabei auch noch auf die hinter dem Haus gelegene Hof- und Gartenfläche; dort sind allerdings keine Hauptgebäude, sondern nur noch Nebenanlagen zulässig (BVerwG BauR 1989, 60; OVG Saar BauR 1989, 56; OVG Bautzen NVwZ-RR 2001, 426). Maßgebend sind dabei nur tatsächlich vorhandene Gebäude, nicht dagegen zwar genehmigte, aber noch nicht errichtete Bauvorhaben (BVerwG E 35, 256; BauR 1993, 445; BauR 2000, 1171). Der Bebauungszusammenhang endet aber stets an der **Gemeindegrenze**, bebaute Grundstücke auf der Nachbargemarkung bleiben unberücksichtigt (BVerwGE 27, 137 und 28, 268; NVwZ-RR 2001, 83). Unberücksichtigt bleiben ferner bauliche Anlagen, die optisch praktisch nicht in Erscheinung treten (BVerwG NVwZ 1993, 985 – Stellplatz; BauR 1993, 303 – befestigter Reitplatz; BauR 2000, 1171 – Tennisplatz; NVwZ 2001, 70 – Sportplatz; VGH Mannheim VBlBW 1996, 381 – kleiner Schuppen; NVwZ-RR 2000, 481 – Bocciabahn).
Eine Fläche, die unmittelbar an das letzte vorhandene Gebäude des Innenbereichs anschließt, zählt bereits zum Außenbereich (BVerwG NVwZ-RR 1998, 156). Etwas anderes gilt nur, wenn das Grundstück bebaut war und das neue Bauvorhaben als Ersatz für das frühere Gebäude anzusehen ist; dabei muss allerdings ein gewisser zeitlicher Zusammenhang zwischen dem Untergang des alten Bauwerks und dem Neubau bestehen (BVerwG BauR 1987, 52; 1988, 574; 2000, 1171; NVwZ 1999, 524). Dieser zeitliche Zusammenhang kann sogar nach zwölf Jahren noch gegeben sein, wenn die Wiederbebauung sich wegen Verhandlungen mit der Gemeinde über die zukünftige bauliche Nutzung des Grundstücks verzögert (so BVerwG E 75, 34 = NVwZ 1987, 406).

122 Der Bebauungszusammenhang wird allerdings durch sog. **Baulücken**, d.h. einzelne unbebaute oder der Bebauung entzogene Grundstücke (Sportplatz, Parkanlage, Felsen) nicht unterbrochen, soweit der Eindruck der Geschlossenheit und Zusammengehörigkeit erhalten bleibt (BVerwG E 31, 20 und 35, 256; NVwZ 1997, 899). Etwas anderes gilt aber dann, wenn die Baulücke so groß ist, dass die vorhandene Bebauung keinen prägenden Einfluss auf die Bebauung der Baulücke ausüben kann (BVerwGE 41, 227; VGH Mannheim NVwZ-RR 2000, 481); als maximale Größe einer Baulücke, die den Bebauungszusammenhang noch nicht unterbricht, gelten bei aufgelockerter Bebauung ca. 150 m (BVerwG Buchholz 406.11 Nr. 29 zu § 34 BBauG; a.M. OVG Bremen BRS 44 Nr. 50); bei einer Distanz von 160 m wurde eine Baulücke bereits verneint (VGH Mannheim VBlBW 1987, 23; eb. VGH München BauR 1989, 309 bei 130 m), bei 90 m demgegenüber bejaht (VGH Mannheim BauR 1987, 59; BauR 1992, 45).
Das BVerwG (E 55, 369 = BauR 1978, 276; BauR 2000, 1310) macht jedoch eine Ausnahme von dem Grundsatz, dass der Außenbereich unmittelbar hinter dem letzten Haus des

B. Bauplanungsrechtliche Zulässigkeit von Bauvorhaben

Innenbereichs beginnt, für den Fall, dass sich hinter dem letzten Haus bzw. der Häuserreihe noch eine unbebaute Fläche anschließt, die ihrerseits deutlich durch natürliche Hindernisse, etwa eine Böschung (VGH Mannheim BauR 1990, 576), einen Fluss (BVerwG BauR 2000, 1310), Eisenbahn oder Weg von der freien Landschaft abgegrenzt ist, sodass diese freie Fläche bei natürlicher Betrachtungsweise noch als Teil des Innenbereichs erscheint.

b) Das Einfügen in die nähere Umgebung

Die Zulässigkeit eines innerhalb des Bebauungszusammenhangs gelegenen Bauvorhabens bestimmt sich nach § 34 Abs. 1 u. 2 BauGB. Dabei ist § 34 Abs. 2 BauGB zuerst zu prüfen, sofern sich die Umgebung des Bauvorhabens in den Baugebietskatalog der §§ 2 ff. BauNVO einordnen lässt (BVerwG NVwZ 1995, 897; 2000, 1050) – s. dazu Rdnr. 127. **123**
Nach § 34 Abs. 1 BauGB ist ein Vorhaben zulässig, wenn es sich nach Art und Maß der baulichen Nutzung, Bauweise und überbauter Grundstücksfläche in die Eigenart der näheren Umgebung einfügt, die Erschließung gesichert ist, die Anforderungen an gesunde Wohn- und Arbeitsverhältnisse gewahrt bleiben und das Ortsbild nicht beeinträchtigt wird.
Wie weit der Bereich der für eine Beurteilung maßgeblichen **näheren Umgebung** zu ziehen ist, richtet sich jeweils nach dem Einwirkungsbereich des Vorhabens auf seine Umgebung (BVerwG E 55, 369 = BauR 1978, 276; E 62, 151 = NJW 1981, 2770; E 84, 322 = NVwZ 1990, 755); demnach ist der maßgebliche Bereich bei einem immissionsträchtigen Gewerbebetrieb wesentlich größer als bei einem Wohngebäude (Ernst/Zinkahn/Bielenberg § 34 Rdnr. 46).

§ 34 BauGB lässt ein Bauvorhaben nur zu, wenn es sich in die vorhandene Bebauung einfügt. **124**
Einfügen bedeutet nach der grundlegenden Entscheidung des BVerwG (E 55, 369 = NJW 1978, 2564; eb. BVerwGE 67, 23 = NJW 1983, 2713; NVwZ 1995, 698; NVwZ 1999, 524), dass das Bauvorhaben den durch die vorhandene Bebauung gebildeten Rahmen nicht überschreiten darf.

Bsp. (BVerwGE 55, 369): Ist in der Umgebung eine zwei- bis viergeschossige Bebauung vorhanden, dann kann das zu errichtende Bauwerk 2, 3 oder 4 Geschosse aufweisen, ein eingeschossiges oder fünfgeschossiges Gebäude ist demgegenüber unzulässig.

Ein Überschreiten des Rahmens ist ausnahmsweise unschädlich, wenn dadurch die »städtebauliche Harmonie« nicht beeinträchtigt wird, d.h. **keine städtebaulichen Spannungen** begründet oder vorhandene Spannungen verstärkt werden (BVerwG NVwZ 1999, 524). So kann sich z.B. ein fünfgeschossiges Gebäude noch in eine zwei- bis viergeschossig bebaute Umgebung einfügen, wenn es in einer Bodensenke errichtet werden soll; eine in der näheren Umgebung nicht noch einmal vorhandene bauliche Anlage kann sich gleichwohl einfügen i.S.d. § 34 Abs. 1 BauGB, wenn sie keine städtebaulichen Spannungen hervorruft (BVerwG E 67, 23 = NJW 1983, 2713 – Windenergieanlage; BauR 1994, 81; NVwZ 1995, 698; BauR 1999, 373 – Kurhaus). Umgekehrt kann trotz des Einhaltens des Rahmens die städtebauliche Harmonie gestört werden – das BVerwG spricht von »Unruhe stiften« bzw. »die vorgegebene Situation belasten, stören oder verschlechtern« –, wenn etwa bei zwei- bis viergeschossiger Bauweise ein viergeschossiges Gebäude errichtet wird, das statt der üblichen 2,70 m pro Geschoss eine Geschosshöhe von 3,5 m aufweist. Das Gleiche gilt, wenn das Vorhaben sich – noch – einfügt, aber eine sog. negative Vorbildwirkung entfaltet, indem es andere gleichartige Vorhaben nach sich zieht und so die Situation »zum Umkippen« bringt (BVerwG E 44, 302; NJW 1980, 605; 1981, 473).

Bsp. a) (BVerwG NJW 1981, 139): Die Errichtung einer Schweinemastanstalt kann in einem Dorfgebiet unzulässig sein, wenn zu erwarten ist, dass weitere Landwirte diesem Beispiel folgen werden.
b) (BVerwG NVwZ 1995, 698): Eine Spielhalle fügt sich in einen bisher mit Wohn- und Geschäftshäusern bebauten Bereich nicht ein, wenn mit der Ansiedlung weiterer Spielhallen und damit dem sog. trading-down-Effekt zu rechnen ist.

c) (VGH Mannheim UPR 1998, 273): Ein Ziegenstall fügt sich wegen der von diesen Tieren ausgehenden eigentümlichen Gerüche nicht in ein Wohngebiet ein.

Zur Auslegung des Begriffs des Einfügens kann auch auf die **BauNVO** als sachverständige Konkretisierung städtebaulicher Planungsgrundsätze abgestellt werden (so BVerwG E 32, 31; NVwZ 1987, 884; NVwZ 1995, 698). Dieses bezieht sich aber vor allem auf die §§ 2 ff. BauNVO, während die Höchstwerte des § 17 BauNVO nicht maßgeblich sind (VGH Kassel BauR 1989, 66). Es kommt nämlich für das Einfügen nicht in erster Linie auf die Grundstücksgrenzen an; maßgeblich ist der tatsächliche Gesamteindruck (BVerwG BauR 1989, 60; NVwZ 1987, 1080). Dem abstrakten Maß der baulichen Nutzung (Geschossflächenzahl, Grundflächenzahl, Anzahl der Vollgeschosse) kommt daher nur indizielle Bedeutung zu; letztlich entscheidend sind die optisch wahrnehmbaren Umstände, insbes. die Größe des Gebäudes im Verhältnis zur umgebenden Bebauung (BVerwG NVwZ 1994, 1006; BauR 1996, 823; NVwZ-RR 1997, 519).

Bei der Ermittlung der Eigenart der näheren Umgebung bleiben sog. »**Ausreißer**« außer Betracht. Hierunter versteht man ein Gebäude, das völlig aus dem Rahmen der sonst vorhandenen Bebauung fällt (BVerwGE 84, 322 = NVwZ 1990, 755; NVwZ 1994, 294). Diese Einschränkung ist aber nur bei Extremfällen anwendbar. Ein Ausreißer ist auch bei einem nur vereinzelt vorkommenden Vorhaben nicht anzunehmen, wenn dieses infolge seiner Größe die Eigenart des Baugebiets mitprägt (BVerwG a.a.O.; VGH Kassel BRS 65 Nr. 83).

125 Im Rahmen des Einfügens kommt dem **Gebot der Rücksichtnahme** (s. dazu Rdnr. 268) eine besondere Bedeutung zu. Ein Bauvorhaben, das auf die vorhandene Umgebung nicht die gebotene Rücksicht nimmt, fügt sich nicht i.S.d. § 34 Abs. 1 BauGB ein, auch wenn im Übrigen alle oben angegebenen Merkmale des Einfügens gegeben sind (BVerwG NVwZ-RR 1997, 516; NVwZ 1999, 524).

Bsp. a) (BVerwG DÖV 1981, 673): Ein zwölfgeschossiges Gebäude verletzt das Gebot der Rücksichtnahme gegenüber benachbarten Gebäuden mit nur zwei bis drei Geschossen.
b) (BVerwG BauR 1986, 61): Eine Kegelbahn verletzt das Gebot der Rücksichtnahme in einem reinen Wohngebiet.
c) (BVerwG DVBl 1986, 1172): Eine zwölf Meter hohe Siloanlage unmittelbar an der Grenze verstößt gegen das Gebot der Rücksichtnahme.
d) (VGH Kassel NVwZ-RR 1996, 306): Das Überschreiten der faktischen hinteren Baulinie einer Reihenhausanlage durch Errichtung eines Anbaus ist wegen des »Scheuklappeneffekts« rücksichtslos gegenüber den Bewohnern des benachbarten Reihenhauses.

Das Gebot der Rücksichtnahme schützt aber nicht nur die Wohnbevölkerung vor Immissionen und sonstigen Beeinträchtigungen, sondern schützt umgekehrt auch den Inhaber eines Gewerbebetriebs davor, dass er infolge heranrückender Wohnbebauung immissionsschutzrechtlichen Einschränkungen ausgesetzt sein könnte (BVerwG NVwZ 1993, 1184; BauR 2002, 432; OVG Münster BauR 1996, 222; NVwZ-RR 1998, 357).

Bsp. (BVerwG ZfBR 1986, 45): Die Errichtung von Wohnhäusern in der Nachbarschaft einer Schwermetall-Gießerei ist rücksichtslos.

Dabei ist auf eine Erweiterungsabsicht des Gewerbebetriebs nur dann Rücksicht zu nehmen, wenn diese bereits im vorhandenen Baubestand angelegt ist; auf lediglich genehmigte, aber noch nicht ausgeführte Vorhaben braucht nicht Rücksicht genommen zu werden (BVerwG DVBl 1993, 445).

126 Dem Gebot der Rücksichtnahme kommt vor allem in sog. **Gemengelagen** Bedeutung zu (zur Gemengelage s. Dolde DVBl 1983, 732; Ziegert BauR 1984, 15 u. 138). Gemengelagen sind gekennzeichnet durch das Nebeneinander bzw. sogar Durcheinander von Nutzungsarten, die nicht miteinander harmonieren, insbesondere Wohnbebauung einerseits, gewerbliche Nutzung andererseits. Die Pflicht zur Rücksichtnahme bedeutet hier, dass der Inhaber eines Wohn-

hauses einerseits höhere Immissionen und sonstige Beeinträchtigungen hinnehmen muss als in Wohngebieten, andererseits der Gewerbetreibende sich weiter gehende Einschränkungen gefallen lassen muss als in einem Gewerbe- oder sogar Industriegebiet (BVerwG NVwZ 1984, 511 und 646). Das BVerwG hält wegen des Gebots der Rücksichtnahme bei der Festsetzung der zulässigen Immissionswerte eine Mittelwertbildung für geboten, d.h. Grenzwerte, die zwischen denen für Wohn- bzw. Gewerbegebiete liegen (BVerwG E 50, 49; NVwZ 1983, 609; VGH München NVwZ-RR 1990, 549).
Vergleichbare Probleme, die durch eine Heranziehung des Rücksichtnahmegebots gelöst werden müssen, entstehen auch bei der Nachbarschaft von Wohnbebauung und Sportanlagen (s. dazu BVerwG E 81, 197 = NJW 1989, 1291; E 109, 246 = NVwZ 2000, 1050; Uechtritz NVwZ 2000, 1006) sowie bei der Nachbarschaft von Wohnbebauung und Intensiv-Tierhaltung (s. dazu BVerwG NJW 1981, 319; NVwZ 1987, 884; DVBl 1993, 652; VGH Mannheim NVwZ-RR 1996, 2; weitere Nachweise bei Brügelmann/Dürr § 34 Rdnr. 57 ff.).
§ 34 Abs. 1 BauGB verlangt ferner, dass die Anforderungen an gesunde Wohn- und Arbeitsverhältnisse(s. dazu § 136 Abs. 3 BauGB) gewahrt bleiben und das **Ortsbild** nicht beeinträchtigt wird. Diese Anforderungen haben eine selbständige Bedeutung neben dem Einfügen in die vorhandene Bebauung (BVerwG NVwZ 1991, 51; VGH Mannheim DÖV 1990, 160). Eine Beeinträchtigung des Ortsbilds ist insbesondere gegeben, wenn ein Gebäude sich hinsichtlich seiner äußeren Gestaltung deutlich von der Umgebung unterscheidet und deren Erscheinungsbild negativ beeinflusst, wobei der maßgebliche Bereich weiter reicht als beim Einfügen (BVerwG NVwZ 2000, 1169).

c) § 34 Abs. 2 BauGB i.V.m. §§ 2–11 BauNVO

Soweit die nähere Umgebung einem der in §§ 2–11 BauNVO angeführten Baugebiete **127** entspricht, kommt es hinsichtlich der Art der baulichen Nutzung nach § 34 Abs. 2 BauGB allein darauf an, dass das Vorhaben nach §§ 2–15 BauNVO in dem jeweiligen Baugebiet zulässig ist (BVerwG NVwZ 1990, 557; NVwZ-RR 1997, 463; NVwZ 2000, 1050; Schlichter in Berl. Komm. § 34 Rdnr. 48). Die Verweisung in § 34 Abs. 2 BauGB auf die BauNVO ist eine sog. dynamische Verweisung, d.h. es ist die jeweils gültige Fassung der BauNVO heranzuziehen (BVerwG NVwZ 2000, 1050). Ausgenommen von der Heranziehung der §§ 2 ff. BauNVO wird allerdings § 4a BauNVO, da die Festsetzung eines besonderen Wohngebiets eine planerische Entscheidung der Gemeinde voraussetzt, die nicht durch die vorhandene Bebauung ersetzt werden kann (BVerwG NVwZ 1993, 1100).
Umstritten, aber zu bejahen ist die Anwendbarkeit der §§ 10, 11 BauNVO, da es insoweit durchaus faktische Sondergebiete gibt (so BVerwG NVwZ 1984, 582; 1991, 982; 1994, 285; Battis/Krautzberger/Löhr § 34 Rdnr. 49; a.M. Jäde/Dirnberger/Weiß § 34 Rdnr. 108; Dolde/ Menke NJW 1999, 2154; Borges DVBl 1998, 626). Neben der Vereinbarkeit mit §§ 2 ff. BauNVO ist im Rahmen des § 34 BauGB hinsichtlich der Art der baulichen Nutzung nicht mehr zu prüfen, ob das Vorhaben sich in die nähere Umgebung im Sinne des § 34 Abs. 1 BauGB einfügt (BVerwG NVwZ 1990, 557).
Soweit ein Vorhaben nach §§ 2–9 BauNVO nur als **Ausnahme** zulässig ist, findet § 31 Abs. 1 BauGB (s. dazu Rdnr. 109) entsprechende Anwendung. § 34 Abs. 2 BauGB ist hinsichtlich der Art der baulichen Nutzung lex specialis gegenüber § 34 Abs. 1 BauGB, sodass das Einfügen in die nähere Umgebung hinsichtlich der Art der baulichen Nutzung nicht mehr zu prüfen ist (BVerwG NVwZ 1995, 897; NVwZ 2000, 1050). Für das Maß der baulichen Nutzung, die zulässige Bauweise und die überbaubare Grundstücksfläche ist dagegen nicht auf §§ 16 ff. BauNVO, sondern allein auf die nähere Umgebung abzustellen (s. dazu oben Rdnr. 124). § 34 Abs. 2 BauGB verweist nur bezüglich der Art der baulichen Nutzung auf die BauNVO (BVerwG a.a.O.). Soweit durch die schematisierende und typisierende Betrachtungsweise der BauNVO

im Einzelfall eine unangemessene Beschränkung der Bebaubarkeit eines Grundstücks eintritt, kann dem durch eine **Befreiung** nach §§ 34 Abs. 2, 31 Abs. 2 BauGB Rechnung getragen werden (s. dazu Brügelmann/Dürr § 34 Rdnr. 100). § 34 Abs. 2 BauGB bewirkt somit eine starke Angleichung der Zulässigkeit von Bauvorhaben im nichtbeplanten Innenbereich an den beplanten Innenbereich (BVerwG NVwZ-RR 1997, 463).

d) Sonderregelung für Gewerbebetriebe (§ 34 Abs. 3 a BauGB)

128 § 34 Abs. 3 a BauGB 2004 hat eine Sondervorschrift für Gewerbe wieder in kraft gesetzt, die bereits durch § 34 Abs. 3 BauGB 1987 geschaffen und durch das BauROG 1998 abgeschafft worden ist. Die Vorschrift gestattet die Erweiterung, Änderung, Nutzungsänderung oder Erneuerung von vorhandenen Gewerbebetrieben oder Handwerksbetrieben, auch wenn diese sich nicht im Sinne des § 34 Abs. 1 BauGB in die nähere Umgebung einfügen. Die Regelung stellt materiell-rechtlich einen Befreiungstatbestand dar (BVerwG E 84, 322 = NVwZ 1990, 755 zu § 34 Abs. 3 BauGB 1987) und trägt dem Umstand Rechnung, dass der Bestandsschutz nur den bestehenden Betrieb erfasst, aber keine Veränderungen erlaubt, die über eine Instandhaltung hinausgehen (s. dazu Rdnr. 148). § 34 Abs. 3 a BauGB ermöglicht es, bestehende Gewerbe- oder Handwerksbetriebe zu erweitern oder auf sonstige Weise zu verändern, wenn dieses sowohl mit den nachbarlichen Interessen als auch mit den öffentlichen Belangen vereinbar ist; die Parallele zu § 31 Abs. 2 BauGB ist offensichtlich (s. dazu Rdnr. 114). Da nach der Rechtsprechung des BVerwG (E 117, 50 = NVwZ 2003, 478 m.w.N.) ein Vorhaben i.d.R. nicht im Wege der Befreiung nach § 31 Abs. 2 BauGB zugelassen werden kann, wenn es sich nicht einfügt, dürfte § 34 Abs. 3 a BauGB kaum Bedeutung zukommen.

e) Entwicklungs- und Ergänzungssatzungen (§ 34 Abs. 4 u. 5 BauGB)

129 § 34 Abs. 4 BauGB ermächtigt die Gemeinde zum Erlass von Abgrenzungssatzungen (Nr. 1 – s. Rdnr. 120), Entwicklungssatzungen (Nr. 2) und Ergänzungssatzungen (Nr. 3 – s. dazu Greiving VerwArch 1998, 585; Schink DVBl 1999, 367). Während durch eine Abgrenzungssatzung lediglich die Grenze zwischen Innenbereich und Außenbereich normativ festgelegt wird, aber kein neues Baugelände entsteht (s. dazu oben Rdnr. 120), wird durch eine Entwicklungs- und Ergänzungssatzung ein bisher zum Außenbereich zählendes Gelände dem Innenbereich zugeordnet und erhält damit Baulandqualität.
Entwicklungssatzungen nach § 34 Abs. 4 Nr. 2 BauGB können bereits bebaute Bereiche im Außenbereich zum Innenbereich erklären, sofern die von der Satzung erfasste Fläche im Flächennutzungsplan als Baufläche ausgewiesen ist. Die Gemeinde erhält damit die Möglichkeit, vorhandene Bebauungsansätze im Außenbereich (Splittersiedlungen i.S.d. § 35 Abs. 3 BauGB) zu Ortsteilen i.S.d. § 34 Abs. 1 BauGB zu entwickeln (OVG Schleswig NVwZ-RR 2002, 485).
Ergänzungssatzungen nach § 34 Abs. 4 Nr. 3 BauGB ermöglichen es, den Verlauf des Ortsrands bei Erlass einer Satzung nach § 34 Abs. 4 Nr. 1 od. 2 BauGB durch Einbeziehung bisher unbebauter Flächen in den im Zusammenhang bebauten Ortsteil abzurunden bzw. zu begradigen. Anders als bei den sog. Abrundungssatzungen nach § 34 Abs. 4 Nr. 3 BauGB 1987 ist eine Ergänzungssatzung nach § 34 Abs. 4 Nr. 3 BauGB 1998 nicht darauf beschränkt, die vorhandene Bebauung abzurunden, sondern kann auch außerhalb der bisherigen Bebauung liegende Flächen in den Innenbereich einbeziehen (OVG Münster BauR 2003, 665), z.B. bei einer nur einseitigen Bebauung einer Straße auch die Grundstücke auf der anderen Seite der Straße zum Innenbereich erklären (Dolde/Menke NJW 1999, 2155; Lüers WuV 1998, 67; Jäde/ Dirnberger/Weiß § 34 Rdnr. 48). Eine Ergänzungssatzung erlaubt aber nur die Ergänzung der bisherigen Bauflächen, nicht die Schaffung neuer Baugebiete; hierfür bedarf es eines Bebauungsplans (ebenso OVG Münster a.a.O.; Jäde/Dirnberger/Weiß § 34 Rdnr. 48 ff.).

B. Bauplanungsrechtliche Zulässigkeit von Bauvorhaben 69

§ 34 Abs. 5 Satz 2 BauGB erlaubt ferner, einzelne Festsetzungen nach § 9 BauGB in die Satzung aufzunehmen; in Betracht kommen insoweit vor allem Bestimmungen über die Art der baulichen Nutzung und die überbaubare Grundstücksfläche. Wie die Worte »einzelne Festsetzungen« zeigen, kann in der Satzung aber keine umfassende Regelung der zulässigen baulichen Nutzung getroffen werden; wenn die Gemeinde dieses für nötig hält, muss sie einen Bebauungsplan aufstellen (OVG Münster BauR 2003, 665). Eine Satzung nach § 34 Abs. 4 BauGB stellt also keinen Bebauungsplan-Ersatz dar.

Satzungen nach § 34 Abs. 4 Nr. 2 u. 3 BauGB müssen gemäß § 34 Abs. 5 Nr. 1 mit der **130** geordneten städtebaulichen Entwicklung vereinbar sein (VGH Mannheim BWVPr 1991, 116). Dieses ist dann der Fall, wenn die Satzung nicht im Widerspruch zum Flächennutzungsplan steht (Dyong ZfBR 1982, 110; Lenz BauR 1987, 8). Ferner darf weder eine Umweltverträglichkeitsprüfung erforderlich sein, noch ein FFH-Gebiet beeinträchtigt werden (§ 34 Abs. 5 Nr. 2 u. 3 BauGB). Wenn durch die Schaffung neuer Bauplätze städtebauliche Spannungen ausgelöst oder verstärkt werden, muss der Ausgleich der widerstreitenden Interessen durch die Aufstellung eines Bebauungsplans bewirkt werden (OVG Saar NVwZ 1982, 125; VGH München BauR 1989, 309).

Bsp. (OVG Saar NVwZ 1982, 125): Das bisher nur mit wenigen Gebäuden bebaute Gelände zwischen dem Ortsrand und einem großen Bauhof einer Straßenbaufirma wird durch eine Satzung nach § 34 Abs. 4 BauGB zum Innenbereich erklärt; das OVG Saar hält diese Satzung für nichtig, weil die Abwägung der Belange der Wohnbebauung und der gewerblichen Nutzung durch einen Bebauungsplan zu erfolgen habe.

Das Verfahren zum Erlass von Satzungen nach § 34 Abs. 4 BauGB ist in § 34 Abs. 6 BauGB geregelt; diese Vorschrift verweist im Wesentlichen auf das vereinfachte Verfahren nach § 13 BauGB.
Für den Rechtsschutz gegen Satzungen nach § 34 Abs. 4 BauGB gilt das für Bebauungspläne Gesagte entsprechend (s. dazu unten Rdnr. 288 ff.).

6. Bauvorhaben im Außenbereich (§ 35 BauGB)

Bei der Zulässigkeit von Bauvorhaben im Außenbereich (zur Abgrenzung Innenbereich – **131** Außenbereich s. Rdnr. 117) ist zu unterscheiden zwischen den privilegierten Vorhaben des § 35 Abs. 1 BauGB und den nichtprivilegierten Vorhaben des § 35 Abs. 2 BauGB. Privilegierte Vorhaben sind im Außenbereich generell zulässig, wenn öffentliche Belange nach § 35 Abs. 3 BauGB nicht entgegenstehen; nichtprivilegierte Vorhaben können dagegen nur im Einzelfall genehmigt werden, wenn sie öffentliche Belange nicht beeinträchtigen.
Dieser Unterschied bezüglich der Berücksichtigung öffentlicher Belange bedeutet nach der Rechtsprechung des BVerwG (E 28, 148; E 48, 109 = NJW 1975, 2114; E 68, 311 = NVwZ 1984, 367), dass bei der **Abwägung** zwischen dem Bauvorhaben und den davon betroffenen öffentlichen Belangen die gesetzliche Privilegierung des § 35 Abs. 1 BauGB besonders berücksichtigt werden muss. Ein an sich privilegiertes Vorhaben ist nur dann unzulässig, wenn ihm höherwertige Belange der Allgemeinheit entgegenstehen. Der VGH Mannheim (ESVGH 29, 102) hat z.B. die Erteilung einer Baugenehmigung für eine (nach § 35 Abs. 1 Nr. 3 BauGB privilegierte) Kiesgewinnungsanlage in einem als Naherholungsgebiet von Ulm dienenden Wald abgelehnt (vgl. auch BVerwG NVwZ 1986, 203 – Reithalle im Landschaftsschutzgebiet; OVG Münster BauR 2001, 222 – Schweinemastanstalt in einem reizvollen Tal – oder auch auf einer Anhöhe: VG Darmstadt, Urt. v. 22.10.2003, 2 E 249/01; VGH Kassel HessVGRspr 1997, 25 – Pferdehalle auf einer Bergkuppe).
In der Praxis läuft die Unterscheidung zwischen privilegierten und nichtprivilegierten Vorhaben darauf hinaus, dass privilegierte Vorhaben im Außenbereich grundsätzlich zulässig sind, weil der Gesetzgeber für derartige Vorhaben anstelle eines Bebauungsplans eine generelle Zuweisung in den Außenbereich vorgenommen hat (BVerwG E 28, 148 = NJW 1968, 1105; E

68, 311 = NJW 1984, 367; E 48, 109 = NJW 1975, 2114). Nichtprivilegierte Bauvorhaben sind dagegen grundsätzlich im Außenbereich unzulässig (std. Rspr. seit BVerwGE 27, 137).

a) Privilegierte Vorhaben

132 Von den sieben in § 35 Abs. 1 BauGB genannten Fallgruppen sind vor allem drei Fälle von praktischer Relevanz: land- und forstwirtschaftliche Vorhaben (§ 35 Abs. 1 Nr. 1 BauGB), einem ortsgebundenen Betrieb dienende Vorhaben (§ 35 Abs. 1 Nr. 3 BauGB), Vorhaben, die wegen ihrer besonderen Zweckbestimmung oder ihrer Eigenart nur im Außenbereich ausgeführt werden sollen (§ 35 Abs. 1 Nr. 4 BauGB) sowie Windkraftanlagen (§ 35 Abs. 1 Nr. 5 BauGB).

133 Bei den einem **land- oder forstwirtschaftlichen Betrieb** (s. dazu Ziegler DVBl 1990, 629) dienenden Vorhaben liegt in der Praxis das Hauptproblem darin, solche landwirtschaftlichen »Betriebe« von der Privilegierung auszuscheiden, die nur zum Schein unterhalten werden, um ein sonst nach § 35 Abs. 2, 3 BauGB nicht zulässiges Bauvorhaben im Außenbereich zu verwirklichen (BVerwG NVwZ 1986, 916). Der **Begriff der Landwirtschaft** ist in § 201 BauGB gesetzlich definiert, diese Begriffsbestimmung ist auch für § 35 Abs. 1 Nr. 1 BauGB maßgebend. Zu beachten ist, dass nach § 201 BauGB nicht nur Ackerbau und Viehzucht sowie Erwerbsgartenbau und -obstbau, sondern auch die berufsmäßige Imkerei (s. dazu BVerwG BauR 1991, 579) und Fischerei privilegiert sind; der Begriff der Landwirtschaft i.S.d. § 201 BauGB geht also weit über den sonstigen Sprachgebrauch hinaus. Die Viehzucht ist allerdings nur dann zur Landwirtschaft i.S.d. § 201 BauGB zu zählen, wenn sie überwiegend auf einer eigenen Futtergrundlage beruht (BVerwG NVwZ 1986, 203; NVwZ 1990, 64); eine Schweinemastanstalt ist daher kein landwirtschaftlicher Betrieb (BVerwG NJW 1981, 139). Durch das BauGB neu eingeführt wurde die Privilegierung der Pensionstierhaltung (vgl. dazu BVerwG NVwZ 1986, 200). Von § 35 Abs. 1 Nr. 1 BauGB nicht erfasst werden Verkaufsstellen, in denen landwirtschaftliche Bedarfsgegenstände an die Landwirte verkauft werden (BVerwG BauR 1993, 435 – Raiffeisen-Genossenschaft) sowie Betriebe, die land- oder forstwirtschaftliche Arbeiten erledigen (BVerwG NVwZ-RR 1997, 9).

Nach der Rechtsprechung der Verwaltungsgerichte stellt aber nicht jede landwirtschaftliche Betätigung einen landwirtschaftlichen Betrieb i.S.d. § 35 Abs. 1 Nr. 1 BauGB dar. Vielmehr ist Voraussetzung, dass es sich um einen ernsthaften, auf Dauer angelegten Betrieb handelt, der dazu bestimmt ist, mit seinem Ertrag einen Beitrag zum Lebensunterhalt des Betriebsinhabers zu leisten (BVerwG E 26, 161; NVwZ 1986, 916; OVG Münster NVwZ-RR 2000, 347). Das BVerwG (NVwZ 1986, 916; VGH Mannheim BauR 2003, 219) hält es dabei nicht für entscheidend, ob tatsächlich ein Gewinn erwirtschaftet wird. Maßgeblich für die Privilegierung ist vielmehr die Absicht der **Gewinnerzielung**, sofern diese nicht unrealistisch ist. Dabei kommt allerdings – insbesondere bei Nebenerwerbsbetrieben – der Gewinnerzielung eine erhebliche indizielle Bedeutung für einen Betrieb i.S.d. § 35 Abs. 1 Nr. 1 BauGB zu (OVG Münster NVwZ-RR 2000, 347); daneben spielen aber auch die Betriebsgröße, die Ausstattung mit Maschinen und die landwirtschaftliche Erfahrung des Betriebsinhabers eine maßgebliche Rolle (BVerwGE 26, 121; VGH Mannheim BauR 2003, 219). Entscheidend ist, ob bei einer Gesamtwürdigung aller Umstände davon auszugehen ist, dass die landwirtschaftliche Betätigung zu Erwerbszwecken und nicht etwa aus sonstigen Gründen, insbesondere aus Liebhaberei erfolgt. Das bedeutet zunächst, dass eine landwirtschaftliche Betätigung, die nur aus Liebhaberei (BVerwG NVwZ-RR 1996, 373 – Fischteich eines Naturfreundes; VGH Mannheim BRS 25 Nr. 62 – Pferdezucht eines Industriekaufmanns, VBlBW 1982, 295 – Pferdezucht eines Kraftfahrers) oder zum reinen Eigenverbrauch (VGH Mannheim BRS 32 Nr. 106 – Schrebergärten) betrieben wird, nicht privilegiert ist.

Die Qualifikation als landwirtschaftlicher Betrieb hängt ferner nach der Rechtsprechung des BVerwG davon ab, ob der Landwirtschaftsbetrieb auf Eigenfläche oder **Pachtland** geführt

B. Bauplanungsrechtliche Zulässigkeit von Bauvorhaben

wird, weil nur bei einer hinreichenden Eigenfläche die Dauerhaftigkeit des Betriebs gesichert sei (BVerwGE 41, 138). Hieran soll sich durch die Einführung eines Kündigungsschutzes in § 595 BGB nichts geändert haben (so BVerwG BauR 1989, 182). Jedenfalls bei langfristigen Pachtverträgen muss ein Landwirtschaftsbetrieb anerkannt werden (Battis/Krautzberger/Löhr § 35 Rdnr. 23)
Nicht erforderlich ist dagegen, dass die Landwirtschaft hauptberuflich betrieben wird; auch der Betrieb des Nebenerwerbslandwirts ist privilegiert (BVerwG E 26, 121; NVwZ 1986, 916; VGH Mannheim BauR 2003, 219), soweit er überhaupt einen nennenswerten Umfang erreicht – verneint bei 2 Pferden (BVerwG NVwZ-RR 1990, 63; OVG Lüneburg BauR 1994, 95); Weihnachtsbaumkultur von 2000 m² (VGH Kassel BRS 36 Nr. 81) – bejaht bei Wanderschäferei mit 280 Schafen (BVerwG DÖV 1983, 816); Champignonzucht (OVG Lüneburg BauR 1983, 348); 100 ha Wald (BVerwG BRS 52 Nr. 70).
Schließlich muss das Bauvorhaben für eine Privilegierung nach § 35 Abs. 1 Nr. 1 BauGB dem Landwirtschaftsbetrieb dienen, d.h. es muss nach Größe und Funktion dem Betrieb zugeordnet sein. Dabei wird einerseits nicht verlangt, dass das Bauvorhaben für den Betrieb unbedingt erforderlich ist, andererseits reicht bloße Nützlichkeit nicht aus; maßgebend ist, ob ein vernünftiger Landwirt ein derartiges Gebäude unter Berücksichtigung des Gebots größtmöglicher Schonung des Außenbereichs errichtet hätte (BVerwG E 19, 75 und 41, 138; BauR 1994, 607). Ein Vorhaben, das primär dazu bestimmt ist, dem Eigentümer ein Wohnen im Außenbereich unter dem Deckmantel der Landwirtschaft zu ermöglichen, dient nicht der Landwirtschaft (BVerwG NVwZ 1986, 644).
Nach § 35 Abs. 1 Nr. 1 BauGB sind auch solche Vorhaben privilegiert, die zwar selbst keine landwirtschaftliche Nutzung darstellen, aber mit dieser Nutzung in unmittelbarem Zusammenhang stehen – sog. **mitgezogener Betriebsteil** (BVerwG NVwZ 1986, 200 ff.); dieses ist z.B. bei einer Winzerstube eines Weinbaubetriebs (BVerwG NJW 1989, 576), der sog. Straußenwirtschaft (VG Karlsruhe VBlBW 2000, 372), der Vermietung von Fremdenzimmern – Ferien auf dem Bauernhof (VGH München BayVBl. 1984, 567; Ziegler DVBl 1986, 454) oder dem Selbstverkauf landwirtschaftlicher Produkte (OVG Münster BauR 2000, 245) der Fall. Ein nach § 35 Abs. 1 Nr. 1 BauGB als »Anhängsel« privilegiert mitgezogener Betriebsteil liegt aber nicht vor, wenn es sich um einen zweiten Betrieb neben dem Landwirtschaftsbetrieb handelt, der nach Umfang und Einkommen dem Landwirtschaftsbetrieb in etwa gleichkommt (BVerwG BRS 57 Nr. 102 für eine ganzjährig betriebene »Straußenwirtschaft«).

§ 35 Abs. 1 Nr. 3 BauGB privilegiert zum einen **öffentliche Versorgungsbetriebe**, wobei 134 es nicht darauf ankommt, dass der Betreiber ein Unternehmen der öffentlichen Hand ist. Entscheidend ist, dass die Versorgungsleistung der Allgemeinheit zugute kommt, was z.B. auch bei einem privaten Elektrizitätswerk der Fall sein kann, wenn der erzeugte Strom in das öffentliche Netz eingespeist wird (BVerwGE 96, 95 = NVwZ 1995, 64). Ferner privilegiert § 35 Abs. 1 Nr. 3 BauGB ortsgebundene Betriebe.
Bei den **ortsgebundenen Betrieben** i.S.d. § 35 Abs. 1 Nr. 3 BauGB handelt es sich i.d.R. um Anlagen zur Gewinnung von Bodenschätzen. Dabei sind selbstverständlich die reinen Produktions- und Transportanlagen privilegiert, z.B. eine Kiesgrube (BVerwG E 51, 346 = NJW 1977, 119; E 77, 300 = NVwZ 1988, 54), ein Steinbruch (BVerwG DVBl 1983, 893; VGH Mannheim BRS 24 Nr. 63) oder ein Gipsabbau (BVerwG ZfBR 1990, 41). Zweifelhaft ist dagegen, in welchem Umfang auch Verarbeitungsanlagen in den Genuss der Privilegierung nach § 35 Abs. 1 Nr. 3 BauGB kommen. Das BVerwG (E 51, 346 = NJW 1977, 119 – Transportbetonanlage im Zusammenhang mit einer bestehenden Kiesgrube) hat ausgeführt, es komme nicht auf die wirtschaftliche Zweckmäßigkeit, sondern auf die typische funktionelle Verbundenheit an; für den Fall des BVerwG war maßgeblich, ob eine Kiesgrube und eine Transportbetonanlage sachlich-funktionell zusammengehören und deshalb typischerweise zusammen erstellt werden. Hinsichtlich des Merkmals des »Dienens« hat das BVerwG unter

Bezugnahme auf die Rechtsprechung zum Landwirtschaftsbetrieb festgestellt, das Vorhaben müsse dem ortsgebundenen Betrieb zu- und untergeordnet sein.

Nach der Rechtsprechung des BVerwG (E 96,95 = NVwZ 1995, 64) ist auch bei den in § 35 Abs. 1 Nr. 3 BauGB genannten Fernmelde- und öffentlichen Versorgungseinrichtungen Voraussetzung für eine Privilegierung, dass die Anlage ortsgebunden ist. Dieses steht zwar in einem gewissen Widerspruch zum Wortlaut, wird aber durch den in Abs. 5 verankerten Grundsatz der Schonung des Außenbereichs gerechtfertigt.

Ortsgebundenheit bedeutet, dass die Anlage auf einen bestimmten Standort im Außenbereich angewiesen ist; es reicht nicht aus, dass sie irgendwo im Außenbereich errichtet werden muss.

Bsp. a) (VGH Mannheim NVwZ-RR 1998, 715): Eine Mobilfunkanlage ist nicht nach § 35 Abs. 1 Nr. 3 privilegiert, weil sie zwar im Außenbereich, aber nicht an einer bestimmten Stelle erstellt werden muss (eb. VGH München BauR 2002, 439).
b) (BVerwG BauR 1996, 362): Ein Holzlagerplatz für ein Sägewerk ist nicht deswegen ortsgebunden, weil er auf eine Berieselung mit Wasser aus einem Bach angewiesen ist; hierfür kommt praktisch jeder Bach in Betracht.

135 Besonders schwer zu erfassen sind die nach **§ 35 Abs. 1 Nr. 4 BauGB privilegierten Vorhaben**, also Anlagen, die wegen ihrer Eigenart, insbesondere wegen ihrer der Allgemeinheit dienenden Funktion oder wegen immissionsschutzrechtlicher Probleme, nur im Außenbereich errichtet werden sollen (s. dazu BVerwGE 96,95 = NVwZ 1995, 64; NVwZ 2000, 678). Denn anders als bei § 35 Abs. 1 Nr. 1–3 BauGB handelt es sich dabei um die verschiedensten Anlagen mit den unterschiedlichsten Funktionen. Für eine Privilegierung nach § 35 Abs. 1 Nr. 4 BauGB ist nach der Rechtsprechung des BVerwG (E 34, 1; E 48, 109 = NJW 1975, 2114 – Zeltplatz) nicht erforderlich, dass das Vorhaben – wie z.B. eine Munitionsfabrik – schlechterdings nur im Außenbereich errichtet werden kann, was z.B. bei einer Hühnermastanstalt oder einem Zeltplatz nicht der Fall ist, da derartige Anlagen gelegentlich auch im oder am Rande des Innenbereichs zu finden sind. Maßgebend ist vielmehr, ob nach den konkreten Verhältnissen nur eine Errichtung im Außenbereich in Betracht kommt (BVerwG BauR 1976, 347 = DVBl 1977, 916 – CVJM-Heim; BVerwGE 48, 109 = NJW 1975, 2114 – Campingplatz).

Selbst wenn das aber bei einem Vorhaben der Fall ist, bleibt zu prüfen, ob es im Außenbereich errichtet werden **soll**; die Weite des Tatbestands des § 35 Abs. 1 Nr. 4 BauGB muss durch eine einschränkende Auslegung dieses Tatbestandsmerkmals ausgeglichen werden (BVerwGE 96, 95 = NVwZ 1995, 64). Das BVerwG weist zu Recht darauf hin, dass nicht alles, was wegen seiner Anforderungen oder Belastungen in Bezug auf die Umwelt nicht im Innenbereich verwirklicht werden kann, allein deshalb im Außenbereich gebaut werden soll; sonst wäre der Außenbereich weniger geschützt als der Innenbereich. Es muss geboten sein, ein derartiges Vorhaben gerade im Außenbereich zu errichten (BVerwG E 67, 33 = NJW 1983, 2716; BauR 1992, 52; NVwZ 2000, 678). Dieses setzt voraus, dass die Errichtung im Außenbereich bauplanungsrechtlich billigenswert ist und dieses es auch unter Berücksichtigung der städtebaulichen Funktion des Außenbereichs rechtfertigt, es bevorzugt im Außenbereich zuzulassen (so BVerwG NVwZ 1984, 169 für eine Hühnermastanstalt; BVerwG NJW 1976, 2226 – Jugendherberge; VGH Mannheim NVwZ 1986, 63 – öffentl. Grillplatz). Nicht billigenswert i.S. dieser Rechtsprechung sind zunächst Bauvorhaben, auf deren Errichtung im Außenbereich verzichtet werden kann.

Bsp. (BVerwG NVwZ 1986, 645): Dem Inhaber eines Jagdreviers in fußläufiger Entfernung zum nächsten Ort (max. 6 km) ist es zuzumuten, auf eine Jagdhütte im Jagdrevier zu verzichten und sich im Ort eine Unterkunft zu suchen (ebenso auch BVerwG BauR 1996, 374).

Ferner sind solche Anlagen nicht billigenswert, deren Errichtung im Außenbereich im Hinblick auf den Gleichheitssatz nicht wünschenswert ist, weil sie lediglich der individuellen Erholung

B. Bauplanungsrechtliche Zulässigkeit von Bauvorhaben

dienen und damit im Widerspruch zur Funktion des Außenbereichs als Erholungsgebiet für die Allgemeinheit stehen (BVerwG BauR 1992, 52).

Bsp. a) (BVerwGE 48, 109 = NJW 1975, 2114; VGH Mannheim VBlBW 1990, 134): Ein Zeltplatz für Dauercamping soll im Außenbereich nicht errichtet werden, weil er nur der Erholung derjenigen dient, die dort einen Standplatz für ihren Wohnwagen bzw. ihr Zelt haben – das BVerwG hat mit derselben Erwägung auch einen Zeltplatz für regelmäßig wechselnde Besucher für nichtprivilegiert gehalten; dieses erscheint wenig überzeugend (s. dazu Otto BauR 1978, 109).
b) (BVerwG BauR 1992, 52; BRS 52 Nr. 77): Ein Golfplatz ist nicht privilegiert, da er nur für Vereinsmitglieder zur Verfügung steht.

Schließlich »sollen« nach § 35 Abs. 1 Nr. 4 BauGB nicht Anlagen im Außenbereich errichtet werden, die jedenfalls in ihrer gedachten Vielzahl den Außenbereich belasten, weil sie bei einer Privilegierung grundsätzlich überall im Außenbereich errichtet werden könnten (NVwZ 2000, 678). § 35 Abs. 1 Nr. 4 BauGB erfasst keine Vorhaben, die in größerer Zahl zu erwarten sind und damit eine »**Vorbildwirkung**« für gleichartige Bauvorhaben hätten.

Bsp. (BVerwGE 96, 95 = NVwZ 1995, 64): Die Errichtung einer gewerblichen Windkraftanlage auf einer Nordseeinsel ist nicht nach § 35 Abs. 4 BauGB privilegiert, weil im gesamten norddeutschen Küstenbereich günstige Verhältnisse für die Ausnutzung der Windkraft bestehen und jedenfalls eine größere Zahl von Windkraftanlagen das Landschaftsbild erheblich beeinträchtigen können. Die durch § 35 Abs. 1 Nr. 6 BauGB 1998 eingeführte Privilegierung von Windkraftanlagen gab es im Zeitpunkt der Entscheidung des BVerwG noch nicht (s. dazu Rdnr. 137).

136 Diese Rechtsprechung hat das BVerwG im Falle der Genehmigung eines **CVJM-Heim**es im Außenbereich (BauR 1976, 347 = DVBl 1977, 196) im Wesentlichen bestätigt (eb. BVerwG BauR 1974, 328 u. BauR 1980, 49 für Jugend- und Erwachsenenbildungsheime einer Religionsgemeinschaft; BVerwG DÖV 1979, 213 für FKK-Anlage; BVerwG 1988, 455 für Altenheim; BVerwG BRS 52 Nr. 79 für Hundesportplatz).
Wochenendhäuser sind nicht nach § 35 Abs. 1 Nr. 4 BauGB privilegiert, denn sie sollen wegen ihrer Zweckbestimmung, nämlich der Erholung Einzelner zu dienen, nicht ungeplant im Außenbereich errichtet werden, sondern im Innenbereich, insbesondere in hierfür nach § 10 Abs. 1 BauNVO ausgewiesenen Wochenendhausgebieten (std. Rspr., z.B. BVerwG E 18, 247 = NJW 1964, 1973; NVwZ 2000, 1048; BauR 2001, 227).
Diese Rechtsprechung des BVerwG führt im Ergebnis dazu, dass praktisch nur noch Gartenhäuschen für Schrebergärten (VGH Mannheim VerwRspr. 20, 346; OVG Münster BRS 22 Nr. 69), Fischerhütten für Hobbyfischer (BVerwG BauR 1978, 121; VGH Mannheim BRS 24 Nr. 69), Jagdhütten, soweit sie im Jagdbezirk liegen und sich größenmäßig auf die Bedürfnisse der Jagdausübung beschränken (BVerwG E 58, 124 = NJW 1980, 1063; BauR 1996, 374 u. 829), Schutzhütten (NVwZ 2000, 678; VGH Mannheim NVwZ 1986, 63), Bienenhäuser (BVerwG BauR 1975, 104) und ähnliche kleinere Anlagen (VGH Mannheim VBlBW 1982, 295; NJW 1984, 1576), der Erholung der Allgemeinheit dienende Anlagen (VGH Mannheim VBlBW 1994, 920 – gemeindlicher Grillplatz) sowie besonders immissionsträchtige Anlagen, die auch nicht in einem Gewerbe- oder Industriegebiet untergebracht werden können, z.B. ein Schießstand (BVerwG DÖV 1978, 774), eine Kabelabbrennanlage (BVerwGE 55, 118), eine Hühnermastanstalt (BVerwG NVwZ 1984, 169) sowie eine Hundezucht (BVerwGE 67, 41 = NJW 1983, 2718) unter das Privileg des § 35 Abs. 1 Nr. 4 BauGB fallen.

137 § 35 Abs. 1 Nr. 5 BauGB privilegiert Wasser- und **Windkraftanlagen** (s. dazu Ecker VBlBW 2001, 173; von Nikolai NVwZ 2002, 1078; Jeromin BauR 2003, 820). Dieser Privilegierungstatbestand wurde eingeführt, weil derartige Anlagen nicht standortgebunden sind und damit nicht von § 35 Abs. 1 Nr. 3 BauGB erfasst werden (BVerwG E 90, 95 = NVwZ 1995, 64). Die Privilegierung bedeutet aber nicht, dass Windkraftanlagen überall in der freien Landschaft errichtet werden können. Eine Errichtung in Natur- oder Landschaftsschutzgebieten scheitert in der Regel an den Bestimmungen der naturschutzrechtlichen Verordnungen (BVerwG BauR

2000, 1311). Aber auch in anderen Gebieten, die nicht unter Schutz gestellt sind, kann die Genehmigung abgelehnt werden, wenn es sich um besonders reizvolle Landschaften handelt, sodass die Windkraftanlage einen Eingriff in Natur und Landschaft im Sinne des § 8 BNatSchG darstellt (BVerwG BauR 2002, 1059; BauR 2003, 829; VGH Mannheim NVwZ 2000, 1063).

138 Die nach § 35 Abs. 1 BauGB privilegierten Vorhaben sind grundsätzlich im Außenbereich zulässig, sofern ihnen nicht im Einzelfall **öffentliche Belange** entgegenstehen. Eine Kollision zwischen dem Privilegierungstatbestand und öffentlichen Belangen muss durch eine Abwägung der betroffenen privaten und öffentlichen Interessen bewältigt werden (BVerwG E 48, 109 = NJW 1975, 214; E 77, 300 = NVwZ 1988, 54). Dabei handelt es sich um eine sog. nachvollziehende Abwägung, die es Behörden und Gerichten aufgibt, die gesetzliche Bewertung der betroffenen Belange nachzuvollziehen, und den Behörden keinen gerichtlich nicht nachprüfbaren Abwägungsspielraum überlässt. Zu den öffentlichen Belangen zählen insbesondere die in § 35 Abs. 3 BauGB angeführten Belange (BVerwG BauR 1997, 444 – Verunstaltung der Landschaft) – s. dazu Rdnr. 141 ff.

Das BVerwG hat früher (E 28, 148 = NJW 1968, 1105) angenommen, die Festsetzungen eines Flächennutzungsplans könnten einem privilegierten Vorhaben nicht als öffentlicher Belang entgegenstehen, weil § 35 Abs. 1 BauGB nach Art eines Ersatzbebauungsplans die privilegierten Vorhaben im Außenbereich generell für zulässig erkläre. Diese Ansicht hat es später (BVerwGE 67, 33 u. 68, 311 = NVwZ 1984, 367; OVG Schleswig NVwZ-RR 1997, 14; s. dazu Hoppe DVBl 1991, 1277) dahin gehend modifiziert, dass der Flächennutzungsplan ein privilegiertes Vorhaben dann verhindern kann, wenn er eine konkrete, standortbezogene Aussage über die Nutzungsmöglichkeit des Baugrundstücks enthält, etwa eine Verkehrsanlage vorsieht (BVerwG NVwZ 1997, 899). Die pauschale Ausweisung des Außenbereichs als land- und forstwirtschaftliche Nutzfläche ist dagegen zu unbestimmt und kann daher einem privilegierten Vorhaben nicht entgegenstehen.

139 Nach § 35 Abs. 3 Satz 3 BauGB hat der Flächennutzungsplan ferner insoweit Bedeutung, als privilegierte Vorhaben nicht errichtet werden dürfen, wenn hierfür im Flächennutzungsplan besondere Standorte dargestellt sind (s. dazu Schidlowski NVwZ 2001, 388).

Bsp. (BVerwGE 77, 300 = NVwZ 1988, 54): Die Darstellung einer Auskiesungskonzentrationszone im Flächennutzungsplan hat zur Folge, dass der Anlage von Kiesgruben außerhalb dieser Zone öffentliche Belange entgegen stehen (eb. für Windkraftanlagen BVerwG NVwZ 1998, 960; OVG Lüneburg NVwZ 1999, 1358; OVG Münster NVwZ 2002, 1136 – s. dazu auch Stüer/Vildomec BauR 1998, 427).

Zur Sicherung erst geplanter Darstellungen eines Flächennutzungsplans nach § 35 Abs. 3 Satz 3 BauGB kann ein Bauantrag gemäß § 15 Abs. 3 BauGB maximal 1 Jahr lang zurückgestellt werden.

Dieselben Grundsätze gelten gemäß § 35 Abs. 3 Satz 2 BauGB auch für die Ziele der Raumordnung und **Landesplanung**; die Festsetzungen des Landesentwicklungsplans und der Regionalpläne können privilegierte Vorhaben nur dann verhindern, wenn sie sachlich und räumlich hinreichend konkretisiert sind (BVerwGE 68, 319 = NJW 1984, 1367; Hoppe/Spoer NVwZ 1999, 945). Soweit raumbedeutsame Vorhaben (§ 3 Abs. 1 ROG; vgl. auch BVerwGE 45, 47 = NJW 1987, 2389; NVwZ 2003, 738) in einem solchen Plan enthalten sind, steht damit zugleich nach § 35 Abs. 3 Satz 2 Halbs. 2 BauGB fest, dass öffentliche Belange dem Vorhaben nicht entgegenstehen. Diese Regelung beruht auf der Erwägung, dass die betroffenen öffentlichen Belange bereits bei der Aufstellung des Plans zu berücksichtigen waren (BVerwG NVwZ 2003, 1261; VGH Mannheim NVwZ 1990, 983; OVG Lüneburg NVwZ 2000, 579).

Andererseits können die Ziele der Raumordnung wie sie sich aus dem Landesentwicklungsplan und den Regionalplänen ergeben, die Errichtung privilegierter Vorhaben gemäß § 35 Abs. 3 Satz 3 BauGB auch dadurch verhindern, dass im Regionalplan an bestimmten Stellen eine

B. Bauplanungsrechtliche Zulässigkeit von Bauvorhaben

spezielle Ausweisung erfolgt mit dem Ziel, dass nur an dieser Stelle und nicht auch woanders diese Bodennutzung erfolgen soll (BVerwGE 77, 300 = NVwZ 1988, 54; NVwZ 2003, 1261).

b) Nichtprivilegierte Vorhaben

Nichtprivilegierte Vorhaben können nach § 35 Abs. 2 BauGB zugelassen werden, wenn ihre Ausführung oder Benutzung öffentliche Belange nicht beeinträchtigt. Trotz des Wortes »können« besteht nach allgemeiner Ansicht (BVerwGE 18, 247; BGH BauR 1981, 357) wegen des auch im Außenbereich geltenden Grundsatzes der Baufreiheit ein **Rechtsanspruch** auf eine Baugenehmigung, sofern öffentliche Belange nicht beeinträchtigt werden, was allerdings wegen § 35 Abs. 3 Nr. 1, 5 u. 7 BauGB nur in Ausnahmefällen in Betracht kommt (Stüer Rdnr. 1555). **140**

§ 35 Abs. 3 BauGB enthält eine allerdings nicht erschöpfende Aufzählung der öffentlichen Belange, bei deren Beeinträchtigung ein nichtprivilegiertes Vorhaben nicht errichtet werden darf. Folgende **öffentliche Belange** sind in der Praxis am bedeutsamsten:

aa. Das Bauvorhaben widerspricht den Darstellungen des **Flächennutzungsplans**. Der Flächennutzungsplan reicht zwar nicht aus, um die Zulässigkeit eines ihm entsprechenden Bauvorhabens im Außenbereich zu begründen, solange kein aus dem Flächennutzungsplan entwickelter (§ 8 Abs. 2 BauGB) Bebauungsplan aufgestellt worden ist (BVerwG BauR 2000, 1171; 1991, 51; VGH Mannheim NVwZ-RR 2000, 481). Dagegen stellt ein Widerspruch des Bauvorhabens zum Flächennutzungsplan regelmäßig eine Beeinträchtigung öffentlicher Belange dar, weil im Flächennutzungsplan die Planungskonzeption der Gemeinde zum Ausdruck kommt (BVerwG BauR 1991, 179). Das BVerwG hat allerdings § 35 Abs. 3 Nr. 1 BauGB dahin gehend eingeschränkt, dass der Flächennutzungsplan nur insoweit ein Vorhaben im Außenbereich verhindern kann, als seine Festsetzungen den tatsächlichen Verhältnissen entsprechen (BVerwG E 68, 311 = NVwZ 1984, 367; E 77, 300 = NVwZ 1988, 54; NVwZ 1997, 899; 2000, 1048). Denn der Flächennutzungsplan ist kein Rechtssatz; es gibt keine Rechtfertigung für eine Verhinderung von dem Flächennutzungsplan zuwiderlaufenden Bauvorhaben, wenn der Flächennutzungsplan nicht mehr der tatsächlichen Situation entspricht. **141**

bb. Das Bauvorhaben ruft **schädliche Umwelteinwirkungen** hervor oder ist ihnen ausgesetzt. Die Definition des Begriffs der schädlichen Umwelteinwirkungen in § 3 Abs. 1 BImSchG gilt auch für § 35 Abs. 3 BauGB (BVerwG E 52, 122 = NJW 1978, 62; BauR 1990, 689). Diese Bestimmung soll verhindern, dass der Außenbereich mit Immissionen belastet wird, soweit ein Vorhaben nicht nach § 35 Abs. 1 Nr. 3 oder 4 BauGB privilegiert ist (BVerwGE 55, 118 = BauR 1978, 124), andererseits aber auch die Inhaber privilegierter Betriebe vor immissionsschutzrechtlichen Abwehransprüchen schützen. § 35 Abs. 3 Nr. 3 BauGB ist eine Kodifizierung des Gebots der Rücksichtnahme (BVerwG BauR 1983, 143; NVwZ 1991, 64). **142**

Bsp. (VGH München NVwZ-RR 1995, 430): Errichtung eines großen Schafstalls neben dem Wohngebäude eines anderen Landwirtschaftsbetriebs.

cc. **Belange des Naturschutzes** und der Landschaftspflege werden durch das Bauvorhaben beeinträchtigt. Bei § 35 Abs. 1 Nr. 5 BauGB ist zu differenzieren zwischen Natur- und Landschaftsschutzgebieten einerseits, sonstigen Außenbereichsgebieten andererseits (BVerwG NVwZ 1998, 58). Bei festgesetzten Schutzgebieten ist bereits eine Beeinträchtigung naturschutzrechtlicher Belange unzulässig. Bei sonstigen Gebieten werden öffentliche Belange erst bei einer **Verunstaltung des Landschaftsbilds** berührt; dieses ist der Fall bei einer Bebauung, die von dem Betrachter als grob unangemessen empfunden wird (BVerwG NVwZ 1991, 64; OVG Münster BauR 2001, 223).

Bsp. a) (BVerwG NJW 1995, 2648): Eine 13 m hohe Monumentalfigur mitten im Wald kann wegen Verunstaltung des Landschaftsbildes unzulässig sein, auch wenn sie ein Kunstwerk im Sinne des Art. 5 GG darstellt (s. zur Verunstaltung des Landschaftsbilds auch BVerwG NVwZ 1998, 58).
b) (OVG Münster BauR 2001, 223): Die Errichtung einer Schweinemastanstalt in einer bisher unberührten Tallandschaft (Ems) stellt eine Verunstaltung dar.

143 dd. Ferner steht eine Beeinträchtigung der **natürlichen Eigenart der Landschaft** oder ihrer Aufgabe als **Erholungsgebiet für die Allgemeinheit** einer Genehmigung eines Vorhabens im Außenbereich entgegen. Die natürliche Eigenart der Landschaft wird gekennzeichnet durch die dort vorhandene Bodennutzung, in der Regel also Land- und Forstwirtschaft. Bauliche Vorhaben, deren Zweckbestimmung in keinem Zusammenhang mit dieser Funktion der Außenbereichslandschaft stehen und auch nicht der allgemeinen Erholung dienen, stellen deshalb eine Beeinträchtigung der natürlichen Eigenart der Landschaft dar (BVerwG E 26, 111 = NJW 1967, 1099; 1998, 58; 2000, 1048; BauR 2001, 227).
Dabei ist für die Beurteilung der Beeinträchtigung der natürlichen Eigenart der Landschaft nur auf die **objektive Nutzungsmöglichkeit** des Gebäudes, nicht auf seine augenblickliche Verwendung abzustellen (VGH Mannheim VBlBW 1987, 274; OVG Lüneburg NVwZ-RR 1994, 493). Ein als Wochenendhaus geeignetes Gebäude wird daher nicht dadurch zulässig, dass es nur zur Aufbewahrung von landwirtschaftlichen Geräten genutzt wird. Es kommt auch nicht darauf an, ob das Gebäude deutlich sichtbar oder – etwa durch Bepflanzung – verborgen ist, maßgebend ist allein der Widerspruch zwischen der objektiven Zweckbestimmung des Gebäudes und der in seiner Umgebung vorhandenen Bodennutzung (BVerwG NJW 1970, 346; VGH Mannheim ESVGH 17, 127; VBlBW 1988, 111).
Der Erholungswert einer Landschaft wird insbesondere beeinträchtigt durch Erholungs- und Freizeitanlagen, die nur von einem beschränkten Personenkreis genutzt werden können (s. dazu Rdnr. 135).

144 ee. § 35 Abs. 3 letzte Altern. BauGB will verhindern, dass der Außenbereich durch die Entstehung, Verfestigung oder Erweiterung einer **Splittersiedlung** planlos zersiedelt wird (BVerwG E 27, 137 und 54, 74 = BauR 1977, 399; NVwZ 2000, 1047; NVwZ 2001, 1283). Eine Bebauung des Außenbereichs mit Wohngebäuden oder Wochenendhäusern stellt in der Regel eine Zersiedelung des Außenbereichs dar und beeinträchtigt damit öffentliche Belange nach § 35 Abs. 3 Satz 1 Nr. 7 BauGB, weil zu befürchten ist, dass ein solches Bauvorhaben weitere gleichartige Bauwünsche nach sich zieht und damit »Vorbildwirkung« entfaltet (BVerwG E 54, 74 = BauR 1977, 398; NVwZ 1989, 667; BauR 2000, 1173).
Etwas anderes gilt aber, wenn eine bereits vorhandene Splittersiedlung abgerundet, d.h. eine Baulücke zwischen den vorhandenen Gebäuden bebaut wird (BVerwG E 54, 74 = BauR 1977, 399; BauR 1990, 689; OVG Münster BauR 1996, 688). Es muss sich aber um die Schließung einer Baulücke innerhalb einer Splittersiedlung handeln. Dagegen werden öffentliche Belange berührt, wenn eine Splittersiedlung so erweitert wird, dass sie zu einem Ortsteil i.S.d. § 34 Abs. 1 BauGB wird, weil eine derartige Ausweitung der Bebauung im Außenbereich eine planerische Entscheidung der Gemeinde (Bebauungsplan, Entwicklungssatzung nach § 34 Abs. 4 Nr. 2 BauGB) voraussetzt (BVerwG BauR 2000, 1175).
Eine ungeplante Zersiedelung des Außenbereichs ist auch bei der sog. Anschlussbebauung zu befürchten, wenn nämlich im Anschluss an den Ortsrand weitere bauliche Anlagen errichtet werden, was dazu führt, dass die Ortschaft sich planlos in den Außenbereich ausdehnt (BVerwG E 27, 139; BauR 1991, 55; NVwZ 1985, 747).
ff. Öffentliche Belange werden ferner beeinträchtigt, wenn raumbedeutsame Vorhaben gegen die **Ziele der Raumordnung** verstoßen; insoweit gelten für nichtprivilegierte Vorhaben dieselben Grundsätze wie für privilegierte Vorhaben (s. dazu oben Rdnr. 139).

145 gg. Die Aufzählung öffentlicher Belange in § 35 Abs. 3 BauGB ist nicht abschließend, wie das Wort »insbesondere« zeigt (BVerwG NVwZ 1998, 58). So stellt das **Gebot der**

B. Bauplanungsrechtliche Zulässigkeit von Bauvorhaben

Rücksichtnahme einen **sonstigen öffentlichen Belang** i.S.d. § 35 Abs. 3 BauGB dar (BVerwG BauR 1990, 689).

Bsp. (BVerwGE 52, 122 = NJW 1978, 62): Das Gebot der Rücksichtnahme ist verletzt, wenn ein Landwirt im Außenbereich einen Schweinestall in unmittelbarer Nachbarschaft zu einem Wohnhaus anlegt, obwohl er auch einen anderen Standort wählen könnte, bei dem der Nachbar nicht gestört würde.

Später hat das BVerwG allerdings das Gebot der Rücksichtnahme auch in § 35 Abs. 3 Satz 1 Nr. 3 BauGB (schädliche Umwelteinwirkungen) verankert. Zum Inhalt des Gebots der Rücksichtnahme s. Rdnr. 51 u. Rdnr. 268.

Ferner erkennt das BVerwG (E 117,25 = NVwZ 2003, 86) das Bedürfnis nach vorheriger Planung als uneingeschränkten öffentlichen Belang an.

Bsp. (BVerwGE 117, 25): Der Bau eines FOC – s. Rdnr. 89 – von 21.000 m^2 mit 61 Geschäften und 2 Gaststätten setzt wegen der erforderlichen Koordination der verschiedenen öffentlichen und privaten Belange (z.B. der Zufahrtsstraße, der Parkplätze, der Abfallbeseitigung) einen vorherigen Bebauungsplan voraus, so dass eine solche Anlage nicht »planlos« errichtet werden kann.

c) Bestandsschutz

Das Problem des Bestandsschutzes (s. dazu Mampel NJW 1999, 975; Boecker BauR 1999, **146** 441; Gohrke/Bresahn NVwZ 1999, 132; Dürr VBlBW 2000, 457) ist nicht spezifisch auf den Außenbereich bezogen, es entsteht vielmehr überall dort, wo vorhandene bauliche Anlagen umgebaut, durch andere Anlagen ersetzt oder wenigstens ihre Nutzung geändert werden soll und dieses nach den nunmehr für das jeweilige Gebiet maßgeblichen baurechtlichen Vorschriften unzulässig ist. Dennoch hat die Rechtsprechung der Verwaltungsgerichte die Grundsätze zum Bestandsschutz im Wesentlichen an Außenbereichsfällen entwickelt, weil gerade im Außenbereich die Erhaltung und sinnvolle Nutzung eines funktionslos gewordenen Gebäudes nur möglich war, wenn dieses durch den Bestandsschutz gedeckt war. Eine gewisse Erleichterung ist allerdings seit 1.1.1977 durch die Neuregelung des § 35 Abs. 4–6 BBauG eingetreten, die jedenfalls die größten Mängel der früheren Rechtslage und Rechtsprechung beseitigt hat; § 35 Abs. 4 BauGB hat hieran im Wesentlichen festgehalten.
Voraussetzung für den Bestandsschutz ist zunächst, dass überhaupt eine **funktionsfähige bauliche Anlage** vorhanden ist. Ein Trümmerhaufen oder eine Ruine eines Bauwerks genießen keinen Bestandsschutz (BVerwGE 61, 112 = NJW 1981, 2140; NJW 1986, 2126; BauR 1991, 55), auch wenn dieser Zustand unabhängig vom Willen des Eigentümers, etwa durch Brand oder Naturkatastrophe eingetreten ist (BVerwG E 47, 126; E 72, 363 = NJW 1986, 2126). Der Bestandsschutz deckt schließlich nicht den Abbruch eines Bauwerks und die Errichtung eines Ersatzbaus (BVerwG E 62, 32 = NJW 1981, 2143; E 72, 362 = NJW 1986, 2126).
Ferner dient der Bestandsschutz nur dazu, das Gebäude bzw. die gewerbliche Anlage in **147** seinem **bisherigen Bestand** zu erhalten, eine Erweiterung oder Funktionsänderung fällt dagegen nicht unter den Bestandsschutz (BVerwG E 50, 49 = DVBl 1976, 214; E 61, 285 = NJW 1981, 1224; E 68, 360 = NJW 1984, 1771; E 72, 363 = NJW 1986, 2126). Stets ist dabei erforderlich, dass zwischen dem früheren und dem jetzigen Zustand hinsichtlich des Standorts, des Bauvolumens und der Nutzung eine Identität besteht (BVerwG E 47, 126 = BauR 1975, 114; NJW 1981, 2140; NVwZ 2002, 92), sodass das geänderte Gebäude zwar als restauriertes oder modernisiertes Gebäude, nicht aber als Ersatzbau oder gar als aliud anzusehen ist. Wenn bauliche Veränderungen die Kosten eines Neubaus erreichen oder eine statische Neuberechnung des Gebäudes erforderlich ist, entfällt der Bestandsschutz (BVerwG NVwZ 2002, 92). Die Umwandlung eines landwirtschaftlich genutzten Gebäudes in eine Metallschleiferei (BVerwGE 47, 185), eines Speditionsunternehmens in einen Kranbetrieb (BVerwG NJW 1977, 1932), eines Großhandelsunternehmens in einen Verbrauchermarkt

(BVerwG NJW 1984, 1771), einer Diskothek in eine Spielhalle (BVerwG BauR 1990, 582), die Verdoppelung der Produktion einer Ziegelei durch Installation eines neuen Brennofens (BVerwGE 50, 49), die Umwandlung eines Bahnwärterhauses in ein Wochenendhaus (VGH Mannheim VBlBW 1992, 218), die Nutzung eines Jagdhauses als Wohnhaus (BVerwG BauR 1994, 737) sowie die Erweiterung eines Kurhauses (BVerwG NVwZ 1999, 524) fallen nicht unter den Bestandsschutz.

148 Beim Bestandsschutz ist zunächst zu unterscheiden zwischen dem aktiven und dem passiven Bestandsschutz (s. dazu Brügelmann/Dürr § 35 Rdnr. 122 ff.; Dürr VBlBW 2000, 457). Aktiver Bestandsschutz bedeutet einen Anspruch auf Genehmigung eines Bauvorhabens wegen des Bestandsschutzes. Der passive Bestandsschutz schützt nur vor der Verpflichtung zur Beseitigung eines baurechtswidrigen Vorhabens. Das BVerwG hat den aktiven Bestandsschutz früher unmittelbar aus Art. 14 GG abgeleitet (BVerwG E 47, 185; 50, 49; 61, 285). Diese Rechtsprechung hat es nunmehr aufgegeben, da der Inhalt des Eigentums durch die Gesetze festgelegt werden muss und ein unmittelbar aus Art. 14 GG abgeleiteter Bestandsschutz daher entfällt (BVerwG NVwZ 1999, 524). Das BVerwG beruft sich dabei auf die Rechtsprechung des BVerfG (E 58, 300 – Nassauskiesung). Danach scheidet ein **aktiver Bestandsschutz** von vornherein aus.
Bsp. (BVerwG E 106, 228 = NJW 1998, 842): Die Errichtung einer Garage neben einem Wohnhaus im Außenbereich wird nicht durch den Bestandsschutz zugelassen (a.M. noch BVerwG E 72, 362 = NJW 1986, 2126).
Ein **passiver Bestandsschutz** ist jedenfalls insoweit unbestritten gegeben, als das Bauwerk baurechtlich genehmigt wurde. Durch die Feststellungswirkung der Baugenehmigung wird verbindlich festgestellt, dass es mit den baurechtlichen Vorschriften übereinstimmt; dieses gilt auch dann, wenn dieses in Wirklichkeit nicht der Fall ist (s. Rdnr. 229). Unklar ist die Rechtslage, wenn das Bauwerk zwar nicht genehmigt wurde, aber bei seiner Errichtung oder auch danach den baurechtlichen Vorschriften entsprach. Insoweit bestand früher Einigkeit, dass auch die nur materielle Rechtmäßigkeit zu irgendeinem Zeitpunkt ausreicht, um einem Bauvorhaben Bestandsschutz zu vermitteln (BVerwG 3, 351; 47, 158 = BauR 1975, 44; BVerwG E 61, 285 = NJW 1981, 1224; VGH München NVwZ-RR 2000, 273). Das BVerwG (NVwZ-RR 1998, 357; eb. auch BVerfG BauR 1996, 235) hat entschieden, dass nur ein formell und materiell rechtmäßiges Gebäude Bestandsschutz genießt. Dem kann auch unter Berücksichtigung der Rechtsprechung zur gesetzlichen Ausgestaltung des Eigentumsbegriffs nicht zugestimmt werden, da der Inhalt des Eigentums nur durch materiell-rechtliche Regelungen, nicht aber durch Verfahrensvorschriften festgelegt werden kann (vgl. Dürr VBlBW 2000, 457). Dementsprechend hat der VGH Kassel in seiner ständigen Rechtsprechung (NVwZ-RR 2004, 390; ESVGH 51, 141 und 45, 236; BRS 57 Nr. 295) angenommen, dass eine formell ungenehmigte bauliche Nutzung, die früher über einen maßgeblichen Zeitraum sowohl bauplanungs- als auch bauordnungsrechtlich genehmigungsfähig war, Bestandsschutz genießt, solange er nicht durch Nutzungsänderung oder endgültige Aufgabe der Nutzung erloschen ist. Dabei ist eine bis zweijährige Unterbrechung der Nutzung in der Regel unschädlich, maßgeblich ist die Verkehrsauffassung (VGH Kassel NVwZ-RR 2004, 390; BVerwG E 98, 235 = NVwZ 1996, 379). Der Eigentümer hat bei Vorliegen der Voraussetzungen einen Anspruch gegen die Behörde, seinen Bestandsschutz durch einen sog. **Duldungsverwaltungsakt** bescheinigt zu bekommen.

d) § 35 Abs. 4–6 BauGB (begünstigte Vorhaben)

149 Die einschränkende Rechtsprechung zum Bestandsschutz (s. oben Rdnr. 146 ff.) führte früher allerdings in vielen Fällen zu unbefriedigenden Ergebnissen, insbesondere bei dem Umbau oder der Nutzungsänderung ehemals landwirtschaftlich genutzter Gebäude im Außenbereich.

B. Bauplanungsrechtliche Zulässigkeit von Bauvorhaben

So hätte z.b. der Landwirt, der seinen landwirtschaftlichen Betrieb aufgab und einer sonstigen Beschäftigung nachging, bei konsequenter Anwendung der Bestandsschutzregeln eigentlich sofort seinen Bauernhof im Außenbereich abreißen und sich in dem nächsten Dorf eine Wohnung nehmen müssen (so in der Tat BVerwGE 47, 185). Dieses unangemessene Ergebnis ist durch § 35 Abs. 4 BBauG 1976 beseitigt worden; § 35 Abs. 5 BBauG 1976 hat ferner noch andere Ungereimtheiten der Rechtsprechung des BVerwG ausgeglichen. Diese Regelungen sind nunmehr in § 35 Abs. 4 BauGB zusammengefasst worden.
Nach der Rechtsprechung des BVerwG (E 84, 322 = NVwZ 1988, 357; E 106, 228 = NVwZ 1998, 842) stellt § 35 Abs. 4 BauGB eine abschließende Regelung der Zulässigkeit von Nutzungsänderungen, Erweiterungen und Ersetzungen von Vorhaben im Außenbereich dar, sodass ein darüber hinausgehender Rückgriff auf die allgemeinen Grundsätze des Bestandsschutzes nicht möglich ist. In der baurechtlichen Praxis lassen sich beinah alle relevanten Bestandsschutzfälle mit § 35 Abs. 4 BauGB zufrieden stellend regeln.
Den in **§ 35 Abs. 4 BauGB** angeführten Nutzungsänderungen, Wiederaufbau- oder Erweiterungsmaßnahmen kann nicht entgegengehalten werden, dass sie dem Flächennutzungsplan widersprechen, die natürliche Eigenart der Landschaft beeinträchtigen oder die Entstehung bzw. Verfestigung einer Splittersiedlung zu befürchten sei. Damit sind die wesentlichsten Hindernisgründe für ein nichtprivilegiertes Vorhaben im Außenbereich ausgeräumt, sodass in der Regel die Genehmigung zu erteilen ist. Die sonstigen öffentlichen Belange des § 35 Abs. 3 BauGB werden dagegen von § 35 Abs. 4 BauGB nicht berührt; falls sie beeinträchtigt werden, kann auch ein nach § 35 Abs. 4 BauGB begünstigtes Vorhaben nicht zugelassen werden (BVerwG NVwZ-RR 1994, 372 – Belange des Naturschutzes). Die einzelnen Tatbestände des § 35 Abs. 4 BauGB sollen nur isoliert angewandt werden können, eine kombinierte Anwendung soll unzulässig sein.
Bsp. (BVerwG NJW 1998, 842): Ein durch einen Sturm zerstörtes Gebäude darf nicht nach Nr. 3 neu errichtet und zugleich nach Nr. 5 erweitert werden. Dieses überzeugt nicht. Der Bauherr wird dadurch gezwungen, zunächst das Gebäude in der früheren Größe wieder zu errichten und es dann aufgrund einer zweiten Baugenehmigung zu erweitern.
Nach **§ 35 Abs. 4 Nr. 1 BauGB** kann einer Änderung der Nutzung eines vor mehr als 7 **150** Jahren zulässigerweise errichteten und nach § 35 Abs. 1 Nr. 1 BauGB privilegierten Gebäudes ohne wesentliche Änderung der äußeren Gestalt des Gebäudes nicht entgegengehalten werden, dass sie die angeführten öffentlichen Belange beeinträchtige. Sinn und Zweck dieser Regelung ist es, dass landwirtschaftliche Gebäude, die wegen Aufgabe oder Einschränkung der Landwirtschaft nicht mehr in der bisherigen Weise genutzt werden können, einer sinnvollen Nutzung zugeführt werden.
Das Verbot einer wesentlichen Änderung beschränkt auf das Äußere des Gebäudes; im Inneren ist dagegen sogar die sog. Entkernung, also die vollständige Änderung des Gebäudeinneren bei Erhaltung der Außenwände, zulässig (Battis/Krautzberger/Löhr § 35 Rdnr. 89; a.M. Schrödter § 35 Rdnr. 322).
§ 35 Abs. 4 Nr. 1 BauGB verlangt ferner einen räumlich-funktionalen Zusammenhang des Gebäudes mit der Hofstelle eines landwirtschaftlichen Betriebes; eine von der Hofstelle entfernt gelegene Feldscheune kann daher nicht unter Berufung auf § 35 Abs. 4 Nr. 1 BauGB umgenutzt werden (Battis/Krautzberger/Löhr a.a.O. Rdnr. 92). Außerdem darf die Aufgabe der Nutzung nicht länger als sieben Jahre zurückliegen. Zur Einhaltung dieser Frist kommt es auf den Antrag auf Genehmigung der Nutzungsänderung und nicht etwa auf die – in der Regel nicht nachweisbare – tatsächliche Nutzungsänderung an (BVerwG NVwZ-RR 2003, 173). Soweit ein bisher landwirtschaftlichen Zwecken dienendes Gebäude in ein Wohngebäude umgewandelt wird, dürfen maximal drei Wohnungen pro Hofstelle (ohne die nach § 35 Abs. 1 Nr. 1 BauGB privilegierten Wohnungen) entstehen.
Nach **§ 35 Abs. 4 Nr. 2 BauGB** kann ein irgendwann einmal (BVerwG E 58, 124 = NJW 1980, **151**

1010; E 62, 32 = NJW 1981, 2143) zulässigerweise errichtetes, aber nunmehr Missstände oder Mängel (§ 177 Abs. 3 BauGB) aufweisendes (sog. abgängiges) Wohngebäude abgerissen und an seiner Stelle ein vergleichbares Wohngebäude errichtet werden. Voraussetzung dafür ist zunächst, dass das zerstörte Gebäude baurechtlich zulässig war, d.h. entweder aufgrund einer Baugenehmigung errichtet worden war oder aber in Übereinstimmung mit dem materiellen Baurecht stand (BVerwGE 58, 124 = NJW 1980, 1010; E 62, 32 = NJW 1981, 2143; NVwZ 1999, 297). Ferner muss das alte Haus seit längerer Zeit vom Eigentümer bewohnt worden sein und das neue Haus ebenfalls dem Eigentümer und seiner Familie als Wohnung dienen sollen. Es soll verhindert werden, dass wohlhabende Personen baufällige Wohngebäude im Außenbereich aufkaufen und sich damit die Möglichkeit verschaffen, im Außenbereich nach dem Abbruch des alten Hauses ein modernes Wohngebäude zu errichten. § 35 Abs. 4 Nr. 2 BauGB gestattet lediglich den Wiederaufbau zum Zweck der Nutzung des Neubaus als Dauerwohnung, nicht dagegen für Freizeitzwecke als Wochenendhaus (BVerwG NJW 1982, 2512; NVwZ 1995, 700). Vergleichbar ist das neue Wohngebäude, wenn es hinsichtlich des Standorts, des Bauvolumens und der Funktion ungefähr dem früheren Bauwerk entspricht; § 35 Abs. 4 Nr. 2 BauGB verlangt keine vollständige Identität zwischen altem und neuem Haus (BVerwG E 58, 124 = NJW 1980, 1010; E 61, 290 = NJW 1981, 2828). § 35 Abs. 4 Satz 2 BauGB erlaubt auch eine geringfügige Erweiterung des Bauvolumens (BVerwG NVwZ 1991, 1076).

152 **§ 35 Abs. 4 Nr. 3 BauGB** erlaubt den alsbaldigen Wiederaufbau eines im Außenbereich zulässigerweise errichteten, durch Brand, Naturkatastrophe oder andere außergewöhnliche Ereignisse zerstörten Gebäudes. Die Zerstörung muss durch ein außergewöhnliches Ereignis (hierzu zählt auch die mutwillige Zerstörung von Menschenhand – BVerwG BauR 1983, 55) erfolgt sein; eine Zerstörung durch natürlichen Verfall infolge mangelhafter Pflege reicht nicht aus (BVerwGE 62, 32 = NJW 1981, 2143).

Der Wiederaufbau muss »alsbald« erfolgen, also zu einem Zeitpunkt, in dem man noch allgemein mit dem Wiederaufbau rechnet (BVerwGE 58, 124 = NJW 1980, 1010). Das BVerwG (NJW 1982, 400) hat hierfür folgende Zeitspanne zwischen der Vernichtung des alten Gebäudes und der eindeutigen Offenbarung der Absicht des Wiederaufbaus – in der Regel durch Stellung eines Antrags auf Baugenehmigung – angenommen: bei einem Zeitraum bis zu einem Jahr ist stets ein alsbaldiger Aufbau zu bejahen; bei 1–2 Jahren ist dieses in der Regel der Fall; bei mehr als 2 Jahren kann dagegen nur bei besonderer Fallgestaltung noch von einem alsbaldigen Wiederaufbau gesprochen werden – wegen § 35 Abs. 4 Satz 2 BauGB s. oben Rdnr. 151 a.E.

153 Nach **§ 35 Abs. 4 Nr. 5 BauGB** kann ein zulässigerweise (s. dazu oben Rdnr. 151) errichtetes Wohngebäude erweitert werden, soweit dieses zur Befriedigung der Wohnbedürfnisse angemessen ist. Eine Errichtung eines neuen Gebäudes wird dagegen von der Vorschrift nicht erfasst (BVerwGE 106, 228 = NVwZ 1998, 842). Die Vorschrift gilt nicht für Ferienhäuser (BVerwG NVwZ 1995, 700). Allerdings darf eine zweite Wohnung nur eingerichtet werden, wenn das gesamte Gebäude vom Eigentümer und seiner Familie bewohnt wird (s. dazu BVerwG NVwZ 1989, 355); damit soll das sozialpolitisch erwünschte Zusammenleben von zwei Generationen unter einem Dach ermöglicht werden. Die Erweiterung darf aber die bauliche Identität des Altbaus nicht in Frage stellen, dieser muss »die Hauptsache bleiben« (OVG Lüneburg NVwZ-RR 1996, 6).

§ 35 Abs. 4 Nr. 6 BauGB (s. dazu Hoppe DVBl 1990, 1009; Guldi NVwZ 1996, 849) erlaubt schließlich die angemessene Erweiterung eines bestehenden, zulässigerweise errichteten (s. Rdnr. 151) Gewerbebetriebs. Dabei darf der Betrieb aber nicht im Wege der Salamitaktik mehrmals angemessen erweitert werden, wenn dadurch eine insgesamt nicht mehr angemessene Vergrößerung erreicht wird (BVerwG NVwZ-RR 1993, 176; 1994, 371). Unter § 35 Abs. 4 Nr. 6 BauGB fällt nicht die Erweiterung eines Innenbereichsbetriebs in den Außenbereich (BVerwG NVwZ 1994, 293). Die Erweiterung muss in zweifacher Hinsicht angemessen sein: zum einen

B. Bauplanungsrechtliche Zulässigkeit von Bauvorhaben   81

in Bezug auf das vorhandene Gebäude, zum anderen in Bezug auf den vorhandenen Betrieb
(BVerwG NVwZ-RR 1994, 371; Brügelmann/Dürr § 35 Rdnr. 161 ff.).
Die nach § 35 Abs. 1–4 BauGB zulässigen Vorhaben müssen nach § 35 Abs. 5 BauGB in **154**
flächensparender und den Außenbereich schonender Weise ausgeführt werden (zum sog.
§ 35 Abs. 5 BauGB Schonungsgebot s. BVerwG BauR 1991, 579; OVG Lüneburg NVwZ-RR
1996,6 – Dachausbau statt Errichtung eines Anbaus). Ferner soll die Bauaufsicht nach § 35
Abs. 5 Satz 2 BauGB eine Sicherung dafür verlangen, dass die Beschränkungen des § 35
Abs. 4 BauGB auch tatsächlich eingehalten werden. Diese Sicherung erfolgt durch Eintragung
einer Baulast.

e) Außenbereichssatzung

Durch § 35 Abs. 6 BauGB wird die Möglichkeit geschaffen, dass die Gemeinde durch eine Sat- **155**
zung für vorhandene Splittersiedlungen im Außenbereich eine Bebauung mit Wohngebäuden
sowie mit kleinen Handwerks- oder Gewerbebetrieben vorsehen kann (s. dazu Jäde UPR 1991,
401; Gassner/Würfel BayVBl 1996, 31; Schink DVBl 1999, 367). Die Außenbereichssatzung
unterscheidet sich von einer Innenbereichssatzung nach § 34 Abs. 4 BauGB vor allem dadurch,
dass nicht die Schaffung bzw. Erweiterung eines Ortsteils i.S.d. § 34 Abs. 1 BauGB bezweckt
wird, sondern die von der Außenbereichssatzung erfasste Fläche weiterhin zum Außenbereich
gehört; sie erlaubt auch nicht die Erweiterung einer Splittersiedlung zu einem Ortsteil i.S.d.
§ 34 BauGB (BVerwG BauR 2000, 1175; OVG Lüneburg NVwZ-RR 2001, 368). Die Außenbereichssatzung hat nur eine Lückenschließungsfunktion (Hoppe/Bönker/Grotefels § 8 Rdnr.
362; Jäde/Dirnberger/Weiß § 35 Rdnr. 259).

7. Bauen im Vorgriff auf einen Bebauungsplan (§ 33 BauGB)

§ 33 BauGB (s. dazu Steiner DVBl 1991, 739; Uechtritz/Buchner BauR 2003, 813; Bartholomäi **156**
BauR 2001, 725) stellt insofern einen Sonderfall dar, als diese Vorschrift für alle Fälle
der §§ 30, 34 und 35 BauGB Anwendung findet, sofern sich ein Bebauungsplan in der
Aufstellung befindet. Die Vorschrift bezweckt, eine Bebauung gemäß einem Bebauungsplan
bereits in dem Zeitraum zwischen dessen endgültiger Konzeption und dem In-Kraft-Treten
nach § 10 BauGB zuzulassen; der bauwillige Bürger soll nicht darunter leiden, dass sich das
Bebauungsplanverfahren noch eine gewisse Zeit hinzieht (BVerwG NVwZ 1986, 647; BauR
1996, 671).
Voraussetzung für eine Genehmigung nach § 33 BauGB ist deshalb, dass das Verfahren zur
Aufstellung eines Bebauungsplans bereits so weit fortgeschritten ist, dass mit der Realisierung
der vorliegenden Plankonzeption konkret zu rechnen ist – materielle **Planreife** (BVerwG BRS
23 Nr. 33; VGH Mannheim NVwZ-RR 1998, 97; OVG Münster NVwZ-RR 2001, 568). Zumindest
die Auslegung nach § 3 BauGB und die Beteiligung der Träger öffentlicher Belange nach
§ 4 BauGB muss in der Regel abgeschlossen sein – formelle Planreife (§ 33 Abs. 1 Nr. 1
BauGB) –; hiervon ist aber nach § 33 Abs. 2 BauGB eine Ausnahme möglich (OVG Münster
NVwZ 1992, 278; Haußner BauR 1993, 411). Eine Genehmigung nach § 33 BauGB scheidet
aus, wenn die Genehmigungsbehörde zu erkennen gibt, dass sie den Bebauungsplan in
dieser Form nicht genehmigen wird (BVerwG BRS 15 Nr. 13; VGH Mannheim BRS 27 Nr. 39),
wenn beachtliche Bürgereinwendungen vorliegen (VGH Mannheim a.a.O.) oder wenn der
Bebauungsplan inhaltliche Mängel aufweist, insbesondere im Hinblick auf § 1 Abs. 5, 6 BauGB
(VGH Kassel BRS 27 Nr. 20 und 28 Nr. 25). Eine Genehmigung nach § 33 Abs. 1 BauGB
setzt ferner voraus, dass das Verfahren zur Aufstellung des Bebauungsplans nicht »stecken
geblieben ist«, also kontinuierlich weiter betrieben wird (BVerwG 117, 25 = NVwZ 2003, 86).
Zu beachten ist, dass § 33 BauGB nur eine Genehmigung eines Bauvorhabens ermöglicht,

das sonst vor In-Kraft-Treten des Bebauungsplans nicht genehmigt werden könnte. § 33 BauGB kann dagegen nicht die Errichtung eines Bauvorhabens verhindern, das nach der derzeitigen Rechtslage zulässig, nach dem zukünftigen Bebauungsplan aber unzulässig wäre. Denn § 33 BauGB dient nicht der Sicherung der Bauleitplanung während der Planaufstellung, hierfür sieht das BauGB vielmehr eine Veränderungssperre nach §§ 14 ff. BauGB vor. Diese Vorschriften wären überflüssig, wenn ein Bauvorhaben wegen eines in Aufstellung befindlichen Bebauungsplans bereits nach § 33 BauGB verhindert werden könnte (std. Rspr. seit BVerwGE 20, 127).

8. Einvernehmen nach § 36 BauGB

157 Da durch die Genehmigung von Bauvorhaben, die nicht auf einem Bebauungsplan beruhen, die Planungshoheit der Gemeinde beeinträchtigt werden kann, dürfen Baugenehmigungen nach §§ 31, 33, 34 und 35 BauGB nur im **Einvernehmen** mit der Gemeinde erteilt werden (BVerwG NVwZ 2000, 1048; Groß BauR 1999, 560). Das Einvernehmen wird nur verwaltungsintern erklärt, nach außen hin ergeht gegenüber dem Bauherrn nur eine Entscheidung der Bauaufsichtsbehörde (BVerwG E 22, 342; NVwZ-RR 1992, 529).

Die Gemeinde muss über die Erteilung des Einvernehmens innerhalb von zwei Monaten entscheiden, sonst gilt das Einvernehmen als erteilt (§ 36 Abs. 2 Satz 2 BauGB); die **Frist** beginnt aber erst nach Vorlage der vollständigen Planunterlagen (VGH Mannheim BauR 2003, 1534). Diese Frist kann die Gemeinde dazu nutzen, ein nicht erwünschtes Bauvorhaben, das aber nach der bestehenden Rechtslage zugelassen werden müsste, durch einen Beschluss zur Aufstellung eines Bebauungsplans nach § 2 Abs. 1 BauGB sowie eine Veränderungssperre nach § 14 Abs. 1 BauGB zur Sicherung dieser Planung zu verhindern (BVerwG NVwZ 1986, 566; BauR 1988, 695; VGH Mannheim NVwZ 1994, 797).

Wer über die Erteilung des Einvernehmens innerhalb der Gemeinde entscheidet, richtet sich nach den kommunalrechtlichen Bestimmungen. Regelmäßig wird es sich hier um ein Geschäft der laufenden Verwaltung im Sinne von § 66 Abs. 1 HGO handeln, außer möglicherweise in sehr kleinen Gemeinden oder bei sehr umfangreichen Bauvorhaben. Die Erklärung des Einvernehmens gehört jedenfalls nicht zu den in § 51 HGO genannten ausschließlichen **Zuständigkeit**en der Gemeindevertretung. Ist die Gemeinde zugleich selbst Bauaufsichtsbehörde, bedarf es der formellen Einvernehmenserklärung durch die Gemeinde nicht (BVerwG E 45, 207; NVwZ 1990, 460; 2005, 83). In diesem Fall ist es ausreichend, dass die damit befassten städtischen Dienststellen untereinander Kontakt aufnehmen und eine Übereinstimmung herbeiführen; der Austausch förmlicher Erklärungen ist dabei nicht ausgeschlossen (vgl. a. Müller BauR 1982, 7).

158 Wird das Einvernehmen der Gemeinde nicht erteilt, dann muss die Bauaufsichtsbehörde die Baugenehmigung ablehnen, auch wenn sie selbst das Bauvorhaben für genehmigungsfähig hält, oder aber das Einvernehmen ersetzen (§ 36 Abs. 2 Satz 3 BauGB). Zuständige Behörde ist in Hessen nach § 19 Abs. 2a DVO-BauGB die Bauaufsichtsbehörde, in Widerspruchsverfahren die Widerspruchsbehörde. Daneben kommt auch eine Ersetzung des gemeindlichen Einvernehmens im Wege der Kommunalaufsicht in Betracht, durch eine Anweisung der Aufsichtsbehörde nach § 139 HGO (VGH Kassel HSGZ 1982, 73; vgl. auch BVerwG E 22, 342; NVwZ 1986, 566; NVwZ-RR 1993, 529). Diese Alternative findet in der hessischen Praxis aber nicht statt.

Dagegen ist die Baugenehmigungsbehörde an eine Erteilung des Einvernehmens nicht gebunden, sondern kann den Bauantrag gleichwohl ablehnen (BVerwG NVwZ-RR 1993, 529; NVwZ 1997, 700). Da das Einvernehmen ein verwaltungsinterner Vorgang und damit kein Verwaltungsakt ist, muss in allen Fällen auf Erteilung der Baugenehmigung und nicht etwa auf Erteilung des Einvernehmens geklagt werden (BVerwGE 28, 145; Söfker in Ernst/Zinkahn/Bielenberg § 36 Rn 24; Jäde in Jäde/Dirnberger/Weiß § 36 Rn 60). Beklagter ist demnach der Rechtsträger der Bauaufsicht, die Gemeinde ist aber beizuladen (BVerwG NVwZ 1986, 556; DVBl 1974, 235). Eine Beiladung scheidet allerdings aus, wenn die Gemeinde bereits als Beklagter am Verfahren beteiligt ist (BVerwG DÖV 1977, 371). Der Bauherr hat keinen Anspruch gegen die Bauaufsicht auf Ersetzung des Einvernehmens nach § 36 Abs. 2 Satz 3 BauGB (VGH Kassel BRS 65 Nr. 170). Allerdings hat die Bauaufsicht in den Fällen, in denen sie erkennt, dass die Gemeinde ihr Einvernehmen rechtswidrig versagt die Amtspflicht, deren Einvernehmen zu ersetzen (VG Darmstadt, Beschl. v. 19.02.2002, 9 G 2100/01(3); Groß BauR 1999, 571, Dolderer, BauR 2000, 498; s. a. Dippel NVwZ 1999, 924; OVG Koblenz, NVwZ-RR 2000, 85).

Das Einvernehmen darf nach § 36 Abs. 2 Satz 1 BauGB nur aus den sich aus §§ 31–35 BauGB ergebenden Gründen versagt werden (BVerwG NVwZ 1990, 657). Daraus folgt, dass nur in den Fällen der §§ 31, 33 Abs. 2 und 34 Abs. 2 Halbs. 2 BauGB ein Ermessen besteht; im Übrigen muss das Einvernehmen dagegen erteilt werden, wenn das Bauvorhaben planungsrechtlich zulässig ist. In § 36 Abs. 2 BauGB wird § 14 BauGB nicht als Versagungsgrund angeführt. Hierbei handelt es sich um ein Redaktionsversehen, da das Erfordernis des Einvernehmens gerade dazu dient, der Gemeinde die Möglichkeit zu eröffnen, zur Verhinderung des Vorhabens eine Veränderungssperre zu erlassen (s. oben Rdnr. 157) und eine Ausnahme von der Veränderungssperre nach § 14 Abs. 2 Satz 2 BauGB nur im Einvernehmen mit der Gemeinde erteilt werden darf. Die Erklärung des Einvernehmens kann nach der Rechtsprechung des BVerwG (NVwZ 1997, 900) von der Gemeinde nicht zurückgenommen werden, da die Frist des § 36 Abs. 2 Satz 2 BauGB erkennen lasse, dass dem Bauherrn eine längere Ungewissheit nicht zugemutet werden soll. Dieses überzeugt nicht, weil sogar eine Baugenehmigung zurückgenommen werden kann (vgl VGH Kassel NVwZ 1993, 908). Dem BVerwG (a.a.O.) ist aber darin zuzustimmen, dass die Frist nicht verlängert werden kann.

Die Gemeinde kann nach § 36 Abs. 2 BauGB das Einvernehmen also nur versagen, wenn das Bauvorhaben bauplanungsrechtlich nicht zulässig ist. Aus bauordnungsrechtlichen Gründen darf daher das Einvernehmen nicht versagt werden. Wird das Einvernehmen zu Unrecht versagt, dann entstehen Amtshaftungsansprüche (BGHZ 65, 182 = NJW 1976, 184; NJW 1980, 387; NVwZ-RR 2003, 403; Lansnicker/Schwirtzek NVwZ 1996, 235). Dabei kann sich die Gemeinde nicht auf die mangelnde Rechtskenntnis ihrer Gemeindevertreter oder -vorstände berufen. Diese sind nämlich als Inhaber eines öffentlichen Amtes verpflichtet, sich über die Rechtslage zu informieren, sofern sie selbst nicht hinreichend rechtskundig sind (BGH NJW 1981, 2122; BauR 1984, 498).

Neben dem Amtshaftungsanspruch gewährt der BGH (BGHZ 97, 446; 118, 253; BauR 1997, 446) auch einen Anspruch auf Entschädigung wegen enteignungsgleichen Eingriffs.

Erteilt die Bauaufsichtsbehörde trotz fehlenden Einvernehmens der Gemeinde die Baugenehmigung, dann kann die Gemeinde hiergegen wegen Verletzung ihrer Planungshoheit Klage erheben (BVerwG BauR 1991, 55; NVwZ 1992, 878; 1994, 265; BauR 1999, 1281). Ebenso kann die Gemeinde klagen, wenn die Bauaufsichtsbehörde eine Baugenehmigung unter Missachtung eines Bebauungsplans erteilt (BVerwG NVwZ 1982, 310; VGH Mannheim NVwZ 1999, 442) oder gegen ein Bauvorhaben, das gegen einen Bebauungsplan verstößt, keine Beseitigungsverfügung erlassen wird (BVerwG NVwZ 2000, 1048; OVG Weimar BauR 1999, 164).

9. öffentliche Bauten (§ 37 BauGB)

Bauvorhaben des Bundes oder der Länder mit besonderer öffentlicher Zweckbestimmung **159** können nach § 37 BauGB auch abweichend von §§ 30–36 BauGB errichtet werden (s. dazu Ritgen DÖV 1997, 1034). Der Sinn dieser Vorschrift liegt darin, dass notwendige öffentliche Bauten, insbesondere technische Anlagen wie Fernsehtürme, Fernmeldeeinrichtungen, Forschungsvorhaben, aber auch Strafanstalten, psychiatrische Landeskrankenhäuser u.ä., die wegen ihrer besonderen Eigenarten und Auswirkungen nicht nach §§ 30, 34, 35 BauGB genehmigungsfähig sind, gleichwohl errichtet werden können und zwar auch gegen den Willen der Gemeinde, da § 36 BauGB nicht anwendbar ist; § 37 BauGB stellt somit materiell-rechtlich eine Befreiungsregelung dar (BVerwG ZfBR 1981, 243; NVwZ 1993, 892; OVG Münster BauR 2004, 463). Für derartige Vorhaben ist nach § 69 Abs. 1 HBO keine Baugenehmigung, sondern nur eine Zustimmung der Bauaufsichtsbehörde erforderlich.

Die Zustimmung stellt einen Verwaltungsakt dar, bei dem zwischen den Belangen des öffentlichen Bauherrn und den städtebaulichen Interessen an der Einhaltung der §§ 30 ff. BauGB abzuwägen ist und die Zulässigkeit des öffentlichen Bauvorhabens verbindlich festgestellt wird (BVerwG NVwZ 1993, 892; VGH Kassel NVwZ 2001, 823; Krist BauR 1993, 516).

Erteilt die Gemeinde ihr nach § 36 BauGB erforderliches Einvernehmen zu einem Bauvorhaben des Bundes oder Landes nicht, dann wird dieses nach § 37 Abs. 1 BauGB bei Vorhaben mit besonderer öffentlicher Zweckbestimmung durch eine Entscheidung der höheren Verwaltungsbehörde ersetzt.

Für Vorhaben der Landesverteidigung enthält § 37 Abs. 2 BauGB eine Sonderregelung; derartige Vorhaben können sogar gegen den Willen der Gemeinde und der höheren Verwaltungsbehörde errichtet werden (s. dazu BVerwG NVwZ 1993, 892; OVG Lüneburg NuR 2000, 527). Gegen eine Zustimmung kann der Nachbar ebenso wie gegen eine Baugenehmigung Rechtsmittel einlegen (VGH Kassel NVwZ 1995, 1010).

10. Erschließung des Bauvorhabens

160 Nach allen Tatbeständen der §§ 30 ff. BauGB darf eine Baugenehmigung nur erteilt werden, wenn die Erschließung gesichert ist (s. dazu Sarnighausen NVwZ 1993, 424). Unter Erschließung ist der Anschluss an die Straße, die Abwasserbeseitigung sowie die Wasserversorgung zu sehen (BVerwG BauR 1974, 398; NJW 1975, 402; VGH Mannheim NVwZ-RR 1998, 13).

Die **wegemäßige Erschließung** ist als gesichert anzusehen, wenn das Bauvorhaben mit öffentlichen Fahrzeugen (Müllabfuhr, Feuerwehr, Krankenwagen, Post) erreicht werden kann und der zu erwartende Verkehr nicht zu einer Überbelastung der Straße führt (BVerwG E 64, 186 = NVwZ 1982, 377; NVwZ 1994, 299; BauR 2000, 1173). Hierfür reicht es bei Wohngebäuden aus, dass Großfahrzeuge (Feuerwehr, Müllabfuhr) in die Nähe des Gebäudes gelangen können und kleinere Fahrzeuge (Krankenwagen) über einen kurzen Wohnweg (vgl. BVerwG NVwZ 1994, 1910; VGH Mannheim NVwZ 1997, 89; NVwZ-RR 1998, 13) notfalls unmittelbar bis zum Grundstück fahren können; ein Stichweg von nur knapp 3 m Breite kann daher ausreichen (BVerwGE 92, 304 = NVwZ 1994, 299; einschränkend aber BVerwG BauR 2000, 1173). Die Erschließung ist aber nicht gesichert, wenn das Grundstück nur über eine Straße zu erreichen ist, deren Anbindung an das Verkehrsnetz unzureichend ist (BVerwGE 68, 352 = NJW 1984, 1773 – Einkaufszentrum; BVerwGE 75, 34 = NVwZ 1987, 406; NVwZ 1997, 389). Liegt das Baugrundstück nicht an einer öffentlichen Straße, muss die Zufahrt zu einer öffentlichen Straße durch Baulast gesichert sein (§ 4 Abs. 1 HBO). Eine ordnungsgemäße Abwasserbeseitigung ist in der Regel nur durch einen Anschluss an eine Kanalisation gewährleistet (VGH Mannheim VBlBW 1981, 52). – Zu den Anforderungen an die Erschließung s. im einzelnen Brügelmann/Dürr, § 30 Rdnr. 15 ff.

161 In den Fällen der §§ 30, 34 BauGB muss gewährleistet sein, dass die **Erschließungs**anlagen jedenfalls bei Fertigstellung des Bauvorhabens vorhanden sind (BVerwG NJW 1977, 405; NVwZ 1986, 38 u. 646; 1994, 281). Dieses ist der Fall, wenn die Gemeinde sich selbst zur Durchführung der Erschließung bereit erklärt hat oder aber einen Erschließungsvertrag mit einem Dritten geschlossen hat (BVerwG NJW 1977, 405; NVwZ 1986, 36).

C. Sicherung der Bauleitplanung 85

Ferner hat die Rechtsprechung trotz der Regelung des § 123 Abs. 3 BauGB, wonach kein Anspruch auf die Erschließung besteht, in bestimmten Fällen einen solchen Anspruch angenommen, wenn nämlich das Erschließungsermessen der Gemeinde auf Null reduziert ist (BVerwG NVwZ 1993, 1102; OVG Lüneburg NVwZ-RR 2000, 486; Gloria NVwZ 1991, 720; Hofmann-Hoeppel BauR 1993, 520). So kann z.b. aus der Aufstellung eines Bebauungsplans ein Anspruch des Eigentümers eines vom Bebauungsplan erfassten Grundstücks auf den Bau der Erschließungsanlagen innerhalb eines angemessenen Zeitraums folgen, sofern das Grundstück durch den Bebauungsplan eine zuvor vorhandene Erschließung verliert (BVerwG E 92, 8 = NVwZ 1993, 1102; E 88, 166 = NVwZ 1991, 1087; BauR 2000, 247). Das Gleiche gilt, wenn das Grundstück mit Zustimmung der Gemeinde bereits bebaut wurde (BVerwGE 88, 166 = NVwZ 1991, 1087; E 92, 8 = NVwZ 1993, 1102). Schließlich muss die Gemeinde in der Regel auf das Angebot eines Dritten eingehen, die notwendigen Erschließungsanlagen auf eigene Kosten zu bauen (BVerwGE 92, 8 = NVwZ 1993, 1103; BauR 2000, 247). Dieser Grundsatz gilt aber nur bei Angeboten, deren Verwirklichung zu erwarten ist (BVerwG NVwZ-RR 2002, 413).
Schwierigkeiten entstehen vor allem in den Fällen des **§ 35 BauGB**. Man kann hier bei privilegierten Vorhaben natürlich nicht dieselben Anforderungen stellen wie im Innenbereich (BVerwG E 74, 19 = NJW 1986, 2775; NVwZ 1986, 38); der Anschluss eines nach § 35 Abs. 1 Nr. 1 BauGB zulässigen landwirtschaftlichen Gebäudes an die Kanalisation und Wasserversorgung ist häufig gar nicht möglich. Hier ist es ausreichend, wenn die bauordnungsrechtlichen Anforderungen an die Abwasserbeseitigung und die Wasserversorgung (§§ 38 f. HBO) erfüllt sind und eine den jeweiligen Anforderungen entsprechende Zufahrt vorhanden ist (BVerwG a.a.O.). Die Privilegierung eines Vorhabens nach § 35 Abs. 1 BauGB darf jedenfalls nicht an übertriebenen Erschließungsanforderungen scheitern (BVerwG DÖV 1983, 816 – ein vier Meter breiter Kiesweg reicht als Zufahrt zu einem Bauernhof aus). Demgemäß kann bei Jagdhäusern, Gartenhäusern und ähnlichen Bauvorhaben eine Erschließung durch eine befestigte Straße nicht verlangt werden (VGH Mannheim BRS 15 Nr. 70). Bei nichtprivilegierten Wohngebäuden sind dagegen an die Erschließung keine geringeren Anforderungen zu stellen als im Innenbereich (BVerwGE 74, 19; VGH Mannheim VBlBW 1988, 23: Fahrbahnbreite von 2,5 m nicht ausreichend; VGH Mannheim NVwZ-RR 1994, 562: Kleinkläranlage oder geschlossene Grube reicht zur Abwasserbeseitigung nicht aus).

C. Sicherung der Bauleitplanung

1. Veränderungssperre (§§ 14 ff. BauGB)

Zur Sicherung der Bauleitplanung vor tatsächlichen Veränderungen während des Verfahrens **162** zur Aufstellung eines Bebauungsplans hat das BauGB den Gemeinden die Möglichkeit eingeräumt, eine förmliche Veränderungssperre (s. dazu Schenke WuV 1995, 253) zu erlassen (§ 14 BauGB) oder bei der Bauaufsichtsbehörde die Zurückstellung eines Baugesuchs um max. ein Jahr (§ 15 BauGB) zu beantragen (s. dazu Schenke a.a.O.; Stelkens ZfBR 1980, 119). Voraussetzung ist in beiden Fällen, dass die Gemeinde ausdrücklich die Aufstellung oder Änderung eines Bebauungsplans beschlossen und den Beschluss öffentlich bekannt gemacht hat (BVerwG NVwZ 1993, 471; VGH Mannheim VBlBW 1993, 349). Der Beschluss über die Aufstellung des Bebauungsplans und den Erlass der Veränderungssperre können in derselben Sizung der Gemeindevertretung gefasst werden und beide Beschlüsse gemeinsam bekannt gegeben werden (OVG Weimar NVwZ-RR 2002, 415). Nicht notwendig ist dagegen, dass bereits Klarheit über die endgültige Konzeption des Bebauungsplans besteht (BVerwG E 51, 121 = NJW 1977, 400; NVwZ 1994, 695; BGH NJW 1982, 1281; Hauth BauR 1989, 271), sofern überhaupt eine **Planungskonzeption** erkennbar ist (OVG Lüneburg BauR 2000, 73; VGH Mannheim VBlBW 2002, 200). Es ist auch unschädlich, wenn die Bebauungsplankonzeption fehlerhaft oder rechtlich bedenklich ist, soweit die Mängel im Verfahren zur Aufstellung des Bebauungsplans noch behebbar sind (BVerwG BauR 1990, 694; VGH Mannheim ZfBR 1989, 172; OVG Berlin NVwZ-RR 1996, 313; s. a. VGH Kassel BauR 2004, 1666). Unzulässig ist dagegen eine Veränderungssperre, die nur erlassen wird, um ein Bauvorhaben zu verhindern, also eine Bauleitplanung, die nicht positiv städtebauliche Ziele verfolgt, sondern z.B. eine bestimmte Nutzung verhindern will (VGH Mannheim NVwZ-RR 2003, 546).

Bsp. (VGH Mannheim VBlBW 1998, 310): Die Gemeinde erlässt eine Veränderungssperre zur Sicherung eines zukünftigen Gewerbegebiets, um eine geplante Grastrocknungsanlage eines Landwirts zu verhindern; mit der baulichen Nutzung des Gewerbegebiets ist jedoch in den nächsten 50 Jahren nicht zu rechnen.

Es kann allerdings auch ein legitimes planerisches Ziel sein, bestimmte Flächen des Gemeindegebiets von Bebauung freizuhalten (vgl. VG Darmstadt, Beschl. v. 16.06.2003, 9 G 2527/02[3]).

163 Die Veränderungssperre wird nach § 16 BauGB als Satzung beschlossen und ist ortsüblich bekannt zu machen (§ 16 Abs. 2 BauGB). Die Zurückstellung nach § 15 BauGB (s. dazu Rdnr. 159) erfolgt demgegenüber durch Verwaltungsakt; sie hat lediglich zur Folge, dass über einen Bauantrag innerhalb der Zurückstellungsfrist nicht entschieden werden darf.
Rechtsfolge einer Veränderungssperre ist nach § 14 Abs. 1 BauGB, dass bauliche Vorhaben nach § 29 BauGB (Errichtung, Änderung und Nutzungsänderung einer baulichen Anlage) nicht mehr durchgeführt werden dürfen (Nr. 1) und auch sonstige wesentliche Veränderungen von Grundstücken oder baulichen Anlagen unzulässig sind (Nr. 2). Die Bauaufsicht ist jedoch befugt, sich über eine unwirksame Veränderungssperre hinwegzusetzen (OVG Lüneburg BRS 62 Nr. 122).

164 Ausgenommen von diesem Bauverbot des § 14 BauGB sind zunächst bereits vor In-Kraft-Treten der Veränderungssperre genehmigte Bauvorhaben, ferner Unterhaltungsarbeiten sowie die Fortführung der bisherigen Nutzung (§ 14 Abs. 3 BauGB). Ein Bauvorhaben ist auch dann genehmigt i.S.v. § 14 Abs. 3 BauGB, wenn ein Bauvorbescheid erteilt worden ist (BVerwG 69, 1 = NJW 1984, 1473 – bspr. von Dürr JuS 1984, 770).
§ 14 Abs. 3 BauGB findet auch dann Anwendung, wenn bei genehmigungsfrei gestellten Vorhaben das Verfahren gem. § 56 HBO (s. dazu Rdnr. 216) durchlaufen wurde, weil damit die formelle Legalität des Bauvorhabens gegeben ist; § 15 Abs. 1 Satz 2 BauGB ist insoweit einschränkend auszulegen.

165 Außerdem kann die Bauaufsicht im Einvernehmen mit der Gemeinde nach § 14 Abs. 2 BauGB eine Ausnahme von der Veränderungssperre zulassen, wenn öffentliche Belange nicht entgegenstehen. Das wird in der Regel der Fall sein, wenn das Bauvorhaben die Verwirklichung des geplanten Bebauungsplans nicht beeinträchtigt (VGH Mannheim VBlBW 1985, 140; BauR 2003, 68). Nach BVerwG (NJW 1968, 2350) besteht unter dem Gesichtspunkt des Folgenbeseitigungsanspruchs sogar ein Rechtsanspruch auf eine Ausnahme nach § 14 Abs. 2 BauGB, wenn vor In-Kraft-Treten der Veränderungssperre ein Bauantrag zu Unrecht abgelehnt wurde und das Bauvorhaben die Planungsabsichten der Gemeinde nicht berührt. Bei einer Entscheidung über die Erteilung einer Ausnahme nach § 14 Abs. 2 BauGB spielen nur öffentliche Belange eine Rolle; daher hat der Nachbar keinen Anspruch darauf, dass nicht eine Baugenehmigung ergeht, die dem zukünftigen Bebauungsplan zuwiderläuft (BVerwG BauR 1989, 186).

166 Die Dauer der Veränderungssperre beträgt nach § 17 Abs. 1 Satz 1 BauGB zwei Jahre, die Gemeinde kann die Veränderungssperre nach § 17 Abs. 1 Satz 3 BauGB um ein weiteres Jahr verlängern. Nach Ablauf der 3-Jahres-Frist kann eine Veränderungssperre nach § 17 Abs. 2 nochmals um ein weiteres Jahr auf maximal vier Jahre verlängert werden.

C. Sicherung der Bauleitplanung

Dieses setzt jedoch das Vorliegen besonderer Umstände voraus. Das BauGB geht im Anschluss an die Rechtsprechung des BGH (std. seit BGHZ 30, 338 – Freiburger Bausperren-Urteil) davon aus, dass auch eine umfangreiche Planung in drei Jahren abgeschlossen sein kann. Besondere Umstände i.S.d. § 17 Abs. 2 BauGB sind deshalb nur anzunehmen, wenn der Gemeinde wegen der ganz außergewöhnlichen Schwierigkeit der Planung aus von ihr nicht zu vertretenden Umständen die Aufstellung des Bebauungsplans innerhalb von drei Jahren unmöglich war (BVerwGE 51, 121 = NJW 1977, 400; NVwZ 1993, 475; VGH Mannheim VBlBW 1987, 303; OVG Münster BauR 2001, 1388). Eine verzögerliche Planung infolge unzureichender Personalausstattung oder einer unnötig große Dimensionierung des Bebauungsplangebiets (BVerwGE 51, 121), unnötig langer Verhandlungen mit betroffenen Bürgern oder beteiligten Fachbehörden (OVG Münster NJW 1975, 1751) sowie Entscheidungsschwächen der Gemeindevertretung (OVG Lüneburg BauR 2002, 594) stellen demnach keine besonderen Umstände dar, die ein Überschreiten der 3-Jahres-Frist rechtfertigen können.

Eine abgelaufene Veränderungssperre kann nach § 17 Abs. 3 BauGB erneut beschlossen **167** werden, sofern das Bedürfnis zur Sicherung der Planungsabsichten weiter besteht. Sonstige Voraussetzungen für eine erneute Veränderungssperre nach Ablauf einer früheren Veränderungssperre sieht § 17 Abs. 3 BauGB nicht vor. Es bietet sich deshalb für eine verzögerlich planende Gemeinde geradezu an, nach Ablauf von drei Jahren nicht etwa die bestehende Veränderungssperre nach § 17 Abs. 2 BauGB zu verlängern, sondern statt dessen nach § 17 Abs. 3 BauGB eine erneute Veränderungssperre zu erlassen. Das BVerwG (E 51, 121 = NJW 1977, 400; eb. VGH Mannheim NVwZ-RR 1995, 135) hat hierzu entschieden, dass die Gemeinde grundsätzlich die Wahl zwischen der Verlängerung der bestehenden Veränderungssperre und dem Erlass einer erneuten Veränderungssperre habe. Unabhängig davon, welche Möglichkeit die Gemeinde wähle, müssten aber bei einer Bausperre von mehr als drei Jahren stets die besonderen Umstände des § 17 Abs. 2 BauGB gegeben sein; andernfalls sei sowohl die verlängerte als auch die erneute Veränderungssperre unwirksam. Diese Ansicht des BVerwG erscheint zutreffend, denn sie vermeidet das kuriose Ergebnis, dass eine Bausperre im 4. Jahr nur bei Vorliegen besonderer Umstände, nach dem 4. Jahr dagegen auch ohne diese besonderen Umstände verhängt werden kann.

Die Regelung des § 17 Abs. 1 BauGB über die Geltungsdauer einer Veränderungssperre stellt **168** insofern eine rechtliche Besonderheit dar, als die Geltungsdauer nach der Rechtsprechung des BVerwG nicht für alle Normadressaten gleich ist. Denn nach § 17 Abs. 1 Satz 2 BauGB ist auf die 2-Jahres-Frist einer Veränderungssperre die Dauer der erstmaligen Zurückstellung eines Baugesuchs nach § 15 BauGB anzurechnen. Diese Anrechnung bezieht sich aber nur auf den jeweiligen Baubewerber, dessen Bauantrag zurückgestellt worden ist, während für alle übrigen Grundstückseigentümer im Bereich der Veränderungssperre die volle 2-Jahres-Frist des § 17 Abs. 1 Satz 1 BauGB gilt (so BVerwG E 51, 121 = NJW 1977, 400; NVwZ 1993, 471 u. 475; VGH Mannheim 2003, 840). Auf die Geltungsdauer der Veränderungssperre ist nach BVerwG NJW 1971, 445 (eb. BVerwG NVwZ 1990, 694; NVwZ 1993, 471 u. 475) eine sog. **faktische Zurückstellung** anzurechnen, d.h. der Zeitraum, der dadurch vergeht, dass ein Bauantrag oder eine Bauvoranfrage (vgl. VGH Mannheim VBlBW 1993, 349) verzögerlich behandelt oder rechtswidrig abgelehnt wird. Denn die Bauaufsichtsbehörde hätte es sonst in der Hand, die zeitliche Begrenzung des § 17 BauGB dadurch zu unterlaufen, dass sie über einen Bauantrag entweder nicht entscheidet oder ihn rechtswidrig ablehnt; für den Baubewerber hat die faktische Zurückstellung die gleiche Folge wie eine förmliche Zurückstellung nach § 15 BauGB. Als Beginn des Anrechnungszeitraums ist der Termin anzusetzen, zu dem bei sachgerechter Behandlung des Bauantrags eine Baugenehmigung erteilt worden wäre; in Analogie zu § 75 VwGO ist hier eine Frist von drei Monaten nach Eingang des Bauantrags anzunehmen (vgl. VGH Mannheim VBlBW 1985, 141). Diese Frist hat aber nur für das herkömmliche Baugenehmigungsverfahren nach § 58 HBO Bedeutung. Denn sowohl bei genehmigungsfrei gestellten Vorhaben nach § 56 HBO als auch bei solchen im vereinfachten Genehmigungsverfahren ist die mögliche Bearbeitungsdauer durch das Gesetz selbst beschränkt. Die Anrechnung einer faktischen Zurückstellung kann dazu führen, dass eine Veränderungssperre für einzelne Grundstücke überhaupt nicht in Kraft tritt, wenn nämlich seit der faktischen Zurückstellung mehr als 3 Jahre vergangen sind und die besonderen Umstände des § 17 Abs. 2 BauGB für eine Erstreckung des Bauverbots über drei Jahre hinaus nicht vorliegen (vgl. auch insoweit BVerwG E 51, 12 = NJW 1977, 400; BauR 1990, 694).

Dieser Rechtsprechung des BVerwG ist mit der Einschränkung zuzustimmen, dass eine nach § 17 Abs. 1 Satz 2 BauGB anzurechnende faktische Zurückstellung nur dann angenommen werden kann, wenn der Bauantrag gerade wegen der Aufstellung des Bebauungsplans nicht bearbeitet oder – etwa infolge fehlerhafter Anwendung des § 33 BauGB – abgelehnt wurde. Es gibt dagegen keine Rechtfertigung dafür, eine Ablehnung eines Baugesuchs auch dann als anzurechnende faktische Zurückstellung zu behandeln, wenn das Baugesuch völlig unabhängig von dem in Aufstellung befindlichen Bebauungsplan aus sonstigen Gründen abgelehnt wurde, etwa weil die Abstandsfläche nicht eingehalten werde (eb. OVG Berlin BauR 1991, 188; Jäde/Dirnberger/Weiß § 17 Rdnr. 11).

169 Die Veränderungssperre tritt nach § 17 Abs. 5 BauGB von selbst außer Kraft, wenn das Verfahren zur Aufstellung des Bebauungsplans abgeschlossen ist; dieses gilt auch dann, wenn der Bebauungsplan fehlerhaft und daher unwirksam ist (BVerwG NVwZ 1990, 656). Ferner ist die Veränderungssperre nach § 17 Abs. 4 BauGB außer Kraft zu setzen, wenn die Voraussetzungen des § 14 BauGB entfallen sind, z.B. die Gemeinde ihre Planungsabsichten aufgegeben hat oder der Bauleitplanung unüberwindliche Hindernisse, z.B. die Festsetzungen eines neuen Regionalplans, entgegenstehen (VGH München BauR 1991, 60).

170 Wenn die Veränderungssperre länger als vier Jahre dauert, ist nach § 18 BauGB eine **Entschädigung** zu leisten (s. dazu Grube BauR 1999, 1419). Der betroffene Grundstückseigentümer muss also eine Veränderungssperre vier Jahre lang entschädigungslos hinnehmen; auf diese Frist ist jedoch die Dauer einer förmlichen oder faktischen Zurückstellung anzurechnen (BGHZ 58, 124; 73, 161; BauR 1981, 254; NVwZ 1982, 329). Dieses gilt aber nur bei rechtmäßigen Veränderungssperren. Bei einer Veränderungssperre, die rechtswidrig ist, weil die Voraussetzungen des § 14 Abs. 1 BauGB nicht vorlagen, ist nach der zitierten Rechtsprechung des BGH von Anfang an eine Entschädigung zu zahlen; ebenso besteht eine Entschädigungspflicht, wenn die Voraussetzungen für eine Veränderungssperre, etwa infolge einer Änderung der Planung, nachträglich weggefallen sind (BGHZ 73, 161; BauR 1981, 254). Der im Anschluss an das sog. Nassauskiesungsurteil des BVerfG (E 58, 300 = NJW 1982, 745) weithin vertretenen Rechtsansicht, dass für eine faktische Veränderungssperre mangels einer gesetzlichen Grundlage keine Entschädigung beansprucht werden könne (so z.B. LG München NVwZ 1983, 636; Bender BauR 1983, 9; weitere Nachweise bei Dolde NJW 1984, 1729 Fn. 252), ist der BGH nicht gefolgt, sondern hat an seiner Rechtsprechung grundsätzlich festgehalten (BGHZ 90, 17 = NJW 1984, 1169 – bspr. von Bender VBlBW 1984, 225). Ein Entschädigungsanspruch scheidet allerdings aus, wenn der Betroffene es unterlassen hat, gegen die faktische Zurückstellung seines Baugesuchs Rechtsmittel einzulegen (BGH a.a.O.).

171 Zur Verhinderung eines unerwünschten Bauvorhabens kann die Gemeinde nach § 15 BauGB beantragen, dass die Bauaufsichtsbehörde die Entscheidung über den Bauantrag um maximal ein Jahr zurückstellt (Hill BauR 1981, 253). Voraussetzung hierfür ist, dass der Beschluss zur Aufstellung eines Bebauungsplans gefasst worden ist. Die Bauaufsichtsbehörde muss dem Antrag der Gemeinde entsprechen (Battis/Krautzberger/Löhr § 15 Rdnr. 4). Umstritten ist, ob der von einer **Zurückstellung** betroffene Bauherr den Zurückstellungsbescheid mit der Anfechtungsklage angreifen kann (so VGH Kassel DVBl 1993, 1101; OVG Lüneburg BRS 49 Nr. 156; OVG Berlin NVwZ 1995, 399; Rieger BauR 2003, 1512) oder ob er nur eine Verpflichtungsklage auf Erteilung der begehrten Baugenehmigung bzw. des Bauvorbescheids

C. Sicherung der Bauleitplanung   89

erheben kann, da die isolierte Anfechtung des Zurückstellungsbescheids für den Bauherrn keinen Nutzen habe (so VGH Mannheim VBlBW 1999, 216; NVwZ-RR 203, 333; Ernst/Zinkahn/Bielenberg § 15 Rdnr. 72; Berl. Komm. § 15 Rdnr. 19). Für eine Anfechtungsklage gegen den Zurückstellungsbescheid kann schon wegen der Möglichkeit, bei Überschreiten der Frist Amtshaftungsansprüche geltend zu machen, das Rechtsschutzbedürfnis nicht verneint werden.
Der Streit um die richtige Klageart hat auch Folgen für den vorläufigen Rechtsschutz. Wer eine Anfechtungsklage für zulässig erachtet, muss konsequenterweise dem Rechtsmittel gegen den Zurückstellungsbescheid aufschiebende Wirkung nach § 80 Abs. 1 VwGO zuerkennen (OVG Koblenz NVwZ-RR 2002, 708; BGH NVwZ 2002, 123), so dass die Bauaufsichtsbehörde über den Bauantrag nach der Zurückstellung entscheiden muss.
Nach der Rechtsprechung des VGH Kassel (DVBl. 1993, 1101) ist die Zeit einer faktischen Zurückstellung eines Bauantrags auch auf die Jahresfrist für eine Zurückstellung nach § 15 BauGB anzurechnen.

2. Teilungsgenehmigung (§ 19 BauGB)

Das früher für alle Teilungen eines Grundstücks im beplanten oder nichtbeplanten Innenbereich **172** sowie für Grundstücksteilungen bebauter oder zu bebauender Grundstücke im Außenbereich gemäß § 19 BBauG/BauGB 1987 geltende Erfordernis einer Genehmigung durch die Bauaufsichtsbehörde ist durch das BauGB 1998 beseitigt worden und durch eine gemeindliche Teilungsgenehmigung ersetzt worden (s. dazu Groschupt NJW 1998, 418; Stöckle VBlBW 1999, 15). Nach § 19 Abs. 1 BauGB 1998 konnte die Gemeinde durch Satzung eine Genehmigungspflicht für Teilungen im Geltungsbereich eines Bebauungsplans begründen. Das BauGB 2004 hat die Teilungsgenehmigung nach § 19 Abs. 1 BauGB gänzlich abgeschafft. Dieses wurde in den Gesetzesmaterialien (BT-Drucks. 15/2250; s. auch Dolde NVwZ 2003, 298) damit begründet, der städtebauliche Nutzen der Teilungsgenehmigung sei gering, der Verwaltungsaufwand dagegen hoch. Geblieben ist lediglich die Teilungsgenehmigung nach § 22 BauGB für Fremdenverkehrsgemeinden (s. unten Rdnr. 174).
§ 19 Abs. 2 BauGB 2004 schreibt lediglich vor, dass durch Grundstücksteilungen keine **173** Verhältnisse entstehen dürfen, die den Festsetzungen des Bebauungsplans widersprechen. Dieses ist z.B. der Fall, wenn durch eine Teilung das Grundstück so parzelliert wird, dass die im Bebauungsplan festgesetzte Bebauung nicht mehr realisiert werden kann (VGH Mannheim NVwZ 1989, 656 – Zerschneidung eines Baufensters). Nicht geregelt ist allerdings, welche Rechtsfolgen ein Verstoß gegen § 19 Abs. 2 BauGB hat. Da eine Genehmigungspflicht nicht besteht, kann eine gegen den Bebauungsplan verstoßende Grundstücksteilung kaum verhindert werden. Man könnte allenfalls daran denken, dass die Teilung wegen § 134 BGB nichtig ist. Dieses wäre aber kaum mit dem Grundsatz der Rechtssicherheit, der gerade im Grundstücksverkehr wichtig ist, kaum zu vereinbaren.
Die Annahme des OVG Berlin (BRS 65 Nr. 204), die Bauaufsicht könne nach der bauaufsichtlichen Generalklausel (in Hessen § 53 HBO) ein Rückgängigmachen der Teilung anordnen, trifft jedenfalls für Hessen nicht zu. Denn § 53 HBO setzt rechtswidrige Anlagen oder Einrichtungen voraus, kann daher bei rechtswidrigen Grundstücksverhältnissen nicht herangezogen werden.
§ 22 BauGB hat eine Genehmigungspflicht für die Begründung von **Wohnungseigentum** und **174** die Teilung von Eigentumswohnungen geschaffen. Sinn der Regelung ist es nach den Gesetzesmaterialien (BT-Drucks. 10/6166, 143), die Umwandlung von Beherbergungsbetrieben und Wohngebäuden in Zweitwohnungsanlagen zu verhindern, weil durch sog. Rollladensiedlungen das Ortsbild beeinträchtigt wird und außerdem ein Mangel an Unterkunftsmöglichkeiten für Feriengäste entstehen kann (BVerwG NVwZ 1995, 271; NVwZ 1996, 999; NVwZ-RR 1996,

373). § 22 BauGB fällt durch einen ungewöhnlich komplizierten Inhalt auf; auch bei sorgfältiger Lektüre ist die Vorschrift nur schwer verständlich.

§ 22 Abs. 1 BauGB sieht vor, dass die durch den Fremdenverkehr geprägten Gemeinden durch Bebauungsplan oder eine besondere Satzung eine Genehmigungspflicht für die Begründung von Wohnungseigentum einführen können, sofern die Fremdenverkehrsfunktion des Baugebiets (bei einem Bebauungsplan) oder sogar der gesamten Gemeinde bzw. eines Ortsteils (bei einer Satzung) durch Zweitwohnungsanlagen beeinträchtigt wird (s. dazu BVerwG NVwZ 1995, 375; NVwZ 1996, 999). Der Geltungsbereich muss nach Ansicht des BVerwG auf den durch den Fremdenverkehr geprägten Bereich beschränkt werden und kann sich daher nur ausnahmsweise auf den ganzen Ort erstrecken (BVerwG UPR 1996, 30; NVwZ 1998, 227). Ist eine solche Genehmigungspflicht nach § 22 Abs. 1 BauGB begründet worden, darf die Genehmigung für die Schaffung von Wohnungseigentum gleichwohl nur untersagt werden, wenn im konkreten Fall eine Beeinträchtigung der Belange des Fremdenverkehrs zu befürchten ist (§ 22 Abs. 4 BauGB).

175 Für die Erteilung der Genehmigung ist die Bauaufsicht zuständig, die im Einvernehmen mit der Gemeinde entscheidet. Die Entscheidung muss innerhalb eines Monats ergehen; die Frist kann verlängert werden. Wird die Frist versäumt, gilt die Genehmigung als erteilt (§ 22 Abs. 5 BauGB). Zur verfahrensmäßigen Absicherung der Genehmigungspflicht sieht § 22 Abs. 6 BauGB vor, dass bei einem von § 22 Abs. 1 BauGB erfassten Grundstück eine Vollziehung der Begründung von Wohnungseigentum durch Eintragung in das Grundbuch erst erfolgen darf, wenn dem Grundbuchamt ein Genehmigungsbescheid oder ein Negativattest vorgelegt worden ist.

3. Vorkaufsrecht (§§ 24 ff. BauGB)

176 § 24 Abs. 1 BauGB begründet ein gesetzliches Vorkaufsrecht für die Gemeinde (s. dazu Stock ZfBR 1987, 110; Bönker BauR 1996, 313). Voraussetzung ist, dass es sich um den Verkauf eines Grundstücks handelt, das im Bebauungsplan als öffentliche Bedarfsfläche oder als Fläche für Ausgleichsmaßnahmen nach § 1a Abs. 3 BauGB ausgewiesen ist (Nr. 1), das in einem Umlegungsgebiet (Nr. 2), Sanierungsgebiet (Nr. 3) oder im Geltungsbereich einer Erhaltungssatzung (Nr. 4) gelegen ist, es sich um Bauerwartungsland im Außenbereich (Nr. 5) oder um unbebaute Wohnbaugrundstücke im Innenbereich (Nr. 6) handelt. Das Vorkaufsrecht kann auch lediglich für eine Teilfläche eines Grundstücks ausgeübt werden (BVerwG BauR 1990, 697; BGH NVwZ 1991, 297). Ferner kann die Gemeinde durch besondere Satzung nach § 25 Abs. 1 BauGB das Vorkaufsrecht auch für sonstige unbebaute Grundstücke im Geltungsbereich eines Bebauungsplans sowie für Gebiete, in denen sie städtebauliche Entwicklungsmaßnahmen beabsichtigt, einführen (vgl. BVerwG NVwZ 2000, 1044; VGH Mannheim NVwZ 1991, 284; OVG Münster BRS 59 Nr. 106).

Das Vorkaufsrecht darf aber nur ausgeübt werden, wenn das **Wohl der Allgemeinheit** dieses rechtfertigt (§§ 24 Abs. 3, 25 Abs. 2 Satz 1 BauGB – s. dazu BVerwG NJW 1990, 2703; VGH Kassel BauR 2004, 1664). Der Gemeinde ist es daher verwehrt, sich aus anderen Gründen durch die Ausübung des Vorkaufsrechts Grundstücke zu beschaffen (BVerwG NJW 1993, 2695; NVwZ 2000, 1044; VGH Mannheim NVwZ-RR 2000, 769). Nach § 27a BauGB kann das Vorkaufsrecht in den in dieser Vorschrift angeführten Ausnahmefällen auch zugunsten Dritter ausgeübt werden, insbesondere für Zwecke des sozialen Wohnungsbaus bzw. für Wohnungen von Personen mit besonderem Wohnbedarf (Behinderte, Studenten, alte Personen, kinderreiche Familien – vgl. Brügelmann/Gierke § 9 Rdnr. 200) oder zugunsten öffentlicher Bedarfs- und Erschließungsträger.

§ 26 BauGB schließt das Vorkaufsrecht in bestimmten Fällen aus, insbesondere bei Grundstücksgeschäften innerhalb der Familie. Der Käufer eines Grundstücks kann die Ausübung

C. Sicherung der Bauleitplanung

des Vorkaufsrechts nach § 27 BauGB dadurch abwenden, dass er sich verpflichtet, das Grundstück entsprechend den Festsetzungen des Bebauungsplans oder den Entwicklungszielen der Gemeinde zu nutzen.

Der Verkäufer eines Grundstücks, bei dem der Gemeinde nach §§ 24, 25 BauGB das **177** Vorkaufsrecht zusteht, hat der Gemeinde nach § 28 Abs. 1 BauGB den Kaufvertrag anzuzeigen. Die Gemeinde kann dann innerhalb von 2 Monaten das Vorkaufsrecht ausüben (§ 28 Abs. 2 BauGB); die **Ausübung des Vorkaufsrechts** erfolgt durch einen von beiden Vertragsparteien anfechtbaren Verwaltungsakt (BVerwG NVwZ 2000, 1044). Wer innerhalb der Gemeinde für die Entscheidung über die Ausübung des Vorkaufsrechts zuständig ist, bestimmt sich nach den kommunalrechtlichen Vorschriften (vgl. z. Einvernehmenserteilung nach § 36 BauGB o. Rdnr. 157). Während es sich in größeren Städten regelmäßig um ein Geschäft der laufenden Verwaltung handelt (§ 66 Abs. 1 HGO; OVG Münster NVwZ 1995, 915; s. a.VGH Kassel BauR 2004, 1664), ist in kleineren Gemeinden eine Zuständigkeit der Gemeindevertretung anzunehmen (VGH Mannheim VBlBW 1980, 33), die diese allerdings auch auf einen Ausschuss übertragen kann (§ 50 Abs. 1 Satz 4 HGO).

Die Ausübung des Vorkaufsrechts steht im Ermessen der Gemeinde; bei der Ermessensbetätigung sind auch die Interessen des Käufers zu berücksichtigen (BVerwG NVwZ 1994, 282). Will der Erwerber das Grundstück entsprechend den städtebaulichen Zielsetzungen der Gemeinde nutzen, scheidet nach § 26 Nr. 4 BauGB die Ausübung des Vorkaufsrechts aus (vgl. BVerwG NVwZ 1994, 284); das gleiche gilt bei Grundstücksgeschäften unter nahen Verwandten (§ 26 Nr. 1 BauGB).

Damit der Verkäufer seiner Verpflichtung zur Anzeige des Kaufvertrags auch nachkommt, darf das Grundbuchamt den Erwerber erst ins Grundbuch eintragen, wenn der Verkäufer oder der Käufer eine Bescheinigung der Gemeinde vorlegt, dass sie das Vorkaufsrecht nicht ausübt oder dass es durch Ablauf der 2-Monats-Frist erloschen ist (§ 28 Abs. 1 Satz 2 BauGB).

Übt die Gemeinde das Vorkaufsrecht nach §§ 24, 25 BauGB aus, tritt sie nach § 28 Abs. 2 BauGB i.V.m. §§ 506 ff. BGB in den Kaufvertrag als Erwerber ein. Beim Vorkaufsrecht nach § 27a BauGB wird dagegen der begünstigte Dritte der Vertragspartner des Verkäufers. Hinsichtlich des Kaufpreises ist zunächst der im Kaufvertrag vereinbarte Preis maßgeblich (§ 28 **178** Abs. 2 BauGB i.V.m. § 505 Abs. 2 BGB). Liegt dieser allerdings deutlich über dem Verkehrswert, ist der Verkehrswert nach § 28 Abs. 3 Satz 1 BauGB der **Kaufpreis** (sog. preislimitiertes Vorkaufsrecht). Da dieses dazu führen könnte, dass der Verkäufer das Grundstück zu einem Preis verkaufen muss, zu dem er es eigentlich gar nicht verkaufen wollte, kann er nach § 28 Abs. 3 Satz 2 BauGB innerhalb eines Monats vom Kaufvertrag zurücktreten. Eine Sonderregelung gilt für die Ausübung des Vorkaufsrechts bei öffentlichen Bedarfsflächen und Ausgleichsflächen (§ 24 Abs. 1 Nr. 1 BauGB). Da die Gemeinde sich diese Flächen notfalls im Wege der Enteignung beschaffen könnte, schreibt § 28 Abs. 4 BauGB vor, dass der bei einer Enteignung zu zahlende Betrag der maßgebliche Kaufpreis ist. Der Rechtsschutz gegen die Ausübung des Vorkaufsrechts erfolgt durch Widerspruch und Anfechtungsklage, wenn das Vorkaufsrecht zum vereinbarten Preis ausgeübt wird. Das Rechtsmittel kann sowohl vom Verkäufer als auch vom Käufer eingelegt werden (BGH NJW 1991, 239; NVwZ 2000, 1044). Beim sog. preislimitierten Vorkaufsrecht ist dagegen der Antrag nach § 217 BauGB auf gerichtliche Entscheidung durch die Kammer für Baulandsachen zu stellen (Battis/Krautzberger/Löhr, vor §§ 24 ff. Rdnr. 8; Brügelmann/Roos § 24 Rdnr. 174 ff.).

D. Zusammenarbeit mit Privaten (§§ 11, 12 BauGB)

1. Städtebauliche Verträge (§ 11 BauGB)

179 § 11 BauGB ermächtigt die Gemeinden zum Abschluss von privatrechtlichen oder öffentlichrechtlichen Verträgen zur **Vorbereitung der Bauleitplanung** (städtebauliche Verträge – s. dazu Spannowski DÖV 2000, 569; Birk BauR 1999, 205; Oerder NVwZ 1997, 1190; Reidt BauR 2001, 46). Die Regelung stellt ebenso wie die Vorgängervorschrift des § 6 BauGB-MaßnG inhaltlich im Wesentlichen eine Kodifizierung der bereits zuvor anerkannten Rechtsgrundsätze dar.

180 Ein städtebaulicher Vertrag ist nach **§ 11 Abs. 1 Nr. 1 BauGB** insbesondere zulässig, wenn die Gemeinde mit Hilfe eines Bauträger ein neues Baugebiet schaffen will. Die Gemeinde kann ihm die Vorbereitung der Aufstellung des Bebauungsplans (insbes. die Ausarbeitung der Planunterlagen sowie die Anhörung von Grundstückseigentümern und Fachbehörden) und die eventuell notwendige Bodenordnung durch Umlegung übertragen. Der Bauträger erhält dadurch aber keine hoheitlichen Befugnisse gegenüber den Grundstückseigentümern. Die Aufstellung des Bebauungsplans durch eine Satzung nach § 10 BauGB bleibt weiterhin allein Sache der Gemeinde.

181 § 11 Abs. 1 Nr. 2 BauGB hat die Zulässigkeit von privatrechtlichen Verträgen mit den Grundstückseigentümern im Vorfeld der Aufstellung eines Bebauungsplans bestätigt. In der Praxis spielen vor allem die sog. Einheimischen-Modelle (s. dazu VGH München NVwZ 1999, 1008; VGH Mannheim NVwZ 2001, 694) eine Rolle. Dabei verpflichten sich die Grundstückseigentümer vertraglich gegenüber der Gemeinde oder dem von dieser eingeschalteten Bauträger, die zukünftigen Baugrundstücke nur bzw. zumindest bevorzugt an Ortsansässige zu verkaufen; zur Absicherung dieser Verpflichtung geben die Grundstückseigentümer vorab ein Verkaufsangebot an die Gemeinde ab (sog. Weilheimer Modell). Das BVerwG (E 92, 56 = NJW 1993, 2695) hat eine derartige Vereinbarung auch schon früher für zulässig gehalten. Die Vertragsfreiheit der Grundstückseigentümer wird dadurch zwar beträchtlich eingeschränkt; dieses ist aber zumutbar, da die Gemeinde den Bebauungsplan, der den Grundstücken überhaupt erst Baulandqualität verleiht, sonst nicht aufgestellt hätte. Zulässig sind ferner auch Vereinbarungen, wonach ein Einheimischer ein Baugrundstück (i.d.R. von der Gemeinde) zu einem verbilligten Kaufpreis erwerben kann, aber im Fall des Weiterverkaufs an einen Ortsfremden innerhalb einer bestimmten Frist (i.d.R. 10–15 Jahre) den Mehrerlös an die Gemeinde herausgeben muss (BGH NVwZ 2003, 371).

§ 11 Abs. 1 Nr. 2 BauGB erlaubt ferner Verträge zur Beschaffung der nach § 1a Abs. 3 BauGB notwendigen Ausgleichsflächen (s. dazu Mittschang BauR 2003, 183 u. 337).

§ 1 Abs. 3 BauGB stellt klar, dass sich aus städtebaulichen Verträgen kein Anspruch auf Aufstellung eines Bebauungsplans ergibt, weil ein solcher Anspruch auch nicht vertraglich begründet werden kann (s. Rdnr. 48 f.).

182 § 11 Abs. 1 Nr. 3 BauGB regelt die sog. Folgekostenvereinbarungen. Hierunter sind vertragliche Vereinbarungen zwischen Gemeinde und Bauträger über einen Zuschuss des Bauträgers zu den durch die Bebauung aufgrund des Bebauungsplans bedingten Aufwendungen der Gemeinde für Infrastrukturmaßnahmen (z.B. Schule, Kinderspielplatz, Kindergarten, Sportanlagen, öffentlicher Personennahverkehr) zu verstehen. Das BVerwG (E 42, 333 = NJW 1973, 1895; E 90, 310 = NJW 1993, 1810) hatte bereits früher solche Verträge für zulässig gehalten, soweit zwischen der übernommenen Zahlungsverpflichtung und den Mehraufwendungen der Gemeinde ein unmittelbarer sachlicher Zusammenhang besteht; es durfte also nur »eine Art Aufwendungsersatz« vereinbart werden.

§ 11 Abs. 2 BauGB verlangt neben der Kausalität zwischen Zahlungsverpflichtung und Aufwendungen der Gemeinde, dass die vertraglich übernommene Verpflichtung angemessen

D. Zusammenarbeit mit Privaten (§§ 11, 12 BauGB)

ist; es darf also nicht zu einer finanziellen Ausnutzung des Mangels an Bauplätzen durch die Gemeinde kommen, sodass diese etwa mit der Aufstellung von Bebauungsplänen Gewinn machen könnte. § 11 Abs. 2 BauGB verbietet daher, dass die Gemeinde sich finanzielle Leistungen für Maßnahmen zusagen lässt, die nicht Voraussetzung für die Erteilung der Baugenehmigung sind (so auch schon früher BVerwG DÖV 1981, 269; vgl. auch BVerwG NVwZ 1994, 485; BGH DVBl 1999, 233).

Städtebauliche Verträge bedürfen nach § 11 Abs. 3 BauGB der Schriftform, soweit nicht eine **183** andere Form vorgeschrieben ist. Daraus folgt, dass Verträge, in denen Grundstücke übereignet oder belastet werden, in der Form des § 313 BGB abgeschlossen werden müssen (BGHZ 58, 392; 70, 247; VGH Mannheim NVwZ 1997, 699).

2. Vorhabenbezogener Bebauungsplan – Vorhaben- und Erschließungsplan (§ 12 BauGB)

Der Vorhaben- und Erschließungsplan (s. dazu Birk NVwZ 1995, 625; Reidt BauR 1998, **184** 909; Menke NVwZ 1998, 577; Werth BauR 1999, 130; Turiaux NJW 1999, 391; Thurow UPR 2000, 16) wurde zunächst durch § 55 BauZVO für das Gebiet der ehemaligen DDR eingeführt und durch § 246a Abs. 1 BauGB für die neuen Bundesländer übernommen. § 7 BauGB-MaßnG hat ihn dann bundesweit eingeführt; unter der Überschrift »vorhabenbezogener Bebauungsplan« wurde er in § 12 BauGB eingebracht. Der Vorhaben- und Erschließungsplan ist ausgerichtet auf die Einschaltung einer Bauträgerfirma als Investor und muss sich auf ein konkretes Bauvorhaben, nicht nur auf die Schaffung eines neuen Baugebiets beziehen (BVerwG NVwZ 2004, 329). Die Besonderheit des Vorhaben- und Erschließungsplans besteht in einer »Paketlösung« (so Neuhausen BauGB-MaßnG Rdnr. 345), nämlich dem Vorhaben- und Erschließungsplans des Investors, der gemeindlichen Satzung und dem Durchführungsvertrag zwischen Gemeinde und Investor (Pietzcker DVBl 1992, 658). Ein Investor, der in der Lage ist, die Aufschließung des Baugebiets einschließlich der Erschließungsmaßnahmen auf seine Kosten durchzuführen, kann der Gemeinde einen Vorhaben- und Erschließungsplan über die bauliche Nutzung des in Aussicht genommenen Baugebiets vorlegen. Da das Instrument des Vorhaben- und Erschließungsplans von der finanziellen Leistungsfähigkeit des Investors abhängt, kann die Gemeinde insoweit weitere Nachweise verlangen (OVG Bautzen NVwZ 1995, 181; Pietzcker a.a.O.).

Die Gemeinde entscheidet nach § 12 Abs. 2 BauGB auf Antrag des Investors über die Einleitung **185** des **Verfahrens** zur Aufstellung des vorhabenbezogenen Bebauungsplans. Die Entscheidung steht nach § 12 Abs. 2 BauGB im Ermessen der Gemeinde; ein Rechtsanspruch besteht also nicht (VGH Mannheim NVwZ 2000, 1060; Reidt BauR 1998, 909). Fällt die Entscheidung positiv aus, wird zwischen dem Investor und der Gemeinde ein sog. Durchführungsvertrag abgeschlossen, in dem sich der Investor zur Durchführung der Planung und Erschließung sowie zur Tragung der dadurch entstehenden Kosten verpflichtet. Der Durchführungsvertrag muss jedenfalls noch vor dem Satzungsbeschluss der Gemeindevertretung nach § 10 Abs. 1 BauGB abgeschlossen werden. Ist dieses nicht geschehen, ist der Bebauungsplan nichtig (VGH München NVwZ-RR 2002, 260; VGH Mannheim NVwZ-RR 2003, 407). Für den vorhabenbezogenen Bebauungsplan nach § 12 BauGB gelten grundsätzlich dieselben Vorschriften wie für einen normalen Bebauungsplan. Allerdings enthält § 12 Abs. 3–6 BauGB einige Sonderbestimmungen. So ist die Gemeinde nach § 12 Abs. 3 Satz 2 BauGB nicht an den numerus clausus der Festsetzungen nach § 9 BauGB bzw. §§ 2 ff. BauNVO gebunden, da ein vorhabenbezogener Bebauungsplan auch sehr spezielle Regelungen enthalten kann (VGH Mannheim NVwZ 1997, 699; Reidt BauR 1998, 909). §§ 14–28 BauGB kommen nicht zur Anwendung, weil der Vorhabenträger ohnehin die Verfügungsgewalt über die vom Vorhaben- und Erschließungsplan erfassten Flächen haben muss; andernfalls wäre er zur Verwirklichung des Vorhaben- und Erschließungsplans gar nicht in der Lage (vgl. § 12 Abs. 1 BauGB sowie Birk NVwZ 1995, 625). Der Vorhabenträger kann nach § 12 Abs. 5 BauGB nur mit Zustimmung der Gemeinde ausgetauscht werden, wobei die Zustimmung nur verweigert werden darf, wenn zu befürchten ist, dass der neue Vorhabenträger den Vorhaben- und Erschließungsplan nicht ordnungsgemäß – insbesondere nicht termingerecht – durchführen wird. Wird der im Durchführungsvertrag vereinbarte Termin für die Verwirklichung des Vorhaben- und Erschließungsplans nicht eingehalten, soll die Gemeinde den Bebauungsplan nach § 12 Abs. 6 BauGB aufheben, wobei Schadensersatzansprüche des Vorhabenträgers ausdrücklich ausgeschlossen werden. Der vorhabenbezogene Bebauungsplan ist nach § 30 Abs. 2 BauGB die Grundlage für die Erteilung von Baugenehmigungen.

Wenn der Investor den Vorhaben- und Erschließungsplan nicht termingerecht erfüllt, soll die Gemeinde ihn nach § 12 Abs. 6 BauGB aufheben. Diese Vorschrift zeigt, dass der Vorhaben- und Erschließungsplan anders als ein Bebauungsplan auf eine kurzfristige Verwirklichung angelegt ist.

III. Bauordnungsrecht

A. Funktion des Bauordnungsrechts

Das Bauordnungsrecht soll, wie die frühere Bezeichnung als Baupolizeirecht zum Ausdruck **186** bringt, sicherstellen, dass durch die Errichtung und Nutzung baulicher Anlagen keine Gefährdung oder Beeinträchtigung der Bewohner des Hauses und der nähern Umgebung eintritt; es dient damit der präventiven **Gefahrenabwehr** (§§ 3–46 HBO).
Der zweite wesentliche Teil des Bauordnungsrechts befasst sich mit dem formellen Baurecht, d.h. dem Verfahren zur Erteilung von Baugenehmigungen sowie der Ermächtigung für Maßnahmen der Bauaufsichtsbehörden zur Durchsetzung der baurechtlichen Bestimmungen (§§ 47–74 HBO).

B. Materiell-rechtliche Regelungen des Bauordnungsrechts

Die HBO enthält eine Vielzahl von Anforderungen an bauliche Anlagen, die allerdings zu **187** einem erheblichen Teil keine rechtlichen Probleme aufwerfen. Wenn z.B. § 11 Abs. 1 HBO vorschreibt, dass eine bauliche Anlage standsicher sein muss, so ist das weniger ein juristisches als vielmehr ein technisches Problem; über die Forderung des § 49 HBO, dass sie Entwurfsverfasser von Bauplänen bauvorlageberechtigt sein müssen, sind weder juristische noch technische Streitigkeiten denkbar. Im Folgenden sollen deshalb vor allem diejenigen Regelungen des Bauordnungsrechts behandelt werden, die in der Praxis – und damit auch im Examen – die meisten Schwierigkeiten bereiten.

1. Verunstaltungsverbot (§ 9 Abs. 1 und 2 HBO)

Bauliche Anlagen dürfen nach § 9 Abs. 1 und 2 HBO weder selbst verunstaltet wirken, **188**

Bsp. a) (VGH Mannheim BWVBl 1971, 123): Das Dach einer Scheune wird mit hell glänzenden Aluminiumplatten gedeckt.
b) (VGH Kassel BRS 57 Nr. 289): Der Ausbau des Dachgeschosses verändert die Proportionen des Gebäudes.

noch darf die Umgebung verunstaltet werden.

Bsp. a) (VGH Mannheim ESVGH 17, 139): Eine großflächige Werbetafel wirkt in einem Wohngebiet verunstaltend (eb. VGH Mannheim VBlBW 1992, 99).
b) (VGH Mannheim BauR 1974, 120): Ein Zaun im Außenbereich wirkt verunstaltend, weil er die Landschaft zerschneidet und ein Grundstück willkürlich herausparzelliert; anders sind landwirtschaftliche Zäune zu beurteilen (VGH Mannheim BRS 38 Nr. 140).
c) (VGH Mannheim Urt. vom 12.10.1983, 3 S 1525/83): In einem gepflegten Wohnviertel wirkt eine Wellblechgarage verunstaltend.
d) (VGH Kassel BRS 56 Nr. 126): Eine im 8-Sekunden-Takt wechselnde Lichtwerbung von 3,8 x 2,5 m Größe an einer bisher von Werbung freien Hauswand stellt eine Verunstaltung dar (eb. OVG Münster BauR 1998, 113 für eine Prisma-Werbeanlage in der Nähe einer gotischen Kirche).

Eine Verunstaltung setzt voraus, dass die bauliche Anlage über das Unschöne hinaus das Gesamtbild ihrer Umgebung in solcher Weise stört, dass der für ästhetische Eindrücke offene Betrachter, der sog. gebildete Durchschnittsmensch, in seinem ästhetischen Empfinden nicht bloß beeinträchtigt, sondern verletzt wird und die bauliche Anlage damit als hässlich empfindet (so die std. Rspr. der Verwaltungsgerichte seit BVerwGE 2, 172; eb. BVerwG NVwZ 1991, 64). Von Bedeutung ist vor allem, dass das Verunstaltungsverbot es der Bauaufsichtsbehörde nicht gestattet, dem Bauherrn ästhetische Vorstellungen aufzuzwingen;

auch ein nach Ansicht der Bauaufsichtsbehörde unschönes Gebäude muss genehmigt werden. Erst wenn die Grenze zwischen »Unschönheit« und eindeutiger Hässlichkeit überschritten ist und die Anlage »nachhaltigen Protest auslöst« (so BVerwG NJW 1995, 2648; OVG Münster BauR 1998, 113), kann die Bauaufsichtsbehörde einschreiten bzw. die Baugenehmigung ablehnen. Die Verwendung neuer Baumaterialien stellt als solche noch keine Verunstaltung dar (VGH Mannheim ESVGH 16, 127). Auch ein bereits – etwa durch Werbeanlagen – verunstaltetes Gebiet kann noch weiter verunstaltet werden (OVG Münster NVwZ 1993, 89).

Bei der Beurteilung der Frage, ob ein Bauvorhaben verunstaltend wirkt, steht der Bauaufsichtsbehörde kein Beurteilungsspielraum zu, vielmehr unterliegt diese Frage voller verwaltungsgerichtlicher Kontrolle (BVerwGE 2, 172).

Das Verunstaltungsverbot ist nicht nachbarschützend (Allgeier/von Lutzau, Erl. 9; offen gelassen noch in der Vorauflage, Rn 175). Positive Anforderungen an die Gestaltung von baulichen Anlagen können die Gemeinden durch den Erlass einer Gestaltungssatzung nach § 81 Abs. 1 Nr. 1–5 HBO stellen.

Weitere Beispiele für Verunstaltung:
Verunstaltung **bejaht**: Großflächige Werbeanlage im Wohngebiet (VGH Mannheim BRS 44 Nr. 117), Schaukasten für großflächige Werbung im Wohngebiet (VGH Mannheim VBlBW 1992, 99), Dacheindeckung mit Wellasbestzement (OVG Münster BRS 24 Nr. 120), hervorspringende Dachgauben auf einem flach geneigten Dach (VGH München BRS 27 Nr. 113), Bretterzaun im Außenbereich (OVG Münster OVGE 23, 160 und BRS 25 Nr. 125), Maschendrahtzaun im Außenbereich (VGH Mannheim BRS 27 Nr. 14), Scheune aus Wellaluminium im Außenbereich (VGH München BRS 25 Nr. 124), Glattputz an Gebäude mit Stuckfassade (OVG Berlin BauR 1984, 624), Kunststofffenster in Jugendstilhaus (OVG Hamburg BauR 1984, 625), großflächige Wandmalerei im Villengebiet (VGH Kassel BRS 49 Nr. 152), 67 m² große Werbeanlage an Bürogebäude (VGH Kassel BRS 57 Nr. 179).

Verunstaltung **verneint**: Auffälliger Holzverschlag im Innenstadtbereich (VGH Mannheim BRS 28 Nr. 80), unauffällige Hütte im Außenbereich (VGH Mannheim BRS 30 Nr. 112), Tragluftschwimmhalle im Wohngebiet (OVG Münster BRS 28 Nr. 20), großflächige Werbetafel in Geschäftsstraße (VGH Mannheim VBlBW 1985, 334); von der Umgebung abweichende Dachform (OVG Münster BRS 35 Nr. 130; OVG Lüneburg BRS 35 Nr. 131); Maschendrahtzaun um Fischteich (VGH Mannheim BRS 48 Nr. 108); Litfasssäule im Wohngebiet (OVG Hamburg NVwZ-RR 1998, 616).

2. Werbeanlagen (§ 2 Abs. 1 Nr. 7 HBO)

189 § 2 Abs. 1 Nr. 7 HBO enthält eine **Legaldefinition** der Werbeanlage (s. dazu Friedrich BauR 1996, 504). Ihr wesentliches Kennzeichen ist die Ortsgebundenheit. Fahrende Reklame (z.B. Werbung an Verkehrsmitteln) gehört nicht dazu. Ortsfest genutzt sind aber z.B. auch Fahrzeuge oder Anhänger mit Werbeflächen, die für längere Zeit an einem Standort abgestellt werden (VGH Kassel BRS 64 Nr. 194) Werbeanlagen sind nicht nur Werbeschilder und Werbetafeln, sondern auch Beschriftungen und Bemalungen (OVG Münster BRS 60 Nr. 129) sowie Lichtwerbungen.

Bsp. (VGH München NVwZ 1997, 201): Eine durch Strahler bewirkte Lichtsäule über einer Diskothek, die mehrere Kilometer weit sichtbar ist, stellt eine Werbeanlage dar (eb. VG Stuttgart NVwZ-RR 2000, 13 für sog. »Skybeamer«).

§ 1 Abs. 2 Nr. 8 HBO nimmt bestimmte Werbeanlagen ganz von der Geltung des Bauordnungsrechts aus. Dies gilt insbesondere für Schaufensterdekorationen, Wahlwerbung und Veranstaltungswerbung politischer Parteien. Allerdings gilt die HBO nicht nur für der Wirtschaftswerbung

B. Materiell-rechtliche Regelungen des Bauordnungsrechts

dienende Werbeanlagen. Soweit sie demnach in den Anwendungsbereich der Bauordnung fallen, erklärt § 2 Abs. 1 Satz 3 Nr. 7 HBO alle Werbeanlagen zu baulichen Anlagen; die nach früherem Recht zu treffende Unterscheidung zwischen Werbeanlagen, die zugleich bauliche Anlagen sind und sonstigen Werbeanlagen ist damit hinfällig; alle sind jetzt den selben bauordnungsrechtlichen Vorschriften unterworfen. Damit ist auch keine eigene Vorschrift wie § 13 HBO 1993 mehr erforderlich, der das für Werbeanlagen geltende Recht zusammenfasst: Alle Werbeanlagen fallen nunmehr unter das allgemeine Verunstaltungsverbot, das auch das Verbot der störenden Häufung von Werbeanlagen (früher § 13 Abs. 2 Satz 3 HBO 1993) mit einschließt (OVG Berlin GewArch 2003, 440; OVG Münster BauR 2002, 1231). Nach der »Faustregel« des VGH Kassel (HessVGRspr 1983, 38) beginnt diese bei drei innerhalb eines Wirkungsbereichs gleichzeitig wahrnehmbaren Anlagen. Nicht alle Werbeanlagen sind baugenehmigungspflichtig. Ausnahmen sind in Nr. I.10.1. der Anlage 2 geregelt oder ergeben sich in den Fällen der Genehmigungsfreistellung nach § 56 Abs. 1 Satz 1 Nr. 3 HBO.

Die Gemeinden können nach § 81 Abs. 1 Nr. 1, 2 und 7 HBO besondere Regelungen **190** über Werbeanlagen treffen, die allerdings auf bestimmte Gebiete beschränkt sein müssen. Diese **Ortsbausatzung**en müssen sich aber »im Rahmen dieses Gesetzes« halten, d.h. sie müssen bauordnungsrechtlichen Zielen dienen (VGH Mannheim VBlBW 1983, 180; NVwZ-RR 1988, 63; OVG Münster BRS 54 Nr. 112). Sie können z.B. Regelungen nur für solche Werbeanlagen treffen, auf die die HBO überhaupt Anwendung findet (§ 1 Abs. 2 Nr. 8 HBO). Dabei ist zu beachten, dass wie bei Gefahrenabwehrverordnungen nach §§ 71 ff. HSOG eine abstrakte Gefahr ausreicht, d.h. dass nach allgemeiner Erfahrung unabhängig von der konkreten Werbeanlage eine Gefährdung bauordnungsrechtlicher Ziele zu befürchten ist. Bei der gebotenen abstrakten Betrachtungsweise ist nach der Rechtsprechung des BVerwG (E 40, 94; 21, 251; BauR 1980, 452 u. 465; eb. VGH Mannheim ESVGH 15, 124 und 17, 139) zwar bei großflächigen Werbeanlagen in Wohngebieten eine Beeinträchtigung der Eigenart dieser Baugebiete zu befürchten, nicht aber in Mischgebieten, deren Eigenart auch durch die gewerbliche Nutzung mitbestimmt wird (eb. OVG Münster BauR 1998, 113 für ein Kerngebiet). Während nämlich in Misch- und Gewerbegebieten auch eine großflächige Werbetafel in der Regel nicht besonders auffällt (VGH Mannheim BauR 1981, 462), stellt sie in einem Wohngebiet einen ausgesprochenen Fremdkörper dar. Da das Aufstellen von Werbetafeln aber zu der durch Art. 14 GG geschützten Baufreiheit gehört, kann es nur eingeschränkt werden, wenn dies durch überwiegende öffentliche Belange gerechtfertigt ist. Dies ist z.B. bei Werbeanlagen in einem historischen Altstadtgebiet der Fall (BVerwG NJW 1980, 2091). Nach § 3 Abs. 1 HBO darf eine Werbeanlage auch nicht gegen die öffentliche Sicherheit und Ordnung verstoßen. Insbesondere kann aus Gründen der Verkehrssicherheit einer Werbeanlage begegnet werden. Eine Verkehrsgefährdung ist vor allem bei Wechselwerbeanlagen wie Mega-Light-Postern, Prismenwende- und Diaprojektionsanlagen anzunehmen (OVG Münster BauR 2002, 1231; VGH Kassel BRS 56 Nr. 126).

Bauplanungsrechtlich können Werbeanlagen Nebenanlagen i.S.d. § 14 BauNVO sein, wenn sie in einem funktionellen Zusammenhang mit einer gewerblichen oder sonstigen Nutzung auf dem Grundstück stehen (s. BVerwG BRS 57 Nr. 176; s. dazu auch oben Rdnr. 92). Andernfalls stellen sie eine selbständige gewerbliche Hauptnutzung dar, deren Zulässigkeit sich nach §§ 2 ff. BauNVO richtet; dies ist insbes. bei den großflächigen Plakattafeln der Fall (BVerwG BauR 1993, 315). In einem Wohngebiet sind derartige Werbeanlagen in der Regel unzulässig, weil sie der Eigenart des Baugebiets nicht entsprechen (BVerwG BauR 1980, 452 und 455). Auch im Außenbereich nach § 35 BauGB ist Fremdwerbung regelmäßig unzulässig (VG Wiesbaden NuR 2001, 418; VGH Mannheim BRS 44 Nr. 133).

Zu beachten ist, dass Werbeanlagen nicht nur baurechtliche Probleme aufwerfen. Nach **191** § 5 Abs. 2 Nr. 1 i.V.m. § 6a HeNatG sind Werbeanlagen außerhalb der im Zusammenhang bebauten Ortsteile grundsätzlich unzulässig; § 33 Abs. 1 Nr. 3 StVO verbietet ferner jede

Werbung außerhalb geschlossener Ortschaften, wenn dadurch der Verkehr abgelenkt oder belästigt werden könnte; auch durch innerörtliche Werbung darf der Verkehr außerhalb geschlossener Ortschaften nicht gestört werden. Schließlich unterfallen Werbeanlagen nach § 9 Abs. 6 FStrG dem Anbauverbot entlang der Bundesfernstraßen und Bundesautobahnen.

3. Abstandsregelungen (§§ 6–7 HBO)

a) Abstandsfläche (§ 6 HBO)

192 Die Abstandsflächenregelung stellt aus bauordnungsrechtlicher Sicht die wichtigste Beschränkung der Bebaubarkeit von Grundstücken dar. Sie ist eine zulässige Inhalts- und Schrankenbestimmung im Sinne von Art. 14 Abs. 2 GG. Im Abstandsflächenrecht sind Bauordnungs- und Planungsrecht an verschiedenen Stellen miteinander verzahnt, z.B. § 6 Abs. 1 Satz 2, Abs. 5, 11 HBO.

Nach § 6 Abs. 1 und 8 HBO sind vor den Außenwänden von Gebäuden und vor anderen Anlagen und Einrichtungen, von denen Wirkungen wie von Gebäuden ausgehen, Abstandsflächen freizuhalten. Die Vorschrift dient der ausreichenden Belüftung, Belichtung und Besonnung, dem Brandschutz und dem nachbarlichen Wohnfrieden (Allgeier/von Lutzau, Erl. § 6). Letzteres ist in anderen Landesbauordnungen (etwa in Baden-Württemberg) z. T. abweichend geregelt (VGH Mannheim VBlBW 2000, 287; 1999, 26). Es gehört aber jedenfalls nicht zum Schutzbereich der Norm, eine ungestörte Aussichtslage zu erhalten (Allgeier/von Lutzau Erl. § 6). In der Abstandsfläche dürfen nur Grenzgaragen (§ 6 Abs. 10 Nr. 1 HBO, s. Rdnr. 200) und die sonst in § 6 Abs. 10 genannten Kleinbauten errichtet werden sowie solche baulichen Anlagen, von denen keine Wirkungen wie von Gebäuden ausgehen (s. hierzu die Übersicht bei Allgeier/von Lutzau Erl 6.8).

193 Soweit nach bauplanungsrechtlichen Vorschriften an die Grenze gebaut werden muss (Festsetzung der geschlossenen Bauweise gem. § 22 Abs. 1 BauNVO bzw. bei § 34 BauGB eine geschlossene Bauweise in der Umgebung), ist eine Abstandsfläche nach § 6 Abs. 1 S. 2 HBO nicht notwendig (s. dazu VGH Mannheim VBlBW 2000. 116); dadurch soll eine Divergenz zwischen Bauplanungs- und Bauordnungsrecht vermieden werden (BVerwG NVwZ-RR 1995, 310).

Das Gleiche gilt, wenn nach bauplanungsrechtlichen Vorschriften an der Grenze gebaut werden darf (z.B. Doppelhaus in der offenen Bauweise) und öffentlich-rechtlich, insbesondere durch Baulast (§ 2 Abs. 14 HBO) gesichert ist, dass der Nachbar ebenfalls einen Grenzbau errichtet. § 6 Abs. 1 Satz 2 Nr. 2 i.V.m. Satz 6 HBO verlangt dabei zwar keinen deckungsgleichen Anbau soweit dies städtebaulich vertretbar ist, da es sonst der zuerst Bauende in der Hand hätte, seinen Nachbarn mit dem Anbau völlig festzulegen; der (spätere) Anbau muss dem vorhandenen aber in etwa im Maß entsprechen. Bloß eine Grenzgarage reicht nicht aus (VGH Mannheim NVwZ-RR 1999, 491).

Ist an der Grundstücksgrenze bereits ein Grenzbau vorhanden, obwohl dies rechtlich nicht bzw. nicht mehr zulässig ist, kann die Bauaufsichtsbehörde nach § 6 Abs. 1 Satz 3 HBO den Anbau an dieses Gebäude zulassen, da eine einseitige Abstandsfläche dem Schutzweck des § 6 Abs. 1 Satz 1 HBO nicht gerecht würde; ein Anspruch darauf, dass die Bauaufsichtsbehörde von dieser Möglichkeit Gebrauch macht, besteht allerdings nicht. Der Anbau muss sich aber auch hier hinsichtlich seiner Größe an der bereits vorhandenen Grenzbebauung orientieren (§ 6 Abs. 1 Satz 6 HBO; s. a. VGH Mannheim VBlBW 1983, 245; BRS 38 Nr. 188 und 199).

194 Da die Abstandsflächen nach § 6 Abs. 2 HBO auf dem Baugrundstück selbst liegen müssen, ist damit zwangsläufig auch ein entsprechender Abstand zur Grundstücksgrenze gewährleistet. Die Abstandsfläche kann nach § 7 Abs. 1 HBO ganz oder teilweise auf das Nachbargrundstück verlagert werden, sofern der Nachbar sich durch Baulast verpflichtet, diesen Teil seines Grund-

B. Materiell-rechtliche Regelungen des Bauordnungsrechts

stücks nicht zu bebauen (vgl. dazu VGH Mannheim VBlBW 1987, 69). Die Abstandsfläche kann nach § 6 Abs. 2 S. 2 HBO auch auf angrenzenden öffentlichen Verkehrsflächen, Grün- und Wasserflächen liegen, bei beidseitig anbaubaren Flächen jedoch nur bis zur Mitte. Daraus folgt zwangsläufig, dass auch gegenüber öffentlichen Verkehrsflächen ein Abstand einzuhalten ist, soweit die Abstandsfläche nicht vollständig auf diese Verkehrsfläche gelegt werden kann (VGH Mannheim BRS 42 Nr. 118).

195 Die Abstandsflächen sind bei der Errichtung und bei der Änderung von baulichen Anlagen einzuhalten. Die Änderung der Nutzung ist abstandsflächenrechtlich regelmäßig unerheblich, da in der offenen Bebauung Abstandsflächen unabhängig von der konkreten Art der Nutzung im selben Umfang einzuhalten sind. Etwas anderes gilt nur, wenn die frühere Art der Nutzung ausnahmsweise für die Abstandsfläche von Bedeutung war, z.B. bei einer privilegierten Grenzgarage (VGH Kassel BauR 2002, 987). Bei **Nutzungsänderung**, An- oder Umbauten von bestandsgeschützten Gebäuden ohne (ausreichenden) Grenzabstand gilt: Entfällt durch Eingriffe in die Bausubstanz, die das Gebäude erheblich ändern der Bestandsschutz, wird es auch abstandsflächenrechtlich wie ein Neubau behandelt; dies gilt auch dann, wenn sich die Außenwände nicht verändern. Der Nachbar hat dann einen Anspruch auf Einhaltung der abstandsflächenrechtlichen Vorschriften und zwar nicht nur dann, wenn die neue Nutzung zu anderen, nachteiligen Auswirkungen führen kann (VGH Kassel BRS 48 Nr. 172). Allerdings wird hier zu prüfen sein, ob nicht die tatbestandlichen Voraussetzungen einer Abweichung nach § 63 HBO vorliegen (Rasch/Schaetzell-Hinkel § 62 Anm. 1.2.1.1).

196 Die Tiefe der Abstandsfläche beträgt nach § 6 Abs. 4 und 5 HBO 40 % der Höhe der Außenwand. In Gewerbegebieten und Industriegebieten verlangt § 6 Abs. 5 HBO nur 20 % der Wandhöhe als Abstandsfläche. In allen Fällen beträgt die Tiefe der Abstandsfläche jedoch mindestens 3 m (§ 6 Abs. 5 Satz 4 HBO) – ausgenommen bestimmte innere Abstandsflächen in Gewerbe- und Industriegebieten (§ 6 Abs. 7 Satz 1 HBO).
Die Höhe der Außenwand bemisst sich dabei nach der Differenz zwischen der Geländeoberfläche und dem Schnittpunkt der Außenwand mit der Dachhaut bzw. dem oberen Ende der Außenwand (§ 6 Abs. 4 Satz 2 HBO). Dachhaut meint den äußeren Teil des Daches. Geländeaufschüttungen sind nur zu berücksichtigen, sofern es für sie einen sachlichen Grund gibt und die Aufschüttung nicht nur deswegen erfolgt ist, um die Außenwandhöhe und damit auch die Abstandsfläche zu verkleinern (VGH Mannheim BauR 1997, 92).
Bei geneigter Geländeoberfläche oder geneigtem Wandabschluss, z.B. bei einer Giebelwand, kann auch die mittlere Wandhöhe zugrunde gelegt werden (§ 6 Abs. 4 Satz 3 HBO). Als Wand im Sinne dieser Vorschrift gelten gem. § 6 Abs. 4 Satz 4 HBO auch Dachaufbauten, insbesondere Gauben, die entweder besonders nah, nicht mehr als 50 cm, an der Außenwand sind oder besonders breit, nämlich mehr als die Hälfte der Breite der darunter liegenden Außenwand. Ebenso gelten besonders steile Dächer mit einer Neigung von mehr als 70° als Außenwände. Über 45° steile Dächer und Dachaufbauten, die mehr als 1/5 der Breite der darunter liegenden Außenwand aufweisen werden zu 1/3 auf die Wandhöhe angerechnet (§ 6 Abs. 4 Satz 5 HBO).
Vor die Außenwand vortretende Bauteile wie Gesimse und Dachvorsprünge sowie Hauseingangstreppen und deren Überdachungen, ferner Erker (zur Definition: VGH Kassel BRS 57 Nr. 139) und Balkone soweit sie nicht mehr als 1/3 der Breite der Außenwand in Anspruch nehmen bleiben bei der Bemessung der Abstandsfläche grundsätzlich außer Betracht (§ 6 Abs. 6 Satz 1 HBO). Sie dürfen aber nicht mehr als 1,50 m hervortreten und müssen mindestens 2 m von der Nachbargrenze entfernt bleiben.
Erdgeschossige Gebäude, Garagen und Solaranlagen sind auch in den Abstandsflächen eines Gebäudes zulässig (§ 6 Abs. 9 HBO).

197 Von der Einhaltung der nach § 6 HBO erforderlichen Abstandsfläche kann (nur) unter den Voraussetzungen einer Abweichung nach § 63 HBO abgewichen werden. Einen eigenen Ausnahmetatbestand, entsprechend § 6 Abs. 12 HBO 1993, gibt es im neuen § 6 HBO nicht mehr. Im Rahmen der von § 63 Abs. 1 HBO vorgeschriebenen Würdigung der öffentlich-rechtlich geschützten nachbarlichen Belange ist zu sehen, dass die Abstandsregelung insgesamt nachbarschützende Wirkung entfaltet (VGH Kassel HessVGRspr. 1978, 67; 1995, 49). Bei der Verletzung der bauordnungsrechtlichen Abstandsvorschriften, die einen unmittelbaren Bezug zum Nachbargrundstück haben, ist anders als bei der Verletzung bauplanungsrechtlicher Vorschriften, eine tatsächliche Beeinträchtigung der Nachbarschaft regelmäßig anzunehmen (VGH Kassel BRS 62 Nr. 209). Nur ganz geringfügige Verstöße gegen die Abstandsvorschrift, die praktisch ohne Auswirkungen sind, also etwa Unterschreitungen der Abstandsfläche um bis zu 10 cm, fallen unter die Bagatellgrenze und lösen keinen nachbarlichen Abwehranspruch aus (VGH Kassel HessVGRspr. 1999, 43; Rasch/Schaetzell-Hinkel § 62 Anm. 1.2.1.1). Zum Nachbarschutz von § 6 HBO s. unten Rdnr. 279.

198 Trifft ein Bebauungsplan, etwa durch Festsetzung der Bauweise oder der überbaubaren Grundstücksfläche, bindend eine andere Regelung über die Grenzabstände als § 6 Abs. 4–6 und 9 HBO, so geht diese dem bauordnungsrechtlichen Programm vor (§ 6 Abs. 11 HBO). Ansonsten stehen Bauplanungsrecht und Bauordnungsrecht grundsätzlich gleichberechtigt nebeneinander. Deshalb entbindet die Zulässigkeit einer Grenzbebauung nach § 6 Abs. 1 HBO nicht von der Einhaltung der bauplanungsrechtlichen Vorschriften über die offene Bauweise oder die im Bebauungsplan festgesetzten seitlichen Baugrenzen (VGH Mannheim NVwZ-RR 1999, 491).

199 Das selbe gilt für Ortsbausatzungen: Die Gemeinden können nach § 81 Abs. 1 Nr. 6 HBO aus städtebaulichen oder bauhistorischen Gründen durch Ortsbausatzung für einzelne Ortsteile – nicht aber für die ganze Gemeinde – größere oder kleinere Abstände als in § 6 Abs. 4–6 und 9 HBO vorgesehen vorschreiben.

b) Grenzgaragen und andere Grenzbauten (§ 6 Abs. 10 HBO)

200 § 6 Abs. 10 HBO erlaubt die Errichtung von Garagen und von sonstigen Nebenräumen ohne Einhaltung einer Abstandsfläche, sofern diese die angeführten Größenmaße nicht übersteigen. Die Nebenräume können zum einen in oder unter dem Garagenbau liegen (VGH Mannheim BauR 1994, 485); sie können aber auch ein selbständiges Gebäude darstellen. Eine privilegierte **Grenzgarage** nach § 6 Abs. 10 Satz 1 Nr. 1 HBO darf dabei auch einen Abstellraum enthalten. Sie darf aber insgesamt nicht länger als 9 m einschließlich der Dachüberstände sein, eine mittlere Wandhöhe von 3 m nicht überschreiten und nicht mehr als 20 m² grenzseitige Wandfläche aufweisen. Für die Berechnung der Wandhöhe gilt das zu § 6 Abs. 4 gesagte (Rdnr. 196) entsprechend. Gemessen wird auf dem Bau-, nicht dem Nachbargrundstück (Allgeier/von Lutzau Erl. 6.10). Die Garage darf nur eine Grundstücksgrenze in Anspruch nehmen (VGH Kassel HessVGRspr. 1995, 44); d.h. eine Eckgarage ist regelmäßig unzulässig. Statt einer Garage ist unter den genannten Bedingungen auch ein Carport zulässig oder eine überdachte Tiefgaragenzufahrt (§ 6 Abs. 10 Satz 1 Nr. 2 HBO) bzw. offene Stellplätze bis zu 8 m Länge (Nr. 3). Ferner ist nach Nr. 4 der Vorschrift auch ein Gebäude zum Abstellen von Fahrrädern oder Kinderwagen mit bis zu 5 m² grenzseitiger Wandfläche zulässig. Die vorgenannten Anlagen können auch kombiniert werden, allerdings dürfen sie insgesamt 12 m Grenzbebauung nicht überschreiten (§ 6 Abs. 10 Satz 2 HBO). Unabhängig davon dürfen nach Abs. 10 Nr. 6 HBO auch Stützmauern und Einfriedungen bis zu einer Gesamthöhe von 1,50 m an der Nachbargrenze errichtet werden.

201 Da der Gesetzgeber in § 6 Abs. 10 HBO Grenzgaragen generell für zulässig erklärt hat, muss der Nachbar die mit jeder Grenzgarage verbundene Beeinträchtigung durch eine Verschattung sowie den Fahrzeuglärm grundsätzlich hinnehmen und kann sich insoweit auch nicht auf das Gebot der Rücksichtnahme berufen (BVerwG BRS 44 Nr. 177). Anders kann es aber sein,

B. Materiell-rechtliche Regelungen des Bauordnungsrechts

wenn die Zufahrt zur Grenzgarage unangemessen lang (OVG Schleswig BRS 54 Nr. 101) ist oder die Garage unmittelbar vor einem Fenster eines Aufenthaltsraums errichtet wird und die Möglichkeit besteht, die Garage ohne Nachteile für den Bauherrn auch an anderer Stelle zu errichten (VGH München NVwZ-RR 1995, 9).
Bauplanungsrechtlich können Garagen nach § 23 Abs. 5 BauNVO auch auf den nicht überbaubaren Grundstücksflächen zugelassen werden.

4. Stellplätze und Garagen (§ 44 HBO)

Das Stellplatzwesen ist im hessischen Bauordnungsrecht bereits seit der HBO 1993 weitgehend **202** kommunalisiert aber nicht völlig aus dem Baugenehmigungsverfahren herausgelöst worden. Nach § 44 Abs. 1 HBO trifft die Gemeinde durch Satzung (Satz 2) oder im Einzelfall (Satz 4) die Entscheidung darüber, ob und in welchem Umfang bei der Errichtung, Änderung oder Nutzungsänderung von baulichen und sonstigen Anlagen notwendige Garagen für Kraftfahrzeuge und Abstellplätze für Fahrräder zu schaffen sind. Dabei kann sie beispielsweise auch die Bauart der Stellplätze vorschreiben, z.B. nur Garagen (§ 44 Abs. 1 Satz 2 Nr. 7). Weiter kann sie die Ablösung von Stellplätzen, also den Verzicht auf die Herstellungspflicht gegen Zahlung eines Geldbetrages an die Gemeinde bestimmen (§ 44 Abs. 1 Satz 2 Nr. 7). In diesem Fall kann die Erteilung der Baugenehmigung von der Zustimmung der Gemeinde zur Ablösung und der Zahlung des Geldbetrages abhängig gemacht werden (§ 44 Abs. 4 Satz 2). Die Frage, auf welchem rechtlichen Weg die Gemeinde gegebenenfalls die Zahlung des Ablösebetrags durchsetzen kann, wird deshalb praktisch nur selten bedeutsam.
Die Einhaltung der Stellplatzsatzung ist im Rahmen des Baugenehmigungsverfahrens nunmehr nur noch in den »herkömmlichen« Verfahren nach § 58 HBO von der Bauaufsicht zu prüfen. In den übrigen Fällen liegt die Verantwortlichkeit für die Einhaltung bei der Bauherrschaft. Allerdings hat die Bauaufsicht auch in den anderen Verfahren über die Erteilung einer Abweichung (§ 63 HBO) präventiv zu entscheiden. Hält ein Bauvorhaben die Vorgaben der Satzung nicht ein, ohne für diese Abweichung eine Genehmigung zu haben, ist es formell baurechtswidrig und seine Nutzung kann untersagt werden.
Obwohl die Ausübung der Satzungshoheit bezüglich der Stellplatzsatzung dem verfassungsrechtlichen Schutz der kommunalen Selbstverwaltungsgarantie aus Art. 28 Abs. 2 GG und Art. 137 Abs. 1 HV unterfällt (VGH Kassel BauR 2001, 939), folgt hieraus nicht nur eine Berechtigung der Gemeinde, sondern zugleich eine Verpflichtung unter Berücksichtigung der tatsächlichen Probleme und Bedürfnisse des ruhenden Verkehrs eine sachangemessen Entscheidung zu treffen. Diese kann allerdings durchaus als Teil eines umfassenden örtlichen Verkehrskonzepts der Gemeinde verstanden werden, das beispielsweise die Benutzung öffentlicher Verkehrsmittel fördern will.
Genehmigt die Bauaufsichtsbehörde rechtswidrig eine **Abweichung von der Stellplatzsatzung**, kann die Gemeinde dies als Eingriff in ihre Selbstverwaltungshoheit mit Erfolg angreifen (VGH Kassel BauR 2001, 939). Der Hessische Städtetag und der Hessische Städte- und Gemeindebund haben eine Mustersatzung mit einer Richtwerttabelle für die Bemessung des Stellplatzbedarfs herausgegeben (Anlage abgedruckt bei Rasch/Schaetzell, Anhang zu § 50 HBO 1993). Weitergehende Anforderungen an die Beschaffenheit von Stellplätzen ergeben sich aus der Garagenverordnung (GaVO).
Nach **§ 12 BauNVO** dürfen in Wohngebieten nur die für die zugelassene Nutzung erforderlichen Stellplätze und Garagen angelegt werden (s. dazu BVerwGE 94, 151 = NJW 1994, 1546; Dürr BauR 1997, 6).
Bei der Änderung und Nutzungsänderung eines Gebäudes können nach § 44 Abs. 1 Satz 2 Nr. 2 HBO regelmäßig nur für die zusätzlich zur früheren Nutzung zu erwartenden Fahrzeuge Stellplätze gefordert werden (vgl. a. VGH Mannheim NVwZ 2000, 1068).

203 Die Stellplatzpflicht als solche nach § 44 Abs. 1 in Verbindung mit der jeweiligen gemeindlichen Stellplatzsatzung ist **nicht nachbarschützend**, sondern dient öffentlichen Interessen (VGH Kassel BRS 55 Nr. 171). Das bedeutet in der Praxis, dass die Nichterfüllung der Stellplatzpflicht durch den Bauherrn vom Nachbarn bis zur Grenze der Verletzung des Rücksichtnahmegebots nicht gerügt werden kann – genauso wenig die Übererfüllung, wenn also ein Vorhaben mehr als die rechnerisch erforderliche Anzahl an Stellplätzen vorhält und dadurch gegebenenfalls auch mehr Verkehr anzieht.

Der nachbarschützende § 50 Abs. 3 HBO 1993, der die Anordnung und Ausführung der Stellplätze regelte, ist nunmehr ersatzlos gestrichen worden. Der Gesetzgeber ging dabei davon aus, dass entsprechende Anforderungen an die Ausführung der Stellplätze schon aus der Generalklausel des § 3 Abs. 1 HBO herzuleiten seien und notfalls eine Konkretisierung dieser Anforderungen ja auch in der GaragenVO vorgenommen werden könnte (Amtl. Begr., LT-Drs. 15/3635, S. 126).

Der durch eine zugelassene Bebauung verursachte Stellplatzbedarf ist dabei in der Regel der Nachbarschaft zuzumuten (VGH Mannheim VBlBW 1996, 143; 1992, 345; BauR 1993, 69).

204 Die notwendigen Stellplätze werden in der Regel auf dem Baugrundstück selbst angelegt. Kann oder will der Bauherr die notwendigen Stellplätze auf dem eigenen Grundstück nicht herstellen, dann ist es ausreichend, wenn die Stellplätze auf einem nahe gelegenen Grundstück (Allgeier/von Lutzau Erl. 44.1) eingerichtet werden und die Benutzung dieses Grundstücks durch Baulast gesichert ist.

Bsp. a) (VGH Mannheim VBlBW 1985, 459): Bei einem Spielsalon ist ein Parkplatz in 800 Meter Entfernung nicht mehr ausreichend.
b) (VGH Kassel HessVGRspr 1982, 17): 400–450 Meter Fußweg für Besucherparkplätze eines Bürogebäudes sind nicht mehr ausreichend.

Ferner kann der Bauherr sich an einer Gemeinschaftsgarage auf einem dafür im Bebauungsplan vorgesehenen Grundstück (§ 9 Abs. 1 Nr. 22 BauGB) beteiligen (BVerwG BauR 1989, 439).

205 Der Bauherr kann seine Stellplatzpflicht unter bestimmten Voraussetzungen auch ablösen. Dies setzt voraus, dass die **Ablösung** in einer Satzung nach § 44 Abs. 1 Satz 2 Nr. 8 HBO geregelt ist. Eine solche Regelung ist beispielsweise zulässig, wenn der Stellplatzbedarf durch besondere Maßnahmen verringert wird, z.B. durch gute Erschließung mit öffentlichen Verkehrsmitteln (§ 44 Abs. 1 Nr. 5 a) HBO) oder die Untersagung der Herstellung von Stellplätzen aus Gründen des Verkehrs, z.B. in Fußgängerzonen erforderlich ist (§ 44 Abs. 1 Nr. 6 HBO). In der Satzung ist jedenfalls die Höhe der Stellplatzablöse zu bestimmen. Dieser Geldbetrag ist zweckgebunden für die Herstellung oder die Unterhaltung von Parkplätzen oder die Förderung des öffentlichen Personennahverkehrs oder des Fahrradverkehrs zu verwenden; diese Maßnahmen müssen die Erreichbarkeit des jeweiligen Bauvorhabens in irgendeiner Weise verbessern (§ 44 Abs. 2 HBO). Ist eine satzungsgemäße Ermächtigung zur Ablöse von Stellplätzen demnach gegeben, so entscheidet die Gemeinde über einen entsprechenden Antrag des Bauherrn nach freiem Ermessen durch Verwaltungsakt (§ 44 Abs. 4 Satz 1 HBO; vgl. OVG Saarlouis BRS 47 Nr. 115). Ihr Ermessen ist aber regelmäßig reduziert, wenn sie die Herstellung von Stellplätzen aus städtebaulichen oder verkehrlichen Gründen gemäß § 44 Abs. 1 Nr. 6 HBO ausgeschlossen hat. Statt einen Verwaltungsakt zu erlassen kann sie aber auch einen Ablösevertrag (früher: Garagendispensvertrag) mit dem Bauherrn schließen. Die Gemeinde ist zum Abschluss eines Ablösevertrages nicht verpflichtet; dies gilt auch dann, wenn der Bauherr sonst das Bauvorhaben nicht verwirklichen kann (BVerwG BRS 40 Nr. 146). Nach § 44 Abs. 4 Satz 2 HBO kann die Bauaufsicht die Erteilung der Baugenehmigung von der Entscheidung der Gemeinde über die Ablösung und von der Zahlung des Geldbetrages abhängig machen. Die Vorschrift ist wohl einschränkend dahin gehend auszulegen, dass sie sich nur auf im herkömmlichen Baugenehmigungsverfahren nach § 58 HBO zu behandelnde Vorhaben bezieht, da nur dort die Stellplatzpflicht überhaupt geprüft wird (§ 58 Satz 1 Nr. 2 HBO; so auch Hornmann, § 44 Rdnr 213).

5. Sonstige materiell-rechtliche Vorschriften des Bauordnungsrechts

Hier sollen nur diejenigen Vorschriften erörtert werden, deren Auslegung Schwierigkeiten aufweist oder die besonders bedeutungsvoll sind, so dass sie jeder, der sich mit dem Baurecht befasst, kennen muss. 206

a) **§ 3 Abs. 1 HBO** enthält eine § 1 HSOG vergleichbare **bauordnungsrechtliche Generalklausel**. Die Frage, ob durch eine bauliche Anlage die öffentliche Sicherheit oder Ordnung verletzt wird, ist deshalb unter Heranziehung der zu § 1 HSOG entwickelten Grundsätze zu beantworten; erforderlich ist eine konkrete Gefahr (VGH Mannheim VBlBW 1985, 221; 1988, 111).

> Bsp. a) (VGH Mannheim VBlBW 1982, 94): Einsturzgefahr eines abgebrannten Gebäudes
> b) (VGH Mannheim VBlBW 1984, 117): Anbringen eines Kaugummiautomaten, der durch eine verkehrsreiche Straße von einer Schule getrennt wird.

Der Bauherr muss ferner nach **§ 3 Abs. 3 HBO** die bauaufsichtlich eingeführten **Technischen Baubestimmungen** beachten. Eine Liste dieser Bestimmungen wird jährlich im hessischen Staatsanzeiger veröffentlicht.

b) **§ 4 Abs. 1 HBO** verlangt eine **Erschließung** durch eine öffentliche Straße oder einen befahrbaren öffentlich-rechtlich, d.h. durch eine Baulast nach § 75 HBO gesicherten Zugang zu einer solchen Straße. Ein dinglich gesichertes Wegerecht nach § 1018 BGB reicht deshalb nicht aus; erst recht nicht das Notwegerecht nach § 917 BGB (OVG Münster NJW 1977, 725; VGH Mannheim VBlBW 1982, 92). 207

d) **§ 11 HBO** verlangt, dass bauliche Anlagen standsicher sind; sie müssen nach menschlichem Ermessen den zu erwartenden Belastungen standhalten (VGH Mannheim Urt. v. 12.6.1981 – 8 S 2498/80). Nach § 59 Abs. 1 i.V.m. 65 Abs. 2 Satz 3 HBO muss deshalb rechtzeitig vor Baubeginn der Nachweis der **Standsicherheit** durch Vorlage der statischen Pläne erbracht werden. Bei erheblichen Zweifeln an der Standsicherheit eines Gebäudes kann die Bauaufsicht dem Eigentümer die Beibringung eines Standsicherheitsnachweises aufgeben (VGH Kassel BRS 52 Nr. 223). 208

e) Die dem **Immissionsschutz** dienende Regelung des **§ 14 HBO** wird weitgehend durch das Bundesimmissionsschutzgesetz verdrängt (vgl. VGH Mannheim VBlBW 1982, 137). Im Rahmen der Erteilung einer Baugenehmigung ist deshalb § 22 BImSchG zu beachten (BVerwG NVwZ 1987, 884; 1989, 666). Danach sind vermeidbare schädliche Umwelteinwirkungen zu vermeiden und unvermeidbare Umwelteinwirkungen auf ein Mindestmaß zu reduzieren. Der Baugenehmigung beigefügte Auflagen hinsichtlich der zulässigen Immissionswerte reichen nur aus, wenn auch tatsächlich gewährleistet ist, dass die Auflage beachtet wird (VGH Mannheim Urt. v. 28.4.1978 – VIII 13/78). 209

g) In Ergänzung der bauplanungsrechtlichen Regelungen der §§ 30 ff. BauGB, wonach bauliche Anlagen ausreichend erschlossen sein müssen (s. oben Rdnr. 160 ff.), stellen **§§ 39, 40 HBO** besondere Anforderungen an die **Wasserversorgung und Abwasserbeseitigung**. Von Bedeutung ist vor allem, dass bauliche Anlagen möglichst an die Kanalisation anzuschließen sind (§ 40 HBO). Kleinkläranlagen und geschlossene Gruben sind in der Regel unzulässig (VGH Mannheim VBlBW 1982, 52); 210

h) **§§ 42 und 43 HBO** normieren zur Gewährleistung gesunder Wohnverhältnisse gewisse Mindestanforderungen an Wohnungen und Aufenthaltsräume (§ 2 Abs. 9 HBO). Ein **Aufenthaltsraum** ist ein Raum, in dem sich Menschen nicht nur kurzfristig aufhalten; 211

der Aufenthalt braucht aber weder täglich erfolgen noch sich über mehrere Stunden erstrecken (VGH Mannheim BRS 29 Nr. 68 – Betsaal einer Sekte).
Nach § 42 Abs. 1 Satz 1 HBO müssen Aufenthaltsräume mindestens 2,40 m hoch sein; im Dach- und Kellergeschoss reicht eine Höhe von 2,20 m aus. Die Größe der Fenster von Aufenthaltsräumen muss nach § 42 Abs. 2 HBO mindestens 1/8 der Fläche des Raumes betragen; in besonderen Fällen reichen auch kleinere Fenster aus.
Wohnungen müssen baulich abgeschlossen sein und über einen eigenen Eingang verfügen (§ 43 Abs. 1 HBO). Sie müssen eine ins Freie zu lüftende Küche und ein Bad (§ 43 Abs. 3 und 5 HBO) haben.
Bei Gebäuden mit mehr als zwei Wohnungen sind Abstellräume für Kinderwagen und Fahrräder (§ 43 Abs. 4 HBO) einzurichten. Die Wohnungen eines Geschosses müssen barrierefrei hergestellt werden (§ 43 Abs. 2 HBO). Ferner muss nach § 8 Abs. 2 HBO ein Kinderspielplatz eingerichtet werden, wenn nicht ein öffentlicher Spielplatz in unmittelbarer Nähe liegt.

C. Verfahrensvorschriften

1. Bauaufsichtsbehörden

212 Die Bauaufsichtsbehörden haben die umfassende Aufgabe, für die Einhaltung der öffentlich-rechtlichen Vorschriften und der im Einzelfall erlassenen Anordnungen zu sorgen, soweit es um Anlagen nach der HBO geht (§ 53 Abs. 2 HBO). Die Bauaufsicht ist eine staatliche Aufgabe (§ 53 Abs. 1 HBO). Sie wird auf drei Verwaltungsebenen wahrgenommen:
– Von den kreisfreien Städte, Landkreisen und kreisangehörigen Städten mit mehr als 50.000 Einwohnern als **unteren Bauaufsichtsbehörden** (§ 52 Abs. 1 Satz 1 Nr. 1 HBO). Durch Rechtsverordnung nach § 80 Abs. 9 HBO ist folgenden weiteren Städten die untere Bauaufsicht übertragen worden: Alsfeld, Bad Hersfeld, Limburg an der Lahn und Oberursel.
– Von den Regierungspräsidien als **oberen Bauaufsichtsbehörden** (§ 52 Abs. 1 Satz 1 Nr. 2 HBO).
– Von dem für die Bauaufsicht zuständigen Ministerium als **obersten Bauaufsichtsbehörde** (§ 52 Abs. 1 Satz 1 Nr. 3 HBO). Derzeit ist dies nach dem Beschluss über die Zuständigkeit der einzelnen Ministerinnen und Minister nach Art. 104 Abs. 2 HV vom 28.04.2003 (Fuhr-Pfeil Nr. 16 a) das Hessische Ministerium für Wirtschaft, Verkehr und Landesentwicklung (HMWVL).
Für baurechtliche Maßnahmen sind gem. § 52 Abs. 1 Satz 3 HBO die unteren Bauaufsichtsbehörden zuständig, soweit nichts anderes bestimmt ist, z.B. im Zusammenhang mit der Verwendbarkeit von Bauprodukten oder Bauarten (§§ 16 ff. HBO). Die obere und die oberste Bauaufsichtsbehörde können den unteren Bauaufsichtsbehörden allgemein und ausnahmsweise im Einzelfall Weisungen erteilen (§ 53 Abs. 7 HBO). Sie haben jedoch nicht das Recht des Selbsteintritts. D.h. sie können die Aufgaben der unteren Bauaufsichtsbehörde nicht an sich ziehen (s. dazu Rdnr. 307). Das für die untere Bauaufsicht zuständige Organ ist jeweils der Gemeindevorstand (Magistrat) bzw. Kreisausschuss (§ 52 Abs. 1 Satz 1 Nr. 1 HBO).

2. Formelle Zulässigkeit baulicher Anlagen

a) Baugenehmigungsbedürftige Anlagen (§ 54 HBO)

213 Nach § 54 Abs. 1 Satz 1 HBO bedarf die Errichtung, Aufstellung, Anbringung und Änderung, die Nutzungsänderung, der Abbruch und die Beseitigung baulicher und sonstiger Anlagen, an

C. Verfahrensvorschriften

die Anforderungen nach der Bauordnung gestellt werden, der Baugenehmigung (präventives Verbot mit Erlaubnisvorbehalt).
Von diesem Grundsatz gibt es Ausnahmen in
- § 55 HBO für genehmigungsfreie Vorhaben gem. Anlage 2,
- § 56 HBO für genehmigungsfrei gestellte Vorhaben,
- § 68 HBO für fliegende Bauten
- § 69 HBO für Bauvorhaben in öffentlicher Trägerschaft
- aufgrund einer nach § 80 Abs. 4 Satz 1 Nr. 1 HBO zu erlassenden FreistellungsVO.

Die Baugenehmigung wird entweder aufgrund des herkömmlichen (§ 58 HBO) oder des vereinfachten Genehmigungsverfahrens (§ 57 HBO) erteilt.
Instandhaltungsarbeiten, als Oberbegriff für **Instandsetzungs**- und Unterhaltungsarbeiten, bedürfen keiner Baugenehmigung (§ 54 Abs. 1 Satz 2 HBO). Instandsetzungsarbeiten sind allerdings nur solche, die den Bestand des Gebäudes unter Wahrung seines bisherigen Nutzungszwecks unverändert erhalten (Rasch/Schaetzell § 63 HBO 1993 Anm. 2.2.6.). Eine genehmigungsfreie unwesentliche Änderung kann nur dann angenommen werden, wenn weder das Äußere des Gebäudes verändert wird, noch erhebliche Änderungen im Innern vorgenommen werden, insbesondere die statischen Verhältnisse unverändert bleiben (BVerwG BRS 36 Nr. 99; VGH Mannheim BRS 47 Nr. 195). Eine Instandsetzung ist nach Ansicht des VGH Mannheim (Urt. v. 21. 1. 1987 – 8 S 3427/86) jedenfalls nicht mehr gegeben, wenn mehr als ein Drittel der Gebäudesubstanz erneuert wird.
Bei einer Änderung eines Bauvorhabens ist nicht nur der geänderte Teil, sondern das gesamte Bauvorhaben Gegenstand des Baugenehmigungsverfahrens. Dies gilt aber nur dann, wenn die Änderung sich auf das gesamte Bauvorhaben auswirkt (s. dazu oben Rdnr. 85). Wenn die Änderung baurechtlich isoliert betrachtet werden kann, kommt es nur auf die Zulässigkeit der Änderung an (BVerwG NVwZ 2000, 1047).
Umbauten innerhalb eines Wohngebäudes sind in der Regel nach § 55 HBO i.V.m. Anlage 2 I.2., II und III genehmigungsfrei; allerdings sind bei wesentlichen Änderungen, etwa dem Versetzen tragender Wände, sachverständige Dritte zu beteiligen.

Eine **Nutzungsänderung** bedarf auch ohne jede bauliche Maßnahme einer Baugenehmigung, **214** sofern für die neue Nutzung weiter gehende oder andere Anforderungen gelten als für die bisherige (§ 55 HBO i.V.m. Anlage 2 III).
Weitergehende Anforderungen gelten nicht nur dann, wenn andere Vorschriften für die neue Nutzung maßgeblich sind, sondern auch dann, wenn das neue Vorhaben nach derselben Vorschrift anders zu beurteilen ist (VGH Mannheim VBlBW 1984, 209).

Bsp. a) (VGH Kassel BRS 38 Nr. 152; OVG Münster NVwZ 1983, 685; VGH München BRS 47 Nr. 52): Die Umwandlung einer Gaststätte in eine Diskothek im nichtbeplanten Innenbereich ist eine Nutzungsänderung.
b) (VGH München NVwZ-RR 1998, 9): Die Verdoppelung der LKW's einer Spedition in einem durch Bebauungsplan festgesetzten Mischgebiet stellt eine genehmigungsbedürftige Nutzungsänderung dar, da die Betriebserweiterung zu unzumutbaren Störungen für die Nachbarschaft führen kann.

Eine baurechtlich bedeutsame Nutzungsänderung setzt nach der Rechtsprechung des BVerwG (E 47, 185 = DVBl 1975, 498) eine Funktionsänderung voraus (s. dazu im Einzelnen oben Rdnr. 85).

b) Baugenehmigungsfreie Vorhaben (§ 55 HBO i.V.m. Anlage 2)

§ 55 HBO bestimmt, dass im Grundsatz genehmigungspflichtige Vorhaben nach Maßgabe der **215** Anlage 2 baugenehmigungsfrei sind. Unter I. dieser Anlage ist ein umfangreicher Katalog von Vorhaben enthalten, die nur in wenigen Fällen einer weiteren Erläuterung bedürfen:
aa) Nach I.1.1. sind Gebäude ohne Aufenthaltsraum bis zu 30 m^3 Brutto-Rauminhalts (DIN 277) baugenehmigungsfrei.

Ein **Gebäude** setzt nach § 2 Abs. 2 HBO ein Dach voraus. Seitenwände sind dagegen nicht erforderlich; auch eine Überdachung auf Pfeilern ohne Seitenwände ist ein Gebäude (VGH Kassel HessVGRspr. 1992, 85; OVG Koblenz BRS 32 Nr. 115). Ferner muss das Bauwerk von Menschen durch eine Tür oder ähnliche Öffnung betreten werden können. Ein Tank mit Einstiegsluke ist daher kein Gebäude (VGH Mannheim Urt. v. 23. 6. 1982–3 S 1599/81).
bb) Eine offene Einfriedung i.S.d. I. 7.1 ist nicht etwa eine Einfriedung, die das Grundstück nicht auf allen Seiten umgibt. Vielmehr wird hierunter eine Einfriedung verstanden, bei der die Bauteile kleiner sind als die Zwischenräume. Ein Maschendrahtzaun ist daher keine geschlossene Einfriedung.
cc) **Werbeanlagen** sind bis zu einer Ansichtsfläche von 1 m² baugenehmigungsfrei (I.10.1.1). Dies gilt auch im Außenbereich (Allgeier/von Lutzau Erl. I Nr. 10). Dabei kommt es bei beidseitig oder mehrseitig beschrifteten Werbeanlagen auf die jeweils von einem bestimmten Standort aus sichtbare Werbefläche an (OVG Münster BauR 1986, 549).
dd) Untergeordnete oder **unbedeutende Anlagen** sind nach I.13 baugenehmigungsfrei. Es handelt sich dabei um Vorhaben, die wegen ihrer geringen Größe oder ihren geringen Auswirkungen auf die Umgebung keine baurechtliche Relevanz haben. **Hinweis:** Auch eine bei isolierter Betrachtungsweise verfahrensfreie Anlage kann als Teil einer Gesamtanlage genehmigungspflichtig sein (VGH Mannheim BRS 39 Nr. 143; vgl. auch BVerwG NVwZ 1994, 294).

Bsp. (OVG Münster BauR 2000, 81): Eine Einfriedung im Innenbereich ist nach I.7.1 genehmigungsfrei. Wenn die Einfriedung aber einen Bolzplatz umgibt, müssen beide als Einheit gesehen werden und unterliegen der Genehmigungspflicht.

Baugenehmigungsfrei sind nach Abschnitt III ferner **Nutzungsänderungen**, soweit für die neue Nutzung keine anderen oder weiter gehenden Anforderungen gelten als für die bisherige Nutzung (s. oben Rdnr. 214) sowie nach Abschnitt IV die Beseitigung baulicher Anlagen bis zur Größe eine kleinen Einfamilienhauses (300 m³ Brutto-Rauminhalt).
Viele der Freistellungen nach Anlage 2 gelten jedoch nicht bedingungslos, sondern sind an bestimmte Vorbehalte nach Abschnitt V gebunden, etwa die Beteiligung der Gemeinde (V.1.), von Bauvorlageberechtigten (V.2.), Nachweisberechtigten (V.3.) oder die Beauftragung von Fachfirmen. Im Falle der Beteiligung der Gemeinde ist das beabsichtigte Vorhaben dieser durch Einreichen der erforderlichen Bauvorlagen zur Kenntnis zu bringen. Mit dem Vorhaben darf erst begonnen werden, wenn die Gemeinde nicht binnen 14 Tagen erklärt hat, dass ein Baugenehmigungsverfahren durchgeführt werden soll oder eine vorläufige Untersagung nach § 15 Abs. 1 Satz 2 BauGB beantragt. Dieser Vorbehalt gilt z.B. für die Errichtung von land- und forstwirtschaftlichen Schutz- und Lagergebäuden bis 4 m Firsthöhe (I.1.3). Eine Balkonüberdachung bis 30 m² darf gem. I.1.14. nur dann genehmigungsfrei errichtet werden, wenn zuvor ein Nachweisberechtigter die statisch-konstruktive Unbedenklichkeit festgestellt und der Bauherrschaft bescheinigt hat (V.3.). Die Genehmigungsfreiheit des Abbruchs von Gebäuden bis 300 m³ BRI ist nach V.5.an die Beauftragung einer Fachfirma gebunden (IV.2.)

c) **Genehmigungsfreistellung (§ 56 HBO)**

216 Entsprechend den Bauordnungen anderer Länder, z.B. Bayern und Baden-Württemberg, wurde mit der HBO 2002 ein Genehmigungsfreistellungsverfahren eingeführt. Es ist sozusagen ein Verfahren unterhalb des Baugenehmigungsverfahrens. § 56 HBO regelt baugenehmigungsfreie Vorhaben im beplanten Innenbereich. Die Einführung des Freistellungsverfahrens war im Gesetzgebungsverfahren sehr umstritten. Die Bedenken richteten sich vor allem dagegen, dass eine mit der gebotenen Sorgfalt durchgeführte präventive Kontrolle des Bauvorhabens in der Regel schon wegen der relativ kurzen Fristen kaum möglich ist und man sich erklärtermaßen

C. Verfahrensvorschriften

auf die – häufig nur recht eingeschränkt vorhandene – Gesetzestreue von Bauherrn und Architekten verlässt. Die Vorhaben, deren Errichtung, Änderung oder Nutzungsänderung unter den **Anwendungsbereich** des Freistellungsverfahrens fällt, bestimmt § 56 Abs. 1 Satz 1 HBO abschließend. Dies sind insbesondere Wohngebäude bis zu 22 m Höhe und sonstige (gewerbliche) Gebäude bis zu einer Höhe von 7 m, einschließlich der jeweiligen Nebenanlagen soweit es sich nicht um Sonderbauten handelt (§ 56 Abs. 1 Satz 2 HBO). Beseitigung und Abbruch von Bauvorhaben werden von der Vorschrift nicht erfasst. Sachliche Voraussetzungen für die Genehmigungsfreistellung sind:
- Das Vorhaben muss im räumlichen Geltungsbereich eines qualifizierten oder vorhabenbezogenen Bebauungsplans liegen und dessen Festsetzungen ohne Ausnahme oder Befreiung entsprechen.
- Die Erschließung muss gesichert sein.
- Das Vorhaben bedarf keiner Abweichung nach § 63 HBO.
- Die Gemeinde erklärt der Bauherrschaft nicht innerhalb eines Monats nach Eingang der erforderlichen Bauvorlagen schriftlich, dass ein Baugenehmigungsverfahren durchgeführt werden soll, oder hat keine vorläufige Untersagung nach § 15 Abs. 1 Satz 2 BauGB beantragt.

Mit der Beteiligung der Gemeinde soll dieser die Möglichkeit eröffnet werden, trotz Wegfall des Baugenehmigungsverfahrens ihre verfassungsrechtlich verankerte Planungshoheit zu wahren, indem sie die Durchführung eines vereinfachten Baugenehmigungsverfahrens nach § 57 HBO erzwingen kann. Die Gemeinde braucht ihre Entscheidung nicht zu begründen (§ 56 Abs. 4 Satz 1 HBO). In dem dann durchzuführenden Verfahren wird die Gemeinde aber nur dann zur Herstellung des Einvernehmens beteiligt, wenn die Voraussetzungen des Freistellungsverfahrens von vornherein nicht vorgelegen haben, weil eine Ausnahme oder Befreiung von den Festsetzungen des Bebauungsplans erforderlich ist.

Der Bauherr muss die vollständigen Bauvorlagen zweifach, einmal bei der Bauaufsicht und einmal bei der Gemeinde einreichen. Nach ereignislosem Ablauf der Monatsfrist bzw. einer entsprechenden Erklärung der Gemeinde darf er bauen (§ 56 Abs. 3 Satz 3 HBO). Eine Genehmigung oder Zulassung, die die formelle Rechtmäßigkeit seines Vorhabens bescheinigt oder gar, wie die Baugenehmigung, Bestandsschutz vermitteln könnte, erhält er nicht. Ändert sich bis zum Baubeginn die planungsrechtliche Beurteilungsgrundlage, so entfällt die formelle Rechtmäßigkeit des früher freigestellten Vorhabens (Allgeier/von Lutzau Erl. 56.3). Die Gemeinde ist auch nicht durch den Umstand, dass sie sich zu dem Vorhaben nicht geäußert hat daran gehindert, ihre Planungsvorstellungen zu ändern und beispielsweise eine Veränderungssperre zu beschließen (Allgeier/von Lutzau Erl. 56.3). Ist nach 3 Jahren noch nicht mit dem Bau begonnen worden, erlischt die Feststellung der formellen Rechtmäßigkeit ohnehin wieder (§ 56 Abs. 3 Satz 5 HBO). Der Bauherr baut schließlich auch deshalb »auf eigene Gefahr« (so VG Münster BauR 1999, 626; Ortloff NVwZ 2000, 752), da weder die Gemeinde noch die Bauaufsicht verpflichtet sind, die Bauvorlagen zu prüfen (§ 56 Abs. 3 Satz 2 HBO). Es liegt auf der Hand, dass das Freistellungsverfahren auch für den Bauherrn bei relativ geringer Kostenersparnis nicht nur Vorteile bietet. Befristet bis zum 30.09.2005 gibt § 79 Abs. 10 HBO dem Bauherrn deshalb die Wahlmöglichkeit zwischen dem Freistellungs- und dem Genehmigungsverfahren nach § 57 oder § 58 HBO.

d) vereinfachtes Baugenehmigungsverfahren (§ 57 HBO)

Liegen bei Vorhaben, die in den **Anwendungsbereich** des Freistellungsverfahrens nach § 56 fallen, die sachlichen Voraussetzungen der Freistellung nicht vor, etwa weil eine Abweichung erforderlich ist, so findet das vereinfachte Genehmigungsverfahren nach § 57 HBO statt. Hier wird von der Bauaufsicht nur noch die Zulässigkeit nach den Vorschriften des und aufgrund

217

des Baugesetzbuches (§ 57 Abs. 1 Satz 1 Nr. 1 HBO), von Abweichungen nach § 63 HBO (§ 57 Abs. 1 Satz 1 Nr. 2 HBO) und nach anderen öffentlich-rechtlichen Vorschriften, soweit wegen der Baugenehmigung eine Entscheidung nach diesen Vorschriften entfällt oder ersetzt wird (§ 56 Abs. 1 Satz 1 Nr. 3 HBO, z.B. § 7 Abs. HeNatG, § 7 Abs. 1 HDSchG), überprüft. Das vereinfachte Genehmigungsverfahren ist damit gegenüber § 67 HBO 1993 in der Anwendung breiter und in der Prüfung flacher geworden, da beispielsweise die Prüfung des Ortsrechts einschließlich der Erfüllung der Stellplatzpflicht und der Einhaltung der Abstandsflächen nach §§ 6, 7 HBO weggefallen ist. Die fehlende bauaufsichtliche Prüfung entbindet die Bauherrschaft aber nicht von ihrer Verpflichtung alle einschlägigen öffentlich-rechtlichen Vorschriften einzuhalten. Beibehalten wurde, dass die Bauaufsichtsbehörde innerhalb von drei Monaten nach Eingang des vollständigen Antrags entscheiden muss, sonst gilt der Antrag als genehmigt (§ 57 Abs. 2 HBO) – außer bei Vorhaben im Außenbereich (§ 57 Abs. 2 Satz 3, 2. Halbsatz HBO). Auch hier besteht für den Bauherrn befristet bis zum 30.09.2005 gem. § 79 Abs. 10 HBO die Wahlmöglichkeit zwischen dem vereinfachten und dem »normalen« Genehmigungsverfahren nach § 58 HBO.

e) Baugenehmigungsverfahren (§ 58 HBO)

218 § 58 HBO regelt Anwendungsbereich und Umfang des quantitativ stark zurückgedrängten »normalen« Baugenehmigungsverfahrens. Es findet nach Satz 1 der Vorschrift nur statt bei Sonderbauten (§ 2 Abs. 8 HBO) wie Hochhäusern, großen Verkaufsstätten und Sportstadien für mehr als 5.000 Besucher sowie Gebäuden, die keine Wohngebäude und höher als 7 m sind und den jeweils zugehörigen Nebenanlagen. Die Bauaufsichtsbehörde prüft die Zulässigkeit nach den Vorschriften des und aufgrund des Baugesetzbuches (§ 58 Satz 1 Nr. 1 HBO), nach den Vorschriften der und aufgrund der HBO (§ 58 Satz 1 Nr. 2 HBO) und nach anderen öffentlich-rechtlichen Vorschriften, soweit wegen der Baugenehmigung eine Entscheidung nach diesen Vorschriften entfällt oder ersetzt wird oder nach den anderen öffentlich-rechtlichen Vorschriften kein Zulassungsverfahren vorgeschrieben ist (§ 58 Satz 1 Nr. 3–5 HBO). Der Erschütterungsschutz, die Anforderungen des baulichen Arbeitsschutzes sowie die von qualifizierten Dritten zu erstellenden bautechnischen Nachweise werden von der Bauaufsicht auch im normalen Genehmigungsverfahren nicht geprüft (§ 58 Satz 3, 4 i.V.m. § 59 Abs. 1 HBO).

3. Die Baugenehmigung

a) Voraussetzungen für die Erteilung der Baugenehmigung

219 Nach § 64 Abs. 1 HBO ist die Baugenehmigung zu erteilen, wenn dem Bauvorhaben keine von der Bauaufsichtsbehörde zu prüfenden öffentlich-rechtlichen Vorschriften entgegenstehen; privatrechtliche Hinderungsgründe bleiben außer Betracht, § 64 Abs. 5 HBO. Welche öffentlich-rechtlichen Vorschriften dabei jeweils zu prüfen sind, hängt von dem einschlägigen Genehmigungsverfahren ab: Im vereinfachten Genehmigungsverfahren (§ 57 HBO) werden nur geprüft: die Zulässigkeit nach den Vorschriften des und aufgrund des Baugesetzbuches (§ 57 Abs. 1 Satz 1 Nr. 1 HBO), von Abweichungen nach § 63 HBO (§ 57 Abs. 1 Satz 1 Nr. 2 HBO) und nach anderen öffentlich-rechtlichen Vorschriften, soweit wegen der Baugenehmigung eine Entscheidung nach diesen Vorschriften entfällt oder ersetzt wird (§ 56 Abs. 1 Satz 1 Nr. 3 HBO: z.B. § 7 Abs. HeNatG, § 7 Abs. 1 HDSchG).
Im Baugenehmigungsverfahren nach § 58 HBO umfasst das Prüfprogramm die Zulässigkeit nach den Vorschriften des und aufgrund des Baugesetzbuches (§ 58 Satz 1 Nr. 1 HBO), nach den Vorschriften der und aufgrund der HBO (§ 58 Satz 1 Nr. 2 HBO) und nach anderen öffentlich-rechtlichen Vorschriften, soweit wegen der Baugenehmigung eine Entscheidung nach

C. Verfahrensvorschriften

diesen Vorschriften entfällt oder ersetzt wird oder nach den anderen öffentlich-rechtlichen Vorschriften kein Zulassungsverfahren vorgeschrieben ist (§ 58 Satz 1 Nr. 3–5 HBO).

Bsp. (BVerwG NVwZ 1987, 884; NVwZ 1989, 666): Über die Einhaltung des § 22 BImSchG ist im Baugenehmigungsverfahren zu entscheiden, da §§ 22 ff. BImSchG kein besonderes Genehmigungsverfahren vorsehen.

Hinweis: Das formelle Verhältnis zwischen Baugenehmigung und sonstigen spezialgesetzlichen Gestattungen wird unter Rdnr. 231 ff. behandelt.

Für Hessen gilt somit nicht mehr die sog. **Schlusspunkttheorie** (siehe dazu Finkelnburg/Ortloff II S. 100 ff.; Ortloff NVwZ 1997, 338), wonach die Baugenehmigung den Schlusspunkt des behördlichen Zulassungsverfahrens bildet und daher erst erteilt werden darf, wenn alle anderen sonst noch notwendigen behördlichen Entscheidungen vorliegen. Das BVerwG (E 99, 351 = NVwZ 1996, 377; NJW 1997, 1085) hat diese Frage ausdrücklich offen gelassen und entschieden, dass das Verhältnis von Baugenehmigung zu sonstigen Genehmigungen sich nach dem jeweiligen Landesrecht richtet.

Bedeutsame Sonderregelungen finden sich zunächst im **Straßenrecht**. 220
Nach § 9 Abs. 1 FStrG darf außerhalb der Ortsdurchfahrten an Bundesautobahnen im Bereich von 0–40 m, an Bundesstraßen im Bereich von 0–20 m kein Hochbau errichtet werden, ferner keine bauliche Anlage, die eine unmittelbare oder mittelbare Zufahrt zu einer Bundesstraße hat (hierzu BVerwG E 54, 328; E 74, 217 = NJW 1987, 456); das gleiche gilt nach § 23 Abs. 1 StrG für einen Streifen entlang der Landes- und Kreisstraßen von 20 m Breite. Von diesem absoluten Anbauverbot kann nach § 9 Abs. 8 FStrG bzw. § 22 Abs. 8 StrG Befreiung erteilt werden; die Voraussetzungen hierfür sind die gleichen wie für eine Befreiung nach § 31 Abs. 2 BauGB (BVerwG E 48, 123 = NJW 1975, 2082; E 74, 217 = NJW 1987, 456). Für die Entscheidung über die Befreiung ist nach § 7 Satz 1 Nr. 6 StrZustAO (Fuhr-Pfeil Nr. 204 c) das Amt für Straßen- und Verkehrswesen zuständig. Sie ergeht in Form eines selbständigen Verwaltungsakts, sodass bei einer Versagung auf Erteilung der Befreiung und nicht etwa auf Erteilung der Baugenehmigung zu klagen ist (BVerwGE 16, 116).
Dagegen besteht im Bereich von 40–100 m entlang der BAB bzw. 20–40 m entlang der Bundesstraßen nur ein **relatives Anbauverbot** (§ 9 Abs. 2 FStrG); das gleiche gilt nach § 23 Abs. 2 StrG für Landes- und Kreisstraßen für den Bereich von 20–40 m. Bauliche Anlagen dürfen in diesem Schutzstreifen nur mit Zustimmung des Amtes für Straßen- und Verkehrswesen errichtet werden.; ebenso ist für die Nutzungsänderung eines unmittelbar oder mittelbar an die Bundesstraße angeschlossenen Gebäudes eine Zustimmung erforderlich (s. dazu BVerwG E 54, 328; NJW 1982, 2569). Diese Zustimmung ist nach BVerwGE 16, 116 kein Verwaltungsakt, sondern ein Verwaltungsinternum. Sie darf nach § 9 Abs. 3 FStrG nur aus Gründen der Sicherheit und Leichtigkeit des Verkehrs sowie wegen Ausbauabsichten versagt werden; in diesem Fall ist nicht auf Erteilung der Zustimmung, sondern auf Erteilung der Baugenehmigung zu klagen.
Hinweis: Eine Übersicht zum Straßenrecht findet sich bei Sauthoff (NVwZ 1994, 17 u. 1998, 239).

Im **Naturschutzrecht** ist nach §§ 8 BNatSchG, 5–6 b HeNatG ein Eingriff in die Natur und die 221 Landschaft unzulässig, wenn der Naturhaushalt oder das Landschaftsbild erheblich beeinträchtigt wird (s. dazu BVerwG NVwZ 1991, 364; VGH Mannheim NVwZ 1992, 992 u. 999; 2000, 1063; Kuschnerus NVwZ 1996, 235) und ein solcher Eingriff nicht durch Ausgleichsmaßnahmen aufgefangen werden kann oder durch überwiegende öffentliche Belange gerechtfertigt wird. Zu einem Eingriff in die Natur und Landschaft zählt nach § 5 Abs. 2 Nr. 1 HeNatG auch die Errichtung baulicher Anlagen im Sinne des § 2 Abs. 1 HBO.
Die Eingriffsregelung des § 8 BNatSchG ist allerdings nach § 8a Abs. 2 BNatSchG nur im

Außenbereich, nicht aber im beplanten (§ 30 BauGB) oder nicht-beplanten Innenbereich (§ 34 BauGB) oder im Bereich eines in der Aufstellung befindlichen Bebauungsplans (§ 33 BauGB) anzuwenden. Für den **Anwendungsbereich** der §§ 30, 33 BauGB ist der Rückgriff auf § 8 BNatSchG deswegen entbehrlich, weil die Eingriffsregelung bereits bei der Aufstellung des Bebauungsplans nach § 1a Abs. 2 Nr. 2 BauGB zu berücksichtigen war (s. dazu oben Rdnr. 25). Im nicht beplanten Innenbereich spielen Belange des Naturschutzes und der Landschaftspflege in der Regel keine Rolle, sodass auf eine Anwendung des § 8 BNatSchG verzichtet werden kann.

Ferner kann die Festsetzung eines Natur- oder Landschaftsschutzgebietes nach § 11 ff. HeNatG einem Bauvorhaben entgegenstehen. Während in einem Naturschutzgebiet in der Regel überhaupt nicht gebaut werden darf (absolutes Veränderungsverbot), begründet eine Landschaftsschutzverordnung nur ein relatives Bauverbot, d.h. es dürfen nur solche Bauvorhaben errichtet werden, die dem Schutzzweck der Landschaftsschutzverordnung nicht zuwiderlaufen und das Landschaftsbild nicht beeinträchtigen (§ 13 Abs. 2 HeNatG– s. dazu BVerwG NuR 1996, 600; VGH Mannheim NVwZ-RR 1990, 464; NVwZ 1998, 422 – Golfplatz; VGH Kassel BauR 1994, 235; OVG Münster NVwZ-RR 1994, 260).

Eine Landschaftsschutzverordnung kann grundsätzlich auch den Innenbereich erfassen, muss dann aber in ihrem Regelungsgehalt Rücksicht darauf nehmen, dass die Grundstücke Baulandqualität haben (VGH Kassel NVwZ RR 1997, 25; OVG Lüneburg NVwZ RR 1996, 132; vgl. auch BVerwGE 55, 272).

Hinweis: Eine Rechtsprechungsübersicht zum Naturschutzrecht findet sich bei Schmidt (NVwZ 1988, 982; 1991, 31; 1993, 539; 1996, 437; 1999, 363).

222 § 22 **BImSchG** ist bei immissionsträchtigen Anlagen – nicht nur Gewerbebetrieben, sondern auch sonstigen Anlagen im Sinne des § 3 Abs. 5 BImSchG (vgl. BVerwG E 68, 69 = NJW 1984, 989 – Kirchenglocken;E 81, 197 = NJW 1989, 1291 u. BauR 2000, 234 – Sportplatz; NVwZ 1987, 494 und 1989, 666 – Volksfest; NJW 1988, 2396 – Feuerwehrsirene) zu beachten. Nach **§ 22 BImSchG** sind Immissionen zu vermeiden bzw. zu reduzieren. Die Vorschrift enthält allerdings kein Verbot von unvermeidbaren Immissionen, auch wenn dadurch die Nachbarschaft erheblich beeinträchtigt wird. Andererseits geht § 22 BImSchG vom »dynamischen Immissionsschutz« aus; denn die Vorschrift gilt nicht nur für die Errichtung, sondern auch für das Betreiben einer Anlage. Dies bedeutet, dass auch genehmigte Vorhaben den steigenden Anforderungen des Immissionsschutzrechts entsprechen müssen und sich – z.B. bei einer Herabsetzung der Grenzwerte – nicht darauf berufen können, dass die immissionsschutzrechtlichen Anforderungen zum Zeitpunkt der Erteilung der Baugenehmigung geringer gewesen wären (BVerwG BauR 1995, 807).

Hinweis: Eine Rechtsprechungsübersicht zum BImSchG findet sich bei Engelhardt NuR 1984, 87; NuR 1992, 108; Rid/Hammann NVwZ 1989, 200; Hansmann NVwZ 1991, 829; vgl. auch Feldhaus NVwZ 1995, 963.

223 Von den **wasserrechtlichen** Vorschriften ist im Baugenehmigungsverfahren vor allem die Festsetzung eines **Wasserschutzgebiet**s bedeutsam. Die Beschränkungen reichen hier vom absoluten Bauverbot im engeren Schutzbereich (Zone I und II) bis zu dem wesentlich weniger störenden Verbot der Lagerung von wassergefährdenden Flüssigkeiten in dem weiteren Schutzbereich (Zone III).

Hinweis: Eine Übersicht über wasserrechtliche Probleme findet sich bei Salzwedel NVwZ 1982, 596; 1985, 711; 1988, 493; 1991, 946.

224 In Altstadtgebieten und Ortskernen spielt häufig das **Denkmalschutz**recht eine Rolle. In Hessen stehen nach § 2 HDSchG alle erhaltenswerten Gebäude kraft Gesetzes unter Denkmalschutz (VGH Kassel, ESVGH 45, 241). Die Eintragung in das Denkmalbuch nach § 9 HDschG erfolgt nur nachrichtlich. Ein Kulturdenkmal muss nach § 11 HDSchG grundsätzlich erhalten und gepflegt werden (s. dazu VGH Kassel BauR 2002, 986; VGH Mannheim

C. Verfahrensvorschriften

BauR 2000, 1861). Veränderungen und sogar der Abbruch können zwar zugelassen werden, bedürfen aber der Zustimmung der Denkmalschutzbehörde. Wenn überwiegende Gründe des Gemeinwohls nicht entgegenstehen, ist in der Regel die Veränderung bzw. der Abbruch zu genehmigen. Dies kann auch bei fehlender Erhaltungsmöglichkeit des Denkmals der Fall sein (VGH Kassel, ESVGH 45, 241). Die Baugenehmigung schließt die denkmalschutzrechtliche Genehmigung mit ein (§ 7 Abs. 3 HDSchG).
Hinweis: Eine Übersicht über das Denkmalschutzrecht findet sich bei Moench NJW 1983, 1998; NVwZ 1984, 146; 1988, 304; Moench/Otting NVwZ 2000, 146 u. 515 sowie Müller BauR 1988, 425; 1994, 18.

b) Abweichungen (§ 63 HBO)

Der einheitliche Abweichungstatbestand des § 63 HBO ist eine der wesentlichen Änderungen in der HBO 2002. Er löst nach dem Vorbild des Bauplanungsrechts gegliederte System von Ausnahmen und Befreiungen ab zugunsten eines einheitlichen, sehr flexiblen Tatbestands für die Abweichung von Vorschriften des materiellen Bauordnungsrechts. Ein Abweichungsverfahren ist auch dann erforderlich, wenn das Vorhaben selbst genehmigungsfrei (§ 55 HBO) ist oder von Vorschriften abgewichen werden soll, die im bauaufsichtlichen Genehmigungsverfahren nicht geprüft werden (§ 57 HBO). Ein Abweichungsverfahren bei genehmigungsfrei gestellten Vorhaben (§ 56 HBO) ist begrifflich ausgeschlossen, weil es dann an einem Tatbestandsmerkmal fehlt (§ 56 Abs. 2 Nr. 4 HBO) und tatsächlich ein Fall des vereinfachten Genehmigungsverfahrens vorliegt. Eine Abweichung nach § 63 HBO ist auch ausgeschlossen für die Abweichung von Technischen Baubestimmungen i.S.d. § 3 Abs. 3 HBO (§ 63 Abs. 1 Satz 2 HBO). Im Übrigen regelt § 63 das Verfahren für die Abweichung von allen Vorschriften der HBO und aufgrund der HBO. Die Erteilung einer Abweichung setzt zunächst, auch in den Fällen, in denen keine Baugenehmigung erforderlich ist, einen schriftlichen, begründeten Antrag des Bauherrn bei der Bauaufsicht voraus. Aus dem Begründungserfordernis ergibt sich, dass ein bloß schlüssig gestellter Antrag, etwa durch Einreichung von Bauplänen, aus denen sich eine Unterschreitung der Abstandsfläche ergibt, nicht ausreicht. Auch beim isolierten Abweichungsverfahren, wenn also die Abweichung nicht mit einem Bauantrag verbunden ist, gelten verschiedene Vorschriften aus dem Baugenehmigungsverfahren (§ 63 Abs. 3 Satz 2 HBO): z.B. über die Beteiligung der Gemeinde und anderer Stellen (§ 61 Abs. 1 HBO), die Schriftform (§ 64 Abs. 3 HBO) und die Pflicht zur Unterrichtung der Gemeinde über die Zulassung einer Abweichung (§ 64 Abs. 6 HBO).
Sachliche Voraussetzung für die Zulassung einer Abweichung ist zunächst – auf der Tatbestandsseite –, dass sie unter Berücksichtigung des Zwecks der jeweiligen Anforderung von der abgewichen werden soll, insbesondere unter Würdigung der öffentlich-rechtlich geschützten nachbarlichen Belange, mit den öffentlichen Belangen, insbesondere den Anforderungen der Gefahrenabwehr nach § 3 Abs. 1 HBO, vereinbar ist. Mit anderen Worten: abweichungsfähig ist alles, was noch mit öffentlichen Belangen vereinbar ist, die mit Normzweck, Nachbarschutz und Gefahrenabwehr näher umschrieben sind. Bei diesen Tatbestandselementen handelt es sich um **unbestimmte Rechtsbegriffe**, wie schon an der Verwendung der offenen Formulierungen »Berücksichtigung«, »Vereinbarkeit« und »Würdigung« deutlich wird. Das Vorliegen dieser Tatbestandsvoraussetzungen ist daher gerichtlich in vollem Umfang überprüfbar. Teilweise wird auch vertreten, es liege hier ein Beurteilungsspielraum der Bauaufsicht vor (Allgeier/ von Lutzau Erl.63.1; Hornmann § 63 Rn 16). Dann wäre die konkrete Ausfüllung der Begriffe »Berücksichtigung«, »Vereinbarkeit« und »Würdigung« durch die Bauaufsicht nur eingeschränkt für das Gericht überprüfbar. Dies vermag jedoch nicht zu überzeugen: Weder handelt es sich hier um eine situationsgebundene Leistungs- Eignungs- oder Prüfungsbeurteilung der

225

Bauaufsicht i.S.d. § 2 Abs. 3 Nr. 2 HVwVfG, noch soll eine Prognose über den Normzweck angestellt werden.
Die Berücksichtigung des Zwecks der Anforderung, von der abgewichen soll, gestattet nur bei Vorliegen besonderer, triftiger Gründe hinter den gesetzlichen Anforderungen zurückzubleiben.
Die **Würdigung nachbarlicher Belange** erfordert mindestens die Einhaltung des Gebots der Rücksichtnahme gegenüber dem Nachbarn; eine Überwindung nachbarschützender Vorschriften ist nur in seltenen Ausnahmefällen möglich. Die Prüfung der Vereinbarkeit – nicht Übereinstimmung – mit öffentlichen Belangen orientiert sich an allen öffentlichen Belangen, unabhängig davon, ob sie im jeweiligen Baugenehmigungsverfahren geprüft werden oder nicht (vgl. zu den Einzelheiten: Rasch/Schaetzell-Hinkel § 63 Anm. 2.1.2.).
Sind die genannten Tatbestandsvoraussetzungen gegeben, steht – auf der Rechtsfolgenseite – die Zulassung der Abweichung im **Ermessen** der Behörde. Der Bauherr hat keinen unmittelbaren Anspruch auf Erteilung der Abweichungszulassung, sondern lediglich – entsprechend allgemeinen Grundsätzen – auf fehlerfreie Ermessensausübung der Behörde. Auch diesen Anspruch hat der Bauherr aber nur bei Vorliegen der Tatbestandsvoraussetzungen. Das – gerichtlich nur eingeschränkt nachprüfbare (§ 114 VwGO) – Ermessen der Bauaufsichtsbehörde ist aber bei Vorliegen der tatbestandlichen Voraussetzungen in Richtung der Erteilung der Abweichung intendiert: Liegen tatsächlich alle drei Tatbestandselemente vor, dürfte es sich entweder hinsichtlich des Baugrundstücks oder des Bauvorhabens um eine atypische Situation handeln, bei der die quasi nutzlose Einhaltung der Norm um ihrer selbst willen für den Bauherrn eine besondere Härte bedeutete (vgl. Rasch/Schaetzell-Hinkel § 63 Anm. 2.1.3).
Die Abweichung ist nur ausnahmsweise dann zu begründen, wenn die Nachbarschaft auf die Anhörung nach § 62 HBO hin Einwendungen erhoben hat (§ 63 Abs. 4 HBO).

c) Privatrechtliche Einwendungen gegen die Baugenehmigung

226 Nach § 64 Abs. 5 HBO ergeht die Baugenehmigung unbeschadet privater Rechte Dritter. Daraus folgt, dass die Erteilung der Baugenehmigung die privaten Rechtsverhältnisse am Baugrundstück nicht berührt. Der Inhaber eines privaten Rechts, etwa eines Wegerechts, braucht also nicht zu befürchten, dass ihm die Ausübung seines Rechts durch die Erteilung der Baugenehmigung unmöglich gemacht oder erschwert werden könnte.

Bsp. (VGH Mannheim NJW 1996, 3429): Wenn die Baugenehmigung wegen fehlerhafter Eintragung der Grundstücksgrenze im Lageplan zu einer Überbauung des Nachbargrundstücks führt, berührt das die Rechtmäßigkeit der Baugenehmigung nicht; der Nachbar muss sich hiergegen zivilrechtlich (§ 1004 BGB) zur Wehr setzen.

Es wurde deshalb früher grundsätzlich angenommen, dass die Bauaufsichtsbehörde die privatrechtlichen Verhältnisse unbeachtet lassen müsse. Dies würde jedoch dazu führen, dass die Bauaufsichtsbehörde verpflichtet wäre, ein möglicherweise umfangreiches Baugenehmigungsverfahren zu betreiben, obwohl klar erkennbar ist, dass der Antragsteller wegen entgegenstehender privater Rechte von der Baugenehmigung gar keinen Gebrauch machen kann; in einem derartigen Fall fehlt es am sog. Sachbescheidungsinteresse (BVerwG E 50, 282 = NJW 1976, 1987; E 42, 115 = NJW 1973, 1518; VGH Mannheim VBlBW 1995, 318).
Die Bauaufsichtsbehörde kann in derartigen Fällen unter Hinweis auf entgegenstehende private Rechte den Bauantrag ablehnen, sie ist hierzu aber nicht verpflichtet (BVerwG E 42, 115 = NJW 1973, 1518; E 50, 282 = NJW 1976, 1987). Von dieser Möglichkeit ist aber nur dort Gebrauch zu machen, wo die entgegenstehenden privaten Rechte offensichtlich sind (VGH Mannheim NVwZ-RR 1995, 563). Es ist nicht Sache der Bauaufsichtsbehörde, über die Wirksamkeit von privatrechtlichen Nutzungsverträgen zu entscheiden oder gar Nachlassstreitigkeiten zu regeln.

C. Verfahrensvorschriften

d) Auflagen und Bedingungen

Die Baugenehmigung kann gem. § 64 Abs. 5 HBO unter Auflagen und Bedingungen erteilt **227** werden (s. dazu Remmert VerwArch 1997, 112; Sieckmann DÖV 1998, 525). Da sich aus Art. 2, 14 GG ein Rechtsanspruch auf die Baugenehmigung ergibt, kommt die Beifügung einer derartigen Nebenbestimmung nur in Betracht, wenn sie dazu dient, einen sonst gegebenen Grund zur Versagung der Baugenehmigung zu beseitigen (vgl. § 36 Abs. 1 VwVfG). Andererseits darf die Bauaufsichtsbehörde eine Baugenehmigung nicht ablehnen, wenn sich der Versagungsgrund durch eine Auflage oder Bedingung beseitigen lässt (VGH Mannheim BRS 22 Nr. 143; VBlBW 1983, 110). Die Bauaufsicht kann nach § 44 Abs. 4 Satz 2 HBO die Erteilung der Baugenehmigung – im vereinfachten Genehmigungsverfahren nach § 57 HBO auch von der Ablösung der notwendigen Stellplätze durch die Gemeinde bzw. der Zahlung des Ablösungsbetrags durch den Bauherrn abhängig machen (s.o. Rdnr. 205).

Grundsätzlich ist eine Auflage ein selbständiger Verwaltungsakt, der unabhängig von dem Hauptverwaltungsakt angefochten werden kann (BVerwG E 41, 180; E 65, 139 = NJW 1982, 2269; Kopp/Ramsauer VwVfG, § 36 Rdnr. 29). Will die Bauaufsichtsbehörde die Wirksamkeit der Baugenehmigung von einem besonderen Umstand abhängig machen, muss sie eine Bedingung beifügen (Kopp/Ramsauer, VwVfG, § 36 Rdnr. 19). Diese Differenzierung zwischen Auflage und Bedingung kann jedoch im Baurecht zu unangemessenen Ergebnissen führen:

Bsp. (BVerwG BauR 1974, 261): Ein Bauunternehmer erhält die Genehmigung zur Errichtung einer Transportbetonanlage mit der Auflage, der von der Anlage ausgehende Lärmpegel dürfe die in einem Gewerbegebiet nach der TA Lärm zulässigen Werte von tagsüber 65 dB (A), nachts 50 dB (A) nicht überschreiten (eb. VGH Mannheim VBlBW 2000, 161 für eine Großbäckerei mit nächtlichem Auslieferungsverkehr).

Weder die Auflage noch die Bedingung entsprechen hier dem Interesse des Bauherrn und der Bauaufsichtsbehörde. Eine Bedingung würde bedeuten, dass die Baugenehmigung entfällt, sobald die Immissionsgrenze überschritten wird. Dies hätte zur Folge, dass dann sogar die Anlage als solche nicht mehr geschützt wäre; diese Lösung wird dem Interesse des Bauherrn nicht gerecht. Wollte man dagegen eine selbständige Auflage annehmen, dann hätte der Widerspruch gegen diese Auflage aufschiebende Wirkung, so dass der Betrieb jedenfalls bis zur rechtskräftigen Entscheidung hinsichtlich der Immissionen keiner Beschränkung unterliegt; diese Lösung liegt nicht im Interesse der Behörde.

Das BVerwG (BauR 1974, 261 = DÖV 1974, 380; eb. VGH Mannheim BRS 28 Nr. 113; **228** 29 Nr. 121) hat diesen Interessenwiderstreit durch das Institut der modifizierten Auflage gelöst (BVerwG NVwZ 1984, 366; VGH Mannheim VBlBW 1984, 83; 2000, 161; Weyreuther DVBl 1984, 365, der zutreffend von »modifizierender Genehmigung« spricht). Es handelt sich dabei um eine Auflage, die sich inhaltlich als teilweise Ablehnung oder zumindest als Änderung des beantragten Bauvorhabens darstellt. Sie lässt sich konstruieren als Ablehnung des Bauantrags, verbunden mit der Erteilung einer nicht beantragten Genehmigung (VGH Mannheim BauR 1988, 704; NVwZ-RR 1994, 133). Will der Bauherr sich mit der ihm erteilten Baugenehmigung nicht abfinden, dann muss er Widerspruch einlegen und Verpflichtungsklage auf eine Baugenehmigung entsprechend seinem ursprünglichen Bauantrag erheben (BVerwG BauR 1974, 261; NVwZ 1984, 366). Baut er dann trotz der modifizierenden Auflage gemäß dem eingereichten Bauantrag, so handelt es sich dabei um einen nicht genehmigten Schwarzbau auf eigenes Risiko (BVerwG BauR 1974, 261). Legt der Bauherr gegen die mit einer modifizierenden Auflage verbundene Baugenehmigung keinen Widerspruch ein, dann kann er bauen; die Bauaufsichtsbehörde hat dann, wenn er die Auflage nicht einhält, die Möglichkeit, sie zwangsweise durchzusetzen (VGH Mannheim BRS 29 Nr. 121; OVG Lüneburg BRS 42 Nr. 177).

Weitere Beispiele für modifizierende Auflagen:

a) (VGH Mannheim BRS 28 Nr. 113): Ein Gebäude muss statt des vorgesehenen Flachdachs mit einem Satteldach versehen werden.
b) (VGH München DVBl 1974, 136): Die Außenmauer zum Nachbargrundstück muss als Brandwand hergestellt werden.
c) (OVG Lüneburg BRS 42 Nr. 177): Die Fenster zum Nachbarhaus müssen mit undurchsichtigem Glas versehen werden.
d) (VGH Mannheim VBlBW 2000, 161): Eine Großbäckerei darf erst ab 7.00 Uhr Backwaren ausliefern.

Keine modifizierende Auflage ist die mit der Baugenehmigung verbundene Festsetzung einer naturschutzrechtlichen Ausgleichsabgabe (VGH Kassel BRS 58 Nr. 242). Die Abgrenzung zwischen echter, d.h. selbständig anfechtbarer Auflage und modifizierender Auflage (Genehmigung) kann im Einzelfall erhebliche Schwierigkeiten bereiten und hat vor allem für die Frage der richtigen Klageart Bedeutung. Soweit eine Auflage zur Beseitigung eines Genehmigungshindernisses beigefügt wurde, die Baugenehmigung mithin ohne die Auflage nicht hätte erteilt werden dürfen, scheidet eine isolierte Anfechtung der Auflage aus, da sonst ein baurechtswidriges Gebäude errichtet werden könnte (BVerwG NVwZ 1984, 366). Bei Ermessensentscheidungen sind dagegen echte Auflagen anzunehmen, und zwar auch dann, wenn die Behörde den Verwaltungsakt ohne die beigefügte Auflage nicht erlassen hätte (BVerwGE 65, 139 = NJW 1982, 2269). Da die baurechtlichen Entscheidungen durchweg rechtlich gebundene Entscheidungen sind, können Auflagen in der Regel nur zur Beseitigung von Genehmigungshindernissen ausgesprochen werden, sodass es sich um modifizierende Auflagen handelt. Selbständig anfechtbare Auflagen kommen praktisch nur im Rahmen von Befreiungs- und Abweichungsentscheidungen in Betracht.

e) Rechtswirkungen der Baugenehmigung

229 Die Baugenehmigung hat eine doppelte Rechtswirkung. Zum einen stellt sie fest, dass dem Bauvorhaben keine öffentlich-rechtlichen Vorschriften entgegenstehen, die im jeweiligen Baugenehmigungsverfahren zu prüfen sind (Welche dies im Einzelnen sind, ergibt sich aus §§ 57 Abs. 1, 58 HBO); zum anderen gestattet sie dem Bauherrn die Errichtung des Bauwerks (BVerwG E 48, 242; E 68, 241 = NJW 1984, 1474; NVwZ 1989, 863 u. 1163; 1990, 559). Die Baugenehmigung erschöpft sich nicht in der Gestattung des Bauens, sie erlaubt vielmehr auch die dauernde Nutzung des gemäß der Baugenehmigung gebauten und unterhaltenen Bauvorhabens (BVerwG DVBl 1991, 751). Dabei ist es nicht von Bedeutung, ob die Baugenehmigung rechtmäßig oder rechtswidrig ist (OVG Münster NVwZ 1988, 943; VGH Mannheim NVwZ-RR 1990, 171). Solange die Baugenehmigung wirksam ist, kommt daher der Abbruch eines zwar materiell rechtswidrigen, aber entsprechend der Baugenehmigung errichteten Bauvorhabens nicht in Betracht (VGH Mannheim a.a.O.).
Die Baugenehmigung wirkt nach § 53 Abs 5 HBO für und gegen den **Rechtsnachfolger**; dies gilt auch für die der Baugenehmigung beigefügten Auflagen.

230 Die Baugenehmigung erlischt nach § 64 Abs. 7 HBO allerdings, wenn mit dem Bau nicht innerhalb von 3 Jahren begonnen oder die Bauausführung für mehr als ein Jahr unterbrochen wurde. Für den Baubeginn ist dabei der Zeitpunkt der Aushebung der Baugrube maßgebend (VGH München BRS 47 Nr. 143; Allgeier/von Lutzau Erl. 65: erster Spatenstich). Wird für mehrere Bauwerke insgesamt eine Baugenehmigung erteilt, dann muss innerhalb der 3-Jahres-Frist des § 64 HBO mit allen Bauwerken begonnen worden sein (VGH Mannheim Urt. vom 25.9. 1981 – 8 S 1775/80). Durch die Erhebung einer Nachbarklage, wird die Frist des § 64 Abs. 7 HBO gehemmt, wenn die aufschiebende Wirkung gem. § 80a Abs. 3 VwGO angeordnet wird (Rdnr. 313), da der Bauherr sonst Gefahr liefe, vor Ablauf der Frist überhaupt nicht mit dem Bau beginnen zu können (VGH Mannheim BRS 36 Nr. 172). Dasselbe muss in den Fällen gelten,

C. Verfahrensvorschriften

in denen der Bauherr zwar nach § 212a BauGB bauen dürfte, aber zunächst den Ausgang einer anhängigen Nachbaranfechtung seiner Baugenehmigung abwartet. Dieser besonders gewissenhafte Bauherr soll nicht schlechter stehen als derjenige, der seine Rechtsposition bedenkenlos ausnutzt (Hornmann § 64 Rn 143). Schließlich erlischt die Baugenehmigung, wenn ein Bauwerk errichtet wird, das von der Baugenehmigung hinsichtlich Standort, Nutzungsart oder Gestaltung soweit abweicht, dass eine Identität zwischen Bauwerk und Baugenehmigung nicht mehr besteht und eine »Rückkehr« zur Baugenehmigung nicht mehr zu erwarten ist.(VGH Kassel DöV 1987, 606; VGH Mannheim Urt. v. 4.5.1988–3 S 2835/87).

Bsp. (VGH Mannheim VBlBW 1982, 199): Statt eines genehmigten 2-geschossigen Garagenanbaus mit Trockenraum im Obergeschoss wird ein 3-geschossiger Anbau mit Wohnräumen errichtet.

Die Baugenehmigung erlischt ferner durch einen Verzicht des Bauherrn (OVG Hamburg BauR 2000, 1840). Der Verzicht kann ausdrücklich erklärt werden; er kann auch konkludent erfolgen, insbes. durch die Einreichung eines neuen Bauantrags, wenn damit unzweideutig klargestellt wird, dass das ursprünglich beantragte Bauvorhaben aufgegeben wird (VGH Mannheim NVwZ 1995, 280; VBlBW 1996, 23). Der Verzicht ist nach Ansicht des VGH Mannheim weder anfechtbar noch widerrufbar. Er hat aber zu Recht darauf hingewiesen, dass auf den Einzelfall abzustellen ist: nicht jeder neue Bauantrag stellt einen Verzicht auf eine frühere Baugenehmigung dar, da man auch mehrere Baugenehmigungsverfahren für verschiedene Projekte auf demselben Grundstück neben- bzw. nacheinander betreiben kann.
Die HBO enthält weder in § 64 noch an anderer Stelle eine ausdrückliche Regelung darüber, ob bzw. wie lange die Baugenehmigung bei einer Nutzungsänderung weiter gilt. Für die Geltungsdauer ist vielmehr allein § 43 Abs. 2 HVwVfG maßgeblich (OVG Weimar, NVwZ-RR 2000, 578= DVBl. 2000, 826 mit Anmerkung Schmaltz; VGH Mannheim NVwZ RR 1990, 171); danach ist ein Verwaltungsakt so lange wirksam, bis er sich erledigt hat. Eine Erledigung einer Baugenehmigung ist danach zunächst anzunehmen, wenn die bisherige Nutzung endgültig aufgegeben wurde und eine neue Nutzung aufgenommen wird (BVerwG BauR 1988, 565). Wird dagegen nur die bisherige Nutzung beendet, ohne dass eine andersartige Nutzung erfolgt, muss dem Eigentümer eine gewisse Überlegungszeit zuerkannt werden. Denn es ist in derartigen Fällen häufig noch völlig offen, ob die bisherige Nutzung wieder aufgenommen oder aber eine andere Nutzung erfolgen soll (BVerwG NVwZ 1988, 569; VGH Kassel ESVGH 51, 141). Wann eine solche Überlegungsfrist endet, bestimmt sich nach der Verkehrsauffassung.

Bsp. a) (BVerwG E 98, 235 = NVwZ 1996, 379): Eine in einem allgemeinen Wohngebiet gelegene, baurechtlich unter Verstoß gegen § 4 Abs. 3 Nr. 2 BauNVO genehmigte Autolackiererei steht wegen Konkurses des bisherigen Betreibers 20 Monate lang still und wird dann von einem anderen Inhaber fortgeführt. Die Nachbarn wenden ein, der Betrieb genieße keinen Bestandsschutz mehr, sodass die Wiederaufnahme des Betriebs ohne eine erneute Genehmigung unzulässig sei. Das BVerwG hat festgestellt, dass der Bestandsschutz noch nicht erloschen sei, weil die Frist von 2 Jahren noch nicht erreicht sei.
b) (VGH Kassel ESVGH 51, 141): Die landwirtschaftliche Nutzung einer Außenbereichshütte wird zusammen mit dem landwirtschaftlichen Betrieb aufgegeben. Nach mehr als 10 Jahren erwägt der Eigentümer die Rückkehr zur privilegierten Nutzung. Der Bestandsschutz ist zwischenzeitlich erloschen, das Gebäude abzubrechen.

Der VGH Kassel geht dabei unter Bezugnahme auf BVerwG (E 98, 235 = NVwZ 1996, 379=DVBl. 1996, 40) davon aus, dass von der Verkehrsauffassung im ersten Jahr nach der Aufgabe der Nutzung ohne weiteres eine Wiederaufnahme der aufgegebenen Nutzung erwartet wird, im zweiten Jahr eine widerlegliche Regelvermutung für die Wiederaufnahme spricht und sich nach Ablauf von zwei Jahren die Vermutung umkehrt (»Stufenmodell« – VGH Kassel ESVGH 51, 141; Beschl. v. 15.01.2004, 4 TG 3441/03).
Dieses Zeitmodell kann aber nicht rein schematisch auf Außenbereichshütten wie auf Industriekomplexe angewandt werden:

Bsp. (VG Darmstadt, Beschl. v. 04.12.2002, 2 G 1546/02 (2); VGH Kassel, Beschl. v. 24.07.2003, 9 TG 731/03): Bei einem großen, intakten Fabrikgelände kann auch fünf Jahre nach der Einstellung des Betriebs noch die Wiederaufnahme einer gewerblichen Nutzung zu erwarten sein.

Nach § 64 Abs. 7 Satz 2 HBO kann die Baugenehmigung um weitere zwei Jahre verlängert werden; die Verlängerung kann auch rückwirkend erfolgen, sofern der Verlängerungsantrag noch vor Ablauf der 3-Jahres-Frist gestellt wird. § 64 Abs. 7 Satz 2 HBO eröffnet der Behörde allerdings kein Ermessen hinsichtlich der Verlängerung einer Baugenehmigung. Vielmehr muss diese verlängert werden, sofern das Bauvorhaben weiterhin den baurechtlichen Vorschriften entspricht (OVG Münster BRS 47 Nr. 140). Ist dies nicht mehr der Fall, muss die Bauaufsichtsbehörde eine Verlängerung ablehnen (BGH BauR 1988, 712).

231 Die Baugenehmigung hat nur baurechtliche Wirkungen. Sie lässt privatrechtliche Verhältnisse Dritter unberührt (§ 64 Abs. 5 HBO; s. Rdnr. 226). Soweit für das beabsichtigte Vorhaben oder seine Nutzung eine Genehmigung nach sonstigen Gesetzen erforderlich ist (s. dazu oben Rdnr. 218 ff.), ist diese neben der Baugenehmigung einzuholen. Die Erteilung der Baugenehmigung kann, anders als unter der Geltung der früheren Hessischen Bauordnungen, nicht davon abhängig gemacht werden, dass zuvor eine nach einer anderen gesetzlichen Regelung erforderliche Genehmigung eingeholt wird (sog. **Separationsmodell** – vgl. BVerwG E 74, 315 = NVwZ 1987, 1713; NVwZ 1996, 377 u. 378; VGH Mannheim NVwZ-RR 1991, 540; VGH München NVwZ 1994, 305; Büllesbach DÖV 1995, 710; Gaentzsch NJW 1986, 2787 Die Bündelungswirkung der Baugenehmigung ist aber nicht für Vorhaben entfallen, die auch einer besonderen bauplanungsrechtlichen Genehmigung durch die Gemeinde bedürfen. Dies sind insbesondere Vorhaben in Umlegungsgebieten (§ 51 Abs. 1 Satz 1 BauGB), Sanierungsgebieten (§ 144 BauGB) sowie städtebaulichen Entwicklungsbereichen (§ 169 BauGB). Diese Genehmigungen sind der Erteilung der Baugenehmigung nach § 64 Abs. 1 HBO vorgreiflich, da sowohl im normalen als auch im vereinfachten Baugenehmigungsverfahren die Zulässigkeit nach den Vorschriften des BauGB geprüft und die dementsprechende Rechtmäßigkeit durch die Baugenehmigung bescheinigt wird.

Dasselbe gilt im Ergebnis auch, wenn in einem Spezialgesetz ein Verbot der Errichtung baulicher Anlagen enthalten ist, wie dies z.B. in § 9 Abs. 1 FStrG (Anbauverbot entlang der Bundesstraßen – s. oben Rdnr. 220) der Fall ist. Solange nicht eine Ausnahme hiervon gewährt ist, muss die Erteilung einer Baugenehmigung abgelehnt werden, weil diese nicht nur die baurechtliche Zulässigkeit des Vorhabens feststellt, sondern zugleich auch das Bauen gestattet (vgl. Gaentzsch a.a.O.).

Eine **Bindungswirkung** der Baugenehmigung für andere Verfahren tritt freilich ein, wenn in dem spezialgesetzlichen Verfahren dasselbe zu prüfen ist wie im Baugenehmigungsverfahren, weil insoweit die Feststellungswirkung der Baugenehmigung eine abweichende Beurteilung der Rechtslage nicht mehr zulässt.

Bsp. (BVerwGE 80, 258 = NVwZ 1989, 258; VGH Kassel, GewArch 1996, 251): Soweit in der Baugenehmigung die Vereinbarkeit der Gaststätte mit der Umgebung bejaht worden ist, darf diese Frage nach Ansicht des BVerwG in der gaststättenrechtlichen Entscheidung nicht abweichend beurteilt werden. Dagegen tritt durch eine Ablehnung der Baugenehmigung eine Bindung der Gaststättenbehörde nicht ein, weil insoweit keine – negative – Feststellungswirkung des Genehmigungsbescheids gegeben ist (BVerwG NVwZ 1990, 559; OVG Bremen NVwZ 1994, 80). Die Gaststättenbehörde ist allerdings durch die Baugenehmigung für eine Gaststätte nicht gehindert, die Gaststättenerlaubnis wegen spezieller gaststättenrechtlicher Versagungsgründe, etwa Unzuverlässigkeit des Gastwirts, zu versagen. Eine Bindung der Bauaufsichtsbehörde durch die Erteilung der Gaststättenerlaubnis tritt nicht ein, weil die Gaststättenerlaubnis keine Feststellungswirkung hat (VGH München NVwZ 1988, 1140; VGH Mannheim NVwZ 1990, 1094).

In einigen gesetzlichen Regelungen ist allerdings eine Konzentration verschiedener Genehmigungsverfahren vorgesehen:

C. Verfahrensvorschriften

Planfeststellungen

Nach § 75 Abs. 1 VwVfG ist neben einem **Planfeststellung**sbeschluss eine andere behördliche 232
Entscheidung nicht erforderlich; durch den Planfeststellungsbeschluss werden alle öffentlich-
rechtlichen Beziehungen zwischen dem Träger des Vorhabens und den durch den Plan
betroffenen Personen geregelt.

Immissionsschutzrecht

Nach § 13 BImSchG schließt die Genehmigung nach § 6 BImSchG alle anderen Genehmi- 233
gungen, also auch die Baugenehmigung ein. Welche Anlagen einer Genehmigung nach § 6
BImSchG bedürfen, ergibt sich aus §§ 1 u. 2 der 4. BImSchV.

Wasserrecht

Wenn für eine Anlage neben einer Baugenehmigung auch eine wasserrechtliche Erlaubnis oder 234
Bewilligung notwendig ist, dann entscheidet die Wasserbehörde (Landrat bzw. Regierungspräsidium (vgl. §§ 93 Abs. 2–3, 94 HWG) auch über die Baugenehmigung (§ 19 HWG).

Naturschutzrecht

Bei Bauvorhaben, die einen Eingriff in die Natur im Sinne der §§ 8 BNatSchG, 5 Abs. 2 HeNatG 235
zur Folge haben, entscheidet nach § 7 Abs. 1 HeNatG die Bauaufsichtsbehörde im Benehmen
mit der Naturschutzbehörde (Kreisausschuss bzw. Magistrat, § 30 Abs. 3 HeNatG)). Einen
Eingriff in die Natur stellt nach § 5 Abs. 1 HeNatG jede bauliche Anlage im Außenbereich
dar, die geeignet ist, den Naturhaushalt oder das Landschaftsbild erheblich zu beeinträchtigen
(s. dazu Rdnr. 221).

Denkmalschutzrecht

Für bauliche Maßnahmen an Kulturdenkmälern, die deren Erscheinungsbild beeinträchtigen, ist 236
eine Genehmigung der Denkmalschutzbehörde notwendig. Soweit eine Maßnahme an einem
Kulturdenkmal einer Baugenehmigung bedarf, ist daneben keine denkmalschutzrechtliche
Genehmigung, sondern nur eine verwaltungsinterne Zustimmung der Denkmalschutzbehörde
erforderlich (§ 7 Abs. 3 HDSchG – s. dazu Rdnr. 224).

4. Das Baugenehmigungsverfahren

Das Verfahren zur Erteilung einer Baugenehmigung beginnt mit der Stellung eines Bauantrags, 237
der schriftlich bei der Bauaufsichtsbehörde einzureichen ist (§ 60 Abs. 1 HBO). Die Gestaltung
der Baupläne ist im Bauvorlagenerlass vom 22.08.2002 (St.Anz. S. 3432) geregelt. Die
Baupläne müssen von einem Bauvorlageberechtigten, i.d.R. einem Architekten verfasst sein
(§ 60 Abs. 2 Satz 3 i.V.m. § 49 HBO). Nur bei den in § 49 Abs. 6 HBO aufgeführten einfacheren
Bauten sind auch Maurer- und Zimmermeister sowie Bautechniker bauvorlagenberechtigt.
Die Verfassungsmäßigkeit des sog. Architektenmonopols ist vom BVerfG (E 28, 364 = NJW
1970, 1591) bestätigt worden. Der Bauantrag muss nach § 60 Abs. 5 HBO vom Bauherrn
unterschrieben sein, die Bauvorlagen vom Entwurfsverfasser, besondere Nachweise von
den jeweils Sachkundigen. Die Bauaufsichtsbehörde kann bei Bauvorhaben auf fremden
Grundstücken auch die Zustimmung des Eigentümers verlangen.
Die Baugenehmigung ist ein antragsbedürftiger Verwaltungsakt. Eine ohne **Antrag** erteilte
Baugenehmigung ist zwar rechtswidrig, aber nicht nichtig, weil der Antrag nachgeholt werden
kann (§ 45 Abs. 1 Nr. 1 HVwVfG). Die Bauaufsichtsbehörde kann im Falle eines Schwarzbaus
auch den Bauherrn auffordern, Bauvorlagen einzureichen und dies ggf. mit Zwangsmitteln
durchsetzen. Derartige Maßnahmen sind auf § 72 Abs. 2 HBO zu stützen (s. dazu unten Rdnr.
255; vgl. auch BVerwG NVwZ 1990, 659 zum Antragsgebot im Rahmen eines Baugebots). Ist

ein Bauantrag unvollständig, kann die Bauaufsichtsbehörde fehlende Unterlagen nachfordern oder, in gravierenden Fällen, den Antrag zurückweisen (§ 61 Abs. 2 HBO). Den Zeitpunkt des Eingangs des vollständigen Bauantrags hat die Bauaufsichtsbehörde im Fall des vereinfachten Genehmigungsverfahrens dem Bauherrn zu bescheinigen, da es hierauf für den Eintritt der Genehmigungsfiktion ankommt. (§ 57 Abs. 3 Satz 1 HBO).

238 Den prüffähigen Bauantrag leitet die Bauaufsicht sodann an die Gemeinde und alle die Stellen weiter, die für die Entscheidung beteiligt oder angehört werden müssen oder auf deren Fachkunde die Bauaufsicht zur Beurteilung des Antrags angewiesen ist. (§ 61 Abs. 1 HBO). Diese Stellen müssen sich binnen eines Monats zu dem Antrag äußern, sonst gilt ihre Zustimmung, ihr Benehmen oder Einvernehmen als erteilt; später eingehende Stellungnahmen dürfen von der Bauaufsicht nicht mehr berücksichtigt werden. Diese Zustimmungsfiktion gilt freilich nur, soweit es keine abweichenden Rechtsvorschriften gibt. So bemisst sich etwa die von der Gemeinde einzuhaltende Frist für die Einvernehmensentscheidung gem. § 36 Abs. 2 Satz 2 BauGB auf zwei Monate ab Zugang des Antrags; dann gilt auch das Einvernehmen als erteilt.
Die Nachbarschaft soll gem. § 62 Abs. 1 Satz 1 HBO benachrichtigt werden, bevor von ihrem Schutz dienenden Vorschriften Abweichungen, Ausnahmen oder Befreiungen erteilt werden. Dies kann im Einzelfall, z.B. wenn der Grundstückseigentümer nicht zu ermitteln ist aber unterbleiben. Nachbarschaft sind nicht zwangsläufig nur die Eigentümer der unmittelbar angrenzenden Grundstücke; es kommt auf den Zweck der Vorschrift von der abgewichen werden soll an (BVerwG BRS 49 Nr. 184). Neben den Eigentümern kommen auch andere dinglich Berechtigte, wie z.B. Erbbauberechtigte als Nachbarschaft in Betracht (BVerwG BRS 50 Nr. 179). Die Angeschriebenen haben Einwendungen innerhalb von zwei Wochen gegenüber der Bauaufsichtsbehörde geltend zu machen; allerdings ist damit keine materielle Ausschlussfrist verbunden (Rasch/Schaetzell-Hinkel § 62 Anm. 1; VGH Kassel ESVGH 42, 30). Deshalb ist auch das Unterlassen der Nachbarbenachrichtigung nicht mit Sanktionen verbunden. Die Vorschrift selbst ist nicht nachbarschützend (VGH Kassel ESVGH 42,30).
Die Bauaufsichtsbehörde hat binnen drei Monaten nach Eingang der – vollständigen – Unterlagen über den Antrag zu entscheiden (§ 61 Abs. 3, 57 Abs. 2 Satz 2 HBO). Sie kann diese Frist einmalig um zwei Monate verlängern. Eine Fristüberschreitung ist jedoch nur im Falle des vereinfachten Genehmigungsverfahrens mit einer Sanktion verbunden: Die Genehmigung gilt dann nach Ablauf der Frist als erteilt – außer für Vorhaben im Außenbereich, § 57 Abs. 2 Satz 3 HBO. Die Baugenehmigung bedarf der Schriftform (§ 64 Abs. 3 Satz 1 HBO); eine mündlich erteilte Baugenehmigung ist nichtig. Auch die Erklärung zu Protokoll des Verwaltungsgerichts ist hierfür nicht ausreichend (VGH München NVwZ 1985, 430). Die Entscheidung über Abweichungen, Ausnahmen und Befreiungen muss ausdrücklich erfolgen. Die Baugenehmigung wird dem Bauherrn bekannt gegeben; eine Zustellung ist nicht vorgeschrieben aber wegen des damit verbundenen Ingangsetzens von Rechtsbehelfsfristen die Regel. Den Nachbarn muss die Baugenehmigung grundsätzlich nicht bekannt gegeben werden; nur dann, wenn sie im Rahmen der Nachbarschaftsbeteiligung Einwendungen vorgebracht haben, sind sie nach § 62 Abs. 3 Satz 1 HBO zu benachrichtigen. Eine Begründung ist nicht erforderlich (§ 64 Abs. 3 Satz 3 HBO), lediglich das Abweichen von nachbarschützenden Normen (§ 63 Abs. 4 HBO). Die Baugenehmigung wirkt in der erteilten Form einschließlich aller Abweichungsentscheidungen auch für und gegen den Rechtsnachfolger der Bauherrschaft (§ 53 Abs. 5 HBO).

5. Rücknahme der Baugenehmigung

239 Die Rücknahme der Baugenehmigung war bis zum 1.10.2002 in § 70 Abs. 10 HBO 1993 geregelt, seitdem gilt auch für Baugenehmigungen § 48 HVwVfG (s. dazu Schenke DVBl

C. Verfahrensvorschriften

1989, 433). Daraus folgt, dass die Bauaufsichtsbehörde eine baurechtliche Fehlentscheidung wegen § 48 Abs. 4 HVwVfG nur innerhalb eines Jahres seit Kenntnis der Rechtswidrigkeit der Baugenehmigung zurücknehmen kann. Dabei reicht es für den Beginn der Jahresfrist nicht aus, dass die Behörde die Tatsachen kennt, die die Rechtswidrigkeit begründen. Vielmehr muss die Behörde auch erkannt haben, dass die Baugenehmigung rechtswidrig ist (so BVerwG NVwZ 1986, 119 im Anschluss an BVerwG – GS – E 70, 356 = NJW 1985, 819 m. Bspr. Hendler JuS 1985, 947; BVerwGE 84, 1 = NVwZ-RR 1990, 604; VGH Mannheim NVwZ-RR 1993,58).

Die Rücknahme der Baugenehmigung steht im **Ermessen** der Bauaufsichtsbehörde. Hierbei sind die Belange des Bauherrn, insbesondere sein Vertrauensschutz, und das Interesse der Allgemeinheit an der Verhinderung von rechtswidrigen Bauten bzw. der Wiederherstellung eines rechtmäßigen Zustands gegeneinander abzuwägen (VGH Mannheim BWVPr 1978, 9). Für die Rücknahme einer Baugenehmigung kann die sofortige Vollziehung angeordnet werden, um zu verhindern, dass der Bauherr sie während eines Widerspruchsverfahrens gegen die Rücknahme noch ausnutzt (VGH Kassel Beschl. v. 26.01.1976 IV TH 8/75). Maßgeblich ist regelmäßig die Sach- und Rechtslage zum Zeitpunkt der letzten Behördenentscheidung (VGH Kassel Urt. v. 11.9.1981, IV OE 92/79).

240 Für die durch eine Rücknahme der Baugenehmigung entstandenen Vermögensschäden ist der Bauherr nach § 48 Abs. 3 HVwVfG zu entschädigen; ferner kann der Bauherr einen Amtshaftungsanspruch nach Art. 34 GG, § 839 BGB geltend machen (BGHZ 60, 112; NVwZ 1987, 447; NJW 1988, 2884, s. auch Schlick/Rinne NVwZ 1997, 1065 u. 1071; Lansnicker/Schwirtzek NVwZ 1996, 235). Bei einem Amtshaftungsanspruch stellt allerdings der vertragliche Schadensersatzanspruch gegen den Architekten eine anderweitige Ersatzmöglichkeit i.S.d. § 839 Abs. 1 S. 2 BGB dar, der den Anspruch ausschließt (BGH NVwZ 1993, 602).

Die dargelegten Beschränkungen für die Rücknahme einer Baugenehmigung gelten nach **§ 50 HVwVfG** nicht, wenn ein Nachbar Widerspruch gegen die Baugenehmigung eingelegt hat und dieser noch nicht bestandskräftig zurückgewiesen wurde. Denn in diesem Fall durfte der Bauherr nicht auf den Fortbestand der ihm erteilten Baugenehmigung vertrauen. Voraussetzung für eine Anwendung des § 50 HVwVfG ist allerdings, dass der Widerspruch nicht unzulässig oder offensichtlich unbegründet war (VGH Mannheim BWVPr 1987, 89; OVG Bautzen NVwZ 1993, 488; Stelkens/Bonk/Sachs VwVfG § 50 Rdnr. 61; Kopp/Ramsauer VwVfG § 50 Rdnr. 10).

6. Der Bauvorbescheid (§ 66 HBO)

241 Bereits vor Einreichung eines förmlichen Baugesuchs können nach § 66 HBO einzelne Fragen durch einen Bauvorbescheid abgeklärt werden (s. dazu OVG Frankfurt/Oder NVwZ-RR 2000, 271), in der Regel geht es dabei um die bauplanungsrechtliche Frage der grundsätzlichen Bebaubarkeit des Grundstücks (sog. Bebauungsgenehmigung, vgl. BVerwG BauR 1987, 538). Es reicht dabei aus, dass die grundsätzliche Bebaubarkeit des Grundstücks mit einem bestimmten Vorhaben geklärt werden soll (BVerwG NVwZ 1995, 894). Der Bauvorbescheid wird vom BVerwG (BVerwG E 48, 242; E 69, 1 = NJW 1984, 1473 und E 68, 241 = NJW 1984, 1474 – bspr. von Dürr JuS 1984, 770; BauR 1989, 454) als vorweggenommener Teil der Baugenehmigung, und zwar des feststellenden Teils der Baugenehmigung verstanden. Soweit über eine baurechtliche Zulässigkeitsfrage durch einen Bauvorbescheid entschieden worden ist, ist diese Frage damit abschließend geklärt; die Bauaufsichtsbehörde ist hieran im Baugenehmigungsverfahren gebunden (OVG Münster NVwZ 1997, 1006; s. auch Schneider BauR 1988, 13). Die Bindung tritt auch für den Nachbarn ein, soweit ihm der Bauvorbescheid zugestellt worden ist oder er auf sonstige Weise von ihm Kenntnis erlangt hat (BVerwG BRS 22 Nr. 184). Soweit der Bauvorbescheid zu Unrecht erteilt wurde, kann er nach § 48 HVwVfG zurückgenommen werden (OVG Berlin NVwZ-RR 1988, 6; VG Darmstadt, Urt.

v. 16.08.2000, 2 E 1956/98; Finkelnburg/Ortloff II S. 113). Dies steht nicht im Widerspruch zur **Bindungswirkung** des Bauvorbescheids. Denn ein Bauvorbescheid kann keine stärkere Rechtsposition vermitteln als eine Baugenehmigung, die zurückgenommen werden kann (s. oben Rdnr. 239). – Zur Frage des Rechtsschutzes des Nachbarn gegen einen Bauvorbescheid s. im Übrigen unten Rdnr. 308.

Die Bindungswirkung des Bauvorbescheids besteht auch dann, wenn sich die Sach- oder Rechtslage zwischenzeitlich geändert hat, da der Bauvorbescheid ein Verwaltungsakt ist und die Wirksamkeit eines Verwaltungsakts durch nachträgliche Rechtsänderungen nicht berührt wird (BVerwGE 69, 1 = NJW 1984, 1473; Dürr JuS 1984, 1473). Die Bauaufsichtsbehörden können den Bauvorbescheid aber in diesem Fall unter den Voraussetzungen des § 49 Abs. 2 Nr. 4 VwVfG widerrufen (OVG Koblenz BRS 36 Nr. 171; Dürr JuS 1984, 775; Weidemann BauR 1987, 9).

242 Die Bauaufsichtsbehörde hat sich auf die Prüfung der zur Beantwortung gestellten Fragen zu beschränken, auch wenn zweifelhaft ist, ob das Bauvorhaben nicht an anderen Zulässigkeitsvoraussetzungen scheitern wird.

> Bsp. (BVerwGE 61, 218 = NJW 1981, 2426): Eine auf die Vereinbarkeit des Vorhabens mit § 34 BauGB beschränkte Bauanfrage ist auch dann positiv zu bescheiden, wenn die nach § 4 HBO erforderliche öffentlich-rechtlich gesicherte Zufahrt zu einer öffentlichen Straße nicht besteht.

Etwas anderes gilt freilich, wenn das Hindernis für die Zulässigkeit des Bauvorhabens schlechterdings nicht ausräumbar ist; in diesem Fall fehlt das Sachbescheidungsinteresse (BVerwGE 48, 242 und 61, 128).

Trotz der Formulierung, der Bauvorbescheid »könne« erteilt werden, besteht in analoger Anwendung des § 64 Abs. 1 HBO ein Rechtsanspruch auf einen Bauvorbescheid, wenn öffentlich-rechtliche Vorschriften dem Bauvorhaben nicht entgegenstehen (VGH Mannheim Urt. v. 26.4.1979 – V 2856/79;).

Der Bauvorbescheid gilt nach § 66 Abs. 1 S. 2 HBO drei Jahre, d.h. vor Ablauf der 3-Jahres-Frist muss der Bauantrag gestellt worden sein (VGH Kassel BauR 1989, 451;). Der Bauherr kann nach § 66 Abs. 1 Satz 3 HBO, den Bauvorbescheid um jeweils ein Jahr verlängern lassen – der Verlängerungsantrag muss aber noch vor Ablauf der **Geltungsdauer** des Bauvorbescheids gestellt worden sein (s. oben Rdnr. 230); dies setzt allerdings voraus, dass das Bauvorhaben weiterhin genehmigungsfähig ist (OVG Lüneburg NVwZ-RR 1995, 247; OVG Münster BRS 47 Nr. 140).

Außer durch einen Bauvorbescheid kann eine Bindung der Bauaufsichtsbehörde auch durch eine schriftliche Zusicherung (§ 38 Abs. 1 S. 1 HVwVfG) auf Erteilung einer Baugenehmigung oder einen öffentlich-rechtlichen Vertrag mit entsprechender Verpflichtung eintreten (vgl. OVG Münster BauR 1988, 68).

Voraussetzung ist, dass die Zusicherung von dem für die Erteilung einer Baugenehmigung zuständigen Beamten der Bauaufsichtsbehörde stammt; aus diesem Grund sind Erklärungen der Kreis(Stadt)baumeister rechtlich unbeachtlich (VGH Mannheim VBlBW 1981, 397; 1982, 199); das selbe gilt für Erklärungen des Bürgermeisters einer Gemeinde, die nicht zugleich untere Bauaufsicht ist. Auch ist das Schriftformerfordernis des § 38 Abs. 1 Satz 1 HVwfG zu beachten.

7. Das Genehmigungsfreistellungsverfahren (§ 56 HBO)

243 Bei Vorhaben, die nach § 56 HBO unter das Genehmigungsfreistellungsverfahren fallen, hat der Bauherr nach § 56 Abs. 3 HBO sowohl der Gemeinde als auch der Bauaufsicht vollständige Bauvorlagen einzureichen. Der Umfang dieser Unterlagen ist im Grundsatz derselbe wie im Baugenehmigungsverfahren. Mit der Vorlage dieser Unterlagen läuft die Monatsfrist, innerhalb

C. Verfahrensvorschriften

derer die Gemeinde den Übergang ins vereinfachte Baugenehmigungsverfahren fordern kann. Sie kann aber auch erklären, dass sie dies nicht fordert, dann ist die Bauausführung bereits ab diesem Zeitpunkt zulässig. Eine Prüfpflicht der Bauvorlagen besteht nach § 56 Abs. 3 Satz 2 HBO nicht. Das bedeutet aber nicht, dass die Bauaufsichtsbehörde rechtlich gehindert wäre an einer solchen Prüfung. Es soll vielmehr lediglich zum Ausdruck gebracht werden, dass eine Amtspflicht i.S.d. § 839 BGB zur Prüfung der Bauvorlagen nicht besteht und somit auch keine Schadensersatzansprüche des Bauherrn bestehen, wenn er sein Bauvorhaben – etwa aufgrund von Nachbareinwendungen – nicht verwirklichen kann. Eine Beteiligung der Nachbarschaft nach § 62 HBO findet im Genehmigungsfreistellungsverfahren nicht statt, da die Freistellung eine Abweichung von nachbarschützenden Vorschriften begrifflich ausschließt. Auch sonstige Abweichungen, Ausnahmen oder Befreiungen sind in dieser Verfahrensart nicht möglich, sondern erfordern den Übergang ins vereinfachte Baugenehmigungsverfahren. Eine förmliche Entscheidung der Bauaufsicht ergeht nicht.
Stellt die Bauaufsichtsbehörde fest, dass das Bauvorhaben mit den Festsetzungen des Bebauungsplans tatsächlich nicht übereinstimmt oder aus sonstigen Gründen materiell-rechtlich unzulässig ist, wird sie den Baubeginn untersagen (§ 71 HBO). Die Bauherrschaft muss innerhalb von drei Jahren nach Erreichen der Zulässigkeit des Vorhabens mit dem Bau beginnen, sonst muss sie das Verfahren erneut durchlaufen; eine »Verlängerung« der Genehmigungsfreistellung gibt es nicht.

8. Die Baulast (§ 75 HBO)

Zur Sicherung öffentlich-rechtlicher Beschränkungen oder Verpflichtungen, die sich nicht schon **244** aus dem Gesetz ergeben, kann der Grundstückseigentümer nach § 75 HBO eine Baulast (s. dazu Ziegler BauR 1988, 18; Hilgers NJW 1988, 1366; Hürth ZfBR 1997, 12) übernehmen. Die Baulast kann auch eine bauplanungsrechtliche Verpflichtung sichern (OVG Lüneburg NJW 1985, 1796; OVG Hamburg NJW 1987, 915;). Die praktisch wichtigsten Fälle ergeben sich aus § 35 Abs. 5 BauGB sowie §§ 4 Abs. 1, 7 und 27 Abs. 2 Nr. 1 HBO (s. Ziegler BauR 1988, 18). Sie muss in jedem Fall aber einen hinreichend bestimmten Inhalt haben (VGH Kassel ESVGH 39, 130).

Bsp. (VGH Kassel ESVGH 39, 130): Ein Grundstückseigentümer übernimmt im Wege der Baulast Abstandsflächen des Nachbarbauvorhabens auf sein Grundstück. Weder aus dem Text der Baulasterklärung, noch aus der beigefügten Flurkartenabzeichnung lässt sich aber die genaue Größe der belasteten Fläche ersehen.

Ein Anspruch gegen den Eigentümer eines benachbarten Grundstücks auf Übernahme einer Baulast besteht grundsätzlich nicht und zwar auch dann nicht, wenn ein Grundstück ohne eine Baulast nicht bebaubar ist (VGH Mannheim VBlBW 1982, 92; Neuhäuser NVwZ 1996, 738). Allerdings kann aus der Bestellung einer Grunddienstbarkeit ausnahmsweise die Verpflichtung zur Übernahme einer Baulast abgeleitet werden, wenn nämlich sonst die durch Dienstbarkeit gesicherte Verpflichtung zur Ermöglichung der Bebauung an öffentlich-rechtlichen Hindernissen scheitern würde (BGH NJW 1989, 1607; NVwZ 1990, 192).
Die Baulast stellt eine öffentliche Last dar, die keine subjektiven Rechte begründet und zwar auch dann nicht, wenn sie zugunsten eines Dritten (in der Regel des Nachbarn) übernommen wurde (BGHZ NJW 1978, 1430; OVG Münster NJW 1988, 1043); sie kann freilich von einer entsprechenden privatrechtlichen Vereinbarung begleitet sein (VGH Mannheim VBlBW 1986, 225). Die Baulast wirkt auch gegenüber dem Rechtsnachfolger (§ 75 Abs. 1 Satz 2 HBO).
Die Baulast wird begründet durch eine Erklärung gegenüber der Bauaufsichtsbehörde oder einer Vermessungsstelle (§ 75 Abs. 2 HBO). Diese Erklärung kann nicht wegen Irrtums angefochten werden, wenn aufgrund der Behauptung einer bereits erteilten Baulast bereits eine Baugenehmigung erteilt wurde; anders ist es bei einer Anfechtung wegen arglistiger

Täuschung (OVG Lüneburg NVwZ 1999, 1013 u. 1364). Die Baulast wird nach § 75 Abs. 4 HBO in das von der Bauaufsichtsbehörde zu führende Baulastenverzeichnis eingetragen. Die Erklärung wird mit der Eintragung wirksam (§ 75 Abs. 1 Satz 2 HBO). Die Baulast erlischt nach § 75 Abs. 3 HBO durch einen Verzicht der Bauaufsichtsbehörde, der nach S. 2 dieser Vorschrift auszusprechen ist, wenn an der Baulast kein öffentliches Interesse mehr besteht. Hierauf hat der Belastete einen Anspruch, den er mit einer Verpflichtungsklage auf den Verzicht geltend machen kann (VGH Kassel BRS 54 Nr. 161). Durch ein gemeinsames Handeln des Grundstückseigentümers und des begünstigten Nachbarn kann eine Baulast somit nicht ohne Mitwirkung der Bauaufsichtsbehörde beseitigt werden; hierin liegt der Unterschied zu einer Grunddienstbarkeit.

9. Beseitigungsverfügung (§ 72 Abs. 1 S. 1 HBO)

a) Voraussetzungen

245 Nach § 72 Abs. 1 Satz 1 HBO kann die teilweise oder vollständige Beseitigung einer Anlage, die im Widerspruch zu öffentlich-rechtlichen Vorschriften errichtet wurde, angeordnet werden, wenn nicht auf andere Weise rechtmäßige Zustände hergestellt werden können. Werden Anlagen im Widerspruch zu öffentlich-rechtlichen Vorschriften genutzt, kann diese Nutzung nach § 72 Abs. 1 Satz 2 HBO untersagt werden. Zusammen mit dem Abbruch des Gebäudes kann auch die Entfernung der Einrichtungsgegenstände oder sonstigen Zubehörs sowie der Abtransport des Bauschutts und die Einebnung der Baugrube angeordnet werden (VGH Mannheim VBIBW 1983, 137; 1988, 111; BauR 1989, 193).

Nach einer verbreiteten Faustformel kann eine Beseitigungsverfügung nur ergehen, wenn das Gebäude formell und materiell baurechtswidrig ist (VGH Kassel, BRS 44 Nr. 206; HessVGRspr 1988, 67; BVerwG NVwZ 1989, 353; OVG Lüneburg NVwZ-RR 1996, 6; Finkelnburg/Ortloff II 137;). Formelle Rechtswidrigkeit bedeutet, dass das Gebäude nicht (mehr) durch eine Baugenehmigung gedeckt wird (OVG Münster NVwZ 1988, 943; VGH Mannheim BauR 1989, 193); bei einem genehmigungsfreien oder -freigestellten Vorhaben kann selbstverständlich eine formelle Baurechtswidrigkeit nicht vorausgesetzt werden, hier reicht die materielle Baurechtswidrigkeit für eine Beseitigungsverfügung aus (VGH Kassel, Beschl. v. 29.6.1995, 4 TG 703/95; VGH Mannheim BauR 1991, 75; Eiding/Ruf/Herrlein Rdnr. 261). Ist ein materiellrechtlich unzulässiges Gebäude genehmigt worden, kann der Abbruch erst angeordnet werden, wenn die Baugenehmigung bestandskräftig aufgehoben oder der sofortige Vollzug dieser Maßnahme angeordnet wurde (VGH Mannheim BWVPr 1978, 9; OVG Münster a.a.O.). Dies gilt nicht bei Genehmigungen im vereinfachten Verfahren nach § 57 HBO, wenn der Rechtsverstoß des Vorhabens auf einer nicht im Prüfprogramm enthaltenen Vorschrift beruht, da die Baugenehmigung insoweit auch keine Legalisierungswirkung entfaltet. Unbedenklich ist es aber, wenn der Abbruch zwar zusammen mit der Rücknahme der Baugenehmigung angeordnet wird, aber erst nach der Bestandskraft der Rücknahme vollzogen werden darf (OVG Lüneburg NVwZ 1996, 605).

Der Umstand, dass ein Bauwerk genehmigungsfrei ist, vermittelt keinen Bestandsschutz, ebenso wenig der bloße Bauantrag, die Erteilung des gemeindlichen Einvernehmens oder die Heranziehung zu öffentlichen Abgaben wie Anliegerbeiträgen.

Ausnahmsweise kann auch bereits die bloß formelle Rechtswidrigkeit für eine Beseitigungsverfügung ausreichen, wenn der Eigentumsschutz es nicht erfordert, auch die materielle Rechtmäßigkeit zu prüfen, weil die Anlage ohne Substanzverlust und hohe Kosten abgebaut werden kann, wie z.B. bei einer Werbeanlage (VGH Kassel ESVGH 52, 255 (L); HessVGRspr. 1983, 10), einem Wohnwagen (VGH Kassel, BRS 44 Nr. 206) oder einer Fertiggarage (VGH Kassel BauR 1992, 66 = BRS 52 Nr. 239).

Materielle Baurechtswidrigkeit bedeutet, dass das Gebäude seit seiner Erstellung ununter- 246
brochen gegen öffentlich-rechtliche Vorschriften verstößt (VGH Kassel RdL 1991, 244; VGH
Mannheim ESVGH 22, 30; BauR 1991, 75; 1989, 193). Stand das Gebäude zu irgendeinem
Zeitpunkt im Einklang mit dem materiellen Baurecht, dann genießt es Bestandsschutz, so
dass sein Abbruch nicht mehr angeordnet werden kann (VGH Kassel HessVGRspr. 1992,
10 = NVwZ-RR 1992, 531 (L); VGH Mannheim BauR 1991, 75; BVerwG NJW 1971, 1624).
Der Eigentümer hat gegebenfalls sogar einen Anspruch gegen die Behörde auf Erlass eines
förmlichen **Duldungs**verwaltungsakts (VGH Kassel, NVwZ-RR 2004, 390; s. Rdnr. 148). Die
materielle Baurechtswidrigkeit kann auch in der Nichtbeachtung einer durch Baulast gesicherten Baubeschränkung liegen (VGH Mannheim VBlBW 1984, 179).
Die materielle Baurechtswidrigkeit kann nach der Rechtsprechung des BVerwG (E 48, 271
= NJW 1976, 340) nicht schon daraus abgeleitet werden, dass ein Bauantrag für das
abzubrechende Vorhaben bestandskräftig abgelehnt wurde; anders ist es freilich bei einem
rechtskräftigen Urteil eines Verwaltungsgerichts. Denn durch die Rechtskraft wird bindend
festgestellt, dass das Bauvorhaben baurechtlich unzulässig ist. Demgegenüber bedeutet die
Bestandskraft der Ablehnung des Bauantrags nur, dass das Baugenehmigungsverfahren
abgeschlossen ist. Der Bauherr ist aber nach Ansicht des BVerwG durch die Bestandskraft
nicht gehindert, denselben Bauantrag nochmals zu stellen; die Bauaufsichtsbehörde sei
wegen Art. 14 GG verpflichtet, erneut eine sachliche Entscheidung über die Zulässigkeit
des Bauvorhabens zu treffen. Diese Rechtsprechung des BVerwG weicht freilich von den
sonstigen Grundsätzen über die Bestandskraft eines Verwaltungsakts ab, wonach nur bei
einer geänderten Sach- oder Rechtslage nach § 51 VwVfG eine erneute Sachentscheidung
über einen bereits früher gestellten Antrag verlangt werden kann (kritisch auch Gaentzsch
NJW 1986, 879; Ortloff NJW 1987, 1670).
Auch wenn die Voraussetzungen des § 72 Abs. 1 Satz 1 HBO gegeben sind, ist die Bauaufsichtsbehörde nicht zu einem Einschreiten verpflichtet, vielmehr steht der Erlass einer Beseitigungsverfügung in ihrem **Ermessen** (VGH Mannheim NVwZ-RR 1997, 464; BRS 58 Nr. 211).
Dabei hat die Bauaufsichtsbehörde alle in Betracht kommenden öffentlichen und privaten
Belange abzuwägen (VGH Mannheim BWVPr 1991, 185; BauR 1982, 264). Es ist aber in der
Regel nicht ermessensfehlerhaft und muss deshalb nicht ausführlich begründet werden, wenn
die Behörde zur Wiederherstellung eines rechtmäßigen Zustands eine Beseitigungsverfügung
erlässt (BVerwG NJW 1986, 393; NVwZ 1997, 273). In bestimmten Fällen ist sogar allein
ein Einschreiten der Bauaufsichtsbehörde ermessensgerecht, z.B. bei Einsturzgefahr einer
Brandruine mit Gefahr für Dritte (VG Kassel NVwZ-RR 1998, 648).
§ 72 Abs. 1 Satz 1 HBO spricht umfassend von einem Widerspruch zu öffentlich-rechtlichen
Vorschriften, beschränkt sich jedenfalls dem Wortlaut nach nicht – wie § 64 Abs. 1 HBO – auf die
von der Bauaufsichtsbehörde zu prüfenden Vorschriften. Nach der früheren Rechtsprechung
des VGH Kassel (BRS 46 Nr. 212; 57 Nr. 283) musste § 72 Abs. 1 Satz 1 HBO gleichwohl
einschränkend ausgelegt werden, weil die Bauaufsichtsbehörde nicht wegen eines Verstoßes
gegen eine Rechtsvorschrift einschreiten könne, deren Überwachung zu den Aufgaben einer
Spezialbehörde gehöre (eb. BVerwG NVwZ 1992, 480 für Abfallrecht; s. auch Vondung VBlBW
1998, 411).

Bsp. (VGH Kassel BRS 46 Nr. 212 – Errichtung eines Gewächshauses in einem Landschaftsschutzgebiet):
Wegen des Verstoßes gegen die Landschaftsschutzverordnung konnte nur die Naturschutzbehörde
einschreiten, nicht die Bauaufsichtsbehörde.

Der VGH Kassel hat diese Auffassung in seiner neueren Rechtsprechung (BRS 62 Nr. 204 =
BauR 2000, 555) jedoch ausdrücklich aufgegeben. Er geht nunmehr davon aus, dass bei einem Verstoß eines baugenehmigungsfreien Vorhabens gegen öffentlich-rechtliche Vorschriften
außerhalb des Baurechts, z.B. des Natur- und Landschaftsschutzrechts, neben der Fachbehör-

de auch die Bauaufsichtsbehörde zum Einschreiten ermächtigt ist, da der Gesetzgeber, trotz Kenntnis der Diskussion um diese Frage, den bisherigen Wortlaut des Gesetzes unverändert in die Neufassung der Bauordnung übernommen habe.

Dies gilt erst recht, wenn das Bauplanungsrecht aufgrund der Baugenehmigungsfreiheit der Anlage nur in einem naturschutzrechtlichen oder landschaftsschutzrechtlichen Verfahren zu prüfen ist (VGH Kassel, BRS 57 Nr. 283) und selbstverständlich auch dann, wenn das Bauwerk gegen solche baurechtlichen Vorschriften verstößt die im (vereinfachten) Genehmigungsverfahren nicht geprüft werden mussten.

Ersetzt jedoch eine andere Genehmigung, insbesondere eine immissionsschutzrechtliche, eine Baugenehmigung mit Konzentrationswirkung, ist auch für eine ordnungsrechtliche Zuständigkeit der Bauaufsicht kein Raum (VGH Kassel, Beschl. v. 27.10.1995, 4 TG 3023/95). Dies gilt aber nicht bei einem anderen »Nicht-Genehmigungsverfahren«, etwa einer Anzeige nach § 67 Abs. 2 BImSchG, oder einer sonstigen Eingriffsbefugnis der Immissionsschutzbehörde, z.B. § 25 Abs. 2 BImSchG (VGH Kassel, Beschl. v. 13.9.1996, 4 TG 4224/95).

b) Verhältnismäßigkeit

247 Bei Erlass einer Beseitigungsverfügung muss die Behörde den Grundsatz der **Verhältnismäßigkeit** beachten; der Schaden für den Betroffenen darf nicht außer Verhältnis zu dem öffentlichen Interesse am Abbruch eines Gebäudes stehen (BVerwG NVwZ 1989, 353; NVwZ-RR 1997, 273; VGH Mannheim BauR 1989, 193).

Bsp. a) (OVG Lüneburg BauR 1984, 277): Es ist unverhältnismäßig, die Rückversetzung einer Außenwand, die um wenige cm den Grenzabstand unterschreitet, zu verlangen, wenn diese Maßnahme 10.000 € kostet.
b) (VGH Mannheim BRS 39 Nr. 223): Drohende Obdachlosigkeit macht eine Beseitigungsverfügung nicht rechtswidrig, denn es ist davon auszugehen, dass die Gemeinde eine Obdachlosenunterkunft zur Verfügung stellen wird.
c) (BVerwG NVwZ 1989, 353): Es ist unverhältnismäßig, wegen fehlender Erschließung den Abbruch eines Gebäudes anzuordnen, wenn der Nachbar die Benutzung eines Privatwegs gestattet.

Der Grundsatz der Verhältnismäßigkeit hindert die Bauaufsichtsbehörden aber jedenfalls bei **Schwarzbauten** nicht, auch den Abbruch größerer Bauwerke zu verlangen, denn der Bauherr hat in einem solchen Fall bewusst auf eigenes Risiko gebaut und muss deshalb auch einen größeren finanziellen Schaden hinnehmen (BVerwG NVwZ-RR 1997, 273; VGH Mannheim BauR 1989, 193; OVG Lüneburg BauR 2000, 87). Insbesondere bei Wochenendhäusern im Außenbereich ist in der Regel der Abbruch geboten (VGH Mannheim Urt. vom 18.6.1980 – 3 S 788/80; Urt. vom 11.6.1980 – 3 S 511/80). Etwas anderes hat aber zu gelten, wenn z.B. durch Ausweisung eines Wochenendhausgebiets gemäß § 10 BauNVO in absehbarer Zeit mit der Legalisierung des rechtswidrig errichteten Gebäudes zu rechnen ist (VGH Mannheim BauR 1989, 193). Die Verhältnismäßigkeit ist anhand der objektiven dinglichen Gegebenheiten, nicht etwa besonderer persönlicher Umstände des Pflichtigen zu prüfen. Daher ist es z.B. ohne Bedeutung, ob der Betreffende das Bauwerk gutgläubig errichtet hat oder nicht (OVG Bremen NVwZ 1986, 61). Persönliche Umstände des jeweiligen Eigentümers oder Nutzers können ggfs. mit einer zeitlich befristeten Duldung berücksichtigt werden.

Bsp. (VGH Mannheim VBlBW 1982, 199; BRS 28 Nr. 164; BauR 1991, 450): Der kurzfristige Abbruch eines Wochenendhauses von Eltern eines geistig und körperlich behinderten Kindes kann unverhältnismäßig sein.

Es verstößt gegen den Grundsatz der Verhältnismäßigkeit, wenn die Behörde den Abbruch anordnet, obwohl zur Herstellung eines rechtmäßigen Zustands eine Nutzungsuntersagung ausreicht (VGH Mannheim BWVBl. 1965, 91 und BRS 24 Nr. 199). Dabei ist allerdings zu beachten, dass eine Nutzungsuntersagung dann nicht ausreicht, wenn der rechtswidrige Zustand gerade in der objektiven Erscheinungsform und Nutzungsmöglichkeit des Gebäudes liegt (VGH Mannheim, Urt. v. 29.5.1973 – III 1/71); ein objektiv als Wochenendhaus geeignetes Gebäude verstößt auch dann gegen § 35 Abs. 3 BauGB, wenn es tatsächlich zum Abstellen von Geräten genutzt wird. Die Bauaufsichtsbehörde muss ferner prüfen, ob zur Herstellung eines rechtmäßigen Zustands der vollständige Abbruch erforderlich ist (VGH Mannheim BauR 1989, 193). Die Bauaufsichtsbehörden sind zwar in der Regel nicht verpflichtet, von sich aus Vorschläge zu machen, wie durch eine bauliche Veränderung, etwa eine räumliche **Verkleinerung**, z.B. bei einer Einfriedung oder eine Entfernung der für ein Wohngebäude typischen Bauteile wie Fenster, Teppichboden, Terrasse usw. ein rechtmäßiger Zustand hergestellt werden kann, vielmehr ist es Sache des Bauherrn, derartige Vorschläge zu machen (BVerwG NVwZ-RR 1997, 273; VGH Mannheim VBlBW 1982, 402; OVG Lüneburg BauR 2000, 87). Etwas anderes hat aber jedenfalls dann zu gelten, wenn sich eine bestimmte Maßnahme zur Schaffung eines rechtmäßigen Zustands geradezu aufdrängt, z.B. die Entfernung einer überdachten Terrasse bei einem sonst unauffälligen Gebäude (BVerwG BRS 15 Nr. 118) oder die Beseitigung eines besonders auffälligen Farbanstrichs bei einem Zaun (VGH Mannheim Urt. v. 4.10.1979 – VIII 526/79).

c) Gleichheitsgrundsatz

Ferner kann eine Beseitigungsverfügung rechtswidrig sein, wenn sie gegen **Art. 3 GG** verstößt, **248** weil die Behörde in anderen gleich gelagerten Fällen nicht den Abbruch verlangt hat (BVerwG NVwZ-RR 1992, 360; VGH Mannheim NVwZ-RR 1997, 465; BauR 1999, 734). Allerdings ist die Bauaufsichtsbehörde nicht verpflichtet, gegen alle rechtswidrigen Bauten gleichzeitig und schlagartig vorzugehen, sie kann durchaus nach objektiven Kriterien, etwa Alter oder auffälliger Lage differenzieren (BVerwG BRS 58 Nr. 209; VGH Mannheim BRS 58 Nr. 210 u. 211; NVwZ-RR 1997, 465).

Bsp. (BVerwG NVwZ 1988, 144): Es ist mit Art. 3 GG vereinbar, wenn der Abbruch von festen Wochenendhäusern angeordnet wird, während Wohnwagen geduldet werden.

Erst wenn sich überhaupt kein sachlicher Gesichtspunkt für eine differenzierte Behandlung gleich erscheinender Fälle findet, ist Art. 3 GG verletzt (BVerwG BRS 58 Nr. 209; VGH Kassel Beschl. v. 11.2.1997, 4 TE 65/96; VGH Mannheim VBlBW 1982, 295; BRS 58 Nr. 210; OVG Lüneburg NVwZ-RR 1994, 249); das ist insbesondere der Fall, wenn gleichzeitig mit der Beseitigungsverfügung der Bau gleichartiger Vorhaben genehmigt wird (VGH Mannheim BWVBl. 1973, 14; Justiz 1980, 367) oder die Behörde sich in einem Vergleich in einem anderen Verfahren verpflichtet, ein derartiges Gebäude zu dulden (VGH Mannheim NJW 1989, 603). Durch einen rechtlichen oder tatsächlichen Irrtum der Bauaufsichtsbehörde bei der Beurteilung anderer Bauvorhaben tritt aber keine Ermessenseinschränkung ein (VGH Kassel NJW 1984, 318). Eine Berufung auf Art. 3 GG setzt stets voraus, dass der »Berufungsfall« in räumlicher Nähe des abzubrechenden Gebäudes liegt (VGH Mannheim VBlBW 1982, 402; NJW 1984, 319).

d) Verwirkung

Verwirkung setzt – allgemein – voraus, dass der Rechtsinhaber bereits längere Zeit von **249** dem die Rechtsausübung auslösenden Sachverhalt Kenntnis hatte oder hätte haben müssen und der Betroffenen darauf vertrauen durfte, dass der Rechtsinhaber nicht mehr handelt. Bei illegalen Baulichkeiten stellt sich die Frage einer Verwirkung der Behörde zum Erlass einer Beseitigungsanordnung, wenn illegale Anlagen schon jahrelang, gelegentlich mehr als 20 Jahre bestehen, ohne dass die Bauaufsichtsbehörde bislang eingeschritten ist. Nach ständiger Rechtsprechung des VGH Kassel kann das mit der bauaufsichtsbehördlichen Pflicht zum Einschreiten gegen gesetzwidrige Zustände verbundene Recht nicht verwirkt werden (HessVGRspr. 1983, 10). Dem liegt die Überlegung zugrunde, dass es sich bei der Verpflichtung rechtmäßige Zustände zu schaffen nicht um ein dispositives Recht handelt und andernfalls auch der »Schwarzbauer« einen Vorteil gegenüber dem gesetzestreuen Bürger erlangt, der ihm nicht gebührt.

Allerdings ist in diesen Fällen immer zu überprüfen, ob etwa ein Bestandsschutz für die Anlage in Frage kommt (vgl. Rdnr. 148, 246).

e) Adressat einer Beseitigungsverfügung

250 Besondere Probleme können bei einer Beseitigungsanordnung dadurch entstehen, dass der Verpflichtete nur Miteigentümer ist, oder aber das Gebäude zwischenzeitlich verkauft oder vermietet wurde.

In der Rechtsprechung ist anerkannt, dass eine Beseitigungsverfügung nicht gegen alle **Miteigentümer** gerichtet werden muss (VGH Kassel BRS 24 Nr. 195). Denn der Umstand, dass der Adressat der Beseitigungsanordnung nicht allein verfügungsberechtigt ist, berührt nicht die Rechtmäßigkeit, sondern lediglich die Vollstreckbarkeit der Verfügung. Die Auswahl unter mehreren Pflichtigen steht im Ermessen der Behörde. Nicht rechtsfähige Personenmehrheiten wie Erbengemeinschaften und Wohnungseigentumsgemeinschaften können nicht selbst als Pflichtige herangezogen werden (Jäde Rn 203). Ordnungsverfügungen sind hier unmittelbar gegen die Mitglieder dieser Gemeinschaften zu richten (VGH Kassel HessVGRspr. 1985, 52). Die Behörde ist regelmäßig nicht gehalten, mehr als einen in Betracht kommenden Pflichtigen zu ermitteln, um den Baurechtsverstoß zu beseitigen (Jäde Rn 204).

Unter mehreren in Betracht kommenden Pflichtigen hat die Bauaufsicht ein Auswahlermessen, wen sie heranzieht (VGH Kassel BRS 22 Nr. 206). Sie hat dabei die sich aus § 53 HBO i.V.m. §§ 6, 7 HSOG ergebenden allgemeinen Regeln über die Polizeipflichtigkeit von Verhaltens- und Zustandsstörern zu beachten. Danach gilt grundsätzlich, dass der Doppelstörer, der Handlungs- und Zustandsstörer zugleich ist, vor dem Handlungsstörer, dem Nutzer, und dieser wiederum vor dem Zustandsstörer, also dem Eigentümer, heranzuziehen ist (Jäde Rn 200). Allerdings können Zweckmäßigkeitsgründe eine davon abweichende Auswahl rechtfertigen (VGH Kassel HessVGRspr. 1993, 21). Eines Auswahlermessens bedarf es nicht, wenn die Behörde gegen eine Mehrheit von Nutzern einer illegalen Anlage vorgeht (VGH Kassel BRS 59 Nr. 214).

Möglich ist auch, dass zwei Grundstückseigentümer als Zustandsstörer in Anspruch genommen werden.

Bsp. (VGH Kassel BRS 42 Nr. 211): Ein Hang ist zwischen zwei Grundstücken abgerutscht, ohne dass festgestellt werden kann, wer dafür verantwortlich ist.

Die Behörde kann die Beseitigungsanordnung allerdings nur durchsetzen, wenn sie auch gegen die übrigen Miteigentümer eine Abbruchverfügung, zumindest aber eine **Duldungsverfügung** erlässt (BVerwG BauR 1972, 32 und 298; VGH Kassel HessVGRspr 1985, 52; VGH Mannheim BRS 25 Nr. 206). Die Duldungsverfügung ist auf § 53 Abs. 2 HBO zu stützen (vgl. VGH Mannheim BRS 38, 206); bei einer Klage hiergegen ist nur zu prüfen, ob der Duldungsverpflichtete durch den Abbruch des Gebäudes in seinen Rechten verletzt wird (VGH Mannheim BRS 38 Nr. 206 u. 202). Den Miteigentümern stehen andere dinglich oder obligatorisch Berechtigte, insbesondere Mieter oder Pächter gleich, weil der Pflichtige auch in diesen Fällen aus privatrechtlichen Gründen gehindert ist, der Beseitigungsverfügung Folge zu leisten.

Der Pflichtige kann sich nicht darauf berufen, dass mit der Beseitigung eines Bauwerks von ihm die Begehung einer naturschutzrechtlichen Ordnungswidrigkeit verlangt wird, wenn die Beseitigung zugleich zur Zerstörung des Nestes eines geschützten Vogels (Zaunkönig) führen kann (VGH Kassel BRS 55 Nr. 198).

C. Verfahrensvorschriften

Durch die Veräußerung des Gebäudes oder den Tod des Adressaten der Beseitigungsverfü- **251**
gung wird die Rechtmäßigkeit nicht beeinträchtigt, die Beseitigungsverfügung wirkt unmittelbar
auch gegenüber dem vertraglichen oder gesetzlichen **Rechtsnachfolger** (§ 53 Abs. 5 HBO).
Sie muss aber durch einen eigenen Verwaltungsakt gegenüber diesem vollziehbar gemacht
werden. Der neue Pflichtige kann in diesem Verfahren allerdings nur einwenden, tatsächlich
nicht Eigentümer geworden zu sein. Im Übrigen finden hinsichtlich der Frage, an wen eine
Beseitigungsverfügung zu richten ist, die Grundsätze der §§ 6, 7 HSOG entsprechende Anwendung (VGH Mannheim BWVBl. 1970, 57; NVwZ-RR 1989, 593).
Der Eigentümer eines abzubrechenden Gebäudes kann sich schließlich auch nicht darauf
berufen, er habe das Gebäude ganz oder teilweise vermietet und könne es deshalb nicht
abbrechen (BVerwG NVwZ 1995, 272). Denn nach der Rechtsprechung des VGH Mannheim
ist die Beseitigungsverfügung ein Kündigungsgrund nach § 564b BGB (VGH Mannheim Urt.
v. 14.9.1976 – III 1758/75; VGH Kassel DÖV 1984, 307). Wenn der Mieter allerdings nicht
auszieht, muss die Bauaufsichtsbehörde auch ihm gegenüber jedenfalls vor der Vollstreckung
der Beseitigungsverfügung durch Ersatzvornahme eine Duldungsverfügung erlassen (BVerwG
NVwZ 1995, 272; OVG Münster NVwZ-RR 1995, 635; VGH Mannheim NuR 1985, 70; s. dazu
oben Rdnr. 250).
Ist die Beseitigungsverfügung bestandskräftig, dann kann sie gegenüber dem Adressaten
oder seinem Rechtsnachfolger durch Ersatzvornahme oder Zwangsgeld durchgesetzt werden.
Einwendungen sind im Vollstreckungsverfahren (s. dazu Rasch BauR 1988, 266) nur noch
soweit zulässig, als eine Verletzung der Vorschriften des HVwVG gerügt wird oder die Sach-
oder Rechtslage sich nachträglich geändert hat (BVerwG MDR 1977, 607; BRS 32 Nr. 195).
Eine Beseitigungs- oder Abrissverfügung kann bei Vorliegen eines besonderen öffentlichen
Interesses gemäß § 80 Abs. 2 Nr. 4 VwGO für sofort vollziehbar erklärt werden. Dabei ist jedoch
zu beachten, dass mit der Beseitigung von Bauwerken regelmäßig Endgültiges bewirkt wird
(vgl. Hess. VGH, Beschl. v. 25.09.1975 – IV TH 56/75 –). Dies bedeutet, dass angesichts des
mit der sofortigen Vollziehung einer Beseitigungsverfügung verbundenen Substanzverlusts der
Sofortvollzug regelmäßig zu einem Eingriff in die grundgesetzlich geschützte Eigentumsposition
nach Art. 14 GG führt.
Deshalb liegen die Voraussetzungen für eine **Anordnung der sofortigen Vollziehung** einer
Beseitigungsverfügung nach der bisherigen Rechtsprechung des VGH Kassel (BRS 63 Nr. 213
u. 42 Nr. 220, 222 = HessVGRspr 1984, 91; HessVGRspr 1985, 87 u. 1992, 90) nur in folgenden
Fällen vor:
– wenn die Beseitigung einem Nutzungsverbot gleichgestellt werden kann, weil die Beseitigung ohne Substanzverlust und andere hohe Kosten durchgeführt werden kann;
– wenn ein beharrlicher oder notorischer Schwarzbauer nur auf diese Weise Erfolg versprechend an der Fortsetzung seiner rechtswidrigen Tätigkeit gehindert werden kann;
– wenn die Vorbildwirkung eines illegalen Bauvorhabens eine Nachahmung in solchem Maße schon bis zum bestands- oder rechtskräftigen Abschluss der Hauptsache befürchten lässt, dass der Ausweitung des baurechtswidrigen Zustandes vorgebeugt werden muss;
– wenn die von dem Bauwerk selbst ausgehende Gefahr für die öffentliche Sicherheit oder Ordnung ein sofortiges Einschreiten durch Beseitigung der Anlage erfordert;

Nicht gerechtfertigt ist danach aber der Sofortvollzug einer Beseitigungsverfügung für ein
genehmigungsfreies Werbeschild (VGH Kassel Beschl. v. 29.6.1995, 4 TG 703/95).
Auch die Anordnung des Sofortvollzugs entbindet die Behörde aber nicht davon, dem
Pflichtigen eine zumutbare **Befolgungsfrist** zu setzen, sofern nicht gem. § 72 HVwVG
ausnahmsweise davon abgesehen werden kann.

10. Sonstige Eingriffsmaßnahmen der Bauaufsichtsbehörde

a) Nutzungsuntersagung (§ 72 Abs. 1 S. 2 HBO)

252 Nach § 72 Abs. 1 Satz 2 HBO kann die Bauaufsichtsbehörde die Nutzung einer baulichen Anlage untersagen, wenn zwar nicht die Anlage selbst, wohl aber ihre Nutzung im Widerspruch zu öffentlich-rechtlichen Vorschriften steht. Es handelt sich auch insoweit um eine Ermessensnorm, wobei sich das Ermessen der Bauaufsichtsbehörde sowohl auf das ob des Einschreitens, als auch auf den Umfang sowie die Frage, gegen wen eingeschritten werden soll, beziehen kann.

Bei vermieteten Gebäuden kann die Nutzungsuntersagung sowohl an den Eigentümer als auch an den Mieter gerichtet werden (VGH Kassel DÖV 1984, 377). Die an den Eigentümer gerichtete Nutzungsuntersagung verbietet ihm lediglich die Selbstnutzung sowie eine Neuvermietung, zwingt ihn aber nicht zur Kündigung eines bereits bestehenden Mietverhältnisses (VGH Kassel BRS 40 Nr. 229). Deshalb kann der Mieter auch nicht gegen eine Nutzungsuntersagung Rechtsmittel einlegen, die lediglich an den Eigentümer adressiert ist (VGH Mannheim VBlBW 1984, 19); ebenso ist auch eine Beiladung des Mieters nicht erforderlich (BVerwG BauR 1988, 355). Als Handlungsstörer dürfte in aller Regel aber vorrangig der Mieter bzw. Nutzer anzusprechen sein.

253 Ausreichend für den Erlass einer Nutzungsuntersagung ist bereits allein die **formelle Rechtswidrigkeit** der Anlage (VGH Kassel HessVGRspr. 1995, 60 = BRS 56 Nr. 212; HessVGRspr. 1996, 54 = BRS 57 Nr. 255; ESVGH 52, 172 = BauR 2003, 526 = BRS 65 Nr. 201). Dies folgt aus der Überlegung, dass die Baugenehmigung nach § 64 Abs. 1 HBO zu erteilen ist, wenn das Vorhaben den im Baugenehmigungsverfahren zu prüfenden öffentlich-rechtlichen Vorschriften entspricht. Im Baugenehmigungsverfahren ist mithin nicht nur die Errichtung, sondern auch die Zweckbestimmung der baulichen Maßnahme zu prüfen. Die Genehmigung erfasst aus diesem Grunde nicht nur die Errichtungs-, sondern auch die Nutzungsgenehmigung (VGH Kassel, HessVGRspr. 1972, 65). Vor Erteilung der erforderlichen Baugenehmigung ist die Ingebrauchnahme des Bauwerks nicht bloß ungenehmigt, sondern unzulässig (so auch OVG Lüneburg BRS 44 Nr. 202). § 72 HBO beschränkt die Bauaufsichtsbehörde nicht darauf, dem Eigentümer aufzugeben, Bauvorlagen einzureichen, denn nur durch die Möglichkeit, formell illegale Nutzungen zu verbieten, und zwar ohne Rücksicht auf eine etwaige materielle Legalität, ist die Bauaufsicht in der Lage, das System des präventiven Bau- und Nutzungsverbots in Verbindung mit der Genehmigungspflicht zu sichern (VGH Kassel BRS 56 Nr. 212). Es ist nicht Aufgabe der Behörde, ohne Antrag und Bauvorlagen Prognosen über die Genehmigungsfähigkeit von Vorhaben zu erstellen. § 65 Abs. 1 HBO, wonach vor Zugang der Baugenehmigung oder vor Ablauf der Frist nach § 57 Abs. 2 Satz 3 nicht mit der Ausführung begonnen werden darf, enthält gleichzeitig ein Verbot des Bauens (oder Nutzens) ohne Baugenehmigung und verpflichtet den Bauherrn, selbst in Fällen der rechtswidrigen Versagung einer Baugenehmigung, die Genehmigung im Rechtsweg zu erstreiten (VGH Kassel ESVGH 52, 172 = BauR 2003, 526 = BRS 65 Nr. 201). Allerdings kann das Ermessen der Bauaufsichtsbehörde zum Erlass eines Nutzungsverbots dann eingeschränkt sein, wenn sie die illegale Nutzung über einen längeren Zeitraum bewusst und gewollt geduldet hat (VGH Kassel ESVGH 52, 172 = BauR 2003, 526 = BRS 65 Nr. 201). Bloße Unkenntnis ist aber jedenfalls unschädlich. Regelmäßig darf die Behörde auch den **Sofortvollzug** des mit der fehlenden Genehmigung begründeten Nutzungsverbots anordnen, da nur so wirksam vermieden werden kann, dass sich der »Schwarzbauer« einen Vorteil vor dem gesetzestreuen Bürger verschafft (VGH Kassel ZfBR 1999, 47; NVwZ-RR 1996, 432). Diese Überlegungen treffen aber nicht auf baugenehmigungsfreie Anlagen zu, sodass hier die regelmäßige Anordnung des Sofortvollzugs nicht statthaft ist (VGH Kassel Beschl. v. 29.6.1995, 4 TG 703/95). Wird die Ermessensentscheidung

C. Verfahrensvorschriften

der Bauaufsicht, ein Nutzungsverbot zu erlassen sowohl auf die formelle als auch auf die materielle Rechtswidrigkeit der Anlage gestützt, muss diese freilich auch gegeben sein. Stellt sich später heraus, dass die Anlage tatsächlich genehmigungsfähig ist, ist die auch auf die materielle Rechtswidrigkeit gestützte Nutzungsuntersagung ermessensfehlerhaft. Eine solche rechtswidrige Verfügung kann indes aber noch bis zum Abschluss des Vorverfahrens durch ein Nachschieben von Ermessenserwägungen gerettet werden (VGH Kassel MDR 1986, 259; HessVGRspr. 1989, 28). Bei baugenehmigungsfreien Maßnahmen setzt ein Nutzungsverbot die materielle Rechtswidrigkeit voraus. Auch bereits vor Aufnahme der ungenehmigten Nutzung kann die Bauaufsichtsbehörde ein vorsorgliches Nutzungsverbot aussprechen, wenn die Nutzungsaufnahme unmittelbar bevorsteht (VGH München BayVBl. 1976, 402; OVG Weimar, ThürVBl. 1994, 111).

b) Baueinstellung (§ 71 HBO)

Die Bauaufsichtsbehörde kann ferner nach § 71 Satz 1 HBO die **Baueinstellung** verfügen, **254** wenn eine bauliche Anlage in Widerspruch zu formellen oder materiellen öffentlich-rechtlichen Vorschriften gebaut wird (VGH Mannheim VBIBW 1994, 196). Das ist nach S. 2 der Vorschrift insbes. der Fall, wenn die Anlage ohne Baugenehmigung bzw. ohne Einhaltung des erforderlichen Verfahrens bei genehmigungsfreien und genehmigungsfrei gestellten Vorhaben errichtet wird (formelle Illegalität); die Baueinstellung kann auch schon vor Beginn der Bauarbeiten geschehen (VGH Mannheim NVwZ-RR 1994, 72; OVG Weimar NVwZ-RR 2000, 578). Die Baueinstellung kann ferner angeordnet werden, wenn der Bauherr bei der Errichtung eines Bauwerks von den genehmigten bzw. zur Kenntnis gegebenen Plänen abweicht. Dabei ist es nicht von Bedeutung, ob das Bauvorhaben materiell-rechtlich zulässig ist (VGH Kassel BRS 50 Nr. 207; ESVGH 30, 115 (L); ESVGH 29, 215) – es sei denn die Behörde stützt den Baustopp gerade auf die materielle Rechtswidrigkeit (VGH Kassel HessVGRspr 1989, 27). Allerdings können ganz geringfügige Abweichungen, die die Genehmigungsfähigkeit ersichtlich nicht berühren unter Beachtung des Grundsatzes der Verhältnismäßigkeit keinen Baustopp rechtfertigen (Rasch/Schaetzell § 77 HBO 1993 Anm. 2.2; OVG Berlin BRS 57 Nr. 193).

Bsp. (VGH Kassel BRS 50 Nr. 207 = BauR 1991, 447): Eine 40 cm zu hoch ausgeführte Grenzgarage weicht mehr als nur ganz geringfügig von den genehmigten Bauvorlagen ab und wirft die Genehmigungsfrage erneut auf.

Bei Maßnahmen, die keiner Baugenehmigung bedürfen ist in der Regel auf die materielle Baurechtswidrigkeit abzustellen. Auch das Fehlen einer sonstigen, z.B. einer sanierungsrechtlichen Genehmigung kann einen Baustopp begründen (OVG Berlin BRS 57 Nr. 212). Gegen öffentlich-rechtliche Vorschriften verstößt ein Vorhaben auch, wenn der Rechtsbehelf eines Dritten aufschiebende Wirkung entfaltet; die Fortführung der Bauarbeiten kann daher mit einer Stilllegungsverfügung unterbunden werden.
Einer weiter gehenden Begründung bedarf die Baustoppverfügung nicht, da das Ermessen der Behörde bei Vorliegen der tatbestandlichen Voraussetzungen bereits intendiert ist (VGH Kassel BRS 50 Nr. 207 = BauR 1991, 447).
Im Hinblick auf die aufschiebende Wirkung eines Rechtsbehelfs sollte von der Behörde zugleich auch der **Sofortvollzug** der Baustoppverfügung angeordnet werden. Ein zusätzliches öffentliches Interesse an der sofortigen Vollziehung wird bei Vorliegen der tatbestandlichen Voraussetzungen schwerlich zu begründen sein. Allgemeines und besonderes Vollzugsinteresse fallen hier regelmäßig zusammen, sodass eine Bezugnahme als besondere Begründung im Rahmen des § 80 Abs. 3 VwGO ausreicht (VGH Kassel BRS 57 Nr. 255; BRS 50 Nr. 207; BRS 46 Nr. 134; OVG Münster BauR 2002, 1225). Die Begründung darf aber nicht gänzlich unterbleiben.

Wird eine vollziehbare (§ 2 HVwVG) Baueinstellung nicht beachtet, kann die Bauaufsichtsbehörde ein Zwangsgeld nach § 69 HVwVG festsetzen oder die Baustelle nach § 75 HVwVG versiegeln. Dagegen kommt eine Maßnahme nach § 71 Satz 1 HBO nicht mehr in Betracht, wenn das Gebäude bereits (weitgehend) fertig gestellt ist, dann ist ein Nutzungsverbot in Betracht zu ziehen.

Die Versiegelung und die Beschlagnahme sind Maßnahmen der Verwaltungsvollstreckung, so dass Rechtsmittel hiergegen keine aufschiebende Wirkung haben (VGH Mannheim VBlBW 1989, 106).

c) Maßnahmen nach § 53 Abs. 2 HBO

255 Schließlich kann die Bauaufsichtsbehörde nach § 53 Abs. 2 HBO generell diejenigen Maßnahmen treffen, die zur Einhaltung der baurechtlichen sowie sonstigen öffentlich-rechtlichen Vorschriften über die Errichtung und Unterhaltung von baulichen Anlagen erforderlich sind. Es handelt sich hierbei um eine § 1 HSOG entsprechende Generalklausel.
Schwierigkeiten kann die Abgrenzung der Anwendungsbereiche von § 53 Abs. 2 HBO und § 72 HBO bereiten. § 72 HBO ist die speziellere Vorschrift, setzt aber voraus, dass die Anlage von Anfang an rechtswidrig war. Bei später eingetretener Baurechtswidrigkeit, z.B. wegen mangelhafter Unterhaltung des Gebäudes, kann die Bauaufsichtsbehörde nur nach § 53 Abs. 2 HBO einschreiten (VGH Mannheim VBlBW 1988, 111). § 53 Abs. 2 HBO ist außerdem Ermächtigungsgrundlage für eine Anordnung an den Hauseigentümer, ein Mietverhältnis über Räume, die nicht als Wohnräume genutzt werden dürfen, zu kündigen (VGH Kassel BRS 38 Nr. 203; HessVG Rspr. 1983, 39). Die Behörde hat dabei aber zu prüfen, ob nicht primär eine Nutzungsuntersagung gegenüber dem Mieter zweckmäßig ist.
Demgegenüber ist die Aufforderung an den Bauherrn, ein erforderliches Verfahren durchzuführen auf § 72 Abs. 2 HBO zu stützen. Um feststellen zu können, ob ein formell illegal errichtetes oder genutztes Bauvorhaben genehmigungsfähig ist, benötigt die Bauaufsicht prüffähige Bauvorlagen. Sie kann deshalb nach § 72 Abs. 2 HBO verlangen, dass ein Bauantrag gestellt, bzw. im Falle eines voraussichtlich genehmigungsfrei gestellten Bauvorhabens nach § 56 Abs. 3 HBO Bauvorlagen bei der Gemeinde eingereicht werden (vgl. VGH Kassel BRS 39 Nr. 233).

IV. Nachbarschutz

1. Allgemeines

Das Nachbarrecht unterteilt sich in das öffentliche und das private Nachbarrecht (vgl. Birkl **256**
Teil A; Hagen NVwZ 1991, 817; Hoppenberg Kap. H u. I; Brügelmann/Dürr § 30 Rdnr.
26 ff.). Das **öffentliche Nachbarrecht** (Sendler, Nachbarschutz im Städtebaurecht, BauR
1970, 4 ff. und 74 ff.; aus neuerer Zeit: Schlichter Berl. Komm. vor §§ 29 ff.; Brügelmann/Dürr
a.a.O. Rdnr. 44 ff.; Mampel, Nachbarschutz im öffentlichen Baurecht; Hoppenberg Kap. H;
Birkl Teil E; zur Einführung: Muckel JuS 2000, 132) ergibt sich im Wesentlichen aus den
baurechtlichen Bestimmungen, ferner dem Bundesimmissionsschutzgesetz sowie sonstigen
spezialgesetzlichen Regelungen, z.B. § 5 Gaststättengesetz. Das **private Nachbarrecht**
(s. dazu Dehner, Nachbarrecht im Bundesgebiet; Schäfer in Hoppenberg Kap. I; Ketteler
VerwRundschau 1993, 5) ist vor allem in §§ 906 ff. BGB sowie den landesrechtlichen
Nachbargesetzen geregelt, in Hessen im NachbG vom 24.09.1962 (GVBl S. 417). Zu beachten
ist dabei, dass Streitigkeiten aus dem **Nachbarrechtsgesetz** stets vor den Zivilgerichten
auszutragen sind.

Die grundsätzliche Berechtigung des öffentlich-rechtlichen Nachbarschutzes wird seit BVerwGE
11, 95 und 22, 129 nicht mehr in Frage gestellt (s. zur früheren Diskussion: Sellmann DVBl
1963, 273; Redeker NJW 1959, 749; Bachof DVBl 1961, 128). Die Baugenehmigung ist
ein Verwaltungsakt mit Doppelwirkung, der mit der Begünstigung des Bauherrn zugleich den
Nachbarn belastet bzw. belasten kann; daher muss diesem schon wegen Art. 19 Abs. 4 GG
eine Rechtsschutzmöglichkeit eröffnet werden (BVerwGE 22, 129).

Die privatrechtliche Abwehrmöglichkeit nach § 1004 BGB ist nicht ausreichend, da es z.B. **257**
gegen eine Störung der Wohnruhe durch Verkehrslärm oder einen Entzug der Besonnung und
Belichtung keinen privatrechtlichen Schutz gibt; umgekehrt kann sich auch der Gewerbetreibende nicht mit privatrechtlichen Mitteln gegen eine heranrückende Wohnbebauung schützen,
die die Fortführung seines Betriebes aus immissionsschutzrechtlichen Gründen in Frage stellen
kann. Ein umfassender Ausgleich der Belange des Bauherrn und der Nachbarn kann nur im
Rahmen des öffentlichen Rechts erfolgen. Im Übrigen sind BVerwG und BGH darum bemüht,
die Abwehrrechte des Nachbarn im öffentlichen Recht und im Zivilrecht parallel auszugestalten
(vgl. Hagen NVwZ 1991, 817; Arbeitskreis bauliches Nachbarrecht BBauBl. 1991, 14; Jäde
in Birkl A Rdnr. 19 ff.; Mampel Rdnr. 15 ff.). So ist die Anforderung an eine unzumutbare
Beeinträchtigung i.S.d. § 3 BImSchG bzw. des Gebots der Rücksichtnahme (s. unten Rdnr.
268) identisch mit einer wesentlichen Beeinträchtigung i.S.d. § 906 BGB (BGHZ 70, 102 =
NJW 1978, 419; NJW 1990, 2465; BVerwG E 79, 254 = NJW 1988, 2396; E 81, 197 = NJW
1989, 1271; VBlBW 2000, 361). Grundsätzlich bietet das öffentliche Recht dem Nachbarn
primär präventiven Schutz, das Zivilrecht primär repressiven (nachträglichen) Schutz (Mampel
Rdnr. 98 ff.).

Eine gewisse Verknüpfung des öffentlichen und des privaten Nachbarrechts ergibt sich allerdings zunächst dadurch, dass nach der Rechtsprechung des BGH die dem Schutz der
Nachbarn dienenden öffentlich-rechtlichen Vorschriften zugleich Schutzgesetze i.S.d. § 823
Abs. 2 BGB sind, so dass bei Verletzung derartiger Vorschriften Schadensersatzansprüche
sowie Beseitigungs- und Unterlassungsansprüche entsprechend § 1004 BGB vor den Zivilgerichten geltend gemacht werden können (BGHZ 66, 354 = NJW 1976, 188; NJW 1970, 1180;
WM 1984, 572;). Nach der Rechtsprechung des BGH (NJW 1997, 55) kann sogar eine der
Baugenehmigung beigefügte Auflage, die dem Schutz des Nachbarn dient, von diesem durch
eine zivilgerichtliche Klage durchgesetzt werden.

Ferner können auch bei der Beurteilung, ob ein Bauvorhaben die Nachbarschaft rechtswidrig
beeinträchtigt und daher Abwehransprüche nach §§ 1004, 906 BGB gegeben sind, die Festset-

zungen eines Bebauungsplans nicht außer Betracht bleiben. Wer gemäß dem Bebauungsplan baut und das Gebäude nutzt, handelt nicht rechtswidrig und kann daher auch zivilrechtlich nicht zur Unterlassung gezwungen werden (so Schlichter in Berl. Komm. vor §§ 29 ff. Rdnr. 4; Gaentzsch NVwZ 1986, 604; Jäde in Birkl A Rdnr. 27; Finkelnburg/Ortloff II S. 178). Die Gegenmeinung beruft sich demgegenüber darauf, dass § 906 BGB nur auf die Ortsüblichkeit abstellt und davon abweichende Festsetzungen eines Bebauungsplans daher unbeachtlich seien (so BGH NJW 1976, 1204; 1983, 751; Säcker in MünchKomm zum BGB § 906 Rdnr. 17; Hagen NVwZ 1991, 817; Battis/Krautzberger/Löhr § 31 Rdnr. 54). Dem ist entgegenzuhalten, dass jede mit höheren Emissionen verbundene Nutzung auf Grund der Festsetzung eines Bebauungsplans von vornherein unzulässig wäre, wenn nur die bereits vorhandene und damit ortsübliche Beeinträchtigung hingenommen werden müsste. Ein Bebauungsplan ist eine Rechtsnorm und damit auch für zivilrechtliche Rechtsbeziehungen maßgeblich.

Dagegen kann eine Baugenehmigung zivilrechtliche Abwehransprüche des Nachbarn nicht ausschalten, weil die Baugenehmigung nach § 64 Abs. 5 HBO unbeschadet der privaten Rechte des Nachbarn ergeht (so Hagen NVwZ 1991, 817; Breuer DVBl 1983, 438; Jäde in Birkl A Rdnr. 21 ff.; a.M. Schlichter in Berl. Komm. vor §§ 29 ff. Rdnr. 4; Battis/Krautzberger/Löhr § 31 Rdnr. 54).

2. Der Begriff des Nachbarn

258 Nach der verwaltungsgerichtlichen Rechtsprechung ist Nachbar nicht nur der Eigentümer des unmittelbar angrenzenden Grundstücks, sondern jeder, der von der Errichtung oder der Nutzung der baulichen Anlage in seinen rechtlichen Interessen betroffen wird (BVerwG E 28, 131; NJW 1983, 1507, weitere Rspr.-Nachweise bei Ziekow NVwZ 1989, 231). Dabei ist der Kreis der Nachbarn bei einem emissionsträchtigen Gewerbebetrieb wesentlich weiter zu ziehen als bei einem Einfamilienhaus; das OVG Lüneburg (DVBl 1975, 190) hat z.B. bei einem Atomkraftwerk sogar eine 100 km entfernt wohnende Person als »Nachbar« angesehen. Inzwischen wird der Kreis der Nachbarn allerdings räumlich auf Personen im Umkreis der Anlage beschränkt, die sich durch ihr enges räumliches Verhältnis zur Anlage von der Allgemeinheit unterscheiden (OVG Lüneburg NVwZ 1985, 357 – Kraftwerk Buschhaus).

259 In rechtlicher Hinsicht werden bisher nur **dinglich Berechtigte** als Nachbarn anerkannt, nicht aber obligatorisch Berechtigte wie Mieter oder Pächter (BVerwG NJW 1989, 2766; DVBl 1989, 1056; NJW 1994, 1233; NVwZ 1998, 956; weitere Nachweise bei Ziekow a.a.O.; Schmidt-Preuß NJW 1995, 27). Begründet wird dies damit, dass das Baurecht die objektiven Rechtsbeziehungen zwischen den Grundstücken regele (BVerwG BRS 50 Nr. 179) und Anknüpfungspunkt hierfür das Eigentum sei; der Eigentümer »repräsentiere« sozusagen das Grundstück in den Rechtsbeziehungen zu anderen Grundstücken (so OVG Berlin NVwZ 1989, 267). Es komme hinzu, dass der Kreis der dinglich Berechtigten mit Hilfe des Grundbuchs überschaubar und in der Regel konstant sei, während die obligatorischen Rechte an den Nachbargrundstücken weniger leicht feststellbar und einem häufigen Wechsel unterworfen seien. Diese Rechtsansicht ist angezweifelt worden, nachdem das BVerfG (E 83, 201 u. E 89, 1 = NJW 1993, 2035) das Mietrecht an einer Wohnung ebenfalls unter den Schutz des Art. 14 GG gestellt hat und von Eigentum und Mietrecht als zwei konkurrierenden Eigentumspositionen spricht; das BVerfG vergleicht dabei das Mietrecht mit dem Erbbaurecht. Deshalb wird vertreten, dass diese Gleichstellung der Wohnungsmiete mit dinglichen Nutzungsrechten sich auch auf das öffentliche Baunachbarrecht auswirken müsse (Jäde UPR 1993, 350; Thews NVwZ 1995, 224; Brohm § 30 Rdnr. 9); Vorzugswürdig ist jedoch die gegenteilige Auffassung (Rasch/Schaetzell-Hinkel § 62 Anm. 1.1.2.; Mampel Rdnr. 279 ff.; Ortloff NVwZ 1994, 229; Schmidt-Preuß NJW 1995, 27; OVG Lüneburg NVwZ 1996, 918; Hornmann § 62 Rn 9 ff.): Aus der Rechtsprechung des BVerfG folgt nach der hier vertretenen Auffassung nicht, dass jeder **Mieter**

IV. Nachbarschutz

automatisch auch Nachbar im Sinne des öffentlichen Baunachbarrechts ist. Denn zum einen hat das BVerfG in den zitierten Entscheidungen nicht das Verhältnis zwischen Nachbarn vor Augen gehabt, sondern vielmehr im Verhältnis zwischen Vermieter und Mieter diese beiden auf die selbe grundrechtliche Stufe stellen wollen. Zum anderen ist zu berücksichtigen, dass der verfassungsrechtliche Eigentumsschutz wesentlich weiter reicht als das zivilrechtliche Eigentum und sich auch auf nicht dingliche vermögenswerte Rechtspositionen erstreckt (BVerfGE 95, 267); würde man diesen verfassungsrechtlichen Eigentumsbegriff ohne weiteres dem öffentlichen Baunachbarrecht zugrundelegen, würde dies zu systemwidrigen Ungleichbehandlungen und Wertungswidersprüchen führen (Rasch/Schaetzell-Hinkel § 62 Anm. 1.1.2.). So wäre beispielsweise der Wohnungsmieter einer Eigentumswohnung gegenüber einem anderen Eigentümer der selben Anlage Nachbar, sein Vermieter, der Wohnungseigentümer, hingegen nicht. Der Wohnungsmieter wäre per se besser gestellt als der gewerbliche Mieter. Es besteht angesichts der vorhandenen Schutzmöglichkeiten für den Mieter auch kein praktisches Bedürfnis dafür, sein Besitzrecht unmittelbar gegenüber dem Nachbarn zu schützen.

Eine weitere Ausnahme wird unter Bezug auf die Rechtsprechung des BVerfG (E 30, 335; 45, 173) für die Inhaber von eingerichteten und ausgeübten Gewerbebetrieben erwogen. Das BVerwG lehnt dies aber in st. Rspr. ab (NJW 1989, 2766; NVwZ 1991, 566; DVBl 1989, 1056; so auch OVG Bautzen BRS 56 Nr. 153).

Soweit nicht das Eigentum, sondern andere Rechtsgüter, insbesondere Leben und Gesundheit (Art. 2 Abs. 2 GG) geschützt werden sollen, muss auch dem Mieter oder Pächter uneingeschränkt ein baurechtlicher Abwehranspruch eingeräumt werden (BVerwG NJW 1989, 2766; VGH München NVwZ 1995, 919; Battis/Krautzberger/Löhr § 31 Rdnr. 95). Das Gleiche muss auch für Rechtsnormen gelten, die nicht speziell das Eigentum, sondern andere Rechtsgüter schützen wollen, wie dies z.B. beim Immissionsschutz der Fall ist.

Zu den dinglich Berechtigten, die Rechtsmittel gegen eine dem Nachbarn erteilte Baugenehmigung einlegen können, zählen in erster Linie die Eigentümer, daneben die Wohnungseigentümer (BVerwG NJW 1988, 3279; NVwZ 1990, 655), der Stockwerkseigentümer (VGH Mannheim BRS 30 Nr. 135), der Erbbauberechtigte (BVerwG NJW 1989, 2766) und der Nießbraucher (BVerwG a.a.O.) sowie der bereits durch eine Auflassungsvormerkung gesicherte Käufer (BVerwG NJW 1983, 1626; NJW 1988, 1228); nicht dagegen Hypothekengläubiger (Kübler/Speidel I Rdnr. 87), Inhaber einer Grunddienstbarkeit (Kübler/Speidel a.a.O.) oder eines dinglichen Vorkaufsrechts (VGH Mannheim VBlBW 1995, 107) sowie Personen, die erst ein Anwartschaftsrecht auf den Eigentumserwerb haben, ohne dass dieses durch eine Vormerkung gesichert ist (VGH München BRS 28 Nr. 131).

Der **Wohnungseigentümer** kann gegenüber einer Beeinträchtigung seines Sondereigentums durch andere Bauvorhaben einen öffentlich-rechtlichen Abwehranspruch geltend machen, ebenso kann er als Miteigentümer eine Beeinträchtigung des gemeinschaftlichen Eigentums abwehren (BVerwG NJW 1988, 3279; NVwZ 1989, 250; NVwZ 1990, 655). Dagegen können Streitigkeiten innerhalb der Wohnungseigentümergemeinschaft hinsichtlich der Nutzung einzelner Wohnungen oder des gemeinschaftlichen Eigentums nicht vor dem Verwaltungsgericht ausgetragen werden, weil hierfür ausschließlich das WEG maßgeblich ist und damit nach § 43 WEG das Amtsgericht zuständig ist (BVerwG a.a.O.); das gilt auch, soweit ein Mieter einer Wohnung bauliche Maßnahmen durchführt (VGH Mannheim VBlBW 1992, 24) oder die Störung vom Pächter eines Ladengeschäfts (Teileigentum nach § 1 Abs. 3 WEG) ausgeht (BVerwG BauR 1998, 997).

Miterben können dagegen nur gemeinsam, nicht jeder für sich allein Rechtsmittel wegen der Beeinträchtigung eines geerbten Grundstücks einlegen (VGH Mannheim BauR 1992, 60).

3. Die geschützte Rechtsstellung des Nachbarn

261 Ein Rechtsmittel des Nachbarn ist nur begründet, wenn nachbarschützende Normen verletzt sind. Dagegen ist die Klage genauso wie der Widerspruch eines Nachbarn unbegründet, wenn die Baugenehmigung zwar rechtswidrig ist, aber die verletzten Vorschriften nicht dem Nachbarschutz dienen (std. Rspr. seit BVerwGE 22, 129; vgl. z.B. BVerwG E 89, 69 = NVwZ 1992, 977; E 101, 364 = NVwZ 1997, 384). Die Richtigkeit dieser Rechtsansicht folgt zwangsläufig aus § 113 Abs. 1 S. 1 VwGO.

Bsp. a) (VGH Kassel BauR 1990, 709): Die Genehmigung einer Tennishalle auf einer durch Bebauungsplan ausgewiesenen Grünfläche ist zwar rechtswidrig, verletzt aber den Nachbarn der Grünanlage nicht in seinen Rechten, da die Festsetzung einer Grünfläche ausschließlich öffentlichen Belangen dient.
b) (OVG Münster NVwZ-RR 1999, 366): Die Genehmigung der Verdoppelung der Tribünenplätze eines Fußballstadions ohne gleichzeitige Anlage zusätzlicher Stellplätze verstößt zwar gegen die – in Hessen aus § 44 HBO i.V.m. der gemeindlichen Stellplatzsatzung folgende – Stellplatzpflicht. Gleichwohl kann der Nachbar dagegen nicht vorgehen, weil diese Vorschriften nicht dem Schutz der Nachbarschaft dienen (vgl. VGH Kassel BRS 55 Nr. 171).

Trotz eines Verstoßes gegen eine nachbarschützende Norm kann das Rechtsmittel mangels eines Rechtsschutzbedürfnisses zurückgewiesen werden, wenn der Nachbar tatsächlich nicht betroffen wird (OVG Münster NVwZ 1983, 414 und 1986, 317; VGH Mannheim VBlBW 1982, 334; 1985, 143; 1992, 262; a.M. OVG Münster BauR 1992, 60; Jacob BauR 1984, 1; Mampel BauR 1993, 44), dies ist z.B. der Fall, wenn das Nachbargrundstück wegen steiler Hanglage oder geringer Breite überhaupt nicht bebaubar ist. Jacob (a.a.O.) weist aber zu Recht darauf hin, dass der Nachbar bei Schutznormen, die eine konkrete Maßangabe enthalten – z.B. die Abstandsregelungen – einen Anspruch auf vollständiges Einhalten der Norm hat; bereits durch ein Unterschreiten um wenige cm wird er regelmäßig in seinen Rechten verletzt.

262 Ob eine Norm nachbarschützend ist, richtet sich zunächst nach ihrem Schutzzweck. Der Nachbar kann nur eine Verletzung solcher Normen rügen, die zumindest auch seinen Belangen dienen sollen (sog. **Schutznormtheorie**, s. dazu OVG Berlin BauR 1985, 434 mit lesenswerter Darstellung der Entwicklung des Nachbarschutzes). Letztlich wurzelt der Nachbarschutz im nachbarlichen Gemeinschaftsverhältnis und leitet sich daraus her, dass bestimmte Vorschriften auch der Rücksichtnahme auf individuelle Interessen oder deren Ausgleich untereinander dienen (so BVerwG E 78, 85 = NJW 1988, 839; E 82, 61 = NVwZ 1989, 1163; E 94, 151 = NJW 1994, 1546; E 101, 364 = NVwZ 1997, 384).

263 Diese nachbarschützende Zweckbestimmung kann sich einmal bereits aus dem **Wortlaut** ergeben, daneben kann die nachbarschützende Wirkung aus dem **Sinngehalt** der Vorschrift entnommen werden, so dienen z.B. die Vorschriften über Brandwände (§ 27 HBO) erkennbar nachbarlichen Belangen. Schließlich ist ein Nachbarschutz auch dann anzunehmen, wenn die Grundstückseigentümer eine bau- und bodenrechtliche Schicksalsgemeinschaft bilden, d.h. der Vorteil des einen gleichzeitig der Nachteil eines anderen ist, was insbesondere bei der Ausweisung von Baugebieten durch entsprechende Bebauungspläne der Fall sein kann (BVerwGE 44, 244 = NJW 1979, 811). Das BVerwG (E 94, 151 = NJW 1994, 1548; E 101, 364 = NVwZ 1997, 384) spricht insoweit von einem Austauschverhältnis (s. Rdnr. 270).
Umgekehrt scheidet ein Nachbarschutz aus, wenn die Vorschrift ausdrücklich oder ihrem Sinngehalt nach nur öffentlichen Belangen dienen soll, z.B. das in § 9 Abs. 2 HBO normierte Verunstaltungsverbot, oder wenn sie ausschließlich dem Schutz der Bewohner des Hauses dient, z.B. die Anforderungen des § 42 HBO an Aufenthaltsräume.

264 Ein Nachbarschutz konnte nach der früheren Rechtsprechung des BVerwG auch unmittelbar aus **Art. 14 GG** abgeleitet werden, wenn das Eigentum an dem Grundstück durch bauliche Maßnahmen auf dem Nachbargrundstück schwer und unerträglich beeinträchtigt wird (BVerwG E 32, 173 = NJW 1969, 1787; 44, 244 = NJW 1974, 811; 50, 282 = NJW 1976, 1987).

IV. Nachbarschutz

Es musste sich jedoch um wirklich schwerwiegende Beeinträchtigungen handeln, die die Grenze zur Enteignung überschreiten (BVerwGE 44, 244); das BVerwG (E 32, 173) sprach von offensichtlichen Missgriffen der Bauaufsichtsbehörde. Das BVerwG hat diese Rechtsprechung aber inzwischen weitgehend aufgegeben (BVerwGE 89, 69 = NVwZ 1992, 977; E 101, 364 = NVwZ 1997, 384; s. auch Mampel NJW 1999, 975).
Das BVerwG übernimmt auch für den Nachbarschutz seine zuvor entwickelte Rechtsprechung zum Bestandsschutz (siehe dazu oben Rdnr. 146 ff.), wonach sich aus Art. 14 GG grundsätzlich keine subjektiven Rechte ergeben, weil es dafür der inhaltlichen Ausgestaltung des Eigentumsbegriffs durch den Gesetzgeber bedarf. Diese Rechtsprechung ist zwar deswegen problematisch, weil bei einer Beeinträchtigung des Nachbargrundstücks, die dessen Nutzbarkeit durch Lärm, vollständige Verschattung oder Ausschluss der Zugänglichkeit unzumutbar einschränkt, der Eigentumsschutz nicht davon abhängen kann, dass der Gesetzgeber ein Schutzgesetz erlässt. Gleichwohl ist dieser Rechtsprechung im Ergebnis schon deswegen zuzustimmen, weil jeder Eingriff in das Eigentumsrecht zugleich das Rücksichtnahmegebot verletzt, so dass es für den Nachbarschutz im Bauplanungsrecht in der Regel keines Rückgriffs auf Art. 14 GG bedarf (so auch schon BVerwG E 86, 89 = NVwZ 1992, 977; NVwZ 1996, 888). Nur in Ausnahmekonstellationen ist eine Heranziehung des Art. 14 GG zur Gewährleistung eines effektiven Nachbarschutzes noch vorstellbar (siehe dazu Dürr VBlBW 2000, 457).
Anders ist es allerdings, wenn das Grundstück der Nachbarn durch das genehmigte Bauvorhaben unmittelbar gegenständlich in Anspruch genommen wird. **265**

Bsp. (BVerwGE 50, 282 = NJW 1976, 1987; eb. auch BRS 60 Nr. 182): Nach der Bebauung eines nicht an eine Straße grenzenden Grundstücks würde dem Bauherrn nach § 917 BGB ein Notwegerecht über das Nachbargrundstück zustehen.

Bei einer unmittelbaren Inanspruchnahme seines Grundstücks durch Notwegerechte, Durchleitungsrechte nach § 30 NachbG o. ä. kann der Nachbar sein Abwehrrecht unmittelbar auf Art. 14 GG stützen und zwar auch dann, wenn die Beeinträchtigung nicht schwer und unerträglich ist (BVerwG E 50, 282; NJW 1974, 817; BRS 60 Nr. 182). Denn in diesem Fall wird der Kernbereich des Art. 14 GG berührt; niemand braucht einen rechtswidrigen unmittelbaren Zugriff auf sein Grundstück zu dulden, unabhängig davon, ob es sich dabei um einen zivilrechtlichen oder einen öffentlich-rechtlichen Eingriff handelt.
Die Grundsätze zum Nachbarschutz des Art. 14 GG gelten auch für **Art. 2 Abs. 2 GG**; der Schutz von Leben und Gesundheit kann nicht geringer sein als der des Eigentums (BVerwGE = NJW 1978, 554). Ein Rückgriff auf Art. 2 Abs. 2 GG ist durchweg entbehrlich, weil bereits weit vor einer Gefährdung der Gesundheit der Schutz des § 22 BImSchG bzw. das Gebot der Rücksichtnahme eingreift (vgl. VGH Mannheim NVwZ-RR 1995, 561; Finkelnburg/Ortloff II 203; Hoppenberg H 428; Jäde in Birkl A Rdnr. 42).
In der Praxis sind für die Beurteilung der Zumutbarkeit von Immissionen die aufgrund von § 23 BImSchG erlassenen **Bundesimmissionsschutzverordnungen** wichtig, insbesondere die 18. BImSchVO, Sportanlagenlärmschutzverordnung, vom 18.07.1991 (BGBl. I S. 1588, 1790) und die 26. BImschVO, Verordnung über elektromagnetische Felder, vom 16.12.1996 (BGBl. I S. 1966).
Mit dem Erlass der 26. BImSchVO ist eine zuvor nur durch technische Regeln gefüllte Lücke im Immissionsschutz in Bezug auf Einwirkungen durch elektromagnetische Felder nunmehr zumindest weitgehend geschlossen worden. In diese Regelung ist eine in Kenntnis des wissenschaftlichen Forschungs- und Meinungsstandes getroffene Entscheidung über die Reichweite des Immissionsschutzes eingeschlossen – mit der Folge, dass ein Schutz vor den – möglichen – athermischen Wirkungen der gepulsten Funkwellen nicht stattfindet. Nach der neueren Rechtsprechung des Hessischen Verwaltungsgerichtshofs (BauR 2000, 1162 = BRS 62 Nr. 83; eb: BVerfG NJW 2002, 1638; BVerwG NVwZ 1996, 1023; OVG Lüneburg NVwZ 2001, 451;

OVG Münster NVwz-RR 2004, 481) ist dies eine zulässige politische Leitentscheidung des Verordnungsgebers aufgrund einer nicht eindeutigen Faktenlage; deshalb können Nachbarn aus immissionsschutzrechtlichen Gesichtspunkten keinen größeren Sicherheitsabstand von einer **Mobilfunk**sendeanlage verlangen, als in der 26. BImSchVO als Mindestabstand vorgesehen. Mit der Standortbescheinigung der Regulierungsbehörde für Telekommunikation und Post wird die Einhaltung der in Anhang 1 zu § 2 der 26. BImSchVO festgestellten Immissionsgrenzwerte bescheinigt.

Wichtig sind in diesem Zusammenhang auch die Regelwerke ohne Normcharakter, wie etwa die **TA Lärm, VDI-Richtlinie 2058** (Beurteilung von Arbeitslärm in der Nachbarschaft), die DIN 18005 (Schallschutz im Städtebau)oder die **LAI-Freizeitlärm-Richtlinie** des Länderausschusses für Immissionsschutz (abgedruckt in NVwZ 1997, 469).

Für die Bemessung der Zumutbarkeit der mit einem anlagenbezogenen Verkehr verbundenen Lärmbeeinträchtigungen bieten die TA Lärm und die VDI-Richtlinie 2058 brauchbare Anhaltspunkte, auch wenn beide an sich dazu bestimmt sind, die Anforderungen zu konkretisieren, denen Anlagen genügen müssen, die einer immissionsschutzrechtlichen Genehmigung bedürfen (BVerwG BauR 1999, 152). Durch die Richtwerte für Schallpegel nach der TA Lärm wird allerdings nicht abschließend bestimmt, ob Lärmimmissionen für die Nachbarschaft zumutbar sind oder nicht (BVerwG BRS 60 Nr. 85). Auch die Richtwerte der so genannten **LAI-Hinweise** sind bei der Bestimmung der Zumutbarkeitsgrenze nicht schematisch, sondern lediglich als Entscheidungshilfe im Rahmen einer wertenden Abwägung des Betreiberinteresses und gegebenenfalls des Allgemeininteresses an der Durchführung gemeinschaftsfördernder sozialer und/oder kultureller Veranstaltungen gegenüber einem nachbarlichen Interesse an ruhigen Wohnverhältnissen insbesondere zu Zeiten der Nachtruhe anzuwenden (VGH Kassel, Beschl. v. 8.10.1996, 14 TG 3852/96).

Zu Emissionen durch Sportanlagen siehe u. Rdnr. 286

4. Nachbarschutz durch Verfahrensvorschriften

266 Im Anschluss an die Rechtsprechung des BVerfG (E 53, 30 = NJW 1980, 759 – AKW Mülheim-Kärlich; BVerfGE 56, 216 = NJW 1981, 1436 – Asylverfahren) wird auch in der baurechtlichen Literatur die Frage diskutiert, ob in der Missachtung von **Verfahrensvorschriften** eine Verletzung von Rechten des Nachbarn liegen kann (s. dazu Goerlich DÖV 1982, 631; Schlichter NVwZ 1983, 647 und Berl. Komm. vor § 29 ff. Rdnr. 75; Finkelnburg/Ortloff II 204; Mampel Rdnr. 1657 ff.). Diese Frage ist grundsätzlich zu verneinen. Das BVerfG hält nur solche Verfahrensvorschriften für drittschützend, die nach dem Willen des Gesetzgebers die Grundrechte des betroffenen Bürgers grundlegend sichern sollen. Solche Verfahrensvorschriften gibt es im Baurecht lediglich hinsichtlich der Bürgerbeteiligung bei der Bauleitplanung sowie der Nachbarbeteiligung am Baugenehmigungsverfahren (Ortloff NJW 1983, 961).

Eine unterlassene Beteiligung der Nachbarn im Baugenehmigungsverfahren wird jedoch nach § 45 Abs. 1 Nr. 3 HVwVfG dadurch geheilt, dass der Nachbar im Widerspruchsverfahren Gelegenheit zu einer Stellungnahme erhält (Hornmann § 62 Rn 75) Die unterbliebene Anhörung kann daher nicht zur Aufhebung einer Baugenehmigung führen (eb. Rasch/Schaetzell-Hinkel § 62 Anm. 1).

Eine Verletzung von Rechten des Nachbarn kann sich allerdings daraus ergeben, dass eine Baugenehmigung nicht den Anforderungen des § 37 HVwVfG an die **Bestimmtheit** eines Verwaltungsaktes entspricht und daher nicht feststellbar ist, ob bzw. in welchem Maß der Nachbar in seinen Rechten betroffen wird (OVG Münster NVwZ RR 1996, 311; VGH München NVwZ-RR 1998, 9).

Eine Verletzung von Rechten des Nachbarn liegt nicht vor, wenn ein genehmigungspflichtiges Vorhaben ohne Baugenehmigung errichtet wird (VGH München NVwZ 1989, 269; OVG Münster

IV. Nachbarschutz

BauR 1999, 628) – der Nachbar kann freilich ein Einschreiten der Bauaufsichtsbehörde beantragen, wenn der **Schwarzbau** gegen nachbarschützende Normen des materiellen Baurechts verstößt (s. dazu unten Rdnr. 283).
Das BVerwG (NVwZ 1983, 92; eb. OVG Lüneburg DVBl 1983, 184; OVG Saar NJW 1982, 2086; a.M. OVG Münster BauR 1982, 554; OVG Hamburg BauR 1977, 256) hat eine Verletzung Planungsbedürfnis von Rechten des Nachbarn auch dann verneint, wenn ein Großvorhaben ohne Durchführung der nach § 1 Abs. 3 BauGB in solchen Fällen erforderlichen Bauleitplanung genehmigt wird. Das BVerwG begründet dieses damit, dass es nach § 2 Abs. 3 BauGB kein Recht auf Aufstellung eines Bebauungsplans gebe. Dieser Rechtsprechung kann nicht zugestimmt werden (so auch Brohm NJW 1981, 1689; Battis/Krautzberger/Löhr § 3 Rdnr. 4; Finkelnburg/Ortloff II 207; Mampel Rdnr. 1677). Das Gebot gerechter Abwägung bei der Aufstellung von Bebauungsplänen und die Vorschriften über die Bürgerbeteiligung dienen auch dem Schutz privater Interessen (BVerwG E 107, 215 = NJW 1999, 592). Werden diese Vorschriften bei der Genehmigung eines Großvorhabens missachtet, dann werden Verfahrensrechte der betroffenen Grundstückseigentümer verletzt, die dem Schutz des Art. 14 GG dienen.

5. Das Gebot der Rücksichtnahme

Das BVerwG versucht, die Problematik der nachbarschützenden Wirkung von baurechtlichen Vorschriften generell dadurch zu lösen, dass es auf das Gebot der Rücksichtnahme zurückgreift und baurechtlichen Normen im Rahmen des Gebots der Rücksichtnahme nachbarschützende Wirkung zuerkennt. Ziegert (BauR 1984, 19) hat das Gebot der Rücksichtnahme deshalb zu Recht als »archimedischen Punkt« im System des Nachbarschutzes des BVerwG bezeichnet. Das baurechtliche Gebot der Rücksichtnahme (hierzu insbes. BVerwG E 52, 122 = NJW 1978, 62; E 82, 343 = NJW 1990, 1192; NVwZ-RR 1997, 516 mit komprimierter Zusammenfassung der Rechtsprechung des BVerwG; Weyreuther, Das bauplanungsrechtliche Gebot der Rücksichtnahme und seine Bedeutung für den Nachbarschutz, BauR 1975, 1 ff.; Hauth BauR 1993, 673; Sarnighausen NVwZ 1993, 1054; ausführlich Mampel Rdnr. 754 ff.) soll einen angemessenen Ausgleich zwischen den Belangen des Bauherrn und seiner Umgebung bewirken. Jeder Bauherr muss bedenken, welche Folgen die Verwirklichung seines Bauvorhabens für die Umgebung haben wird; er muss unter Umständen sogar ein nach den baurechtlichen Vorschriften zulässiges Vorhaben unterlassen, wenn dadurch eine schwere Beeinträchtigung der Umgebung eintritt. Allerdings muss niemand eigene Interessen zurückstellen, um gleichgewichtige Belange anderer zu schonen (BVerwGE 52, 172; VGH Mannheim VBlBW 1982, 377). Auf nicht genehmigte Bauvorhaben muss keine Rücksicht genommen werden (BVerwG BauR 1992, 491; NVwZ 1994, 165; VGH Mannheim VBlBW 1995, 481); ebenso nicht auf Erweiterungsabsichten, soweit diese nicht bereits im vorhandenen Gebäudebestand angelegt sind (BVerwG DVBl 1993, 652 – Schweinemastanstalt). Das Gebot der Rücksichtnahme verlangt eine Abwägung der Belange aller betroffenen Personen; fällt diese Abwägung zu Gunsten der Umgebung aus, muss der Bauherr hierauf Rücksicht nehmen (BVerwG NVwZ 1994, 687; 1996, 379; NVwZ-RR 1996, 516). Dies setzt voraus, dass der Nachbar einer ihm in Hinblick auf die jeweilige Situation billigerweise nicht mehr zumutbaren Beeinträchtigung ausgesetzt ist (BVerwG BauR 1985, 68 – Zufahrt zum Parkhaus einer Hochschule).

Bsp. a) (BVerwGE 52, 122 = NJW 1978, 62): Das Gebot der Rücksichtnahme ist verletzt, wenn ein Landwirt einen Schweinestall für 300 Schweine unmittelbar neben einem Wohngebäude errichtet, obwohl er ohne weiteres einen den Nachbarn weniger belästigenden Standort wählen könnte.
b) (VGH Mannheim VBlBW 1981, 77; VGH Kassel BauR 2000, 873 und 1845): Kein Verstoß gegen das Gebot der Rücksichtnahme, wenn durch ein Bauvorhaben die freie Aussicht des Nachbarn eingeschränkt wird.
c) (BVerwG NVwZ 1989, 1060; VGH Mannheim VBlBW 2000, 113 u. 116): Der Bauherr braucht wegen des

Gebots der Rücksichtnahme keinen größeren als den gesetzlichen Grenzabstand einzuhalten, auch wenn das Bauvorhaben infolge eigener Fehlplanungen des Nachbarn (zu geringer Grenzabstand und zu kleine Fenster) erhebliche Nachteile für den Nachbarn zur Folge hat.

d) (BVerwG BauR 1981, 354): Es verstößt gegen das Gebot der Rücksichtnahme, wenn in einem mit 2–3 geschossigen Wohnhäusern bebauten Gebiet ein 12-geschossiges Wohn- und Geschäftshaus genehmigt wird.

e) (VGH Mannheim BauR 1992, 45): Wegen der zu erwartenden immissionsschutzrechtlichen Probleme ist es rücksichtslos, neben einem großen Schreinereibetrieb ein Studentenwohnheim zu errichten (eb. OVG Münster BauR 1996, 222: Wohnhaus neben genehmigtem Schrottlagerplatz).

f) (OVG Lüneburg BauR 1993, 440): Die Erweiterung eines Kundenparkplatzes verstößt gegen das Gebot der Rücksichtnahme, wenn durch die Abgase der Fahrzeuge die benachbarten Felder eines Landwirts, der sich auf Bioland-Produkte spezialisiert hat, mit Schadstoffen belastet werden.

g) (BVerwG 89, 69 = NVwZ 1992, 977): Eine erhebliche Überschreitung der im Bebauungsplan festgesetzten Zahl der Wohnungen kann gegen das Gebot der Rücksichtnahme verstoßen; hier: 9 Wohnungen statt der nach dem Bebauungsplan zulässigen 2 Wohnungen (vgl. auch VGH Kassel BauR 2000, 1845 u. ESVGH 48, 197).

Das Gebot der Rücksichtnahme verpflichtet nicht nur den Bauherrn zur Rücksichtnahme, sondern auch den Nachbarn, soweit es um schützenswerte Belange des Bauherrn geht.

Bsp. (BVerwG E 98, 235 = NVwZ 1996, 379 – lesenswert!): Wenn in einem durch Bebauungsplan festgesetzten allgemeinen Wohngebiet eine eigentlich als störender Gewerbebetrieb dort unzulässige Autolackiererei genehmigt wurde, kann dies nicht dazu führen, dass das Nachbargrundstück wegen der Immissionen dieses Betriebs nicht mit einem Wohnhaus bebaut werden darf. Vielmehr muss ein Kompromiss zwischen den beiderseitigen Interessen gefunden werden, etwa durch eine bessere Isolierung des Betriebsgebäudes, eine Veränderung der Arbeitsabläufe oder notfalls auch durch den Einbau von Schallschutzfenstern in das Wohnhaus (ähnlich auch BVerwG NVwZ 2000, 1050 – Errichtung eines Wohnhauses neben bestehendem Sportplatz).

269 Das Gebot der Rücksichtnahme hat wie beinah alle baurechtlichen Regelungen nicht uneingeschränkt nachbarschützende Wirkung. Wenn z.B. auf die historische Dachlandschaft Rücksicht genommen werden muss, so verstößt ein Flachdach zwar gegen das Rücksichtnahmegebot, aber nicht gegen die subjektiven Rechte der benachbarten Gebäudeeigentümer. Nachbarschutz kommt dem Rücksichtnahmegebot nur zu, wenn in »qualifizierter und zugleich individualisierter Weise« auf die Belange der Nachbarn Rücksicht genommen werden muss (BVerwG E 52, 122 = NJW 1978, 62; BVerwG E 67, 334 = NJW 1984, 138; BVerwG E 82, 343 = BauR 1989, 710; NVwZ-RR 1997, 516). Dabei hängt das Maß der Rücksichtnahme nach der zitierten Rechtsprechung von einer Abwägung der beiderseitigen Belange ab (Mampel Rdnr. 793 ff.).

270 Nach Ansicht des BVerwG (E 89, 69 = NVwZ 1992, 977; NVwZ 1999, 897; eb. insbes. Schlichter in Berl. Komm. vor § 29 ff. Rdnr. 30; Geiger in Birkl E Rdnr. 47) stellt das Gebot der Rücksichtnahme kein allgemeines baurechtliches Gebot dar, sondern hat nur insoweit nachbarschützende Wirkung, als der Gesetzgeber es als einfachrechtliches Gebot in verschiedenen baurechtlichen Vorschriften normiert hat. Das Gebot der Rücksichtnahme wurde zunächst als ein öffentlicher Belang i.S.d. § 35 Abs. 3 BauGB bei Außenbereichsvorhaben angesehen (BVerwGE 52, 122 = NJW 1978, 62); weiter greift das BVerwG (NVwZ 1994, 687) zur Ableitung des Rücksichtnahmegebots auch auf § 35 Abs. 3 Nr. 3 (schädliche Umwelteinwirkungen) zurück. Ferner wurde es im nichtbeplanten Innenbereich als Merkmal des Einfügens dem Tatbestand des § 34 BauGB zugeordnet (BVerwG NJW 1981, 1973; NVwZ 1987, 128). Schließlich soll das Gebot der Rücksichtnahme bei Vorhaben im beplanten Bereich in § 15 Abs. 1 BauNVO (unzumutbare Beeinträchtigung der Nachbarschaft) verankert sein, soweit das Vorhaben den §§ 2 ff. BauNVO entspricht (BVerwGE 67, 334 = NJW 1984, 138; NVwZ 2000, 1050). Wenn das Bauvorhaben nur auf Grund einer Befreiung von den Festsetzungen eines Bebauungsplans zugelassen werden könnte, leitet das BVerwG (E 82, 343 = NJW 1990, 1192) das Gebot der Rücksichtnahme aus der nach § 31 Abs. 2 BauGB gebotenen Würdigung

IV. Nachbarschutz

nachbarlicher Belange ab. Dieser Rechtsprechung des BVerwG ist entgegengehalten worden (Breuer DVBl 1982, 1065; Redeker DVBl 1984, 870), dass sich das Rücksichtnahmegebot allein im Wege der Auslegung kaum aus den angeführten Vorschriften ableiten lässt. Dem BVerwG ist sicher darin zuzustimmen, dass das Gebot der Rücksichtnahme sich in einigen baurechtlichen Bestimmungen wiederfindet; dies trifft vor allem für das Einfügen in § 34 Abs. 1 BauGB (eigentlich nur eine andere terminologische Umschreibung der Rücksichtnahme) sowie für § 15 Abs. 1 BauNVO (Belästigungen oder Störungen der Umgebung) zu. Auch die nach §§ 31 Abs. 2, 34 Abs. 3 BauGB gebotene Würdigung nachbarlicher Belange lässt sich als gesetzliche Anforderung des Gebots der Rücksichtnahme verstehen.

Der VGH Kassel (BRS 42 Nr. 77, seitdem st. Rspr., z.B. NvwZ-RR 1996, 309) hat sich im Grundsatz der Rechtsprechung des BVerwG zum Gebot der Rücksichtnahme angeschlossen, diese aber modifiziert. Der VGH Kassel stellt dabei drei zusätzliche Kriterien auf, die erfüllt sein müssen, wenn eine besondere schutzwürdige Position im Rahmen es § 34 BauGB vorliegen soll (erste Fallgruppe, in der nach der Rechtsprechung des BVerwG dem objektiv-rechtlichen Gebot der Rücksichtnahme drittschützende Wirkung zukommt). Die schutzwürdige Position im Rahmen des § 34 BauGB setzt nach dieser **Rechtsprechung des VGH Kassel** voraus:
1. Es muss sich um ein privates Interesse des Nachbarn handeln, das städtebaulich auch im Rahmen der Bauleitplanung (§ 1 Abs. 6, 7 BauGB) beachtlich sein könnte (z.B. Veränderung der Wohnqualität;
2. die schutzwürdige Position muss in einem vergleichbaren Planbereich durch die Festsetzungen eines Bebauungsplans oder die ergänzende Geltung des § 15 BauNVO ebenso geschützt werden können wie das Gebot der Rücksichtnahme im unbeplanten Innenbereich, z.B. durch die Festsetzung rückwärtiger Baugrenzen in einem Bebauungsplan;
3. die Position muss schließlich so schutzwürdig sein, dass sie auch im Falle der Beplanung des betreffenden Gebiets mit einem Bebauungsplan bei rechtmäßiger Ausübung des planerischen Ermessens, nämlich bei sachgerechter Abwägung aller einschlägigen Belange, sich im Ergebnis durchsetzen müsste, also nicht – oder in Sonderfälle jedenfalls nicht entschädigungslos – entzogen werden könnte.

Eine weitere Anwendung des Gebots der Rücksichtnahme hat der VGH Kassel unter Heranziehung des Rechtsgedankens des § 15 BauNVO entwickelt. Dieser Rechtskonstruktion liegt die Fallgestaltung zugrunde, dass die in § 34 BauGB aufgeführten Kriterien (Art und Maß der baulichen Nutzung; Bauweise; Grundstücksfläche, die überbaut werden soll) erfüllt sind, d.h. dass das Bauvorhaben sich innerhalb dieses aus seiner Umgebung hervorgehenden Rahmens hält. In einem derartigen Fall liegt also kein Verstoß gegen eines der in § 34 BauGB genannten Kriterien vor, so dass die Baugenehmigung nicht aus einem solchen Grunde rechtswidrig ist. Der VGH geht weiter davon aus, dass ein Vorhaben, das nicht den aus seiner Umgebung ableitbaren Rahmen überschreitet, indiziert, dass es sich »in die Eigenart der näheren Umgebung einfügt« (§ 34 Abs. 1 BauGB). Ausnahmsweise kann ein solches Vorhaben sich aber dennoch nicht in seine Umgebung einfügen, nämlich dann, wenn es die gebotene Rücksichtnahme, insbesondere auf seine nächste Umgebung vermissen lässt. Wann dies der Fall ist, lässt sich nach der Rechtsprechung des VGH Kassel (HessVGRspr. 1987, 63) durch Beachtung des Rechtsgedankens aus § 15 BauNVO näher bestimmen. Unter Heranziehung der in dieser Vorschrift aufgeführten Kriterien (Anzahl, Lage, Umfang und Zweckbestimmung der baulichen Anlagen dürfen der Eigenart des Baugebiets nicht widersprechen, andernfalls sind sie unzulässig) wird im Einzelfall geprüft, ob bewältigungsbedürftige bodenrechtliche Spannungen im Sinne des Rechtsgedankens des § 15 BauNVO durch die Baumaßnahme hervorgerufen werden, die das Gebot der nachbarlichen Rücksichtnahme zu verletzen geeignet sind.

Das Gebot der Rücksichtnahme darf aber nicht zu einer allgemeinen Billigkeitslösung im Bereich des Baunachbarrechts führen. Soweit der Gesetzgeber normativ festgelegt hat, was der Bauherr darf und damit der Nachbar hinzunehmen hat, muss es dabei sein Bewenden haben (eb. BVerwG E 68, 58 = NJW 1984, 250; NJW 1990, 257; BauR 1993, 445 für den Immissionsschutz).

Bsp. a) (BVerwG NVwZ 1985, 653): Dem Interesse des Nachbarn an der Belichtung und Belüftung seines Hauses ist i.d.R. durch die Vorschriften über die Abstandsflächen Rechnung getragen; der Nachbar kann deshalb aus dem Rücksichtnahmegebot keine weiter gehenden Schutzansprüche ableiten (eb. BVerwG NVwZ 1994, 68 u. 1999, 879; NVwZ-RR 1997, 516; VGH Mannheim VBlBW 2000, 113; VGH Kassel, Beschl. v. 16.6.1996, 4 TG 135/96).
b) (BVerwG BauR 1993, 445): Für die Beeinträchtigung durch eine Schweinehaltung bietet das Gebot der Rücksichtnahme keinen weiter gehenden Schutz als §§ 5 Abs. 1 Nr. 1, 22 Abs. 1 Nr. 1 BImSchG.
c) (VGH Kassel BauR 2000, 1162) Wegen der Gesundheitsgefährdung durch elektromagnetische Strahlung bietet das Gebot der Rücksichtnahme keinen über die Richtwerte der 26. BImSchVO hinausgehenden Schutz.

Soweit es um Immissionen geht, wird die Grenze des Zumutbaren i.d.R. durch die technischen Regelwerke (TA-Lärm – s. dazu Boeddinghaus UPR 1999, 321 –, TA-Luft, DIN-Vorschriften, VDI-Richtlinien sowie insbes. Verordnungen nach §§ 7, 23 BImSchG) festgelegt (BVerwG E 68, 58 = NVwZ 1984, 509; E 98, 235 = NVwZ 1996, 379; NVwZ 2000, 1050; s. a. o. Rdnr. 265).

6. Übersicht über die nachbarschützenden Normen

a) §§ 30–33 BauGB

271 Die Festsetzung eines Bebauungsplans über die zulässige bauliche Nutzung durch Ausweisung von Baugebieten nach **§§ 2–11 BauNVO** sind nach allgemeiner Ansicht nachbarschützend, weil die Eigentümer im Plangebiet eine bau- und bodenrechtliche Schicksalsgemeinschaft (Austauschverhältnis) bilden (BVerwG E 44, 244 = NJW 1974, 811; E 27, 29 = NJW 1967, 1770; E 94, 151 = NJW 1994, 1546; E 101, 364 = NVwZ 1997, 384).
Allerdings wird § 11 BauNVO kein Nachbarschutz zuerkannt, soweit diese Vorschrift nur öffentliche Belange, insbesondere die Infrastruktur der Gemeinde selbst oder einer Nachbargemeinde schützt (OVG Lüneburg NVwZ 1997, 1011). Den **§§ 12–14 BauNVO** wird vom BVerwG nachbarschützende Wirkung beigemessen, weil sie inhaltlich eine Ergänzung der Baugebietsfestsetzung nach §§ 2 ff. BauNVO darstellen (zu § 12 BauNVO: BVerwG E 94, 151 = NJW 1994, 1546; siehe auch Sarnighausen NVwZ 1996, 7; Dürr BauR 1997, 7; zu § 13 BauNVO: BVerwG NVwZ 1996, 787).

272 Der Nachbarschutz geht in räumlicher Hinsicht so weit, wie das Bauvorhaben Wirkungen auf andere Grundstücke entfaltet; § 15 Abs. 1 S. 2 BauNVO verbietet auch unzumutbare Störungen in der Umgebung des Baugebiets. Daraus folgt, dass auch der Eigentümer eines Grundstücks außerhalb des Geltungsbereichs des Bebauungsplans eine Verletzung des Bebauungsplans rügen kann (sog. **gebietsübergreifender Nachbarschutz** – s. dazu BVerwGE 44, 244 = NJW 1974, 811; VGH Mannheim VBlBW 1996, 24; 1997, 63). Da in Bezug auf Grundstückseigentümer außerhalb des Geltungsbereichs des Bebauungsplans aber kein bau- und bodenrechtliches Ausgleichsverhältnis besteht (vgl. Rdnr. 263), kann der außerhalb des Bebauungsplangebiets gelegene Grundstückseigentümer nur eine Verletzung des Rücksichtnahmegebots rügen (VGH München NVwZ-RR 1999, 226; OVG Münster BauR 1997, 279; VGH Mannheim VBlBW 1997, 62).

Bsp. (VGH Mannheim BRS 49 Nr. 26): Die Bewohner eines Wohngebiets können sich dagegen zur Wehr setzen, dass in einem unmittelbar angrenzenden Baugebiet, welches durch Bebauungsplan als allgemeines Wohngebiet ausgewiesen ist, eine große Gaststätte genehmigt wird.

273 Da das Gebot der Rücksichtnahme bereits bei der Aufstellung eines Bebauungsplans zu beachten ist (s. dazu oben Rdnr. 51), ist es bei der Prüfung der Vereinbarkeit eines Vorhabens

IV. Nachbarschutz

mit dem Bebauungsplan in der Regel nicht nochmals zu prüfen (BVerwG NVwZ 1985, 652). Lediglich bei **§ 15 BauNVO** spielt das Gebot der Rücksichtnahme eine Rolle; diese Vorschrift wird vom BVerwG (E 67, 334 = NJW 1984, 138; E 82,343 = NJW 1990, 1192) geradezu als gesetzliche Ausprägung des Gebots zur Rücksichtnahme verstanden und hat daher insoweit nachbarschützende Wirkung (s. dazu Rdnr. 268).

Dagegen sind die sonstigen Festsetzungen des Bebauungsplans, z.B. die zulässige Überbauung der Grundstücke (Grundflächen- und Geschossflächenzahl), die Festsetzung von Baugrenzen und Baulinien oder der zulässigen Geschosszahl nur dann nachbarschützend, wenn sich aus dem Bebauungsplan ergibt, dass diese Festsetzungen erlassen wurden, um private Belange zu schützen (BVerwG NVwZ 1996, 170; BauR 1995, 823; VGH Mannheim NVwZ-RR 2000, 348; OVG Münster BauR 1997, 82). Wird das **Maß der baulichen Nutzung** und die zulässige Überbauung der Grundstücke aus Gründen der städtebaulichen Gestaltung geregelt, dann haben diese Festsetzungen keine nachbarschützende Wirkung (VGH Mannheim VBlBW 2000, 112; NVwZ-RR 1993, 347; NVwZ-RR 2000, 348 – straßenseitige Baugrenze; VGH Kassel BauR 2000, 873; ESVGH 48, 197; BRS 62 Nr. 90). Anders ist es aber, wenn durch die Beschränkung der baulichen Nutzung eine aufgelockerte Bebauung (Villenviertel) zur Gewährleistung der Wohnruhe bewirkt werden soll oder sonstige Umstände ergeben, dass der Schutz der Grundstückseigentümer bezweckt wird (BVerwG BauR 1973, 238; BRS 40 Nr. 92; Gelzer/Birk Rdnr. 999). **274**

Bsp. (VGH Mannheim VBlBW 1991, 25; NVwZ-RR 1990, 394): Die Festsetzung von Baugrenzen oder Gebäudehöhen kann nachbarschützend sein, wenn dadurch erkennbar für die Hinterlieger die Aussicht freigehalten werden soll (so auch BVerwG BRS 40 Nr. 92).

Regelmäßig dient die Festsetzung seitlicher **Baugrenzen** indes nur städtebauliche Zielen und dient nicht zugleich auch dem Schutz des Nachbarn (VGH Kassel BRS 53 Nr. 178). Hintere Baugrenzen allerdings können insbesondere dann nachbarschützend sein, wenn im Interesse der Bewohner des Baugebiets eine geschlossene rückwärtige Grün- und Ruhezone erhalten werden soll (OVG Saarlouis, BRS 48 Nr. 177; u. BRS 58 Nr. 172-).

Ausnahmsweise kann nach Ansicht des BVerwG (E 67, 334 = NJW 1984, 138; E 82, 334 = NJW 1990, 1192; E 89, 69 = NVwZ 1992, 977; NVwZ 1999, 879) auch eine Abweichung von einer grundsätzlich nicht nachbarschützenden Festsetzung eines Bebauungsplans einen nachbarlichen Abwehranspruch begründen, wenn nämlich das Bauvorhaben gegen das Gebot der Rücksichtnahme verstößt (s. dazu oben Rdnr. 268). Dies kommt wohl nur bei einem erheblichen Überschreiten der zulässigen Geschosszahl oder Geschossflächenzahl in Betracht, wenn das Volumen des Bauvorhabens den Nachbarn »erdrückt«. Die nachbarschützende Wirkung des Gebots der Rücksichtnahme ergibt sich dabei nach der Rechtsprechung des BVerwG aus § 15 Abs. 1 BauNVO, wonach eine unzumutbare Störung der Nachbarschaft unzulässig ist (s. dazu auch oben Rdnr. 268 a.E.). Diese Vorschrift findet Anwendung, wenn ein Bauvorhaben nach den Vorschriften der BauNVO zwar grundsätzlich zulässig ist, sich aber wegen der konkreten Ausgestaltung im Einzelfall gleichwohl als rücksichtslos gegenüber der Nachbarschaft erweist (BVerwGE 82, 343 = NJW 1990, 1192; NVwZ 2000, 1050).

Bsp. (VGH Kassel, Beschl. v. 16.07.1996, 4 TG 714/96): Ein Verstoß gegen das Gebot der Rücksichtnahme ist auch wegen der psychisch einengenden Wirkung des Bauvorhabens möglich, wenn ein massiver (in diesem Fall: sechsgeschossiger) Baukörper, der zwar die bauordnungsrechtlich erforderliche Abstandsfläche einhält, auf einer nach dem Bebauungsplan nicht überbaubaren Grundstücksfläche errichtet wird.

Wenn dagegen die Festsetzungen des Bebauungsplans bei der Erteilung der Baugenehmigung missachtet werden, ist das Gebot der Rücksichtnahme aus § 31 Abs. 2 BauGB abzuleiten (BVerwG a.a.O.).

§ 31 Abs. 2 BauGB wurde früher nur insoweit als nachbarschützend anerkannt, als von einer nachbarschützenden Norm **Befreiung** erteilt wird (so BVerwG NJW 1977, 1789). Diese **275**

Rechtsprechung hat das BVerwG (E 82, 334 = NJW 1989, 1192; NVwZ 1996, 170; NVwZ-RR 1998, 8) aufgegeben. Nach § 31 Abs. 2 BauGB sind die nachbarlichen Belange in jedem Fall, also auch bei nicht-nachbarschützenden Normen zu würdigen, wobei die Würdigung unter Berücksichtigung des Gebots der Rücksichtnahme zu erfolgen hat. § 31 Abs. 2 BauGB kommt daher auch dann nachbarschützende Wirkung zu, wenn die Norm, von der befreit wird, selbst nicht nachbarschützend sei. Diese Rechtsprechung ist die konsequente Fortentwicklung des in BVerwGE 67, 334 entwickelten Grundsatzes, dass auch bei nicht-nachbarschützenden Festsetzungen im Rahmen des Gebots der Rücksichtnahme ein Nachbarschutz in Betracht kommt (s. oben Rdnr. 274). Bei Befreiungen von nachbarschützenden Festsetzungen stellt dagegen jede nicht durch § 31 Abs. 2 BauGB gedeckte Abweichung eine Verletzung von Rechten des Nachbarn dar, ohne dass es auf einen Verstoß gegen das Gebot der Rücksichtnahme ankommt. Diese Differenzierung beim Nachbarschutz des § 31 Abs. 2 BauGB ergibt sich zwangsläufig aus dem Umstand, dass der Nachbar Anspruch auf Einhaltung einer nachbarschützenden Norm hat und nur unter den Voraussetzungen des § 31 Abs. 2 BauGB Einschränkungen hinnehmen muss.

Der **VGH Kassel** greift zur rechtlichen Überprüfung von Ermessensentscheidungen nach § 31 Abs. 2 BauGB – mit gewissen Änderungen – auf die von ihm zur Rechtsprechung des Bundesverwaltungsgerichts entwickelten Kriterien für eine Verletzung des Rücksichtnahmegebots im unbeplanten Innenbereich zurück (BRS 42 Nr. 77; HessVGRspr. 1991, 73). Danach genießt ein Nachbar Schutz gegen eine ihm nachteilige Befreiung eines Bauinteressenten von einer Festsetzung des Bebauungsplans,

- wenn der betroffene Belang städtebaulich auch im Rahmen der Bauleitplanung beachtlich ist,
- wenn er durch die Festsetzung, von der befreit werden soll, mindestens reflexartig objektivrechtlich geschützt ist und
- wenn der Belang von solchem Gewicht ist, dass er sich bei gerechter Abwägung, bei der auch die Interessen anderer Nachbarn und der Allgemeinheit zu berücksichtigen sein können, gegen die Interessen des Bauinteressenten durchsetzen muss (BRS 49, Nr. 189; BRS 50, Nr. 195; HessVGRspr. 1991, 73).

Wird gem. § 31 Abs. 1 BauGB eine Ausnahme von einer nachbarschützenden Festsetzung eines Bebauungsplans erteilt, so hat die Nachbarschaft einen Anspruch auf ermessensfehlerfreie Entscheidung über die Erteilung der Ausnahme (VGH Mannheim BRS 58, Nr. 160; BRS 57, Nr. 215).

Wird ein Bauvorhaben im Vorgriff auf einen zukünftigen Bebauungsplan nach **§ 33 BauGB** genehmigt, dann wird der Nachbar in seinen Rechten verletzt, soweit die zukünftigen Festsetzungen des Bebauungsplans nachbarschützende Wirkung haben werden (OVG Münster NVwZ 1992, 278; VGH Mannheim VBlBW 1992, 297; Brügelmann/Dürr § 33 Rdnr. 20); im Verhältnis Bauherr – Nachbar wird also fingiert, dass der Bebauungsplanentwurf schon rechtswirksam sei.

Dagegen begründet eine **Veränderungssperre**, die zur Sicherung der Planung erlassen wurde, keine nachbarlichen Abwehrrechte (BVerwG BauR 1989, 186). Denn die Veränderungssperre dient nur dem öffentlichen Interesse (vgl. § 14 Abs. 2 BauGB), sie soll nicht zugleich auch private Belange schützen.

b) § 34 BauGB

276 Nach gefestigter Rechtsprechung (BVerwG NJW 1981, 1973; NJW 1986, 1703; NVwZ 2000, 552) ist § 34 Abs. 1 BauGB nur insoweit nachbarschützend, als dem Gebot der Rücksichtnahme (s. dazu oben Rdnr. 268) Nachbarschutz zukommt; das Gebot der Rücksichtnahme ist nach Ansicht der zitierten Rechtsprechung dabei in dem Tatbestandsmerkmal des Einfügens in § 34

IV. Nachbarschutz

Abs. 1 BauGB enthalten (s. dazu Rdnr. 125). Im Übrigen kommt § 34 Abs. 1 BauGB keine nachbarschützende Wirkung zu, weil es an einem Austauschverhältnis (vgl. Rdnr. 263) durch eine Planungsentscheidung fehlt (so BVerwG NVwZ 1996, 888). Demgegenüber hat **§ 34 Abs. 2 BauGB** nach der neueren Rechtsprechung des BVerwG (E 94, 151 = NJW 1994, 1546) hinsichtlich der Art der baulichen Nutzung nach §§ 2 ff. BauNVO in vollem Umfang nachbarschützende Wirkung; das BVerwG begründet dies mit der durch § 34 Abs. 2 BauGB bezweckten Gleichstellung des beplanten und des nichtbeplanten Innenbereichs. Hinsichtlich des Maßes der baulichen Nutzung verbleibt es dagegen dabei, dass Nachbarschutz nur im Rahmen des Gebots der Rücksichtnahme gewährt wird. Die vom BVerwG nunmehr vorgenommene Differenzierung zwischen Abs. 1 und 2 ist nicht gerechtfertigt, weil nichts dafür spricht, dass der Gesetzgeber bei § 34 Abs. 1 BauGB nur einen auf schwerwiegende Beeinträchtigungen beschränkten Nachbarschutz zuerkennen wollte. Das Gebot des Einfügens gebietet nicht weniger als §§ 2 ff. BauNVO einen Ausgleich der Interessen von Bauherrn und Nachbarschaft. Es spricht daher rechtsdogmatisch einiges dafür, § 34 BauGB generell insoweit Nachbarschutz zuzuerkennen, als es um diejenigen Tatbestände geht, denen auch im beplanten Bereich ein Nachbarschutz zukommt (VGH Kassel NVwZ-RR 1996, 309; Battis § 5 IV 2b; Fickert/Fieseler vor §§ 2–9 Rdnr. 30.2; weitere Nachweise bei Brügelmann/Dürr § 34 Rdnr. 154).

c) § 35 BauGB

Nach der früheren Rechtsprechung des BVerwG (E 28, 268; DVBl 1971, 747; BauR 1989, 454) **277** war **§ 35 Abs. 1 BauGB** nachbarschützend, soweit die Privilegierung der in Abs. 1 aufgeführten Vorhaben durch die Zulassung eines anderen Bauvorhabens beeinträchtigt würde.

Bsp. (BVerwG DVBl 1971, 747): Ein nach § 35 Abs. 1 Nr. 5 BauGB wegen seiner Geruchsbelästigung privilegiertes Kraftfutterwerk kann sich dagegen wehren, dass in seiner Nähe ein Wohnbauvorhaben zugelassen wird, weil es dann mit immissionsschutzrechtlichen Auflagen zugunsten der Bewohner des Wohngebäudes rechnen müsste (eb. OVG Münster NVwZ 1988, 377: Nachbarklage eines Schweinemästers gegen heranrückende Wohnbebauung).

Zur Begründung führte das BVerwG aus, der Gesetzgeber habe die privilegierten Vorhaben generell dem Außenbereich zugeordnet und damit eine der Ausweisung eines Baugebiets nach §§ 3 ff. BauNVO vergleichbare generelle Regelung getroffen. Diese Rechtsprechung, die auch in der Literatur (Ernst/Zinkahn/Bielenberg § 35 Rdnr. 163; Brohm § 21 Rdnr. 28) Zustimmung findet, hat das BVerwG (NJW 2000, 552; eb. schon zuvor Hoppenberg, Kap. H Rdnr. 194; Mampel Rdnr. 1046 ff) dahin gehend modifiziert, dass auch der Inhaber eines privilegierten Vorhabens im Außenbereich sich nur auf einen Verstoß gegen das Rücksichtnahmegebot berufen könne, da der Außenbereich nicht wie ein durch Bebauungsplan überplanter Bereich durch eine einheitliche bauliche Nutzung geprägt werde. Der Unterschied zur früheren Rechtsprechung ist im praktischen Ergebnis nicht bedeutsam, da es in der Regel rücksichtslos ist, wenn eine mit der vorhandenen Bebauung im Außenbereich nicht zu vereinbarende Nutzung vorgenommen werden soll. Dies ist insbesondere der Fall bei einer Errichtung eines Wohngebäudes in der Nachbarschaft eines emittierenden Landwirtschafts- oder Gewerbebetriebs im Außenbereich, da dadurch die Privilegierung in Frage gestellt wird. Soweit die Privilegierung dagegen unangetastet bleibt, kommt ein Nachbarschutz nur im Rahmen des Rücksichtnahmegebots in Betracht.

Bsp. a) (BVerwG NVwZ 2000, 552): Der Inhaber einer Gärtnerei mit einer Holzheizanlage im Außenbereich kann die Errichtung eines Wohnhauses in der Nachbarschaft nicht verhindern, weil die Privilegierung der Gärtnerei sich nicht auf die Art der Heizung bezieht.
b) (OVG Lüneburg BauR 1988, 321): Kein Nachbarschutz eines Landwirts gegen die Errichtung eines Wohnhauses neben seinem Landwirtschaftsbetrieb.

Erst recht kann sich ein nach § 35 Abs. 2 BauGB genehmigtes Gebäude nicht gegen die Zulassung weiterer Bauvorhaben wenden (BVerwGE 52, 122 = NJW 1978, 62); eine Ausnahme gilt aber auch insoweit für eine Verletzung des Gebots der Rücksichtnahme (s. dazu Rdnr. 268).

d) Erschließung

278 Nach §§ 29 ff. BauGB darf eine Baugenehmigung nur erteilt werden, wenn die **Erschließung** gesichert ist; diese Anforderung ist nicht nachbarschützend (BVerwGE 50, 282 = NJW 1976, 1987; VGH Mannheim VBlBW 1980, 57; OVG Lüneburg BauR 1982, 372; OVG Münster BauR 1983, 445).

Eine Ausnahme ist nur dann zu machen, wenn wegen der fehlenden Erschließung ein Notwegerecht nach § 917 BGB beansprucht werden könnte (BVerwGE 50, 282) oder aber infolge drohender Überlastung der vorhandenen Erschließungsanlagen gegen das Gebot der Rücksichtnahme verstoßen wird (VGH Mannheim Beschl. v. 17.12.1992–3 S 2155/92; Mampel Rdnr. 1058; a.M. OVG Münster BauR 1983, 445; VGH Mannheim VBlBW 1995, 59; NVwZ 1998, 975).

e) Bauordnungsrecht

279 Im Bauordnungsrecht hat vor allem die Frage des Nachbarschutzes der Grenzabstandsregelung der §§ 6, 7 HBO Bedeutung. Diese Vorschriften sollen die Belichtung und Besonnung des Nachbargrundstücks sowie den Nachbarfrieden schützen und ein Übergreifen von Bränden erschweren (vgl. Rdnr. 192).

Die Regelung über die **Abstandsflächen** in §§ 6 und 7 dient – soweit darin der Abstand zu Nachbargrundstücken geregelt ist – auch dem Schutz des Nachbarn (VGH Kassel, HessVGRspr. 1984, 13 u. 1998, 43). D.h. der Nachbar kann sich regelmäßig mit Erfolg darauf berufen, dass ein Vorhaben gegenüber seinem Grundstück nicht den nach den Regelungen des § 6 im Einzelnen erforderlichen Abstand einhält.

Anders als bei der Verletzung bauplanungsrechtlicher Vorschriften ist bei Verletzung der bauordnungsrechtlichen Abstandsflächenvorschriften, die einen unmittelbaren Bezug zu den Nachbargrundstücken haben, eine tatsächliche Beeinträchtigung des Nachbarn regelmäßig zu bejahen. Nur bei Hinzutreten günstiger Umstände kann eine tatsächliche Beeinträchtigung trotz Verletzung der bauordnungsrechtlichen Abstandsvorschriften ausnahmsweise verneint werden (VGH Kassel HessVGRspr. 1999, 81 = BRS 62 Nr. 209). Dies setzt aber voraus, dass Belange der Entwässerung, des Brandschutzes, der Belichtung, der Belüftung oder des gebotenen Sozialabstandes nicht beeinträchtigt werden. Für die tatsächliche Beeinträchtigung als Folge der Verletzung nachbarschützender Grenzabstandsvorschriften kann bereits die dem Charakter der offenen Bauweise widersprechende optische Einengung des Nachbargrundstücks ausreichen (VGH Kassel VGRspr. 1999, 43 = BRS 60, Nr. 104; BRS 48, Nr. 178).

280 Im Übrigen genügt es, den Nachbarschutz der bauordnungsrechtlichen Vorschriften in der nachfolgenden Übersicht zusammenzufassen (eine ausführliche Zusammenstellung findet sich bei Hoppenberg H 334 ff.; Geiger in Birkl E Rdnr. 42 ff.; Finkelnburg/Ortloff II § 17 II).

(ja = nachbarschützend, nein = nicht nachbarschützend)

§ 3 HBO – Generalklausel: **ja** (VGH Kassel, HessVGRspr 1985, 34; VGH Mannheim NVwZ-RR 1992, 348; 1995, 561; OVG Berlin BauR 1992, 215)

§ 8 HBO – gärtnerische Anlage von Grundstücken: **nein** (VGH Kassel NJW 1983, 2461)

§ 9 HBO – Verunstaltungsverbot: **nein** OVG Lüneburg BRS 44 Nr. 118; im Einzelfall ja (OVG Bremen, NVwz-RR 2002, 488)

§ 13 HBO – Brandschutz: **nein**, wohl aber die Vorschriften § 27 Abs. 2 Nr. 1 – Brandwände – § 29 Abs. 1 und 5 – Dächer (VGH Kassel BRS 36 Nr. 153)

§ 15 Abs. 2 HBO – Verkehrssicherheit: **nein** (VGH Kassel HessVGRspr. 1995, 19)

IV. Nachbarschutz

§ 39 HBO – Abwasserbeseitigung: **ja** (VGH Kassel BauR 2003, 866)
§ 44 Abs. 1 HBO – Stellplatzpflicht: **nein** (VGH Kassel BRS 59 Nr. 171)
§ 62 HBO – Nachbaranhörung: **nein** (VGH Kassel ESVGH 42, 30)

7. Verzicht und Verwirkung im Nachbarrecht

Der Nachbar kann auf die ihm zustehenden öffentlich-rechtlichen Abwehransprüche verzichten **281** (BVerwG BRS 28 Nr. 125; VGH Mannheim VBlBW 1991, 218; VGH Kassel BRS 56 Nr. 180 u. 181). Dies ändert allerdings nichts daran, dass die Bauaufsichtsbehörde die Baugenehmigung dennoch ablehnen muss, wenn die Vorschrift, auf deren Einhaltung der Nachbar verzichtet, neben den Belangen des Nachbarn auch öffentliche Belange schützen soll (BVerwG NVwZ 2000, 1050; DVBl 1979, 622; VGH Mannheim NVwZ-RR 1996, 310); das ist z.B. bei der Abstandsregelung des § 6 HBO der Fall, die nicht nur dem privaten Interesse an Belichtung und Belüftung, sondern auch dem öffentlichen Interesse an erfolgreicher Brandbekämpfung dient. Ein im Baugenehmigungsverfahren beachtlicher **Verzicht** kann nur gegenüber der Bauaufsichtsbehörde ausgesprochen werden (VGH Kassel BRS 56 Nr. 180, 181; VGH Mannheim NVwZ 1983, 229). Ein Verzicht gegenüber dem Bauherrn stellt eine privatrechtliche Vereinbarung dar, die nach § 64 Abs. 5 HBO nicht beachtet werden muss (OVG Saar BRS 56 Nr. 184), aber beachtet werden kann (VGH Mannheim VBlBW 1991, 218). Ein gegenüber der Bauaufsichtsbehörde erklärter Verzicht auf die Einhaltung nachbarschützender Normen kann jedenfalls nach Erteilung der Baugenehmigung nicht mehr widerrufen werden (VGH Mannheim BRS 27 Nr. 164; VGH München BauR 1980, 85; OVG Münster BauR 1984, 622); der Verzicht kann allerdings unter den Voraussetzungen der §§ 119 ff. BGB angefochten werden (VGH Mannheim BRS 32 Nr. 164; OVG Saar BRS 38 Nr. 179).
Ein Verzicht kann aber nur dann angenommen werden, wenn der Nachbar dies eindeutig erklärt (VGH Kassel BRS 56 Nr. 181). Es reicht nicht aus, dass der Nachbar im Anhörungsverfahren keine Einwendungen erhebt (VGH Mannheim BRS 27 Nr. 164) oder seine Einwendungen zurücknimmt (VGH Mannheim BRS 30 Nr. 91; 32 Nr. 164). Die Wirksamkeit der **Verzichtserklärung** setzt grundsätzlich voraus, dass sie im Zusammenhang mit einem konkreten Bauvorhaben, dessen Genehmigung beantragt ist oder werden soll abgegeben wird (VGH Kassel BRS 56 Nr. 180; ESVGH 39, 130; OVG Koblenz BRS 38 Nr. 180). In der Unterschrift unter die Baupläne ist regelmäßig ein Verzicht zu sehen sein (VGH Kassel BRS 56 Nr. 181; OVG Koblenz DVBl 1982, 369; VGH Mannheim BRS 32 Nr. 164; OVG Münster BauR 2001, 89 u. 1984, 622; a.A.: VGH Mannheim Urt. v. 14.9.1988–8 S 2309/88)). Der Verzicht bindet auch die Rechtsnachfolger (VGH Kassel BRS 56 Nr. 180, 181; ESVGH 39, 130; OVG Münster BRS 42 Nr. 195); dies ergibt sich zumindest mittelbar aus § 53 Abs. 5 HBO.
Schließlich kann das Recht des Nachbarn, sich auf nachbarschützende Normen zu berufen, **282** auch durch **Verwirkung** untergehen (s. dazu OVG Greifswald NVwZ-RR 2003, 17 – lesenswert; Troidl NVwZ 2004, 315). Jede Verwirkung setzt – erstens – das Verstreichen eines längeren Zeitraums seit der Möglichkeit der Geltendmachung eines Rechts und – zweitens – besondere Umstände voraus, die die verspätete Geltendmachung als Verstoß gegen Treu und Glauben erscheinen lassen (BVerwG, NVwZ 1991, 1182; DVBl 2000, 560; BauR 2003, 1031). Durch bloßen Zeitablauf kann die Verwirkung daher nicht eintreten (BVerwG BauR 2003, 1031; anders: VGH München BRS 50 Nr. 197 und VGH Kassel Urt. v. 30.10.2001, 3 UE 2189/01, unter Bezugnahme auf BVerwG, NVwZ 1988, 730).»Besondere Umstände«, die zum bloßen Zeitablauf hinzutreten müssen, werden sich regelmäßig aus einem aktiven Tun des Nachbarn ergeben, beispielsweise aus Erklärungen, die der Bauherr als Einverständnis werten kann. Sie können aber auch in einem Nichtstun des Nachbarn liegen, nämlich dann, wenn der Nachbar nach Treu und Glauben, aus einem besonderen nachbarlichen Gemeinschaftsverhältnis, zu positivem Tun verpflichtet war, durch ein zumutbares aktives Handeln mitzuwirken, einen

wirtschaftlichen Schaden des Bauherrn zu vermeiden (BVerwG BauR 2003, 1031). Dies ist nach der Rechtsprechung des BVerwG
(E 44, 294 = NJW 1974, 1260; eb. VGH Mannheim VBlBW 1992, 103) regelmäßig dann anzunehmen, wenn der Nachbar trotz sicherer Kenntnis vom Bauvorhaben ein Jahr lang nichts unternimmt.

Dabei kommt es für den Beginn der auf einer analogen Anwendung des § 58 Abs. 2 VwGO beruhenden Jahresfrist nicht darauf an, wann der Nachbar tatsächlich Kenntnis vom Bauvorhaben gehabt hat; maßgeblich ist vielmehr, wann der Nachbar das Bauvorhaben hätte zur Kenntnis nehmen müssen (BVerwG NVwZ 1988, 532).

Aber auch vor Ablauf dieser Jahresfrist können Nachbarrechte verwirkt werden, wenn nämlich der Nachbar durch sein Verhalten beim Bauherrn den berechtigten Eindruck erweckt, er werde keine Einwendungen gegen das Bauvorhaben erheben (BVerwG NVwZ 1991, 1182).

Bsp. a) (OVG Münster BauR 2004, 62): Der Nachbar legt Widerspruch ein, obwohl er vom Bauherrn eine Entschädigung von 3,2 Mill. DM (2-facher Grundstückswert) erhalten hatte als Ausgleich für die zu erwartenden Beeinträchtigungen.
b) (OVG Münster NVwZ-RR 1993, 397): Der Nachbar gestattet zunächst dem Bauherrn, eine Leitung für Fertigbeton über das Grundstück des Nachbarn zu legen und legt danach Widerspruch gegen die Baugenehmigung ein.
c) (VGH Kassel NVwZ-RR 1991, 171): Der Nachbar hatte vor der Einlegung des Rechtsmittels das Baugrundstück an den Bauherrn verkauft und dessen Baukonzeption gekannt.

Die Verwirkung tritt jedenfalls dann ein, wenn der Nachbar die Errichtung des Bauvorhabens zur Kenntnis nimmt und gleichwohl erst nach der Fertigstellung Rechtsmittel einlegt (BVerwG NVwZ-RR 1991, 111) oder aber ausdrücklich erklärt, er sei mit dem Bauvorhaben einverstanden und werde nichts dagegen unternehmen (BVerwG NJW 1988, 730).

Die Verwirkung setzt nicht voraus, dass es sich um ein genehmigtes Bauvorhaben handelt; auch gegenüber einem Schwarzbau kann das Recht, nachbarliche Abwehransprüche zu erheben, verwirkt werden (BVerwG BauR 1997, 281; NJW 1998, 328).

Die Verwirkung nachbarlicher Abwehrrechte wirkt auch gegenüber dem Rechtsnachfolger des Nachbarn (VGH Mannheim VBlBW 1992, 103).

8. Anspruch auf Einschreiten der Bauaufsichtsbehörde

283 Ebenso wie im allgemeinen Polizeirecht steht auch im Baurecht dem von einem rechtswidrigen, nicht genehmigten oder unter Überschreitung der Baugenehmigung errichteten Bauvorhaben betroffenen Nachbarn kein (unmittelbarer) Anspruch auf Einschreiten der Bauaufsichtsbehörde (s. dazu Sarnighausen NJW 1993, 1628; Mampel DVBl 1999, 1403) nach § 53 HBO zu, vielmehr steht es im Ermessen der Behörde, ob sie einschreiten will (BVerwG NVwZ-RR 1997, 271; NVwZ 1998, 395; VGH Mannheim VBlBW 1992, 10 u. 148; OVG Lüneburg BauR 1994, 86; a.M. OVG Münster NVwZ-RR 2000, 205); das Ermessen kann allerdings auf Null reduziert sein (VGH Mannheim VBlBW 1992, 10 u. 148; 1993, 19). Voraussetzung ist aber in jedem Fall, dass der Nachbar in seinen Rechten verletzt wird. Verstößt das Bauvorhaben lediglich gegen nicht nachbarschützende Normen, hat der Nachbar keinen Anspruch auf fehlerfreie Ermessensentscheidung (VGH Mannheim BRS 55 Nr. 194).

Unabhängig von der Verletzung von Nachbarrechten hat die Bauaufsichtsbehörde aber gegen Verletzungen des formellen und materiellen Baurechts grundsätzlich und regelmäßig einzuschreiten (VGH Kassel BRS 62 Nr. 184). Ist das Ermessen schon objektiv-rechtlich auf Null reduziert, kann es in einem Fall, in dem auch ein Nachbarrecht verletzt ist, regelmäßig nur durch Einschreiten ausgeübt werden (VGH Kassel BRS 62 Nr. 184; eb. BVerwG BauR 2000, 1318). Ausnahmen bestehen für Bagatellfälle und bei Unverhältnismäßigkeit gegenüber dem Bauherrn (VGH Kassel, a.a.O.). Ferner kann der Betroffene auf zivilrechtliche Abwehransprüche verwiesen werden (BVerwG NVwZ 1998, 395).

Besondere rechtliche Probleme treten auf, wenn der Nachbar mit Erfolg die Baugenehmigung **284** angefochten hat, aber das Bauvorhaben wegen des Wegfalls der aufschiebenden Wirkung des Rechtsmittels nach § 212a BauGB in der Zwischenzeit bereits errichtet worden ist. Das BVerwG (BauR 2000, 1318; eb. VGH Mannheim BauR 2003, 1216) räumt dem Nachbarn in der Regel einen Anspruch gegenüber der Bauaufsichtsbehörde auf Erlass einer Beseitigungsverfügung ein, weil nur auf diese Weise der durch die Baugenehmigung bewirkte Eingriff in das Eigentumsrecht des Nachbarn rückgängig gemacht werden könne. Das BVerwG trägt damit der Folgenbeseitigungslast der Behörde Rechnung. Allerdings ist in der Praxis bisweilen ein eher dilatorischer Umgang der Behörden mit der Verpflichtung des Bauherrn zum Rückbau festzustellen.

Auch in den Fällen, in denen ein Nachbar sich entweder gegen ein genehmigungsfreies oder -freigestelltes Vorhaben wendet oder die von ihm geltend gemachten Nachbarrechte nicht Gegenstand des Genehmigungsverfahren gewesen sind, muss sich der Nachbar um ein Einschreiten der Bauaufsicht bemühen. Auch hier steht ihm grundsätzlich kein (unmittelbarer) Anspruch auf Einschreiten, sondern auf fehlerfreie Ermessensausübung zu. Es gelten die o. Rdnr. 283 aufgezeigten Grundsätze.

Die Möglichkeit des Nachbarn, die Verletzung nachbarschützender Baurechtsnormen im Rahmen eines zivilrechtlichen Unterlassungs- oder Beseitigungsanspruchs geltend zu machen, wurde bereits unter Rdnr. 257 erörtert.

9. Nachbarschutz bei öffentlichen Einrichtungen

Soweit eine öffentliche Einrichtung aufgrund einer Baugenehmigung oder Zustimmung (vgl. **285** § 69 Abs. 1 HBO) errichtet und betrieben wird, muss der davon betroffene Nachbar Rechtsmittel gegen die Baugenehmigung einlegen. Unterlässt er dies, kann er später keine öffentlich-rechtlichen Abwehransprüche mehr geltend machen (VGH Mannheim VBlBW 1988, 433; VGH München NVwZ 1999, 87). Etwas anderes gilt freilich bei einer der Genehmigung nicht mehr entsprechenden Nutzung der Einrichtung, z.B. Mopedrennen Jugendlicher auf einem gemeindlichen Sportplatz (BVerwG NVwZ 1990, 858; VGH Mannheim a.a.O.; NVwZ 1990, 988; OVG Berlin NVwZ-RR 1994, 141).

Bei einer Beeinträchtigung durch eine öffentliche Einrichtung, die ohne eine Baugenehmigung geschaffen worden ist, hat der Anlieger unstreitig die Möglichkeit, eine Unterlassungsklage zu erheben, sofern er die Beeinträchtigung nicht zu dulden braucht (BVerwGE 79, 254 = NJW 1988, 2396 – Feuerwehrsirene; BVerwG E 81, 197 = NJW 1989, 1291; NVwZ 1991, 884 – Sportplatz; VGH Mannheim VBlBW 1998, 62 – Kinderspielplatz; VGH Mannheim VBlBW 1983, 25; NVwZ-RR 1989, 137 – Sportplatz eines Schulzentrums; VGH Mannheim VBlBW 1985, 60 – kommunaler Festplatz; VGH München NVwZ-RR 1989, 532 – kommunaler Grillplatz; BVerwG NVwZ 1996, 1001; VGH München NVwZ 1997, 96 – Wertstoffhof; OVG Münster NVwZ 2001, 1181 u. VGH Kassel NVwZ-RR 2000, 668 – Wertstoffcontainer; VGH Mannheim VBlBW 1996, 108; VGH München NVwZ 1999, 87 – kommunale Mehrzweckhalle; OVG Münster BauR 2000, 81 – Bolzplatz; VGH Mannheim VBlBW 2000, 483 – Jugendhaus). Als Anspruchsgrundlage dieses Unterlassungsanspruchs wird teilweise allein, teilweise auch nebeneinander Art. 2 Abs. 2 und 14 GG (BVerwGE 79, 254 = NJW 1988, 2396), eine analoge Anwendung des § 1004 BGB (BVerwG DVBl 1974, 239; VGH Mannheim NVwZ-RR 1989,173; VBlBW 1988, 433) oder ein Folgenbeseitigungsanspruch (VGH Mannheim NJW 1985, 2352; OVG Münster BauR 1989, 715) angegeben. Die Frage, welche dieser drei Alternativen zutreffend ist, hat jedoch keine große praktische Bedeutung, denn in allen Fällen sind die Voraussetzungen für einen derartigen Anspruch identisch (so auch BVerwGE 81, 197 = NJW 1989, 1291; VGH Mannheim NVwZ

1990, 988; OVG Schleswig NVwZ 1995, 1019); die öffentliche Einrichtung muss gegen eine den Nachbarn schützende Norm verstoßen. Als solche nachbarschützenden Normen kommen vor allem die baurechtlichen Vorschriften einschließlich des Gebots der Rücksichtnahme (vgl. BVerwG NVwZ 1983, 155; VGH Mannheim NVwZ-RR 1989, 173; BauR 1987, 414; OVG Münster BauR 2000, 81) sowie § 22 BImSchG (BVerwG E 79, 254 = NJW 1988, 2396; E 81, 197 = NJW 1989, 1291; VGH München NVwZ 1999, 87) in Betracht.

Streitig ist, ob neben dem Unterlassungsanspruch gegenüber der Gemeinde bzw. dem sonstigen öffentlich-rechtlichen Träger der Einrichtung auch ein **Einschreiten der Bauaufsichtsbehörde** verlangt werden kann (so VGH Mannheim VBlBW 1983, 25; Dürr NVwZ 1982, 297) oder ob diese Möglichkeit bei öffentlichen Einrichtungen ausscheidet, weil eine öffentlich-rechtliche Körperschaft nicht der Hoheitsgewalt einer anderen Körperschaft unterworfen ist (so OVG Münster NJW 1984, 1982; VGH Kassel NVwZ 1997, 305; Hoppe/Grotefels § 17 Rdnr. 71).

Es ist wohl darauf abzustellen, dass § 69 HBO praktisch nur Bauvorhaben des Bundes und des Landes vom Baugenehmigungsverfahren freistellt (Allgeier/von Lutzau § 69 Anm. 1). Daraus folgt im Umkehrschluss, dass der Gesetzgeber kommunale Vorhaben dem normalen Genehmigungsverfahren unterworfen hat. Es wäre aber eine nicht zu rechtfertigende Inkonsequenz, wenn der Bauaufsicht unter diesen Umständen das Einschreiten verwehrt wäre, um die Beachtung des formellen und materiellen Baurechts sicherzustellen.

286 Die Frage, in welchem Umfang die Nachbarn die Störung durch eine öffentliche Einrichtung hinnehmen müssen, lässt sich nicht einheitlich beantworten, sondern hängt von der jeweiligen Situation des Baugebiets und der Funktion der Einrichtung ab (BVerwGE 81, 197 = NJW 1989, 1291; VGH Mannheim VBlBW 1996, 108). Grundsätzlich besteht auch für öffentliche Einrichtungen kein Sonderrecht (BVerwG a.a.O.). Freilich muss der Nachbar einer solchen öffentlichen Einrichtung wegen der spezifischen Funktion der Anlage u.U. Beeinträchtigungen hinnehmen, die er bei sonstigen, etwa gewerblichen, Anlagen nicht zu dulden braucht. Dieses gilt z.B. für Kinderspielplätze. Obwohl diese für die unmittelbare Nachbarschaft durchaus störend sein können, muss die Nachbarschaft jedenfalls **Kinderspielplätze** normaler Größe und Ausstattung auch im Wohngebiet hinnehmen (BVerwG DVBl 1974, 777; UPR 1992, 182; VGH Mannheim BauR 1985, 535; NVwZ 1990, 988; VGH München NVwZ 1989, 269); streitig ist lediglich, ob dieses auch für Bolzplätze und Abenteuerspielplätze gilt (bejaht von BVerwG NVwZ 1992, 884; VGH Mannheim VBlBW 1998, 62; verneint von OVG Lüneburg BRS 42 Nr. 188; OVG Münster BauR 2000, 81; VGH München NVwZ-RR 1994, 246; OVG Schleswig NVwZ 1995, 1019). Nicht vorhersehbare Exzesse der Benutzer einer öffentlichen Einrichtung sind der Gemeinde aber nicht zuzurechnen (VGH München NVwZ 1997, 96). Bei Mehrzweckhallen ist nach den LAI- Hinweisen an maximal 18 Tagen im Jahr eine Überschreitung der maßgeblichen Immissionswerte möglich (VGH Mannheim (VBlBW 1996, 108; VGH München BauR 1998, 756).

Besondere Probleme treten bei **Sportanlagen** auf (s. dazu Berkemann NVwZ 1992, 817; Ketteler BauR 1997, 959; Birk VBlBW 2000, 97; Uechtritz NVwZ 2000, 1006; Stüer/Middelbeck BauR 2003, 38). Sportanlagen werden häufig gerade dann benutzt, wenn ein besonderes Ruhebedürfnis besteht, nämlich nach Feierabend und am Wochenende. Es besteht zwar ein öffentliches Interesse an einer sportlichen Betätigung, was durch günstig zu erreichende Sportanlagen gefördert wird; andererseits darf dieses nicht einseitig zu Lasten der Wohnruhe gehen (s. dazu BVerwG E 81, 197 = NJW 1989, 1291; NVwZ 1991, 884; 2000, 1050; OVG Münster NVwZ-RR 1995, 435). Ein Ausgleich kann auch insoweit nur mit Hilfe des Gebots der Rücksichtnahme gefunden werden (VGH Mannheim NVwZ 1992, 389). Nach der Rechtsprechung des BVerwG muss der Anlieger einer Sportanlage eine regelmäßige Immissionsbelastung am Samstagnachmittag hinnehmen, nicht aber am Abend nach 19 Uhr und am Sonntag. Gelegentliche Ausnahmen von diesem Grundsatz sind aber unbedenklich (VGH Mannheim VBlBW 1993, 131).

IV. Nachbarschutz

Die früher sehr umstrittene Frage, welche Immissionsbelastung den Nachbarn eines Sportplatzes zugemutet werden kann, ist nunmehr durch die **18. BImSchV** vom 18.7.1991 – Sportanlagenlärmschutzverordnung – (BGBl. I S. 1578) festgelegt worden (BVerwG NVwZ 1995, 992 u. 2000, 1050; s. dazu auch Rodewoldt/Wagner VBlBW 1996, 365; Uechtritz NVwZ 2000, 1006; Ketteler NVwZ 2002, 1068), wobei eine Vorbelastung durch Lärm zu berücksichtigen ist (BVerwG NVwZ 2000, 1050).
Teilweise wird angenommen, die 18. BImSchV finde wegen § 1 Abs. 2 der Verordnung nur für Sportanlagen Anwendung, auf denen Sport nach festen Regeln ausgeübt werde, nicht aber für Freizeitsportplätze, insbes. Bolzplätze (BVerwG BauR 2004, 471; OVG Berlin NVwZ-RR 1994, 141; VGH München NVwZ-RR 2004, 20; Mampel Rdnr. 1472). Dieses ist zwar formal zutreffend, lässt aber außer Betracht, dass die Konfliktsituation zwischen sportlicher Betätigung und dem Ruhebedürfnis der Umgebung bei »regellosen« Sportanlagen nicht anders ist als bei Sportanlagen von Sportvereinen. Daher müssen die Grenzwerte der 18. BImSchV ebenfalls Anwendung finden (so auch OVG Schleswig NVwZ 1995, 1019; Rodewoldt/Wagner VBlBW 1996, 365), allerdings nicht schematisch, sondern als »grober Anhalt«, der eine wertende Berücksichtigung des Einzelfalls ermöglicht (BVerwG, a.a.O.; VGH Kassel DÖV 2000, 787; OVG Münster BRS 46 Nr. 46; OVG Lüneburg E 46, 371; BRS 58 Nr. 165; VG Gelsenkirchen BRS 62 Nr. 68).
Wenn der Anlieger einer öffentlichen Einrichtung im Einzelfall eine unzumutbare Störung hinnehmen muss, räumt ihm das BVerwG (E 79, 254 = NJW 1988, 2396 – Feuerwehrsirene in 15 m Abstand von Schlafzimmer- und Kinderzimmerfenstern) in entsprechender Anwendung der §§ 906 Abs. 2 BGB, 74 Abs. 2 Satz 3 VwVfG einen Anspruch auf eine Geldentschädigung ein. Dabei handelt es sich aber nicht um eine **Entschädigung** i.S.d. Art. 14 Abs. 3 GG, sondern um einen öffentlich-rechtlichen Ausgleichsanspruch, für den das Verwaltungsgericht zuständig ist (vgl. BVerwGE 77, 295 = NJW 1987, 2884).

V. Der Rechtsschutz im Baurecht

A. Rechtsschutz gegen Bauleitpläne

1. Flächennutzungsplan

287 Da der Flächennutzungsplan weder eine Satzung noch ein Verwaltungsakt ist (s. oben Rdnr. 26), kann er weder mit einem Normenkontrollverfahren nach § 47 VwGO noch mit einer Anfechtungsklage nach § 42 VwGO angefochten werden (BVerwG BauR 1990, 685). Das BVerwG (NVwZ 2004, 614) hat allerdings zum Regionalplan Südhessen entschieden, dieser habe wegen § 35 Abs. 3 Satz 2 BauGB Außenwirkung (s. dazu oben Rdnr. 22 u. 139) und könne daher mit einem Normenkontrollantrag angegriffen werden. Diese Rechtsprechung lässt sich eigentlich wegen § 35 Abs. 3 Satz 3 BauGB auch auf den Flächennutzungsplan übertragen. Dieses wird aber vom BVerwG (a.a.O.) abgelehnt mit der wenig überzeugenden Begründung, der Flächennutzungsplan habe ansonsten keine unmittelbare Außenwirkung.

Wenn zu erwarten ist, dass auf der Grundlage des Flächennutzungsplans ein Bebauungsplan aufgestellt wird, der zu schweren Nachteilen für die Nachbargemeinde führt (so das unter Rdnr. 23 angeführte Beispiel BVerwGE 40, 323), kann diese nach der zitierten Entscheidung des BVerwG (eb. VGH München NVwZ 1985, 837) vorbeugende Feststellungs- oder Unterlassungsklage erheben, dass die planende Gemeinde nicht berechtigt sei, ihre Bauleitplanung in diesem Bereich auf der Grundlage des Flächennutzungsplans fortzuführen. Vorbeugender Rechtsschutz ist zwar nach dem Klagesystem der VwGO nur dann zulässig, wenn ein wirksamer nachträglicher Rechtsschutz nicht möglich oder jedenfalls nicht zumutbar ist (BVerwG E 40, 323; E 54, 211 = NJW 1978, 554). Das wird vom BVerwG in diesem Fall bejaht, weil die planungsrechtliche Situation sich verfestigt, wenn der Bebauungsplan aufgestellt wird und möglicherweise bereits Baugenehmigungen erteilt werden, bevor über einen Antrag der Gemeinde nach § 47 VwGO gegen den Bebauungsplan entschieden werden kann.

2. Bebauungsplan

288 Bebauungspläne können nach § 47 Abs. 1 Nr. 1 VwGO im Wege der Normenkontrolle (s. dazu Schmitz-Rode NJW 1998, 415) gerichtlich überprüft werden. Ebenso kann eine Satzung nach § 34 Abs. 4 BauGB Gegenstand eines Normenkontrollverfahrens sein (vgl. VGH München BauR 1989, 309).

Das am 1.1.1997 in Kraft getretene 6. VwGO-ÄndG hat bedeutsame Veränderungen für das Normenkontrollverfahren gebracht. Zunächst wurde eine **Antragsfrist** von 2 Jahren seit der Bekanntmachung des Bebauungsplans (§ 10 Abs. 3 BauGB) eingeführt. Die Frist kann ihren Zweck, den Bestand von Bebauungsplänen zu gewährleisten, allerdings nur eingeschränkt erfüllen. Auch nach Ablauf der Frist ist nämlich eine Inzidentkontrolle des Bebauungsplans im Rahmen einer verwaltungsgerichtlichen Klage zulässig (BT-Drucksache 13/3993 S. 10; Lotz BayVBl 1997, 257; Schmitz-Rode NJW 1998, 415). Bei unverschuldeter Fristversäumung kann Wiedereinsetzung nach § 60 VwGO gewährt werden (Jäde in Birkl D Rdnr. 605; a.M. OVG Brandenburg LKV 1996, 208; Schenke NJW 1997, 180; Gerhard in Schoch/Schmidt-Aßmann/Pietzner § 47 Rdnr. 36). Die Behauptung der Gegenansicht, es handle sich um eine Ausschlussfrist, trifft nicht zu. Zwischen der Antragsfrist nach § 47 Abs. 2 VwGO und der Klagefrist nach § 74 VwGO besteht insoweit kein Unterschied.

Eine weitere Neuerung liegt in der Ausgestaltung der **Antragsbefugnis** nach § 47 Abs. 2 VwGO. Während früher die Antragsbefugnis gegeben war, wenn der Antragsteller durch die Rechtsnorm oder ihre Anwendung einen Nachteil erlitt (s. dazu Dürr NVwZ 1996, 105;

A. Rechtsschutz gegen Bauleitpläne

Schütz NVwZ 1999, 929), verlangt § 47 Abs. 2 VwGO n.F., dass der Antragsteller eine Verletzung seiner Rechte geltend macht. Die Änderung des § 47 Abs. 2 VwGO bezweckt nach den Gesetzesmaterialien (BT-Drucksache 13/3993 S. 9 und 10) eine Angleichung der Antragsbefugnis nach § 47 Abs. 2 VwGO an die Klagebefugnis nach § 42 Abs. 2 VwGO. Für die Klagebefugnis gilt die sog. Möglichkeitstheorie. Dieses bedeutet, dass eine Verletzung von Rechten des Klägers möglich sein muss (BVerwG E 44, 1 = NJW 1974, 203; E 65, 167 = NJW 1982, 2513).

Die Antragsbefugnis ist unbestritten gegeben, wenn der Antragsteller durch den Bebauungsplan an der beabsichtigten baulichen oder sonstigen Nutzung seines Grundstücks gehindert wird, weil dann ein Eingriff in das durch Art. 14 GG geschützte Eigentumsrecht (Baufreiheit) gegeben ist (BVerwG BauR 1997, 972; NVwZ 1998, 732; NVwZ 2002, 87).

Bsp. a) (BVerwG NVwZ 1989, 553): Ein Bebauungsplan untersagt in einem Kerngebiet die Errichtung von Sex-Shops. Gegen diese Festsetzung kann die Inhaberin einer Kette von Sex-Shops einen Normenkontrollantrag stellen, auch wenn sie das vorgesehene Ladengeschäft erst nach In-Kraft-Treten des Bebauungsplans erworben hatte; zuvor war dort ein Wollgeschäft.
b) (BVerwG BauR 1994, 433): Der Bebauungsplan weist ein Grundstück im Innenbereich als Fläche für Gartenbau aus. Falls der Eigentümer diese Fläche mit Wohngebäuden bebauen will, ist er auch dann antragsbefugt, wenn diese Festsetzung auf Wünschen eines früheren Grundstückseigentümers beruhte, der dort eine Gärtnerei betrieb.

Es kommt für die Antragsbefugnis nicht darauf an, ob die Gemeindevertretung die Nutzungsabsichten des Antragstellers bei der Aufstellung des Bebauungsplans erkennen konnte (BVerwG NVwZ 1993, 563; NVwZ 1995, 265).
Dabei bestimmt sich die Frage, ob eine Veränderung der bauplanungsrechtlichen Situation für den Grundstückseigentümer eine Rechtsverletzung darstellen kann, nach dessen subjektiver Einschätzung.

Bsp. (BVerwG NVwZ 1993, 563): Ein Landwirt ist antragsbefugt, wenn er die als Baugelände festgesetzte Fläche weiterhin landwirtschaftlich nutzen will; dieses gilt auch, wenn sich der Wert der Fläche durch den Bebauungsplan objektiv beträchtlich erhöht hat.

Eine Rechtsverletzung entfällt, wenn der Antragsteller ohne Bebauungsplan auch nicht anders bauen könnte als bei Anwendung des Bebauungsplans (VGH Mannheim VBlBW 1983, 140; OVG Lüneburg BauR 1988, 307).
Schwieriger zu beurteilen ist die Antragsbefugnis bei Antragstellern, die nur mittelbar betroffen sind, z.B. durch die Bebauung auf dem Nachbargrundstück, den Verlust von Lagevorteilen oder der Zunahme des Verkehrs.

Bsp. (BVerwG E 107, 215 = NJW 1999, 592): Der Antragsteller ist Eigentümer eines Wohnhauses am Rande einer bewaldeten Fläche. Diese Fläche wird in einem Bebauungsplan als Kleingartenfläche mit Vereinsheim festgesetzt. Der Antragsteller befürchtet eine unzumutbare Störung durch das Vereinsheim.

Bei nur mittelbarer Beeinträchtigung ist eine Verletzung von Rechten des Antragstellers und damit eine Antragsbefugnis unproblematisch zu bejahen, wenn die zu erwartende Beeinträchtigung gegen gesetzliche Vorschriften verstößt, z.B. die Grenzwerte der 16. oder 18. BImSchV bzw. der TA-Lärm oder der TA-Luft überschritten werden (vgl. BVerwG BauR 2000, 229). Da in diesem Fall in Abwehrrechte des Nachbarn eingegriffen wird, mit denen er sich gegen eine Genehmigung auf der Grundlage des Bebauungsplans zur Wehr setzen kann, muss die Antragsbefugnis nach § 47 Abs. 2 VwGO bejaht werden.
Schwieriger ist es, wenn keine normative Festsetzung nachbarlicher Abwehrrechte erfolgt ist, etwa bei der Beeinträchtigung der Aussicht (BVerwG NVwZ 1995, 895; VGH Mannheim VBlBW 1997, 426; 2000, 482), der gehobenen Wohnlage, der Steigerung des Verkehrslärms auf vorhandenen Straßen (vgl. BVerwG BauR 2000, 243) oder der Verschlechterung der Zufahrtsverhältnisse (BVerwG NVwZ 1992, 974). In allen diesen Fällen wird ein subjektives

Recht nicht unmittelbar betroffen, andererseits können diese Belange bei der Aufstellung eines Bebauungsplans durchaus relevant sein; der Bebauungsplan kann fehlerhaft sein, wenn diese Belange unberücksichtigt bleiben. Da auch private Belange, die keine subjektiven Rechte darstellen, im Rahmen der Abwägung nach § 1 Abs. 7 BauGB zu berücksichtigen sind (s. Rdnr. 50), stellt sich die Frage, ob eine Rechtsverletzung auch darin liegen kann, dass abwägungsrelevante private Belange nicht oder nicht in abwägungsfehlerfreier Weise in die Abwägung eingestellt wurden. Diese zuvor umstrittene Frage (Stüer BauR 1999, 521; Muckel NVwZ 1999, 963; Eyermann, 10. Aufl. § 47 Rdnr. 45 ff.) hat das BVerwG (E 107, 215 = NJW 1999, 592) dahin gehend entschieden, dass die Antragsbefugnis auch aus einer abwägungsfehlerhaften Behandlung privater Belange in der Abwägung nach § 1 Abs. 7 BauGB abgeleitet werden kann. Nach Ansicht des BVerwG kommt dieser Vorschrift drittschützende Wirkung zu, da auch private Belange bei der Bauleitplanung zu berücksichtigen seien. Dieses führt im Ergebnis dazu, dass die Neufassung des § 47 Abs. 2 VwGO weitgehend bedeutungslos ist (so auch Schmitz NVwZ 1999, 929). Nach § 47 Abs. 2 VwGO n.F. kommt es bei mittelbaren Beeinträchtigungen für die Antragsbefugnis darauf an, ob private abwägungsrelevante Belange verletzt worden sein können. Ob sie tatsächlich verletzt worden sind, ist eine Frage der Begründetheit des Normenkontrollantrags.

Abwägungsrelevant sind zum einen die Belange, die die planende Gemeinde von sich aus erkennen muss, weil diese Belange offensichtlich durch den Bebauungsplan betroffen werden.

Bsp. a) (VGH Mannheim VBlBW 1980, 24): Der Bebauungsplan sieht ein Wohngebiet in unmittelbarer Nachbarschaft einer Hautleimfabrik vor. Der Gemeindevertretung muss sich auch ohne Rüge durch den Betriebsinhaber die Erkenntnis aufdrängen, dass es infolge der von der Fabrik ausgehenden intensiven Geruchsbelästigung bei Verwirklichung des Bebauungsplans zu schwerwiegenden immissionsschutzrechtlichen Maßnahmen gegenüber der Fabrik kommen wird.
b) (BVerwG BauR 1992, 186): Das Interesse des Eigentümers eines Wohnhauses an der Herstellung einer ordnungsgemäßen Zufahrtsstraße muss sich dem Gemeinderat aufdrängen.

In die Abwägung einzubeziehen sind ferner private Belange, die zwar nicht so gewichtig sind, dass die Gemeinde sie von Amts wegen berücksichtigen muss, die aber von den betroffenen Trägern der Belange im Anhörungsverfahren nach § 3 Abs. 2 BauGB geltend gemacht worden sind.

Bsp. (OVG Münster NVwZ-RR 1993, 126): Ein Landwirt macht geltend, dass er die für eine Bebauung vorgesehene Fläche zur Erweiterung seines Betriebs benötige.

290 Die Kopplung der Antragsbefugnis an das Vorbringen von Anregungen und Bedenken im Verfahren nach § 3 Abs. 2 BauGB könnte allerdings zu einer bedenklichen Ausweitung der Antragsbefugnis führen, da nach § 3 Abs. 2 BauGB der Kreis der Personen, die Einwendungen gegen den Bebauungsplan erheben könnten, nicht beschränkt ist. Das BVerwG verlangt deshalb zusätzlich, dass die Belange des Antragstellers schutzwürdig sein müssen. Dieses ist zunächst nicht der Fall, wenn der Antragsteller persönlich gar keine oder nur geringfügige Nachteile erleidet (VGH Mannheim, NVwZ 1992, 189).

Bsp. (VGH Mannheim VBlBW 1982, 229): Ausweisung eines Fußwegs am Rande eines Wohngrundstücks.

Nicht schutzwürdig sind außerdem rechtswidrige Belange.

Bsp. (VGH Mannheim NVwZ 1987, 1103): Der Eigentümer eines ohne Baugenehmigung errichteten Wohnhauses ist nicht antragsbefugt, wenn ein Bebauungsplan in seiner Nachbarschaft eine Sportanlage festsetzt.

Nicht schutzwürdig sind ferner solche Belange, bei denen es sich nicht um städtebaulich beachtliche Interessen handelt.

Bsp. (BVerwG NVwZ 1990, 555; 1997, 683): Ein Kaufhausinhaber kann einen Bebauungsplan, der ein

A. Rechtsschutz gegen Bauleitpläne

Einkaufszentrum ausweist, nicht wegen des zu erwartenden Umsatzrückgangs anfechten, weil es kein schutzwürdiges Vertrauen darauf gibt, dass eine günstige Marktlage erhalten bleibt.

Die Antragsbefugnis beschränkt sich nicht auf Personen, die im Plangebiet ein Grundstück besitzen. Antragsbefugt sind auch außerhalb des Baugebiets wohnende Personen, soweit sie durch den Bebauungsplan in abwägungsrelevanten Belangen betroffen werden, z.b. durch die Emissionen eines neuen Gewerbebetriebs (OVG Berlin NVwZ 1984, 188; VGH Mannheim VBlBW 1998, 307), einer öffentlichen Anlage (VGH Mannheim BauR 1987, 285 – Spielplatz) oder durch den Zufahrtsverkehr (BVerwG NJW 1992, 2845; NVwZ 1994, 683; BauR 2000, 243); das gleiche gilt für eine nicht nur unerhebliche Einschränkung der Aussicht (BVerwG NVwZ 1995, 895; NVwZ 2000, 1413; VGH Mannheim VBlBW 1997, 426; 2000, 482). Die Antragsbefugnis ist aber nach BVerwG E 59, 87 (eb. NVwZ 2000, 806 u. 807) nicht auf **291** die Eigentümer betroffener Grundstücke beschränkt, vielmehr sind auch **Mieter und Pächter** antragsbefugt, soweit die Gemeindevertretung auch ihre Interessen in die Abwägung einstellen musste. Antragsbefugt sind ferner Grundstückserwerber, die durch Auflassungsvormerkung gesichert sind (BVerwG NVwZ 1996, 887; NVwZ-RR 1996, 8).

Die Antragsbefugnis kann verwirkt werden, wenn der Antragsteller zunächst die Vorteile des Bebauungsplans für sich in Anspruch nimmt und dann einen Normenkontrollantrag stellt, um Bauwünsche seiner Nachbarn abzuwehren (BVerwG BauR 1992, 187; BauR 1990, 185; VGH Mannheim VBlBW 1995, 433; NVwZ-RR 1996, 191).

Antragsbefugt sind nach § 47 Abs. 2 VwGO ferner **Behörden**, die den Bebauungsplan bei **292** ihren Amtshandlungen zu beachten haben (BVerwG E 81, 307 = NVwZ 1989, 654; 1990, 57), z.B. die Bauaufsichtsbehörde (VGH Mannheim VBlBW 1985, 25; VBlBW 1987, 462). Die Bauaufsichtsbehörde darf einen Bebauungsplan, den sie für nichtig hält, wegen Art. 20 Abs. 3 GG (Gesetzmäßigkeit der Verwaltung) nicht anwenden (VGH Kassel NVwZ 1990, 885; Engel NVwZ 2000, 1258). Zwar steht ihr nach der Rechtsprechung des VGH Kassel (VGH Kassel NVwZ-RR 1994, 691; eb: OVG Lüneburg NVwZ 2000, 1061; Brügelmann/Gierke § 10 Rdnr. 502) in eindeutig gelagerten Fällen auch die Kompetenz zu, selbst über die Gültigkeit des Bebauungsplans zu befinden und etwa über einen Bauantrag nach § 34 oder 35 BauGB zu entscheiden, wenn sie den Bebauungsplan für nichtig hält. Dies ist jedoch umstritten und wird von der Gegenmeinung abgelehnt (BVerwG F 75 = NVwZ 1987, 482; BauR 1992, 48; OVG Münster NWVBl 1998, 60; Engel NVwZ 2000, 1258; Battis/Krautzberger/Löhr § 10 Rdnr. 10 ff.): Die Bauaufsichtsbehörde könne in einem solchen Fall entweder die Gemeinde veranlassen, den Bebauungsplan gemäß § 2 Abs. 4 BauGB aufzuheben (so BVerwGE 75, 142 = NJW 1987, 1344) oder aber selbst einen Normenkontrollantrag nach § 47 VwGO beim VGH stellen (Engel NVwZ 2000, 1258).

Probleme können sich dabei aber aus der Befristung der Antragsbefugnis auf 2 Jahre (s. oben Rdnr. 288) ergeben. Wenn die Behörde nach Ablauf von 2 Jahren seit In-Kraft-Treten des Bebauungsplans einerseits keinen Normenkontrollantrag stellen könnte, andererseits aber weder den Bebauungsplan als nichtig verwerfen noch einen für rechtswidrig erkannten Bebauungsplan anwenden darf, ist sie handlungsunfähig. Um dieses inakzeptable Ergebnis zu vermeiden, muss § 47 Abs. 2 VwGO dahin gehend ausgelegt werden, dass die 2-Jahres-**Frist** für Behördenanträge nicht gilt (a.M. Eyermann § 47 Rdnr. 74).

Eine Gemeinde kann gegen einen Bebauungsplan einer Nachbargemeinde nicht als Behörde einen Antrag stellen, weil sie ihn nicht anzuwenden hat (VGH Mannheim NVwZ 1987, 1088; s. dazu auch OVG Bautzen NVwZ 2002, 110). Sie kann aber als juristische Person des öffentlichen Rechts antragsbefugt sein, wenn der Bebauungsplan das Selbstverwaltungsrecht der Gemeinde, insbesondere die Planungshoheit einschränkt; es ist nicht nötig, dass die Gemeinde bereits über eine hinreichend konkretisierte eigene Planung verfügt (BVerwG NVwZ 1995, 694).

Bsp. (BVerwG BauR 1994, 492; 1987, 1088): Die Gemeinde stellt einen Bebauungsplan für einen großflächigen Einzelhandelsbetrieb (§ 11 Abs. 3 BauNVO) auf. Die Nachbargemeinde sieht hierin einen Verstoß gegen das in § 2 Abs. 2 BauGB verankerte Gebot der interkommunalen Abstimmung (s. oben Rdnr. 23).

293 Das **Rechtsschutzbedürfnis** für ein Normenkontrollverfahren entfällt, wenn die im Bebauungsplan ausgewiesene Bebauung bereits verwirklicht worden ist (BVerwG E 78, 85 = NJW 1988, 839; NVwZ 2000, 194). Denn in diesem Fall hat der Antragsteller von der Feststellung, dass der Bebauungsplan unwirksam ist, keinen Nutzen, weil dadurch die Bestandskraft der Baugenehmigungen nicht berührt wird. Zwar besteht theoretisch die Möglichkeit, dass die Bauaufsichtsbehörde die Baugenehmigungen zurücknimmt. Diese Möglichkeit scheidet aber praktisch aus, wenn das Gebäude bereits errichtet worden ist, weil es dem Vertrauensschutz zuwiderlaufen würde, eine Baugenehmigung für ein Vorhaben zurückzunehmen, das im Vertrauen auf einen Bebauungsplan gebaut worden ist. Demgegenüber besteht durchaus eine gewisse Aussicht, dass nach einem erfolgreichen Normenkontrollverfahren eine auf den Bebauungsplan gestützte Baugenehmigung zurückgenommen werden kann, wenn das genehmigte Bauvorhaben noch nicht verwirklicht worden ist. Nur in einem derartigen Fall ist daher eine Antragsbefugnis zu bejahen (BVerwG a.a.O.; NVwZ 1992, 342; VGH Mannheim NVwZ 1984, 44). Ein Rechtsschutzbedürfnis ist zu verneinen, wenn der Antragsteller zunächst selbst den Bebauungsplan für sich ausgenutzt hat und dann eine Bebauung des Nachbargrundstücks verhindern will (BVerwG NVwZ 1992, 974).

Ist ein Normenkontrollantrag zulässig, dann überprüft der VGH die Gültigkeit des Bebauungsplans unter allen in Betracht kommenden Gesichtspunkten. Die Prüfung beschränkt sich also nicht – wie bei einer Anfechtungsklage – darauf, ob Rechte des jeweiligen Antragstellers missachtet worden sind (BVerwG NVwZ 1992, 373; BauR 2002, 83).

294 Die Entscheidung des VGH, dass ein Bebauungsplan nichtig ist, ist nach § 47 Abs. 5 Satz 2 VwGO allgemein verbindlich und von der Gemeinde öffentlich bekannt zu machen. Demgegenüber wirkt eine ablehnende Entscheidung des VGH nur zwischen den Prozessparteien (BVerwGE 68, 15 = NJW 1984, 881).

Wenn sich der festgestellte Fehler des Bebauungsplans auf bestimmte Festsetzungen beschränkt, etwa die Ausweisung eines Grundstücks als öffentliche Grünfläche oder die Festsetzung einer bestimmten Baulinie, dann wird der Bebauungsplan nur insoweit aufgehoben, sofern nicht der verbleibende Teil des Bebauungsplans keinen sinnvollen Regelungsgehalt mehr behält und nur noch ein Planungstorso darstellt (BVerwG E 82, 225 = NVwZ 1990, 157; BVerwG E 88, 268 = NVwZ 1992, 373; NVwZ 1994, 272). Wenn sich dagegen der Fehler auf den gesamten Bebauungsplan auswirkt, was z.B. regelmäßig bei Verfahrensfehlern der Fall ist, muss der gesamte Bebauungsplan für ungültig erklärt werden (BVerwG DVBl 1968, 517; VGH Mannheim DVBl 1985, 131 mit Anm. Lemmel).

§ 47 Abs. 5 Satz 4 VwGO a.F. sah vor, dass der Bebauungsplan vom Normenkontrollgericht für (vorübergehend) unwirksam und nicht für nichtig erklärt wurde, wenn der festgestellte Fehler durch ein ergänzendes Verfahren nach § 215a BauGB behoben werden konnte. Diese Differenzierung ist durch die Änderung des § 47 VwGO (Art. 4 des EAG-Bau) beseitigt worden. Auch bei behebbaren Fehlern ist nämlich der Bebauungsplan zunächst uneingeschränkt unwirksam und dieses wird im Normenkontrollurteil festgestellt. Die Gemeinde kann allerdings nach § 214 Abs. 4 BauGB den Bebauungsplan nach der Beseitigung des Fehlers rückwirkend in Kraft setzen.

Dieses ist allerdings nur dann möglich, wenn es sich um Randkorrekturen handelt, die die grundsätzliche Planungskonzeption nicht berühren (s. dazu Rdnr. 83)

295 Durch die Aufhebung eines Bebauungsplans im Normenkontrollverfahren wird die Wirksamkeit einer bereits erteilten Baugenehmigung nicht berührt (OVG Münster NJW 1978, 342; OVG Lüneburg BauR 1980, 539). Es ist deshalb auch nicht erforderlich, die Grundstückseigentümer

A. Rechtsschutz gegen Bauleitpläne

im Normenkontrollverfahren beizuladen. Für eine **Beiladung** besteht kein Bedürfnis, weil die Entscheidung des VGH nach § 47 Abs. 6 VwGO allgemein verbindlich ist; im Übrigen wäre der Kreis der beizuladenden Personen kaum abgrenzbar (BVerwGE 65, 131 = NJW 1983, 1012, bspr. von Bettermann DVBl 1982, 954 und Ronellenfitsch VerwArch 1983, 280; BVerwG NVwZ-RR 1994, 235; VGH Mannheim BauR 1982, 138; NVwZ-RR 1994, 235). Soweit im Einzelfall eine Beteiligung Dritter am Normenkontrollverfahren sinnvoll erscheint, was z.b. bei Großprojekten bezüglich des Trägers des Vorhabens der Fall sein kann, ermöglicht § 47 Abs. 2 Satz 5 VwGO eine einfache Beiladung (s. dazu v.Komorowski NVwZ 2003, 1458).

Durch ein Normenkontrollverfahren kann nur die Unwirksamkeit eines Bebauungsplans geltend gemacht werden, nicht dagegen die Änderung der Festsetzung des Bebauungsplans oder die Ausdehnung auf einen bisher nicht erfassten Bereich begehrt werden (VGH Kassel NJW 1983, 2895; VGH Mannheim VBlBW 1983, 140). Sofern ein Grundstück willkürlich aus dem Plangebiet ausgeklammert wurde, kann allerdings ein Normenkontrollantrag auf Aufhebung (nicht auf Ausweitung) des Bebauungsplans gestellt werden, sofern die Gemeinde bei einem neuen Bebauungsplan im Rahmen einer ordnungsgemäßen Planung das Grundstück des Antragstellers einbeziehen müsste (VGH Mannheim VBlBW 1995, 204; OVG Bautzen SächsVBl 1996, 113; Eyermann § 47 Rdnr. 80).

296

3. Vorläufiger Rechtsschutz

§ 47 Abs. 6 VwGO (s. dazu Schoch in Schoch/Schmidt-Aßmann/Pietzner VwGO § 123 Rdnr. 126 ff. – sehr ausführlich; Erichsen/Scherzberg DVBl 1987, 168) lässt auch im Normenkontrollverfahren **einstweilige Anordnung**en zu. Voraussetzung ist, dass eine einstweilige Anordnung zur Abwehr schwerer Nachteile oder aus anderen wichtigen Gründen dringend geboten ist. Ein schwerer Nachteil ist jedenfalls dann gegeben, wenn die wirtschaftliche Existenz des Antragstellers auf dem Spiel steht (Rasch BauR 1981, 416).
Eine einstweilige Anordnung kann in entsprechender Anwendung des § 32 BVerfGG ferner dann ergehen, wenn der Normenkontrollantrag offensichtlich Erfolg haben wird und die Verwirklichung des Bebauungsplans vollendete Zustände schaffen würde (OVG Lüneburg, BauR 1990, 579; OVG Münster NVwZ-RR 1995, 134; VGH Kassel NVwZ RR 2000, 655).

297

Bsp. (VGH Kassel NVwZ-RR 1991, 588): Ein Bebauungsplan, der wegen unangemessener Zurücksetzung der Belange des Naturschutzes nichtig ist, sieht eine Straße vor, die das Grundstück des Antragstellers zerschneiden würde.

Soweit die von der Verwirklichung eines Bebauungsplans betroffenen Personen vorläufigen Rechtsschutz nach § 80a Abs. 3 VwGO in Anspruch nehmen können, scheidet eine einstweilige Anordnung nach § 47 Abs. 6 VwGO aus (VGH Mannheim NVwZ 1997, 507; NVwZ-RR 1998, 613; OVG Schleswig NVwZ 1994, 916; OVG Münster NVwZ-RR 1998, 17; a.M. allerdings OVG Münster NVwZ-RR 1993, 127). Eine einstweilige Anordnung nach § 47 Abs. 6 VwGO kommt deshalb nur bei Normenkontrollverfahren von Behörden sowie Mietern und Pächtern in Betracht, soweit diese gegen eine Baugenehmigung keine Rechtsmittel einlegen können (s. dazu Rdnr. 256).
Antragsgegner ist die Gemeinde (so VGH Kassel DÖV 1983, 777; OVG Weimar BRS 57 Nr. 61; Schoch in Schoch/Schmidt-Aßmann/Pietzner VwGO § 47 Rdnr. 182 ff.; Finkelnburg/Jank Rdnr. 596). Durch den Erlass der einstweiligen Anordnung wird der Vollzug des Bebauungsplans generell, d.h. nicht nur im Verhältnis zwischen den Verfahrensbeteiligten außer Kraft gesetzt (OVG Münster NJW 1978, 342; 1980, 1013; VGH Kassel DÖV 1983, 777; OVG Lüneburg BRS 39 Nr. 44; Schoch a.a.O.).

4. Inzidentkontrolle

298 Ferner kann die Rechtmäßigkeit eines Bebauungsplans inzident im Rahmen einer baurechtlichen Klage auf Erteilung einer Baugenehmigung bzw. gegen eine erteilte Baugenehmigung geprüft werden (zur Inzidentkontrolle durch die Verwaltung s. oben Rdnr. 292). Eine Klage auf Feststellung der Rechtswidrigkeit des Bebauungsplans ist demgegenüber unzulässig, da es sich um die Klärung einer abstrakten Rechtsfrage handeln würde (BVerwG NJW 1969, 1076; NVwZ-RR 1993, 513).

5. Verfassungsbeschwerde

299 Eine **Verfassungsbeschwerde** gegen einen Bebauungsplan ist nach der Rechtsprechung des Bundesverfassungsgerichts (BVerfGE 70, 35 = NJW 1985, 2315; NJW 1989, 1271; a.M. noch BVerfGE 31 364) zulässig, weil der Bebauungsplan unmittelbar den rechtlichen Status eines Grundstücks verändert, etwa bei einer Ausweisung als Grünfläche die Baulandqualität beseitigt. Eine Verfassungsbeschwerde kommt freilich erst in Betracht, wenn die Möglichkeit einer Normenkontrolle nach § 47 VwGO erschöpft ist (§ 90 Abs. 2 BVerfGG). Soweit die Festsetzungen des Bebauungsplans erst einer Umsetzung durch eine Baugenehmigung bedürfen, ehe sie einen Nachteil begründen, was z.B. bei der Festsetzung einer Baugrenze auf dem Grundstück des Antragstellers oder bei einer für den Antragsteller ungünstigen Festsetzung der Bebaubarkeit eines Nachbargrundstücks der Fall ist, muss zunächst der Verwaltungsakt abgewartet und dann hiergegen Rechtsmittel eingelegt werden (vgl. BVerfG NJW 1986, 1483 und 1741; NJW 1989, 1271). Die Verfassungsbeschwerde muss innerhalb der Frist des § 93 Abs. 2 BVerfGG eingelegt werden (BVerfG NVwZ 1992, 972).

B. Rechtsschutz gegen baurechtliche Einzelentscheidungen

300 Der baurechtliche Verwaltungsprozess kennt im wesentlichen 3 verschiedene **Klagetypen**, nämlich die Klage auf Erteilung der Baugenehmigung, die Klage gegen eine Beseitigungsverfügung (bzw. Nutzungsuntersagung, Baueinstellung oder Anordnung nach § 53 Abs. 2 HBO) sowie die Baunachbarklage.
Alle baurechtlichen Klagen richten sich gegen die Körperschaft, deren Behörde die Baugenehmigung erlassen hat (Anfechtungsklage) bzw. erlassen soll (Verpflichtungsklage). Soweit eine kreisfreie Stadt, eine Sonderstatusstadt oder eine Gemeinde, die nach § 80 Abs. 9 HBO untere Bauaufsichtsbehörde ist, verklagt wird, ist die Klage gegen die Stadt, vertreten durch den Magistrat zu richten. In den Fällen, in denen sich die Klage lediglich gegen den Widerspruchsbescheid richtet, ist das Land Hessen, vertreten durch das Regierungspräsidium der richtige Klagegegner (§§ 78 Abs. 2, 79 Abs. 1 Satz 2 VwGO).

1. Klage auf Erteilung einer Baugenehmigung

301 Die **Klage auf Erteilung der Baugenehmigung** oder eines Bauvorbescheids ist als Verpflichtungsklage zu erheben, sie wirft keine prozessualen Schwierigkeiten auf. Dabei ist hinsichtlich der maßgeblichen Sach- und Rechtslage auf den Zeitpunkt der letzten mündlichen Verhandlung abzustellen, das gilt sowohl zugunsten wie zu Lasten des Bauherrn (BVerwG E 61, 128 = NJW 1981, 2426; E 41, 227 = NJW 1973, 1014; VGH Mannheim ZfBR 1992, 36). Kann das Verwaltungsgericht die Bauaufsichtsbehörde nicht zur Erteilung einer Baugenehmigung verpflichten, weil das Bauvorhaben von der Bauaufsichtsbehörde noch nicht umfassend in rechtlicher und technischer Hinsicht geprüft worden ist, dann ergeht ein Bescheidungsurteil nach § 113 Abs. 5 Satz 2 VwGO; das Gericht ist nicht verpflichtet, schwierige technische Fragen

B. Rechtsschutz gegen baurechtliche Einzelentscheidungen 157

abzuklären, um die Sache spruchreif zu machen (VGH Mannheim ESVGH 21, 216; NVwZ 1987, 66).
Wenn eine zunächst begründete Klage auf Erteilung der Baugenehmigung infolge einer Änderung der Rechtslage (z.b. In-Kraft-Treten einer Veränderungssperre oder eines Bebauungsplans) unbegründet wird, kann der Bauherr gemäß § 113 Abs. 1 Satz 4 VwGO den Antrag auf Feststellung stellen, dass die Versagung der Baugenehmigung rechtswidrig war (BVerwG E 61, 128 = NJW 1981, 2426; E 68, 360 = NJW 1984, 1771). Das für eine solche **Fortsetzungsfeststellungsklage** erforderliche berechtigte Interesse liegt regelmäßig in der Möglichkeit, Schadensersatz wegen Amtspflichtverletzung zu verlangen (vgl. dazu BGHZ 109, 380 = NJW 1990, 1038; BGHZ 76, 375 = NJW 1980, 1567; BGHZ 65, 182 = NJW 1976, 184; BVerwG NVwZ 1999, 1105).

Soweit für die Erteilung der Baugenehmigung das Einvernehmen der Gemeinde nach § 36 BauGB erforderlich ist, ist diese nach § 65 Abs. 2 VwGO notwendig beizuladen (s. dazu oben Rdnr. 158). Es empfiehlt sich ferner, jedenfalls diejenigen Nachbarn beizuladen, die gegen den Bauantrag Einwendungen erhoben haben (so auch Finkelnburg/Ortloff II S. 219); ein Fall der notwendigen **Beiladung** liegt aber nach Ansicht des BVerwG (DVBl 1974, 767; eb. VGH Mannheim NJW 1977, 1308; Eyermann § 65 Rdnr. 15; Kopp/Schenke § 65 Rdnr. 20) nicht vor, da nicht schon das Verpflichtungsurteil, sondern erst die aufgrund des Urteils ergehende Baugenehmigung den Nachbarn in seinen Rechten verletzt. Entscheidend dürfte sein, dass ein Verpflichtungsurteil nicht zwangsläufig in rechtliche Interessen des Nachbarn eingreift, sondern nur dann, wenn über nachbarschützende Normen zu entscheiden ist (so Bosch/Schmidt § 14 I; Finkelnburg/Ortloff a.a.O.). **302**

Wenn das Verwaltungsgericht die Bauaufsichtsbehörde zur Genehmigung eines Bauvorhabens verurteilt, das den Planungsvorstellungen der Gemeinde zuwiderläuft, kann diese trotz eines rechtskräftigen Urteils den Bau des Gebäudes noch verhindern, indem sie einen Aufstellungsbeschluss nach § 2 Abs. 1 BauGB fasst und zur Sicherung der Planung eine **Veränderungssperre** nach § 14 BauGB erlässt. Durch diese Veränderung der Sach- und Rechtslage entfällt der Anspruch aus dem verwaltungsgerichtlichen Urteil. Falls der Kläger gleichwohl auf einer Baugenehmigung bestehen sollte, kann die Bauaufsichtsbehörde nach §§ 173 VwGO, 767 ZPO Vollstreckungsgegenklage erheben und feststellen lassen, dass eine Vollstreckung aus dem Urteil des Verwaltungsgerichts unzulässig ist (so BVerwG NVwZ 1985, 563; VGH Mannheim VBlBW 1985, 186; vgl. auch BVerwG E 117, 44 = NVwZ 2003, 214). **303**

2. Klage gegen Beseitigungsverfügung

Prozessual unproblematisch ist die Klage gegen eine Beseitigungsverfügung. Die richtige Klageart ist die Anfechtungsklage. Hinsichtlich der maßgeblichen Sach- und Rechtslage ist grundsätzlich auf die letzte Verwaltungsentscheidung, in der Regel den Widerspruchsbescheid, abzustellen (BVerwGE 61, 209; 82, 260). Von diesem Grundsatz ist aber eine Ausnahme zu machen, wenn sich die Sach- und Rechtslage nachträglich zugunsten des Klägers ändert, denn es wäre sinnwidrig, die Rechtmäßigkeit einer Beseitigungsverfügung zu bestätigen, wenn dem Kläger auf einen neuen Bauantrag hin sofort eine Baugenehmigung erteilt werden müsste; eine dem Kläger nachteilige Veränderung der Sach- und Rechtslage ist dagegen unbeachtlich (BVerwG E 5, 351; BauR 1986, 195; VGH Mannheim BauR 1988, 566). **304**

Der Widerspruch und die Klage gegen eine Beseitigungsverfügung haben nach § 80 Abs. 1 VwGO aufschiebende Wirkung. Eine Anordnung des Sofortvollzugs nach § 80 Abs. 2 Nr. 4 VwGO kommt in der Regel nicht in Betracht, weil dadurch vollendete Tatsachen geschaffen würden, die im Falle einer erfolgreichen Klage im Hauptverfahren nicht mehr rückgängig gemacht werden könnten (VGH Mannheim BWVBl. 1970, 190; OVG Münster NVwZ 1998, 977); etwas anderes gilt für die Beseitigung offensichtlich rechtswidriger Bauten sowie bei transportablen baulichen Anlagen (VGH Kassel NVwZ 1985, 664; BauR 1992, 66; OVG Lüneburg BauR 1994, 611; siehe auch oben Rdnr. 251).

3. Nachbarklage

305 Auch die Klage des Nachbarn gegen eine dem Bauherrn erteilte Baugenehmigung wirft abgesehen von der unter Rdnr. 261 ff. erörterten Frage des Nachbarschutzes baurechtlicher Vorschriften keine schwierigen Probleme auf. Als Klageart kommt nur die Anfechtungsklage in Betracht. Hinsichtlich der maßgeblichen Sach- und Rechtslage gilt das zur Beseitigungsverfügung Gesagte mit der Abwandlung, dass bereits die nach Erlass der Baugenehmigung eintretende Änderung der Sach- oder Rechtslage zu Lasten des Bauherrn nicht berücksichtigt werden darf, da der Bauherr durch die Erteilung der Baugenehmigung eine geschützte Rechtsposition erlangt hat. Eine Änderung zugunsten des Bauherrn muss aber berücksichtigt werden, denn es wäre widersinnig, einen Bauantrag abzulehnen, dem bei einem neuen Bauantrag entsprochen werden müsste (BVerwG E 22, 129; E 65, 313 = NVwZ 1983, 32; NVwZ 1998, 1179; VGH Mannheim VBlBW 1995, 481; OVG Lüneburg BRS 62 Nr. 177). Wird während des Prozesses eine nachträgliche Befreiung nach §§ 31 Abs. 2 BauGB, erteilt, kann diese ohne besonderes Vorverfahren in den Prozess eingeführt werden (BVerwG NJW 1971, 1147).

306 Für die **Klagebefugnis** ist es ausreichend, dass der Vortrag des Klägers eine Verletzung seiner Rechte als möglich erscheinen lässt (BVerwGE 61, 295 = NJW 1981, 1393; bestätigt durch BVerfG NVwZ 1983, 28). Voraussetzung dafür ist, dass der Kläger rechtlich und tatsächlich von den Auswirkungen des Bauvorhabens betroffen sein kann. Es ist nicht geboten, bereits im Rahmen der Zulässigkeit der Frage nachzugehen, ob die möglicherweise nicht beachteten Normen nachbarschützend sind, sofern dieses nicht von vornherein ausgeschlossen ist. Da in beinahe jedem Fall zumindest eine Verletzung des Gebots der Rücksichtnahme in Betracht kommt, ist die Klagebefugnis nur dann zu verneinen, wenn die zu prüfenden baurechtlichen Vorschriften unter keinem denkbaren Gesichtspunkt nachbarschützend sein können und auch ein Verstoß gegen das Rücksichtnahmegebot von vornherein ausscheidet (eb. Bosch/Schmidt § 25 III 2). Im Übrigen ist die Frage der nachbarschützenden Wirkung baurechtlicher Vorschriften erst im Rahmen der Begründetheit der Klage zu prüfen, denn § 113 Abs. 1 VwGO verlangt für den Erfolg einer Anfechtungsklage nicht nur, dass die Baugenehmigung rechtswidrig ist, vielmehr muss der Kläger auch in seinen Rechten verletzt sein. Eine »Vorverlagerung« der Prüfung der nachbarschützenden Wirkung der in Betracht kommenden Normen ist schon deshalb abzulehnen, weil ansonsten abstrakt der Nachbarschutz bestimmter Normen erörtert wird, obwohl noch gar nicht feststeht, dass diese Normen überhaupt verletzt sind.

307 Nachbarklage und Nachbarwiderspruch sind demnach nur begründet, wenn die Baugenehmigung gegen nachbarschützende Vorschriften verstößt. Ist dieses nicht der Fall, muss das Rechtsmittel des Nachbarn auch dann zurückgewiesen werden, wenn die Baugenehmigung objektiv-rechtlich rechtswidrig ist (s. oben Rdnr. 261).
Freilich kann die Widerspruchsbehörde einen Widerspruch, der auf die Verletzung einer nicht-nachbarschützenden Norm gestützt wird, zum Anlass nehmen, die Bauaufsichtsbehörde zur Rücknahme der Baugenehmigung nach § 48 VwVfG zu veranlassen und kann notfalls, falls diese sich weigert, eine entsprechende fachaufsichtliche Weisung erlassen (§ 53 Abs. 7 HBO). Ein Selbsteintrittsrecht der Fachaufsichtsbehörde besteht in Hessen mangels einer gesetzlichen Ermächtigung nicht (so auch Hornmann § 53 Rdnr. 48; vgl. Rdnr. 212). Wird über einen Nachbarwiderspruch nicht in angemessener Zeit entschieden, kann der Bauherr nach § 75 VwGO Untätigkeitsklage auf Erlass eines Widerspruchsbescheids erheben, weil er ein Interesse an einer unanfechtbaren Baugenehmigung hat (VGH Mannheim VBlBW 1994, 350).

B. Rechtsschutz gegen baurechtliche Einzelentscheidungen

Legt der Nachbar erst nach Ablauf der Widerspruchsfrist sein Rechtsmittel ein, dann muss die Widerspruchsbehörde den Widerspruch als unzulässig zurückweisen und darf nicht – wie dieses sonst im Widerspruchsverfahren regelmäßig der Fall ist – eine Sachentscheidung treffen, denn der Bauherr hat durch die Bestandskraft der Baugenehmigung eine geschützte Rechtsposition erlangt (BVerwG NVwZ 1983, 285; NJW 1981, 395; VBlBW 1992, 87; Bosch/Schmidt § 26 VI 3; Eyermann § 70 Rdnr. 9).

Die Grundsätze über die Nachbarklage gegen eine Baugenehmigung gelten entsprechend, **308** wenn der Nachbar sich gegen einen **Bauvorbescheid** wendet. Wird noch während des Widerspruchsverfahrens gegen den Bauvorbescheid eine Baugenehmigung erteilt, dann muss der Nachbar auch gegen diese Baugenehmigung Rechtsmittel einlegen (BVerwG E 68, 241 = NJW 1984, 1474, bspr. von Dürr JuS 1984, 770; NVwZ 1989, 863; VGH Mannheim NVwZ 1995, 716). Das BVerwG begründet dieses damit, dass der Bauvorbescheid zwar den feststellenden Teil der Baugenehmigung vorwegnehme (s. dazu Rdnr. 241), aber erst die Baugenehmigung die Baufreigabe enthalte. Falls der Bauvorbescheid noch nicht bestandskräftig ist, muss nach Ansicht des BVerwG im Rahmen der Klage gegen die Baugenehmigung auch die im Bauvorbescheid bereits entschiedene Frage geprüft werden; man muss daher die Baugenehmigung insoweit als Zweitbescheid ansehen (BVerwG NVwZ 1989, 863 – bspr. von Schenke DÖV 1990, 489).

Daraus folgt allerdings nicht, dass der Bauvorbescheid durch die spätere Baugenehmigung gegenstandslos wird und ein noch anhängiges Rechtsmittelverfahren wegen Erledigung der Hauptsache einzustellen wäre (BVerwG NVwZ 1995, 894). Denn der Bauvorbescheid bleibt die Grundlage für die spätere Baugenehmigung, was insbesondere dann bedeutsam ist, wenn sich nach Erteilung des Bauvorbescheids die Rechtslage zum Nachteil des Bauherrn geändert hat (s. dazu BVerwG NVwZ 1989, 863; Fluck NVwZ 1990, 535;).

Die Nachbarklage ist stets gegen die Körperschaft zu richten, die die Baugenehmigung erlassen hat und nicht etwa gegen den Bauherrn; diesem gegenüber kann der Nachbar nur zivilrechtlich vorgehen. Der Bauherr ist aber nach § 65 Abs. 2 VwGO notwendig beizuladen.

Unterfällt ein Bauvorhaben der **Genehmigungsfreistellung** nach § 56 HBO (s. dazu Rdnr. **309** 243), gibt es keinen Verwaltungsakt, gegen den der Nachbar mit Rechtsmitteln vorgehen kann. Er ist daher darauf beschränkt, bei der Bauaufsichtsbehörde einen Antrag auf Einschreiten zu stellen (s. dazu Rdnr. 284 sowie Mampel UPR 1997, 267; Borges DÖV 1997, 900; Uechtritz NVwZ 1996, 640), sofern das Bauvorhaben gegen nachbarschützende Normen verstößt, und, falls dieser abgelehnt wird, Widerspruch einzulegen und eventuell Klage zu erheben. Für diese Klage gelten ebenso wie für die Klage auf Einschreiten gegen ein ungenehmigtes baurechtswidriges Bauwerk auf dem Nachbargrundstück grundsätzlich dieselben Regeln wie für die Nachbarklage auf Aufhebung einer Baugenehmigung; freilich ist diese Klage eine Verpflichtungsklage – evtl. eine Bescheidungsklage i.S.d. § 113 Abs. 5 Satz 2 VwGO. Hinsichtlich der maßgeblichen Sach- und Rechtslage ist auf den Zeitpunkt der mündlichen Verhandlung abzustellen; die Behörde kann nur dann zu einem Einschreiten verpflichtet werden, wenn die Voraussetzungen hierfür noch gegeben sind.

Das selbe wie für ein Vorgehen gegen ein der Genehmigungsfreistellung unterfallendes Vorha- **310** ben gilt für das vereinfachte Genehmigungsverfahren, wenn der Nachbar sich gegen Umstände wendet, die nicht Gegenstand der bauaufsichtlichen Prüfung gewesen sind, z.B. eine erforderliche aber nicht beantragte Abweichung von dem Erfordernis, Abstandsflächen einzuhalten. Soweit hier nachbarschützende Vorschriften des materiellen Baurechts verletzt sind, wird die Bauaufsicht in der Regel einschreiten müssen (s. dazu Rdnr. 284). Soweit der Nachbar sich gegen ein ungenehmigtes Bauvorhaben oder eine ungenehmigte Nutzungsänderung zur Wehr setzen will, kommt in der Regel nur eine Bescheidungsklage nach § 113 Abs. 5 Satz 2 VwGO in Betracht, weil der Bauaufsichtsbehörde insoweit ein Ermessen zusteht; anders ist es nur, wenn das Ermessen wegen der Schwere des Eingriffs in die Rechte des Nachbarn auf Null reduziert ist (s. dazu Rdnr. 283).

311 Besonderheiten bestehen zum Teil bei einer Beeinträchtigung durch öffentliche Bauvorhaben. Soweit diese einer Baugenehmigung bedürfen, gelten die allgemeinen Grundsätze über die Nachbarklage. Bei baulichen Anlagen des Bundes, der Länder und sonstiger öffentlich-rechtlicher Gebietskörperschaften scheidet eine Klage auf Aufhebung der Baugenehmigung aber aus, weil diese nach § 69 Abs. 1 HBO lediglich einer Zustimmung bedürfen; diese kann vom Nachbarn angefochten werden. Im Übrigen hat der betroffene Nachbar die Wahl, ob er eine Unterlassungsklage gegen den Träger der öffentlichen Einrichtung erhebt, oder aber die Bauaufsichtsbehörde zum Einschreiten veranlasst (s. dazu Rdnr. 285).

4. Vorläufiger Rechtsschutz

312 Der vorläufige Rechtsschutz des Nachbarn (Mampel DVBl 1997, 1155) hat dadurch eine grundlegende Veränderung erfahren, dass nach dem durch das BauROG 1998 eingeführte § 212a BauGB Rechtsmittel gegen eine Baugenehmigung keine aufschiebende Wirkung haben; zuvor war nur bei Rechtsmitteln gegen Wohnbauvorhaben die aufschiebende Wirkung gemäß § 10 Abs. 2 BauGB-MaßnG entfallen. Daher kann der Bauherr mit Erteilung der Baufgenehmigung oder Ablauf der Frist nach § 57 Abs. 2 Satz 3 HBO mit dem Bau beginnen (§ 65 Abs. 1 HBO).

Soweit der Nachbar sich durch die erteilte Baugenehmigung in seinen Rechten verletzt sieht und daher die Errichtung des Gebäudes während des noch laufenden Rechtsmittelverfahrens verhindern will, kann er entweder nach § 80a Abs. 1 Nr. 2 VwGO bei der Bauaufsichtsbehörde bzw. nach § 80 Abs. 4 VwGO bei der Widerspruchsbehörde oder nach § 80a Abs. 3 VwGO beim Verwaltungsgericht einen Antrag auf Aussetzung der Vollziehung der Baugenehmigung stellen. Beide Rechtsschutzformen stehen selbständig nebeneinander und können vom Nachbarn gleichzeitig in Anspruch genommen werden (VGH Kassel, Beschl. v. 9.1.1992, 3 TH 2726/91).

313 Bei der Entscheidung über den Antrag nach § 80a Abs. 3 VwGO hat das VG im Rahmen der nach §§ 80a Abs. 3, 80 Abs. 5 VwGO gebotenen Interessenabwägung die Erfolgsaussichten des Rechtsmittels maßgeblich zu berücksichtigen (BVerfG DÖV 1982, 450; BVerwG NJW 1969, 2028; NJW 1974, 1295; Eyermann § 80 Rdnr. 75). Daneben hat auch hier eine Interessenabwägung stattzufinden, welche Folgen es hat, wenn das genehmigte Bauvorhaben vor der Rechtskraft der Baugenehmigung erstellt wird (VGH Mannheim BauR 1995, 829). Insbesondere ist zu berücksichtigen, dass durch die Errichtung des genehmigten Bauwerks vollendete Tatsachen geschaffen werden, die praktisch nicht mehr rückgängig gemacht werden können, wenn die Nachbarklage im Hauptverfahren Erfolg haben sollte. Führt diese Abwägung zu dem Ergebnis, dass dem Interesse des Nachbarn an dem Stopp des Vorhabens und dem Interesse des Bauherrn an dessen zügiger Errichtung etwa gleich großes Gewicht beizumessen ist, verbleibt es nach der Rechtsprechung des VGH Kassel (DVBl. 1992, 45 = NVwZ 1992, 491) bei der gesetzlichen Ausgangslage, d.h. die Vollziehbarkeit der bauaufsichtlichen Zulassung bleibt erhalten. Das VG trifft im Verfahren nach § 80a Abs. 3 VwGO eine eigene Ermessensentscheidung (VGH Kassel NVwZ 1992, 491; OVG Münster NVwZ 1993, 279).

§ 80a Abs. 3 Satz 2 VwGO verweist auf § 80 Abs. 5–8 VwGO und damit auch auf Abs. 6, wonach bei Abgabenbescheiden (§ 80 Abs. 2 Nr. 1 VwGO) vor der Stellung eines Antrags nach § 80 Abs. 5 VwGO zunächst bei der Behörde ein Antrag nach § 80 Abs. 4 VwGO auf Aussetzung der Vollziehung zu stellen ist. Die nach § 80a Abs. 3 Satz 2 VwGO gebotene Anwendung des § 80 Abs. 6 VwGO könnte dafür sprechen, dass auch im Verfahren nach § 80a Abs. 3 VwGO zunächst ein Antrag bei der Behörde auf Aussetzung der Vollziehung der Baugenehmigung

gestellt werden muss (so VGH München BayVBl. 1991, 723; OVG Lüneburg NVwZ 1994, 698; Schmaltz DVBl 1992, 230).
Dieses Ergebnis einer am Wortlaut des § 80a Abs. 3 Satz 2 VwGO orientierten Auslegung ist aber wenig überzeugend, weil es in aller Regel keinen Erfolg haben wird, bei der Behörde, die die Baugenehmigung erteilt hat, einen Antrag auf Aussetzung der Vollziehung zu stellen. Es handelt sich bei der Verweisung in § 80a Abs. 3 Satz 2 VwGO auf die nur für Abgabenstreitigkeiten geltende Regelung des § 80 Abs. 6 VwGO wohl um ein Redaktionsversehen (so auch VGH Mannheim NVwZ 1995, 292; OVG Bremen NVwZ 1993, 592; VGH Kassel DVBl 1992, 45; OVG Koblenz BauR 2004, 59). Außerdem rechtfertigt der wegen § 212a BauGB jederzeit mögliche Baubeginn eine entsprechende Anwendung des § 80 Abs. 6 Nr. 2 VwGO (OVG Koblenz NVwZ 1993, 591; OVG Lüneburg NVwZ 1993, 592).

Bei einem ungenehmigt errichteten Bauvorhaben, das den Nachbarn in seinen Rechten verletzt, **314** kann er mangels eines angreifbaren Verwaltungsakts nur bei der Bauaufsichtsbehörde einen Antrag auf Baueinstellung stellen und bei dessen Ablehnung eine einstweilige Anordnung beim VG beantragen (VGH Mannheim NVwZ 1995, 490; OVG Münster NVwZ-RR 1998, 218). Das selbe gilt bei Vorhaben die genehmigungsfrei (§ 55 HBO) oder genehmigungsfrei gestellt (§ 56 HBO) sind.

Auch soweit der Nachbar sich, insbesondere in Fällen des vereinfachten Genehmigungsverfahrens nach § 57 HBO, gegen Umstände wendet, die nicht Gegenstand der bauaufsichtlichen Prüfung im Genehmigungsverfahren gewesen sind, z.B. die fehlende Einhaltung der Abstandsflächen, kann er nicht mit Erfolg gegen die Baugenehmigung vorgehen, sondern ist auf einen Antrag auf bauaufsichtliches Einschreiten bei der Behörde bzw. einen Antrag auf einstweilige Anordnung nach § 123 VwGO bei Gericht verwiesen. Das gilt auch dann, wenn eine eigentlich erforderliche Abweichung (§ 63 HBO), z.B. von den Abstandsflächen, sich zwar aus den Bauvorlagen ergibt, vom Bauherrn aber nicht beantragt und deshalb von der Bauaufsicht auch nicht geprüft und beschieden worden ist. Nicht die Genehmigung, sondern die ungenehmigte Ausführung des Vorhabens verletzt hier den Nachbarn in seinen Rechten (a.A. wohl VGH Kassel., Beschl. v. 17.09.2004, 4 TG 2610/04, ZfBR 2004, 808).

C. Rechtsschutz der Gemeinde

Die Gemeinde kann zunächst Rechtsschutz dagegen in Anspruch nehmen, dass ein von ihr **315** aufgestellter **Bebauungsplan** nicht nach § 10 Abs. 2 BauGB genehmigt wird. Insoweit kann sie Verpflichtungsklage auf Erteilung der Genehmigung erheben (s. oben Rdnr. 67).
Ferner kann sich die Gemeinde dagegen zur Wehr setzen, dass eine **Baugenehmigung** ohne das nach § 36 BauGB erforderliche Einvernehmen der Gemeinde erteilt wird (VGH Kassel BRS 50 Nr. 164;s. dazu oben Rdnr. 157), und zwar unabhängig davon, ob das Bauvorhaben rechtmäßig ist und die Gemeinde daher zur Erteilung des Einvernehmens verpflichtet ist (BVerwG NVwZ 1992, 878). Unabhängig von der Rechtmäßigkeit des Bauvorhabens ist also die Klage der Gemeinde allein deswegen begründet, weil die ihre Planungshoheit schützende Vorschrift des § 36 Abs. 1 BauGB nicht beachtet wurde. Ebenso ist eine Klagemöglichkeit der Gemeinde gegeben, wenn das Einvernehmen nach § 36 Abs. 2 Satz 3 BauGB oder im Wege der Kommunalaufsicht (s. dazu Rdnr. 158) ersetzt wird. Auch wenn ihre Selbstverwaltungsgarantie aus Art. 28 Abs. 2 GG und Art. 137 Abs. 1 HV dadurch verletzt wird, dass die Bauaufsicht ein Vorhaben genehmigt, das gegen örtliche Bauvorschriften (z.B. Stellplatzsatzung) verstößt, kann sich die Gemeinde dagegen wehren, sofern die Prüfung dieser Bauvorschriften überhaupt Gegenstand der Baugenehmigung ist, also im Falle des § 58 HBO (VGH Kassel BauR 2001, 939).
Weiter kann sich die Gemeinde auch mit der Anfechtungsklage gegen die Genehmigung eines

Vorhabens wenden, das ihr gegenüber rücksichtslos ist, weil es gegen die Grundsätze aus § 2 Abs. 2 BauGB über das interkommunale Abstimmungsgebot verstößt (siehe Rdnr. 23).

Schließlich kann sich die Gemeinde dagegen zur Wehr setzen, dass eine Beseitigungsverfügung bezüglich eines Gebäudes im Außenbereich auf ein Rechtsmittel des Eigentümers hin aufgehoben wird, weil sie dadurch in ihrer Planungshoheit, die durch § 36 BauGB geschützt wird, beeinträchtigt wird (VGH München BauR 2000, 90). Da die Gemeinde eine Baugenehmigung zur Errichtung eines solchen Gebäudes durch Verweigerung des Einvernehmens nach § 36 BauGB verhindern kann, muss ihr auch die Möglichkeit eingeräumt werden, sich gegen eine Aufhebung einer bereits angeordneten Beseitigung eines ungenehmigten Vorhabens im Außenbereich zur Wehr zu setzen. Diese Rechtsprechung muss auch auf die Aufhebung von Beseitigungsverfügungen im beplanten und nicht beplanten Innenbereich übertragen werden.

VI. Fälle

Fall 1 Normenkontrollverfahren, Grundsätze der Bauleitplanung, gerichtliche Überprüfung von Bebauungsplänen

Die Stadt S beabsichtigt, ein neues Wohngebiet zu schaffen, um der dringenden Nachfrage nach Wohnraum zu entsprechen. Die Pläne werden vom 1.–30. Juli öffentlich ausgelegt. Während dieser Zeit erhebt der X Einwendungen, weil ihm durch das neue Wohngebiet die bisher freie Aussicht versperrt werde. Ferner erhebt der G als Inhaber eines Gerbereibetriebs am 15.8. Einwendungen mit der Begründung, die von seinem Betrieb ausgehenden sehr intensiven Gerüche würden zu einer schwerwiegenden Belästigung des nur 100 m entfernt liegenden Wohngebiets führen. Die Gemeindevertretung von S weist beide Einwendungen zurück. X habe kein Recht auf freie Aussicht; die Einwendungen des G könnten unberücksichtigt bleiben, weil er sie verspätet vorgebracht habe.
Darauf stellen G und X einen Normenkontrollantrag und berufen sich dabei auf ihre Einwendungen. Wie wird der Verwaltungsgerichtshof entscheiden?

I. Zulässigkeit

Nach § 47 Abs. 1 VwGO kann die Gültigkeit von Bebauungsplänen vom Verwaltungsgerichtshof im Wege der Normenkontrolle überprüft werden.

2. Antragsbefugnis

Einen Normenkontrollantrag kann nach § 47 Abs. 2 VwGO stellen, wer geltend macht, durch die Vorschrift oder ihre Anwendung in seinen Rechten verletzt zu werden.
Eine Verletzung von Rechten ist unter anderem dann gegeben, wenn das Recht auf angemessene Berücksichtigung der Belange der betroffenen Grundstückseigentümer bei der Abwägung nach § 1 Abs. 7 BauGB verletzt wird (BVerwGE 107, 215 = NJW 1992, 592). Abwägungsrelevant sind dabei nicht nur subjektive Rechte, sondern auch sonstige schutzwürdige private Belange (BVerwGE 59, 87; BauR 2000, 243).
Die Gemeindevertretung muss zum einen alle Belange in die Abwägung einbeziehen, deren Beeinträchtigung während der Auslegung des Bebauungsplans nach § 3 Abs. 2 BauGB geltend gemacht worden sind, sofern sie überhaupt schutzwürdig sind (BVerwG BauR 2000, 243). Daneben muss die Gemeindevertretung aber auch solche Belange berücksichtigen, deren Beeinträchtigung so offenkundig ist, dass es der Erhebung von Einwendungen durch den Inhaber dieses Belangs nicht bedarf. Der X hat während der Auslegung des Bebauungsplans vorgetragen, dass eine Verwirklichung des Bebauungsplans seine bisher ungehinderte Aussicht auf die freie Landschaft beseitigen werde. Es fragt sich, ob es sich dabei um einen abwägungsrelevanten Belang handelt. Dieses wurde früher mit der Begründung verneint, es gäbe kein schutzwürdiges Vertrauen auf die Erhaltung einer ungehinderten Aussicht (VGH Mannheim VBlBW 1981, 357; 1990, 428). Dieses ist zwar materiell-rechtlich zutreffend, sagt aber nichts darüber aus, ob die Gemeindevertretung bei der Abwägung die Einwendungen des X einfach übergehen kann. Auch Belange, auf deren Fortbestand der Antragsteller nicht vertrauen konnte, sind bei der Abwägung zu berücksichtigen, sofern die Betroffenheit nicht nur geringfügig ist; diese Grundsätze gelten auch für die Beeinträchtigung der Aussicht (BVerwG NVwZ 1995, 895; Baur 2000, 1834; VGH Mannheim VBlBW 1997, 426; 2000, 482). Dass es kein Recht auf Fortbestand der freien Aussicht gibt, berührt nicht die Zulässigkeit eines Normenkontrollantrags, sondern führt nur zu seiner Unbegründetheit. Der X ist daher nach § 47 Abs. 2 VwGO antragsbefugt.

Dem G könnte die Antragsbefugnis fehlen, weil er seine Einwendungen verspätet vorgebracht hat. Der Gemeindevertretung musste sich jedoch auch ohne besondere Rüge durch den G die Erkenntnis aufdrängen, dass eine Gerberei erfahrungsgemäß derartig starke Gerüche verursacht, dass ein Zwischenraum von 100 m unzureichend ist. Der G fürchtet mit Recht immissionsschutzrechtliche Abwehransprüche der Bewohner des geplanten Baugebiets, die zu einer schwerwiegenden Belastung für seinen Betrieb werden können (vgl. BVerwG DVBl 1971, 747; VGH Mannheim VBlBW 1991, 18). Da die Unverträglichkeit von Wohnbebauung und gewerblicher Nutzung hier offenkundig ist, musste die Gemeindevertretung die Belange des G von Amts wegen in die Abwägung einstellen. G ist deshalb trotz Versäumnis der Frist des § 3 Abs. 2 BauGB antragsbefugt.

II. Begründetheit

1. Formelle Fehler

Der Bebauungsplan ist nur vom 1.–30.7. öffentlich ausgelegt worden, § 3 Abs. 2 BauGB verlangt eine Auslegung für die Dauer eines Monats. Ein Verstoß gegen § 3 Abs. 2 BauGB kann nach § 214 Abs. 1 Nr. 1 BauGB zur Nichtigkeit des Bebauungsplans führen. Dieser Fehler wird nach § 215 Abs. 1 BauGB unbeachtlich, wenn er nicht innerhalb von zwei Jahren gerügt wird. Der Wortlaut der Vorschrift lässt eindeutig erkennen, dass der Verfahrensfehler innerhalb der Jahresfrist von Amts wegen beachtlich ist. Somit ist der Bebauungsplan schon aus formellen Gründen nichtig.

2. Materielle Fehler

a) Erforderlichkeit des Bebauungsplans

Bebauungspläne dürfen nach § 1 Abs. 3 BauGB nur aufgestellt werden, wenn sie für die städtebauliche Entwicklung und Ordnung erforderlich sind. Dieses ist hier jedoch der Fall, denn die Stadt S bedarf dringend neuen Wohnraums. Zur Schaffung neuer Baugrundstücke ist jedoch ein Bebauungsplan notwendig.

b) Abwägungsgebot

Nach § 1 Abs. 7 BauGB sind bei der Aufstellung von Bebauungsplänen die öffentlichen und privaten Belange gerecht abzuwägen. Die Abwägung ist jedoch nach der ständigen Rechtsprechung des BVerwG (E 34, 301 und 45, 309) gerichtlich nur eingeschränkt überprüfbar. Das Gericht kann nur überprüfen, ob eine Abwägung überhaupt stattgefunden hat, ob alle wesentlichen Belange in die Abwägung eingestellt worden sind, und ob die eingestellten Belange in objektiv vertretbarer Weise gewichtet worden sind (s. dazu Rdnr. 294). Die Belange des X sind bei der Abwägung berücksichtigt worden, die Gemeindevertretung hat sie jedoch für unbedeutend gehalten. Diese Abwägungsentscheidung ist rechtmäßig. Das Interesse der Allgemeinheit an der Schaffung neuer Baugebiete zur Linderung des Mangels an Wohnräumen ist wesentlich höher zu beurteilen als das subjektive Interesse des X an einer ungehinderten Aussicht.

Eine fehlerhafte Abwägung könnte ferner deshalb vorliegen, weil die Belange des G unberücksichtigt geblieben sind. Die Gemeindevertretung muss bei der Abwägung alle privaten Interessen in die Abwägung einstellen, soweit eine Beeinträchtigung dieser Interessen für sie ersichtlich ist. Jedenfalls solche Belange, die von der Verwirklichung des Bebauungsplans erkennbar in schwerwiegendem Umfang betroffen werden, müssen von ihr auch ohne besondere Rüge in die Abwägung eingestellt werden; erst recht muss sie diese Belange berücksichtigen,

wenn sie zwar nicht innerhalb der Frist des § 3 Abs. 2 BauGB, aber noch vor der Entscheidung der Gemeindevertretung über die Anregungen und Bedenken vorgebracht werden. Es liegt deshalb hier ein Fall des sog. Abwägungsdefizits vor, d.h. die Abwägung beruht auf einer unvollständigen Berücksichtigung der betroffenen Belange (vgl. OVG Koblenz NVwZ 1992, 190).
Dieser Fehler im Abwägungsvorgang könnte allerdings nach § 214 Abs. 3 Satz 2 BauGB unbeachtlich sein. Nach dieser Vorschrift können Mängel, die unter § 214 Abs. 1 Nr. 1 BauGB fallen, nicht als Mängel der Abwägung geltend gemacht werden. Diese Regelung bedeutet bei verfassungskonformer Auslegung lediglich, dass die nach § 214 Abs. 1 Nr. 1 BauGB unbeachtlichen Fehler nicht als Abwägungsfehler gerügt werden können. Dagegen kann die Vorschrift nicht zur Folge haben, dass Fehler im Abwägungsvorgang generell – also unabhängig von ihrer Bedeutung – unbeachtlich sind, weil dieses mit dem durch das Rechtsstaatsprinzip gewährleisteten Abwägungsgebot (BVerwGE 41, 67; 56, 110) nicht zu vereinbaren wäre. Nach § 214 Abs. 3 Satz 2 BauGB wirken sich Fehler im Abwägungsvorgang nur dann auf die Rechtmäßigkeit des Bebauungsplans aus, wenn sie offensichtlich gewesen sind und auf das Abwägungsergebnis Einfluss gehabt haben. Nach der Rechtsprechung des BVerwG (E 64, 33 = NJW 1982, 592; NVwZ 1995, 692) ist dieses dann der Fall, wenn der Fehler im Abwägungsvorgang objektiv eindeutig nachweisbar ist und die konkrete Möglichkeit besteht, dass die Gemeindevertretung bei Vermeidung des Fehlers eine andere Planungsentscheidung getroffen hätte. Der Fehler im Abwägungsvorgang lässt sich hier anhand objektiver Beweisunterlagen, nämlich dem Protokoll über die Sitzung, in der über die vorgebrachten Anregungen entschieden worden ist, nachweisen; es handelt sich deshalb um einen offensichtlichen Abwägungsfehler i.S.d. § 214 Abs. 3 Satz 2 BauGB. Für die von dieser Vorschrift geforderte Kausalität zwischen Fehler im Abwägungsvorgang und Abwägungsergebnis ist es nach der zitierten Rechtsprechung ausreichend, wenn die konkrete Möglichkeit einer anderen Abwägungsentscheidung besteht (BVerwGE 64, 33 = NJW 1982, 591; NVwZ 1992, 692). In Anbetracht der Intensität der Geruchsbelästigung, die einen wesentlich größeren Abstand zwischen der bestehenden Gerberei und dem neuen Wohngebiet nahe legt, ist davon auszugehen, dass die Gemeindevertretung eine andere Planung vorgesehen hätte, wenn er die Belange des G in die Abwägung eingestellt hätte. Daher ist auch die nach § 214 Abs. 3 Satz 2 BauGB erforderliche Kausalität gegeben.
Der VGH wird daher den Bebauungsplan gemäß § 47 Abs. 5 VwGO für nichtig erklären.

Fall 2 Klage gegen die Versagung der Genehmigung eines Bebauungsplans; Abhängigkeit des Bebauungsplans vom Flächennutzungsplan

Die Baugesellschaft B will im Außenbereich der Odenwaldgemeinde G eine Appartementanlage für Ferienwohnungen verwirklichen; im Flächennutzungsplan ist dieser Bereich als landwirtschaftliche Nutzfläche ausgewiesen. Da der Kreis die Erteilung einer Baugenehmigung nach § 35 Abs. 2 BauGB ablehnt, stellt die Gemeinde einen Bebauungsplan auf, der das Baugrundstück als Sondergebiet nach § 10 BauNVO ausweist, und beschließt außerdem, den Flächennutzungsplan nach In-Kraft-Treten des Bebauungsplan entsprechend zu ändern. Der Bebauungsplan wird dem Regierungspräsidium zur Genehmigung vorgelegt. Dieses lehnt die Genehmigung des Bebauungsplans mit der Begründung ab, mit der Aufstellung eines vom Flächennutzungsplan abweichenden Bebauungsplans könne erst begonnen werden, wenn der Flächennutzungsplan wirksam geändert worden sei. Außerdem sei ein Bebauungsplan für ein einzelnes Bauvorhaben unzulässig. Gegen diese Entscheidung des Regierungspräsidiums erheben sowohl die Gemeinde als auch die Baugesellschaft nach erfolglosem Vorverfahren Klage beim Verwaltungsgericht.

I. Zulässigkeit der Klage

1. Klage der Gemeinde

Für die Bestimmung der Klageart kommt es darauf an, ob die Genehmigung des Bebauungsplans ein Verwaltungsakt ist. Ein Verwaltungsakt liegt vor, wenn in das Selbstverwaltungsrecht der Gemeinde eingegriffen wird. Dieses ist der Fall, wenn der Bebauungsplan für seine Wirksamkeit genehmigt werden muss. Der Bebauungsplan wurde nicht aus dem Flächennutzungsplan entwickelt, sodass er nach § 10 Abs. 2 BauGB einer Genehmigung bedarf. Durch die Versagung der Genehmigung wird ein In-Kraft-Treten des Bebauungsplans verhindert und damit die Planungshoheit der Gemeinde berührt und in ihr Selbstverwaltungsrecht eingegriffen (BVerwGE 34, 301). Es liegt daher ein Verwaltungsakt vor, sodass die Klage als Verpflichtungsklage zulässig ist.

2. Klage der Baugesellschaft

Fraglich ist, ob die Ablehnung der Genehmigung auch gegenüber vom Bebauungsplan begünstigten Bürgern als Verwaltungsakt zu qualifizieren ist. Dem steht entgegen, dass die Maßnahme nicht in den Rechtsstatus des Bürgers eingreift, sondern lediglich eine noch nicht rechtlich gesicherte Chance vereitelt. Im Übrigen zeigt § 44a VwGO, dass Rechtsschutz nur gegenüber abgeschlossenen staatlichen Maßnahmen, nicht aber gegenüber einzelnen Verfahrenshandlungen gewährt wird. Das Genehmigungsverfahren ist gegenüber dem Bürger als untrennbarer Bestandteil des Rechtsetzungsverfahrens anzusehen und damit einer isolierten Anfechtung nicht zugänglich. Außerdem würde der Baugesellschaft auch die Klagebefugnis nach § 42 Abs. 2 VwGO fehlen, weil es nach § 1 Abs. 3 BauGB keinen Anspruch auf Aufstellung von Bebauungsplänen gibt.
Es ist somit lediglich die Klage der Gemeinde zulässig.

II. Begründetheit

1. Die Klage der Gemeinde ist begründet, wenn der Bebauungsplan ordnungsgemäß zustande gekommen ist und keinen Rechtsvorschriften widerspricht. Ein Planungsfreiraum steht dem Regierungspräsidium nach dem eindeutigen Gesetzeswortlaut des §§ 10 Abs. 2; 6 Abs. 2 BauGB im Gegensatz zu der Gemeinde bei der Abwägung nach § 1 Abs. 7 BauGB nicht zu.
2. Der Bebauungsplan könnte fehlerhaft sein, weil er nur ein einziges Grundstück umfasst. Nach § 10 Abs. 1 BauGB wird der Bebauungsplan als Satzung und somit als Rechtsnorm erlassen; Rechtsnormen enthalten ihrer Natur nach einen abstrakt-generellen Inhalt. Eine Ausnahme von diesem Grundsatz ist jedoch bei Bebauungsplänen zu machen, weil diese, wie es sich im Einzelnen aus § 9 Abs. 1 BauGB sowie den Bestimmungen der BauNVO ergibt, detaillierte Festsetzungen für die einzelnen Grundstücke enthalten müssen. Da Bebauungspläne somit zwangsläufig wesentlich konkreter sind als sonstige Rechtsnormen, ist es nicht zu beanstanden, wenn ein Bebauungsplan nur zur Verwirklichung eines bestimmten Bauprojekts aufgestellt wird (BVerwGE 50, 114). § 11 Abs. 2 BauNVO sieht sogar für bestimmte Großprojekte ausdrücklich die Ausweisung als Sondergebiet vor.
3. Der Bebauungsplan könnte gegen § 8 Abs. 2 BauGB verstoßen, wonach Bebauungspläne aus dem Flächennutzungsplan zu entwickeln sind. Entwickeln bedeutet zwar nicht völlige Übernahme der Festsetzung des Flächennutzungsplans, die Grundkonzeption des Flächennutzungsplans muss aber eingehalten werden (BVerwGE 48, 70; NVwZ 2000, 197). Es ist offensichtlich, dass dieses nicht der Fall ist, wenn in einem als landwirtschaftliche Nutzfläche ausgewiesenen Gebiet eine große Appartementanlage für Ferienwohnungen zugelassen wird (vgl. OVG Koblenz BRS 32 Nr. 12).

Zu prüfen ist, ob von dem Entwicklungsgebot eine Ausnahme gemacht werden kann. Nach § 8 Abs. 2 Satz 2 BauGB kann ein Bebauungsplan ohne Flächennutzungsplan aufgestellt werden, sofern der Bebauungsplan für die Gewährleistung der städtebaulichen Ordnung ausreicht (VGH Mannheim BauR 1983, 222; VBlBW 1985, 21). Dieser Fall ist hier schon deshalb nicht gegeben, weil die Gemeinde über einen Flächennutzungsplan verfügt (BVerwG NVwZ 2000, 197). Im Übrigen berührt ein großes Bauvorhaben im Außenbereich die Grundzüge der städtebaulichen Ordnung, so dass § 8 Abs. 2 BauGB auch aus diesem Grund keine Anwendung findet (VGH Mannheim VBlBW 1985, 21; BauR 1983, 222). Die Gemeinde kann sich auch nicht auf § 8 Abs. 4 BauGB berufen, denn diese Vorschrift setzt voraus, dass noch kein Flächennutzungsplan besteht. Die hier in Rede stehende Fallkonstellation ist in § 8 Abs. 3 BauGB geregelt; danach kann die Gemeinde im sog. Parallelverfahren gleichzeitig mit der Aufstellung des Bebauungsplans den Flächennutzungsplan ändern, wobei der Bebauungsplan vor der Änderung des Flächennutzungsplans angezeigt und öffentlich bekannt gemacht werden darf (s. dazu BVerwG NVwZ 1993, 471; VGH Mannheim VBlBW 1998, 310). Es muss aber gewährleistet sein, dass eine Übereinstimmung zwischen zukünftigen Flächennutzungsplan und Bebauungsplan besteht. Diesen Anforderungen wird das von der Gemeinde G eingeschlagene Verfahren nicht gerecht, denn die Gemeinde will zunächst den Bebauungsplan wirksam werden lassen und erst anschließend eine Änderung des Flächennutzungsplans in Angriff nehmen. Sie kann sich deshalb nicht auf § 8 Abs. 3 BauGB berufen.

4. Der Verstoß gegen § 8 Abs. 3 BauGB könnte aber wegen § 214 Abs. 2 Nr. 4 BauGB unbeachtlich sein. Dieses ist jedoch schon deswegen nicht der Fall, weil diese Vorschrift gemäß § 216 BauGB für das Genehmigungsverfahren keine Anwendung findet.

Das Regierungspräsidium hat deshalb zu Recht den Bebauungsplan nicht genehmigt, so dass die Klage der Gemeinde G unbegründet ist.

Fall 3 Bauen im beplanten Innenbereich, Befreiung, Nachbarklage

Der Volksbildungsverein e.V. betreibt seit längerer Zeit in einer alten Villa, die in einem durch Bebauungsplan ausgewiesenen reinen Wohngebiet liegt, eine Einrichtung der Erwachsenenbildung, in der 14-tägige Kurse durchgeführt werden. Da die Unterbringung der Kursteilnehmer in benachbarten Gasthäusern und Privatquartieren häufig Schwierigkeiten bereitet, will der V-Verein im Anschluss an die Villa einen Bettentrakt für 30 Personen anbauen. Gegen die von der Stadt S erteilte Baugenehmigung erhebt der Nachbar N Widerspruch und anschließend Klage mit der Begründung, in einem reinen Wohngebiet sei ein Bettentrakt nicht zulässig. Während des verwaltungsgerichtlichen Verfahrens erteilt die Stadt daraufhin Befreiung von den Festsetzungen des Bebauungsplans.

I. Zulässigkeit

1. Klageart

Da die Baugenehmigung ein Verwaltungsakt ist, muss der N Anfechtungsklage erheben.

2. Klagebefugnis

Die Klagebefugnis ist nur dann nicht gegeben, wenn der Kläger von dem angefochtenen Verwaltungsakt offensichtlich und eindeutig nach keiner Betrachtungsweise in seinen Rechten verletzt sein kann (BVerwGE 89, 69; 101, 364). Es kann hier nicht von vornherein ausgeschlossen werden, dass die Genehmigung eines Bettentrakts in einem reinen Wohngebiet unzulässig ist und die Festsetzung des Bebauungsplans auch dem Schutz der Nachbarn dienen soll. Ob dieses tatsächlich der Fall ist, ist eine Frage der Begründetheit der Klage, nicht der Zulässigkeit.

3. Vorverfahren

Das nach §§ 68 ff. VwGO erforderliche Vorverfahren ist für die Baugenehmigung durchgeführt worden. Der N kann neben der Baugenehmigung auch die nachträglich erteilte Befreiung anfechten, ohne insoweit ein zweites Vorverfahren durchführen zu müssen, da die Befreiung in einem untrennbaren Zusammenhang mit der Baugenehmigung steht (BVerwG NJW 1971, 1147).

II. Begründetheit

Eine Nachbarklage ist nur dann begründet, wenn die Baugenehmigung rechtswidrig ist und der Nachbar dadurch in seinen Rechten verletzt wird; die Baugenehmigung muss mithin gegen nachbarschützende Normen des Baurechts verstoßen (BVerwGE 22, 129; 89, 69). (Ob man zunächst prüft, ob die Baugenehmigung gegen eine bestimmte baurechtliche Vorschrift verstößt und erst anschließend die Frage des Nachbarschutzes dieser Vorschrift untersucht oder umgekehrt vorgeht, ist eine reine Zweckmäßigkeitsfrage).
1. Die Baugenehmigung könnte gegen die Festsetzung des Bebauungsplans verstoßen, der das Gebiet als reines Wohngebiet ausweist. Nach § 3 Abs. 2 BauNVO sind in einem reinen Wohngebiet Wohngebäude zulässig. Wohnen i.S. dieser Vorschrift bedeutet, dass die Benutzer der Räume dort ihren Lebensmittelpunkt haben (BVerwG BauR 1996, 676). Das BVerwG spricht davon, der Begriff des Wohnens werde durch eine auf Dauer angelegte Häuslichkeit und eine Eigengestaltung des häuslichen Wirkungskreises geprägt. Dieses ist bei einem Bettentrakt für ständig wechselnde Kursteilnehmer offensichtlich nicht der Fall.
Der Bettentrakt könnte ferner nach § 3 Abs. 3 BauNVO als Ausnahme zulässig sein, wenn es sich dabei um einen kleinen Betrieb des Beherbergungsgewerbes handeln würde. Hierunter sind jedoch wegen der Verwendung des Begriffs »Gewerbe« nur auf Gewinnerzielung ausgerichtete Unternehmen zu verstehen (OVG Berlin BRS 47 Nr. 41). Beim Bettentrakt des V-Vereins steht jedoch die Unterbringung als solche, nicht dagegen die Gewinnerzielung im Mittelpunkt. Es handelt sich bei dem Bettentrakt auch nicht um ein nach § 3 Abs. 3 Nr. 2 BauNVO zulässiges Vorhaben für kulturelle Zwecke, weil es nicht den Bedürfnissen des Baugebiets dient, sondern von ortsfremden Personen genutzt wird. Ein Bettentrakt ist somit in einem reinen Wohngebiet nicht zulässig, so dass die Baugenehmigung rechtswidrig war.
2. Es bleibt zu prüfen, ob der N durch den Verstoß gegen den Bebauungsplan in seinen Rechten verletzt wurde; dieses setzt voraus, dass die Festsetzungen des Bebauungsplans nachbarschützend sind. Voraussetzung hierfür ist, dass die Norm nach ihrem Sinn und Zweck zumindest teilweise auch dem Schutz privater Belange dienen soll (BVerwGE 78, 85; 94, 151; 101, 364). Die Ausweisung eines bestimmten Baugebiets soll nicht nur allgemein städtebaulichen Belangen dienen, sondern auch den Grundstückseigentümern im Plangebiet eine bestimmte Nutzungsart ermöglichen (BVerwGE 94, 151; 101, 364). Liegt z.B. ein Grundstück in einem Wohngebiet, dann ist durch die Ausweisung als Wohngebiet gewährleistet, dass auf den Nachbargrundstücken keine Nutzung stattfindet, die zu einer Störung der Wohnruhe führen kann; in einem Industriegebiet kann sich dagegen ein Unternehmer darauf verlassen, dass sein Betrieb nicht immissionsschutzrechtlichen Abwehransprüchen der Wohnbevölkerung ausgesetzt ist. Die Grundstückseigentümer im Gebiet eines Bebauungsplans müssen im Interesse eines geordneten Zusammenlebens bestimmte Nutzungsbeschränkungen hinnehmen. Sie haben dafür andererseits den Vorteil, dass ihre Nachbarn den gleichen Beschränkungen unterliegen. In der Rechtsprechung wird deshalb allgemein angenommen, dass die Festset-

zungen des Gebietscharakters nach §§ 2 ff. BauNVO nachbarschützend sind (BVerwGE 27, 29; 44, 244; 94, 151).

3. Die somit bei Klageerhebung begründete Nachbarklage könnte jedoch durch die dem V-Verein während des gerichtlichen Verfahrens erteilte Befreiung von den Festsetzungen des Bebauungsplans unbegründet geworden sein. Eine während des verwaltungsgerichtlichen Verfahrens eintretende Änderung der Sach- und Rechtslage ist bei der Entscheidung des Rechtsstreits zu berücksichtigen, sofern sie sich zugunsten des Bauherrn auswirkt, weil es nicht sinnvoll ist, auf eine Nachbarklage hin eine Baugenehmigung aufzuheben, die wegen veränderter Sach- oder Rechtslage auf einen erneuten Antrag hin erteilt werden müsste (BVerwG E 22, 129; 65, 313).

Die Befreiung von den Festsetzungen des Bebauungsplans wäre gemäß § 31 Abs. 2 Nr. 1 BauGB rechtmäßig, wenn die Grundzüge der Planung nicht berührt werden, Gründe des Wohls der Allgemeinheit die Befreiung erfordern und die Abweichung auch unter Würdigung nachbarlicher Interessen mit den öffentlichen Belangen vereinbar ist. Da der Bettentrakt sich auf die benachbarten Grundstücke kaum negativ auswirken kann, werden die Grundzüge des mit der Ausweisung eines reinen Wohngebiets verfolgten Planungsziels, nämlich ein ruhiges Wohnen zu ermöglichen, nicht berührt (vgl. BVerwG NVwZ 1999, 1110). Gründe des Allgemeinwohls erfordern eine Befreiung, wenn ein Abweichen vom Bebauungsplan auf vernünftigen Erwägungen des Allgemeinwohls beruht (BVerwGE 59, 71). Dieses ist hier der Fall, denn es liegt im öffentlichen Interesse, dass die vom V-Verein durchgeführten Kurse der Erwachsenenbildung nicht durch Schwierigkeiten bei der Unterbringung der Teilnehmer behindert werden. Belange der Nachbarn werden dadurch nicht nennenswert beeinträchtigt; ebenso stehen keine öffentlichen Belange der Befreiung entgegen. Die Stadt S hat deshalb zu Recht Befreiung von den Festsetzungen des Bebauungsplans erteilt.

Die Klage des N. ist daher unbegründet.

Fall 4 Bauen im nichtbeplanten Innenbereich, Klage auf Erteilung einer Baugenehmigung

Bauer B ist Eigentümer eines Wiesengrundstücks, das mit einer Breite von 80 m an eine durch D-Dorf führende Straße grenzt. Die angrenzenden Grundstücke sind auf beiden Seiten mit größeren Wohn- und landwirtschaftlichen Gebäuden bebaut. Als B beantragt, ihm die Genehmigung für die Errichtung von 2 Ferienhäusern auf seiner Wiese zu erteilen, lehnt das Kreisbauamt dieses ab mit der Begründung, das Wiesengrundstück zähle zum Außenbereich und sei im Flächennutzungsplan als landwirtschaftliche Nutzfläche ausgewiesen. Ferner entsprächen die zwei kleinen Ferienhäuser nicht der weitläufigen Bauweise in der Umgebung. B könne im Übrigen ohnehin nicht bauen, weil er die Wiese an den Landwirt L verpachtet habe. B erhebt nach erfolglosem Widerspruch Klage mit der Begründung, das beidseitig von bebauten Grundstücken umgebene Wiesengelände zähle zum Innenbereich. Den Pachtvertrag mit dem L habe er gekündigt.

I. Zulässigkeit

Die Klage ist unbedenklich als Verpflichtungsklage zulässig.

II. Begründetheit

B hat nach § 64 Abs. 1 HBO Anspruch auf Erteilung einer Baugenehmigung, wenn seinem Bauvorhaben keine öffentlich-rechtlichen Vorschriften entgegenstehen, die im Baugenehmigungsverfahren zu prüfen sind. Ob möglicherweise ein privatrechtlicher Anspruch des L auf weitere Nutzung des Wiesengeländes besteht, ist unbeachtlich, denn die Baugenehmigung wird nach § 64 Abs. 5 HBO unbeschadet privater Rechte Dritter erteilt. Eine Ausnahme hiervon ist nur dann zu machen, wenn der Antragsteller wegen offensichtlich entgegenstehender privater Rechte von einer ihm erteilten Baugenehmigung keinen Gebrauch machen kann (BVerwGE 42, 115). Dieser Sonderfall liegt hier jedoch nicht vor, denn es ist nichts dafür ersichtlich, dass die Kündigung des Pachtvertrags unwirksam sein könnte. Es ist nicht Aufgabe der Bauaufsichtsbehörde oder der Verwaltungsgerichte, im Einzelnen der Frage nachzugehen, ob ein privatrechtliches Rechtsverhältnis dem Bauvorhaben im Wege steht. Die Prüfung im Rahmen des Verfahrens auf Erteilung einer Baugenehmigung hat sich vielmehr auf entgegenstehende öffentlich-rechtliche Vorschriften zu beschränken.

1. Es muss zunächst abgeklärt werden, ob sich die Zulässigkeit der beabsichtigten Ferienhäuser bauplanungsrechtlich nach § 34 oder § 35 BauGB richtet.

Dass das für die Bebauung vorgesehene Wiesengelände auf beiden Seiten von bebauten Grundstücken begrenzt wird, schließt eine Zugehörigkeit zum Außenbereich nicht unbedingt aus. Entscheidend ist, ob die Wiese noch als Baulücke angesehen werden kann, weil sie den Eindruck der Zusammengehörigkeit und Geschlossenheit der angrenzenden Bebauung nicht unterbricht (BVerwGE 31, 20 und 35, 256; NVwZ 1997, 899). Dieses wird man jedenfalls in einem Dorfgebiet bei einer Unterbrechung des Bebauungszusammenhangs in einem Bereiche von 80 m noch bejahen können (vgl. VGH Mannheim BauR 1987, 59 u. 1992, 45).

2. Hinsichtlich der Art der baulichen Nutzung ist zunächst § 34 Abs. 2 BauGB zu prüfen, da diese Regelung insoweit der des Abs. 1 vorgeht (BVerwG NVwZ 1995, 897). Nach § 34 Abs. 2 BauGB ist ein Bauvorhaben im nichtbeplanten Innenbereich nur zulässig, wenn es in einem entsprechenden Gebiet, für das ein Bebauungsplan besteht, gemäß den Vorschriften der BauNVO zulässig wäre. Die Umgebung des Wiesengeländes ist als Dorfgebiet anzusehen (vgl. VBlBW 1998, 464 = BRS 60 Nr. 84). In einem Dorfgebiet sind Ferienhäuser nach § 5 Abs. 2 BauNVO zulässig, wobei es dahinstehen kann, ob es sich dabei um einen Betrieb des Beherbergungsgewerbes (Nr. 5 – verneint von BVerwG BauR 1989, 440) oder um einen sonstigen nicht störenden Gewerbebetrieb (Nr. 6) handelt.

Hinsichtlich des Maßes der baulichen Nutzung und der Bauweise kommt es nach § 34 Abs. 1 BauGB darauf an, ob sich das Bauvorhaben in die nähere Umgebung einfügt. Dieses bedeutet nach der Rechtsprechung des BVerwG (E 55, 369; NVwZ 1999, 524), dass der Rahmen einzuhalten ist, der durch die vorhandene Bebauung gebildet wird. Dabei ist nicht erforderlich, dass es sich um ein Bauvorhaben handelt, das in dieser Form schon in der Umgebung vorhanden ist (BVerwGE 67, 23); das Bauvorhaben darf lediglich keine städtebaulichen Spannungen hervorrufen. Dieses ist insbesondere dann der Fall, wenn anzunehmen ist, dass die Zulassung eines derartigen Vorhabens eine Veränderung der bestehenden städtebaulichen Situation, die geprägt ist durch größere Wohn- und landwirtschaftliche Gebäude, einleitet (BVerwGE 44, 302). Eine derartige Entwicklung ist nicht zu befürchten, wenn in einer 80 m breiten Baulücke innerhalb des geschlossenen Dorfgebiets zwei kleine Ferienhäuser errichtet werden.

Neben der Frage des Einfügens ist nach § 34 Abs. 1 BauGB zu prüfen, ob das Bauvorhaben das Ortsbild beeinträchtigt. Diese Tatbestandsvoraussetzung hat vor allem dann Bedeutung, wenn ein Bauvorhaben sich auffallend von der sonstigen Bebauung abhebt und damit ein in sich geschlossenes Ortsbild stört (BVerwG NVwZ 1991, 51; NVwZ 2000, 1169; VGH Mannheim DÖV 1990, 190). Ein Vorhaben, das sich i.S.d. § 34 Abs. 1 BauGB in die Umgebung einfügt, wird in aller Regel das Ortsbild nicht beeinträchtigen. Dieses gilt auch für den hier zu behandelnden Fall.

Dem Flächennutzungsplan kommt im Rahmen des § 34 Abs. 1 BauGB keine Bedeutung zu. Der Flächennutzungsplan ist keine Rechtsnorm, denn er entfaltet nach § 7 BauGB lediglich gegenüber Behörden Bindungswirkung. Die Versagung einer Baugenehmigung für ein im Innenbereich gelegenes Grundstück wegen der Festsetzungen des Flächennutzungsplans

scheidet schon deshalb aus, weil es sich dabei um einen entschädigungslosen Eingriff in die Baulandqualität des Grundstücks handeln würde (BVerwG BauR 1981, 351).
Sonstige bauplanungsrechtliche oder bauordnungsrechtliche Hinderungsgründe, die dem Bauvorhaben entgegenstehen könnten, sind nicht ersichtlich. Die Verpflichtungsklage ist daher begründet.

Fall 5 Bauen im Außenbereich, Beseitigungsverfügung, Bestandsschutz

Der E erwirbt eine im Außenbereich gelegene Feldscheune, die er durch umfangreiche Baumaßnahmen (Einbau von Fenstern, Einziehen von Trennwänden und Zwischendecken) in ein Wochenendhaus umwandeln will. Der entsprechende Bauantrag des E wird vom Kreis abgelehnt.
Mehrere Jahre später stellt die Bauaufsicht fest, dass E zwischenzeitlich die Scheune, wie beabsichtigt, in ein Wochenendhaus umgewandelt hat, und gibt ihm daraufhin den Abbruch des Bauwerks auf. E legt Widerspruch ein mit der Begründung, die Scheune genieße Bestandsschutz, so dass er sie einer für ihn sinnvollen Nutzung zuführen könne. Nachdem der Umbau bereits mehrere Jahre zurückliege, komme eine Beseitigung des Bauwerks nicht mehr in Betracht, zumal in einer Entfernung von 200 m noch ein weiteres Wochenendhaus stehe, dessen Abbruch der Kreis nicht angeordnet habe. Der Widerspruch wird vom Regierungspräsidium zurückgewiesen; dabei führt das Regierungspräsidium u.a. aus, der Abbruch des anderen Wochenendhauses komme nicht in Betracht, weil es bereits im Jahr 1956 errichtet worden sei. Daraufhin erhebt E Klage beim Verwaltungsgericht und erklärt in der mündlichen Verhandlung unter Vorlage eines Grundbuchauszugs, er habe vor kurzem das Grundstück an seinen Sohn übereignet, so dass die Beseitigungsverfügung schon aus diesem Grund aufzuheben sei.

I. Zulässigkeit

Gegen eine Beseitigungsverfügung ist Anfechtungsklage zu erheben; der E ist als Adressat des Bescheids nach § 42 Abs. 2 VwGO klagebefugt. Zweifelhaft könnte sein Rechtsschutzbedürfnis sein, nachdem er das Grundstück auf seinen Sohn übertragen hat. Ein Rechtsschutzbedürfnis wäre zu verneinen, wenn sich durch diesen Vorgang die Beseitigungsverfügung erledigt hätte und die Behörde gegenüber dem Sohn eine neue Beseitigungsverfügung erlassen müsste. Dieses ist jedoch nicht der Fall, denn eine Beseitigungsverfügung wirkt nach der Rechtsprechung des BVerwG (E 40, 101; eb. VGH Mannheim NVwZ-RR 1989, 593; OVG Münster, BauR 2003, 1877) auch gegenüber dem Rechtsnachfolger. Es handelt sich dabei nämlich um einen sachbezogenen Verwaltungsakt, der nicht von den persönlichen Verhältnissen des Eigentümers abhängig ist. Im Übrigen wäre einer Verzögerung bei der Beseitigung rechtswidrig errichteter Bauwerke Tür und Tor geöffnet, wenn eine Beseitigungsverfügung sich durch eine Übereignung des Bauwerks auf eine andere Person erledigen würde. Der Sohn wäre allerdings nach §§ 173 VwGO, 265 Abs. 2 ZPO berechtigt, den Rechtsstreit anstelle des E fortzuführen. Solange er dieses nicht tut, kann der E weiterhin gemäß § 265 Abs. 2 ZPO die Klage gegen die Beseitigungsverfügung betreiben.

II. Begründetheit

1. Eine Beseitigungsverfügung kann gemäß § 72 Abs. 1 Satz 1 HBO erlassen werden, wenn das Gebäude seit seiner Errichtung gegen materielles Baurecht verstößt und nicht durch eine Baugenehmigung gedeckt ist (BVerwG NJW 1989, 353; NVwZ 1992, 392; VGH Mannheim VBlBW 2004, 264).
Die Umwandlung der Scheune in ein Wochenendhaus war nach §§ 54 f. HBO genehmigungs-

pflichtig, denn für die neue Nutzung gelten weiter gehende Anforderungen als für die frühere Nutzung. Eine Genehmigung ist aber nicht erteilt worden, den ablehnenden Bescheid des Bauamts hat der E unanfechtbar werden lassen.

Es fragt sich, ob im Hinblick auf die Bestandskraft der Versagung der Baugenehmigung überhaupt noch die materielle Baurechtswidrigkeit geprüft werden muss. Die Bestandskraft eines Verwaltungsakts hat aber anders als die Rechtskraft eines Urteils nicht zur Folge, dass damit die Rechtslage zwischen den Beteiligten bindend festgestellt ist, vielmehr wird durch die Bestandskraft lediglich das Verwaltungsverfahren abgeschlossen. Die Bauaufsichtsbehörde muss daher trotz bestandskräftiger Versagung einer Baugenehmigung die materielle Baurechtswidrigkeit eines illegal errichteten Gebäudes überprüfen (BVerwGE 48, 271).

2. Ein Wochenendhaus ist nicht in § 35 Abs. 1 BauGB als privilegiertes und damit im Außenbereich grundsätzlich zulässiges Bauvorhaben angeführt. In Betracht kommt insoweit nur Nr. 4 dieser Vorschrift. Zwar werden Wochenendhäuser mit Vorliebe im Außenbereich errichtet, das bedeutet aber nicht, dass sie nur dort ihren Zweck erfüllen können. Auch ein innerhalb eines Ortes gelegenes Gebäude kann durchaus eine sinnvolle Erholung am Wochenende gestatten. Im Übrigen setzt § 35 Abs. 1 Nr. 4 BauGB eine Wertung voraus, ob ein Bauvorhaben im Außenbereich errichtet werden »soll« (BVerwGE 96, 95 = NVwZ 1995, 64). Das ist nicht der Fall, wenn das Vorhaben der privaten Erholung Einzelner dient, weil der Außenbereich für die Erholung der Allgemeinheit zur Verfügung stehen soll (BVerwG BauR 1992, 52). Wochenendhäuser sind daher nicht nach § 35 Abs. 1 Nr. 4 BauGB privilegiert (BVerwGE 54, 74; NVwZ 2000, 1048).

3. Das Wochenendhaus könnte nach § 35 Abs. 2 BauGB zulässig sein, wenn es keine öffentlichen Belange beeinträchtigt. Als beeinträchtigte Belange i.S.d. § 35 Abs. 3 BauGB kommen vor allem die natürliche Eigenart der Landschaft sowie die Entstehung einer Splittersiedlung in Betracht. Die natürliche Eigenart der Landschaft wird geprägt durch die dort anzutreffende Bodennutzung, im Außenbereich in der Regel Land- und Forstwirtschaft (BVerwG E 26, 111; E 96, 95 = NVwZ 1995, 64; BauR 2000, 1312). In einer derartigen Umgebung stellt ein Wochenendhaus einen Fremdkörper dar. Außerdem kann die Zulassung eines Wochenendhauses dazu führen, dass weitere gleichartige Vorhaben nicht mehr verhindert werden können und damit eine unerwünschte Zersiedelung des Außenbereichs (Entstehung einer Splittersiedlung) eingeleitet wird (BVerwG E 54, 74; NVwZ 2000, 1048).

4. Die Umwandlung der Scheune in ein Wochenendhaus könnte aber durch § 35 Abs. 4 Nr. 1 BauGB gedeckt sein, da die vorhandene Bausubstanz zweckmäßig verwendet wird. Weitere Voraussetzung ist, dass die Umbaumaßnahmen nicht zu einer wesentlichen Änderung der äußeren Gestalt führen, was bejaht werden kann, wenn lediglich neue Fenster eingebaut werden. Eine Anwendung des § 35 Abs. 4 Nr. 1 BauGB scheitert aber jedenfalls daran, dass die Scheune im Feld steht, also nicht zu einer Hofstelle eines landwirtschaftlichen Betriebs gehört.

5. Schließlich könnte der Gesichtspunkt des Bestandsschutzes einer Beseitigungsverfügung entgegenstehen. Der Bestandsschutz erlaubt jedoch nur Instandsetzungs- und Modernisierungsarbeiten, nicht aber einen umfassenden Umbau eines Bauwerks, der einem Neubau gleichkommt (BVerwGE 36, 296; 47, 126; NVwZ 2002, 92). Außerdem besteht Bestandsschutz nur im Rahmen der bisherigen Nutzung, eine Nutzungsänderung wird mithin nicht vom Bestandsschutz erfasst (BVerwG E 47, 185; BauR 1994, 737). E kann sich daher für seine Umbaumaßnahmen nicht auf den Bestandsschutz berufen.

6. Da das umgebaute Gebäude somit formell und materiell baurechtswidrig war, konnte die Bauaufsicht nach § 72 Abs. 1 Satz 1 HBO den Abbruch anordnen. Die Befugnis der Behörde zum Erlass einer Beseitigungsverfügung wird nicht dadurch eingeschränkt, dass das Wochenendhaus bereits seit mehreren Jahren steht. Eine Verwirkung tritt nämlich nicht allein durch bloßen Zeitablauf ein, vielmehr müssen zusätzliche Umstände hinzukommen, aus denen

der Eigentümer den Schluss ziehen kann, dass die Behörde gegen das rechtswidrig errichtete Bauwerk nicht vorgehen wird (BVerwGE 44, 339; VGH Mannheim VBlBW 1983, 334). Dieses war hier jedoch nicht der Fall.
Die Bauaufsichtsbehörden müssen beim Erlass von Beseitigungsverfügungen ferner den Grundsatz der Verhältnismäßigkeit (BVerwG NVwZ 1989, 353; VGH Mannheim BauR 1991, 450) und den Gleichheitsgrundsatz (VGH Mannheim NJW 1989, 603; BauR 1999, 734) beachten. Dem E droht durch den Abbruch des Wochenendhauses ein beträchtlicher materieller Schaden. Gleichwohl ist die Maßnahme der Behörde im Hinblick auf die von einem Wochenendhaus im Außenbereich ausgehende Störung der natürlichen Eigenart der Landschaft nicht unverhältnismäßig, zumal der E mit der ungenehmigten Umwandlung der Scheune in ein Wochenendhaus bewusst auf eigenes Risiko gehandelt hat (BVerwG NVwZ-RR 1997, 273; OVG Lüneburg BauR 2000, 87; VGH Mannheim VBlBW 1989, 193).
Die Behörde könnte jedoch den Gleichheitsgrundsatz missachtet haben, wenn sie von E den Abbruch des Wochenendhauses verlangt, aber ein vergleichbares Gebäude in näherer Umgebung stehen lässt. Art. 3 GG verlangt jedoch nicht, dass die Behörde gegen alle rechtswidrigen Bauwerke vorgeht, sie kann vielmehr nach objektiven Kriterien, insbesondere der Auffälligkeit des Gebäudes oder dem Zeitpunkt der Errichtung differenzieren (BVerwG NVwZ-RR 1992, 360; VGH Mannheim NVwZ-RR 1997, 465; OVG Lüneburg NVwZ-RR 1994, 249). Es ist deshalb nicht zu beanstanden, dass die Bauaufsicht gegen das andere rechtswidrige Wochenendhaus, das seit Jahrzehnten nicht verändert worden ist, derzeit noch nicht einschreitet, zumal hier bei einem Errichtungszeitpunkt vor dem In-Kraft-Treten des Bundesbaugesetzes im Jahre 1960 das Vorliegen eines Bestandsschutzes der Anlage besonders sorgfältig zu prüfen ist.
Die Klage des E hat daher keine Aussicht auf Erfolg.

Fall 6 Vorläufiger Rechtsschutz, Abstandsfläche

Der G ist Eigentümer eines in der Altstadt der Stadt S direkt an einer nur 4 m breiten Straße gelegenen Wohnhauses. Das Gebäude weist eine Außenwandhöhe von 10 m auf. Er erhält auf seinen Antrag hin von der Stadt die Genehmigung zum Umbau des Erdgeschosses seines Hauses in eine Gaststätte. Verbunden mit der Genehmigung erteilt die Stadt dem G eine Abweichung von der Einhaltung der Abstandsfläche mit der Begründung, das Äußere des Gebäudes werde nicht verändert. Hiergegen legt der N, Eigentümer des auf der anderen Seite der Gasse gelegenen Wohnhauses, Widerspruch ein mit der Begründung, die von einem Gaststättenbetrieb ausgehende Lärmbelästigung sei ihm im Hinblick auf den geringen Abstand nicht zuzumuten. G wendet ein, von seiner Gaststätte werde kein nennenswerter Lärm ausgehen. Hat ein Antrag des N auf Gewährung vorläufigen Rechtsschutzes Aussicht auf Erfolg?

I. Zulässigkeit

Da der Widerspruch des N nach § 212a BauGB keine aufschiebende Wirkung hat, kann N nach §§ 80a Abs. 3, 80 Abs. 5 VwGO die Anordnung der aufschiebenden Wirkung seines Widerspruchs beantragen. Ein vorheriger Antrag bei der Bauaufsichtsbehörde nach § 80a Abs. 1 VwGO ist dabei nicht erforderlich; die Verweisung in § 80a Abs. 3 VwGO auf § 80 Abs. 6 VwGO wird als Redaktionsversehen angesehen (VGH Mannheim NVwZ 1995, 292; OVG Koblenz BauR 2004, 59).

II. Begründetheit

1. Bei einer Entscheidung nach § 80a Abs. 3 i.V.m. § 80 Abs. 5 VwGO hat das Verwaltungsgericht abzuwägen zwischen dem Interesse des Antragstellers an der Erhaltung des status quo bis zur rechtskräftigen Entscheidung über sein gegen die Baugenehmigung eingelegtes Rechtsmittel und dem entgegenstehenden Interesse des Bauherrn, dass er ungeachtet des eingelegten Rechtsmittels den Bau in Angriff nehmen kann (BVerwG NJW 1974, 1295). Ein maßgebliches Kriterium bei dieser Interessenabwägung sind die Erfolgsaussichten des Rechtsmittels, wobei allerdings wegen der Eilbedürftigkeit der Entscheidung nur eine summarische Überprüfung der maßgeblichen Sachfragen erfolgen kann (Kopp/Schenke, VwGO § 80 Rdnr. 168 ff.; Bosch/Schmidt § 50 III 1).

2. Der G benötigt für die Umwandlung des Erdgeschosses seines Wohnhauses in eine Gaststätte nach § 54 Abs. 1 HBO eine Baugenehmigung. Denn für Gaststätten gelten sowohl bauplanungsrechtlich als auch bauordnungsrechtlich weiter gehende Vorschriften als für Wohngebäude.

Die dem G unter Abweichung von § 6 HBO erteilte Baugenehmigung könnte rechtswidrig sein. Fraglich ist allerdings, ob diese Vorschrift bei Umbauten und damit verbundenen Nutzungsänderungen Anwendung findet. Dieses könnte man mit der Begründung verneinen, ein Abstand sei nur bei der Errichtung, nicht aber bei der Nutzungsänderung eines ohne Beachtung des gesetzlich vorgeschriebenen Abstands errichteten Gebäudes einzuhalten. Wenn nämlich im Bebauungsplan geschlossene Bauweise vorgeschrieben sei, könne unabhängig von der jeweiligen Nutzungsart ohne Einhaltung eines Abstands gebaut werden.

Es ist aber zu bedenken, dass der Nachbar häufig nur deshalb keine Einwendungen gegen ein Unterschreiten des Abstands erhoben hat, weil er im Hinblick auf die Nutzungsart keine wesentlichen Störungen befürchtete. Er kann durch einen Umbau und einer damit verbundenen Nutzungsänderung eine schwerwiegende Beeinträchtigung erleiden; vor allem dann, wenn im Wege einer Ausnahme nach § 6 Abs. 12 HBO a.F. früher ein kleinerer Abstand zugelassen wurde. Es kommt deshalb hier maßgeblich auf die Intensität der Beeinträchtigung des Nachbarn an. Soll diese infolge eines Umbaus des Gebäudes geändert werden, dann muss ebenso wie bei der Errichtung des Gebäudes geprüft werden, ob dieses mit den Belangen des Nachbarn vereinbar ist. Diese Erwägungen sprechen dafür, auch bei einer mit einem Umbau verbundenen Nutzungsänderung die Einhaltung der Abstandsvorschriften des § 6 HBO zu verlangen (so VGH München BauR 1990, 455; OVG Münster NVwZ-RR 1998, 614). Im vorliegenden Fall muss jedenfalls deswegen die Abstandsregelung geprüft werden, weil es nicht nur um eine reine Nutzungsänderung geht, sondern zugleich das Gebäude baulich verändert wird (VGH Kassel HessVGRspr. 1984, 13).

3. Bei einem 10 m hohen Gebäude ist nach § 6 Abs. 4 und 5 HBO grundsätzlich eine Abstandsfläche von 4 m einzuhalten. Auf diese Abstandsfläche kann nach § 6 Abs. 2 Satz 2 HBO die Hälfte der Straßenbreite, d.h. 2 m, angerechnet werden. Die Gaststätte des G hält somit die nach § 6 HBO erforderliche Abstandsfläche um 2 m nicht ein.

4. Hierdurch werden auch die Rechte des N verletzt, da § 6 HBO nachbarschützend ist (VGH Kassel BauR 2002, 986).

5. Eine Rechtsverletzung des N wäre allerdings zu verneinen, wenn G zulässigerweise eine Abweichung gemäß § 63 HBO von der Einhaltung der Abstandsfläche erteilt worden wäre. Dazu müsste die Abweichung unter Berücksichtigung des Zwecks der Abstandsregelungen und unter Würdigung der öffentlich-rechtlich geschützten nachbarlichen Belange mit den öffentlichen Belangen vereinbar sein. Die Belange des N werden nicht im Sinne der Vorschrift gewürdigt, wenn durch die Zulassung der Abweichung eine erhebliche Beeinträchtigung für ihn eintritt. Dies ist nach der Rechtsprechung (VGH Mannheim BauR 1997, 92) aber in der Regel bei einem Unterschreiten des nachbarschützenden Teils der Abstandsfläche anzunehmen, sofern

nicht bei Nachbarn besondere Umstände vorliegen, so dass dieser nicht schutzwürdig ist. Dieses ist hier nicht der Fall.
Da der Widerspruch somit Aussicht auf Erfolg hat, wird das Verwaltungsgericht die aufschiebende Wirkung des Rechtsmittels anordnen.

Stichwortverzeichnis

(Die Zahlen beziehen sich auf die Randnummern)

Abbruchverfügung s. Beseitigungsverfügung
Abgrenzungssatzung 120 f.
Abrundungssatzung 129 f.
Abstandsfläche 192 ff
- Anbauten 200
- Grenzbau 200
- Grenzgarage 200 f.
- Nachbarschutz 279
- Nutzungsänderung 195
- Planungsrecht 193
- Tiefe 196
Abstimmungspflicht 23
Abwägung 45 ff
- Abwägungsbereitschaft 47
- Abwägungsfehler 54, 82
Abweichung 255
Anspruch auf Einschreiten der Baubehörde 283
Aufenthaltsraum 210
Auflagen 68, 227
Ausfertigung 66
Auslegung 63
Ausnahme 109, 127
Außenbereich 131
- Abgrenzung 117
- begünstigte Vorhaben 149
- Bestandsschutz 146 ff.
- Ersatzbau 151
- Erweiterungsbau 153
- Flächennutzungsplan 138, 141
- gemeindliche Planungshoheit 138
- Gewerbeerweiterung 153
- Gleichheitsgrundsatz 135
- Landesplanung 139
- landwirtschaftlicher Betrieb 133
- natürliche Eigenart 143
- nicht privilegierte Vorhaben 140
- Nutzungsänderung 150
- ortsgebundener Betrieb 134
- privilegierte Vorhaben 132 ff.
- Rücksichtnahmegebot 145
- Splittersiedlung 144
- Streubebauung 144
- Umwelteinwirkung 142
- Wiederaufbau 152
- Wochenendhaus 136
Automaten 88
Bauantrag 237
Bauaufsichtsbehörden 212
Baueinstellung 254
Baufreigabe 308
Baufreiheit 1, 6, 140, 190
Baugenehmigung 213, 219 ff
- Antrag 237
- Auflage 227
- Bindungswirkung 231
- Erlöschen 230
- Frist 237
- Instandsetzung 213
- Klage 301

- Nachbarbenachrichtigung 238
- private Rechte 231
- Prüfungsumfang 242
- Rechtswirkung 225 f.
- Rücknahme 239
- Umbauten 213
- Verhältnis zu sonstigen Genehmigungen 220 ff
- Verlängerung 230
Baugrenze 76, 274
Bauleitplanung 8 ff
- Abstimmungspflicht, interkommunale 23
- Abwägung 38 ff
- Änderung 66
- Anhörungsverfahren 61
- Anregungen 64
- Anspruch auf Aufstellung 18
- Auflagen 68
- Ausfertigung 66
- Auslegung 63
- Außerkrafttreten 71
- Beteiligung der Träger öffentl.
  Belange 62
- Satzungsbeschluss 66
- Erforderlichkeit 13
- Geltungsdauer 71
- Genehmigung 67 ff.
- gerichtliche Kontrolle 15, 54 ff
- Konfliktbewältigung 44
- Landesplanung 22
- Lastenverteilung 52
- naturschutzrechtl. Eingriff 25
- Planungshoheit 10
- Planungsprinzipien 40
- Problembewältigung 53
- Raumordnung 22
- Rechtsschutz 287 ff
- Verfahrensfehler 64
- Verkündungsmangel 70
- Vorwegnahme der Planungsentscheidung 48
bauliche Anlage 87 ff
Baulinie 76, 107, 125
Baulücke 122
Baunutzungsverordnung 89
- Art der baul. Nutzung 66, 82
- Baugrenzen 76, 2749
- Baulinien 76, 107, 125
- Bauweise 76, 106
- dynamische Verweisung 104
- Einkaufszentren 93, 96
- freie Berufe 99
- Gewerbegebiet 94
- Industriegebiet 94
- Maß der baulichen Nutzung 102
- Mischgebiet 93
- Nebenanlagen 100
- Sondergebiet 96
- Stellplätze 98
- Systematik 66

- Vergnügungsstätten 95
- Wohngebiete 91 f.

Bauordnungsrecht 6, 186
Bauplanungsrecht 8
Bauvorbescheid 241
Bauweise 68, 106
Bebauungsplan
(s. auch Bauleitplanung)
- Abhängigkeit vom Flächennutzungsplan 32 ff
- Ausfertigung 66
- Auslegung 63
- Ausnahme 109
- Bauen im Vorgriff auf Bebauungsplan 156
- Befreiung 109
- Begründung 60
- Bekanntmachung 70
- Bestimmtheit 44
- Konfliktbewältigung 17, 53
- Negativplanung 43
- nicht qualifizierter Bebauungsplan 89
- Plangewährleistungsanspruch 20
- Problembewältigung 53
- qualifizierter Bebauungsplan 89
- Rechtsschutz 287 ff
- Satzungsbeschluss 66
- Verfahren 58 ff
- vorzeitiger Bebauungsplan 36

Befangenheit 80
Befreiung 109, 127
Beseitigungsverfügung 245 ff.
- Adressat 250 ff.
- Gleichheitsgrundsatz 248
- Klage 304
- Miteigentümer 250
- Rechtsnachfolger 251
- Verhältnismäßigkeit 247
- Verkleinerung 247
- Vermietung 251
- Verwirkung 249
- Vollstreckung 251

Bestandsschutz 146 ff.
Brandschutz 192, 279 f.
Campingplatz 96
Dachgeschoss 104
Denkmalschutz 224, 236
Einfriedung 88, 200, 215
Einkaufszentrum 93, 96
Einvernehmen 157
Erschließung 123, 160 f., 278
Fachplanung 9, 24
FFH-Gebiete 30
Flächennutzungsplan
- Bedeutung 32
- Inhalt 32
- Rechtsnatur 32
- Rechtsschutz 287
- Verhältnis zum Bebauungsplan 33

Folgenbeseitigungsanspruch 115, 165, 285
Garagen 98, 200 ff
(s. auch Stellplätze)
Gebäude 215
Gebot der Rücksichtnahme 51, 125, 265, 268 ff
Gemeinde
- Abstimmungspflicht 23
- Einvernehmen 157

- Klagebefugnis 158, 315
- Planungshoheit 10
(s. Planungshoheit)

Gemengelage 74, 126
Genehmigungsfreistellung 216
  Nachbarklage 309
Genehmigungspflicht
- für Begründung von Wohnungseigentum 174 f.

Geschossflächenzahl 75, 105
Gesetzgebungskompetenz 4
Gewerbegebiet 84
Gewohnheitsrecht 58
Gleichheitsgrundsatz 248
Grenzabstand 192 ff.
Grenzgarage 200
großflächiger Einzelhandelsbetrieb 93
Grundflächenzahl 75, 105
Immissionsschutz 209, 222, 223
Innenbereich 117 ff
- Hinterlandbebauung 122
- Ausreisser 124
- Gemengelage 126
- Ortsbild 126
- faktisches Baugebiet 127
- Abgrenzung 120
- Abrundungssatzung 121
- Baulücken 122
- Einfügen 123
- Entwicklungssatzung 129
- Ergänzungssatzung 129
- Gewerbebetrieb 128
- Gebot der Rücksichtnahme 125
- Klarstellungssatzung 120
- Ortsteil 118

Instandsetzungsarbeiten 213
Inzidentprüfung 298
Kellergeschoss 104
Kiesgrube 134
Kinderspielplatz 182, 211, 286
Klarstellungssatzung 120
Lagerplatz 87
Landesentwicklungsplan 139
Landschaftsschutzverordnung 221, 246
Landwirtschaft 133
Mischgebiet 74, 93, 95, 101, 190
Musterbauordnung 5
Nachbarbenachrichtigung 266
Nachbarklage 305
- aufschiebende Wirkung 312
- Aussetzung der Vollziehung 313
- Bauvorbescheid 308
- Begründetheit 307
- Folgenbeseitigungsanspruch 284
- Genehmigungsfreistellung 309
- Klage auf Einschreiten 310
- Klagebefugnis 306
- öffentliche Bauvorhaben 311
- Sach- und Rechtslage 305
- vorläufiger Rechtsschutz 312

Nachbarrechtsgesetz 256
Nachbarschutz 256 ff
- Abstandsvorschriften 279
- Anspruch auf Einschreiten der Bauaufsichtsbehörde 283
- Art. 2 Abs. 2 GG 265

Stichwortverzeichnis

- Art. 14 GG 264
- Art der baulichen Nutzung 271
- Ausnahme 275
- Außenbereich 277
- Baugrenze/Baulinie 274
- Bauordnungsrecht 279
- Bebauungsplan 271 ff.
- Befreiung 275
- Begriff des Nachbarn 258
- Eigentumsverletzung 265
- Erschließung 278
- Folgenbeseitigungsanspruch 285
- gebietsübergreifender 272
- Immissionen 265
- Innenbereich 276
- Maß der baulichen Nutzung 274
- Mieter 259
- Mobilfunk 265
- nachbarschützende Normen 271 ff.
- öffentl. Einrichtungen 285
- planübergreifender Nachbarschutz 272
- privatrechtl. Nachbarschutz 257
- Rücksichtnahmegebot 268
- Schutznormtheorie 259
- Schwarzbau 263
- Sportanlagen 286
- tatsächliche Betroffenheit 261
- Verfahrensvorschriften 266
- Verwirkung 281
- Verzicht 281
- Wohnungseigentümer 260
- zivilrechtlicher Abwehranspruch 257
Nachbarwiderspruch
(s. auch Nachbarklage) 306
- aufschiebende Wirkung 312
Naturschutz 25, 142, 221, 235
Normenkontrollverfahren 288 ff
- Antragsbefugnis 288
- Antragsfrist 288
- Behördenantrag 291
- Beiladung 295
- einstweilige Anordnung 297
- Entscheidung 293
- Nachteil 288
- Rechtsschutzbedürfnis 292
Nutzungsänderung 85, 149 f., 195, 202, 214 f., 310
Nutzungsuntersagung 252
öffentl. Belange 131
öffentl. Bauten 159
Optimierungsgebot 21
Ortsbausatzung 190
Ortsteil, im Zusammenhang bebaut 118, 191
Planfeststellung 77, 232
Planungshoheit 10, 46, 109,216, 292, 315
Planungsverband 11
Präklusion 63, 231
Private Rechte 226

Private, Beteiligung 65
Privilegierte Vorhaben
(s. auch Außenbereich) 132 ff.
Raumordnung 22
Rechtsnachfolger 229
Rechtsschutz 287
- Baugenehmigung 301
- Bebauungsplan 288
- Beiladung 302
- Beklagte 300
- Beseitigungsverfügung 304
- Flächennutzungsplan 287
- Fortsetzungsfeststellungsklage 301
- Nachbarklage 305
- vorläufiger Rechtsschutz 312
Rücknahme der Baugenehmigung 239
Rücksichtnahmegebot 23, 44, 51, 114, 268 ff
Standsicherheit 208
Stellplätze 98, 200 ff
- Ablösevertrag 205
- Abweichung 203
- Gemeinschaftsanlage 204
- Grenzgarage 200
- Lage der Stellplätze 204
- Nachbarschutz 203
- Nutzungsänderung 202
- Stellplatzsatzung 202
straßenrechtliches Anbauverbot 220
technische Regelwerke 265, 270
Teilung von
- Wohnungseigentum 175
Umbauten 195, 213
Umweltverträglichkeitsprüfung 5, 31, 59
Veränderungssperre 145, 156, 162 ff. 303
Verbrauchermarkt 94, 97, 147
Verfassungsbeschwerde 299
Vergnügungsstätten 74, 95
Verträge, städtebauliche 180
Verunstaltung 138, 142, 188
Verwirkung 249, 281
Verzicht 248, 281
Vollgeschoss 75, 103 f.
Vorhaben- und Erschließungsplan 185
Vorkaufsrecht 176
vorläufiger Rechtsschutz 312
- aufschiebende Wirkung 312
- Aussetzung der Vollziehung 313
- einstweilige Anordnung 297
Wasserrecht 234
Werbeanlagen 87 f., 189 ff.
Wochenendhaus 247
Wohngebiet 91 f.
Wohnungseigentum 174, 250
Wohnwagen 85, 245, 248
Zurückstellung 162, 168
Zusicherung 242

»Das Buch ist sowohl für Studierende, Universitäten und der Fachhochschule für Verwaltung und Polizei als auch für Praktiker in Verwaltungs- und Polizeibehörden eine nützliche Hilfe.« Ministerialrat Dirk Fredrich, in: Staatsanzeiger für das Land Hessen 35/04

Das Werk enthält eine systematische Darstellung des Polizei- und Ordnungsrecht in Hessen. Ausgangspunkt sind die Aufgaben der Gefahrenabwehr und das Zusammenspiel von Verwaltungs-, Ordnungs- und Polizeibehörden. Neben gefahrenrechtlichen Begriffen und Grundsätzen stehen die Maßnahmen der Gefahrenabwehr im Mittelpunkt einschließlich der polizeilichen Standardmaßnahmen und des Verwaltungszwangs.

Es finden sich zahlreiche Beispiele aus der Praxis, aber auch wichtige Aufbau- und Prüfungsschemata.

Die Darstellung wendet sich sowohl an Studierende der Universitäten und der Fachhochschule für Verwaltung und Polizei als auch an Praktiker in Verwaltungs- und Polizeibehörden.

Die Autoren verfügen über Erfahrung in der Praxis und in der Lehre. RegDir Hausmann ist als langjähriger Polizeirechtsdezernent beim Regierungspräsidium in Kassel nicht nur mit dem Polizeirecht, sondern vor allem den Organisationsänderungen bei der hessischen Polizei bestens vertraut.

Die beiden anderen Autoren sind Fachhochschullehrer an der Verwaltungsfachhochschule Wiesbaden. RegDir Leggereit im Fachbereich Polizei, RegDir Mühl im Fachbereich Verwaltung.

Alle drei Autoren verfügen über langjährige Prüfungserfahrung in diesem Bereich.

Polizei- und Ordnungsrecht für Hessen

Von RegDir Lothar Mühl, RegDir Rainer Leggereit und RegDir Winfried Hausmann

2004, 208 S., brosch., 22,– €,
ISBN 3-7890-5337-6

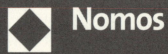

Nomos Verlagsgesellschaft
76520 Baden-Baden
Tel. 0 72 21/21 04-37 ▪ Fax -43
vertrieb@nomos.de